产业集群学术译丛

总主编：马璐

集群与产业集群中的商业网络
全球价值链的管理

BUSINESS NETWORKS IN
CLUSTERS AND INDUSTRIAL
THE GOVERNANCE OF THE GLOBAL VALUE CHAIN

刘 彬 译

（意）佛罗伦萨·贝鲁西　亚历西亚·萨马拉　主编

北京市版权局著作权合同登记：图字：01-2018-6860

图书在版编目（CIP）数据

集群与产业集群中的商业网络／（意）佛罗伦萨·贝鲁西（Fiorenza Belussi），（意）亚历西亚·萨马拉（Alessia Sammarra）主编；刘彬译. —北京：经济管理出版社，2022.12（2023.8 重印）

ISBN 978-7-5096-8935-6

Ⅰ.①集… Ⅱ.①佛… ②亚… ③刘… Ⅲ.①产业集群—研究 Ⅳ.①F263

中国国家版本馆 CIP 数据核字（2023）第 012379 号

责任编辑：王格格　杨　娜
责任印制：黄章平
责任校对：张晓燕

出版发行：经济管理出版社
　　　　　（北京市海淀区北蜂窝 8 号中雅大厦 A 座 11 层　100038）
网　　址：www. E-mp. com. cn
电　　话：（010）51915602
印　　刷：唐山玺诚印务有限公司
经　　销：新华书店
开　　本：720mm×1000mm/16
印　　张：25
字　　数：467 千字
版　　次：2023 年 5 月第 1 版　2023 年 8 月第 2 次印刷
书　　号：ISBN 978-7-5096-8935-6
定　　价：108.00 元

产业集群的理论研究广泛地应用于经济学、管理学等专业领域。企业战略管理领域对集群现象的研究最早可以追溯到 1820 年 Weber 的《工业区位论》和 1890年 Marshal 的《经济学原理》。20 世纪 90 年代以来，以波特和克鲁格曼等为代表的学者关于产业集群的研究逐渐在国际学术界产生重要影响。波特 1990 年在《国家竞争优势》一书中最早明确提出"产业集群"（industrial cluster）这一概念；2003 年波特进行修正后更注重描述构成产业集群中各主体之间的内在关系，他认为"产业集群是指某一领域内的企业或机构，在地理上相邻、互相连接、彼此共通"，这一概念随后在学术界被广泛使用。随着科学技术革命的不断推进以及全球经济化的快速发展，国际之间的竞争和国内地区之间的竞争越来越激烈，信息、知识、科技等重要因素在企业生产运行中的作用占据重要地位，不同技术产业在地理上越来越呈现集中趋势。研究发现，在科学技术飞快发展的今天，区域的地理位置在经济发展中的作用不仅没有减弱，反之，地理位置的优势显得尤为重要，产业集群已经变为现代各国竞争中创新产业的一个相同的特点，已经成为世界上引人瞩目的区域经济发展模式和产业发展的重要组织形式，越来越引起国内外学界、商界和政界的广泛重视。

产业集群实质上是一种生产组织方式，区域可以对产业集群进行培养和发展来达成区域的经济目标，因此产业集群也是区域经济发展的战略方向。它是现代产业在区域经济发展活动中呈现出的一种新的发展方向，它不仅仅出现在大量的传统工业、制造业中，也逐渐渗透在电子信息、金融、生物制药等高新技术行业领域中。作为一种产业组织形式，产业集群可以发挥规模经济和范围经济效益，不仅能够降低企业的生产、运输、交易、营销等成本，而且有利于企业间共享资源，进而有利于提高企业的技术创新能力，提高生产效率和产品质量，增强产业核心竞争能力。虽然产业集群对经济增长有着重要的作用，但是系统归纳总结产业集群演化规律的研究近几年才引起学者们的关注。中国产业集群起步于改革开放之初，于20世纪90年代中期得到快速发展，已成为促进区域经济发展、提升我国产业国际竞争力的有效驱动。然而，产业集群至今仍没有一个公认的定义，存在许多相似的概念如企业集群（中小企业集群）、区域集群、产业集聚、产业区、新产业区、块状经济等。尽管学术研究中产业集群存在不同的称谓，但研究对象是相同的，即以业缘关系为纽带、具有产业关联性的企业及相关机构在特定地域集聚的现象。

产业集群的研究内容既丰富又复杂，很难用一本著作对其包括的所有议题进行深入的论述。从微观到宏观，从理论到政策，从技术到环境，其所关注的视角既存在差别，又有着密切的内在联系。因此，为更好地指导企业进行相关实践活动，这套丛书主要从国外优秀的产业集群著作中筛选出一小部分，从产业集群的动态发展模型、创新集群以及边远产业集群的营销管理等方面对产业集群的相关问题进行探索式研究。本套丛书主要包括：

《复杂性和产业集群：理论与实践中的动态模型》，从复杂性的一般理论入手，讨论复杂性与动态经济及工业区间的关系以及区域动力学的一般模型，进而用复杂性理论讨论产业集群问题，构建起产业集群复杂动态性的通用模型，并结合全球层面具有标志意义的案例对产业集群的形成和发展进行分析，以期能够为今后研究打开一个新的研究领域。《高技术产业集群增长机制：发达国家与发展中国家的集群企业比较》，通过将集群与集群相关的政策、技术和自然资源、创新区域和创新企业、技术政策和技术管理相结合，基于对发达国家和发展中国家集群中的高技术企业不同增长率的观察，分析了技术政策的有效性和效率，并探讨了解释高技术企业卓越业绩的因素，这将有助于发达国家和发展中国家的技术政策的改进。《从集聚到创新：新兴经济体的产业集群升级》，将研究主题聚焦于在产业集群形成的不同阶段，影响产业集群包括创新过程的制度和经济因素，并对公共干预的可能性以及如何促进产业集群的研发与创新活动加以考虑，旨在更好地理解本地创新体系，从而提出相应的政策建议。《本土产业集群：存在、出现与演进》，从理论与实证层面捕捉本土产业集群的一般性特征和先决条件，通过构建一个数学模型，对集群现象的动态性和本土集群演进需要满足的条件进行分析，并结合德国本土产业集群，对集群的存在、稳定性以及对集群存在有影响力的产业特征进行案例研究。《服务化、信息化和创新模型：两阶段产业集群理论》，聚焦于在产品IT化和服务化方面的二阶段产业集群理论及其创新模型，通过提出二阶段集群的形成构想，对中国大陆和中国台湾地区公司的消费电子产品和移动手机这两个产业部门进行实证分析，并着眼于东南亚国家和地区的工业产品服务化领域，分析和探讨了一种存在于新的商业环境中的公司战略行为。《汽车与信息通信技术产业集群：创新、跨国化和动态网络》，将产业集群的研究主题聚焦于欧洲和美国的信息通信技术和自动化产业，通过对具体国家和地区区域创新系统以及集群政策的实证研究，得出一些新的分析结果，并对区域政策制定者提出相关政策意见。《集群与产业集群中的商业网络：全球价值链的管理》，从全球价值链与产业区和集群的知识与创新产生过程两个概念性的方向，分析知识扩散的内外部机制，通过收集在全球化背景下一些产业区和集群通过远程外包链、FDI、远程研发合作等方式重新定义其在企业网络不同的和互补的观点，揭示了在产业区和集群的背景下外部知识获取的过程，为知识扩散的内外部机制及"在边界"学习提供了一些新视角。《边远集群中的市场营销管理：对B2C营销的影响》，将研究主题聚焦于边远产业集群中的营销管理问题，通过案例分析方法来研究市场营销管理根植于边远产业集群的运营和策略的原因，对边远产业集群的形成、内部和外部信息需求、市场营销管理业务和策略以及信息科技问题进行了相关分析，以期深化对边远产业集群形成和市场营销嵌入其运营和策略过程的复杂性的理解。

总之，在经济全球化趋势下，产业集群对区域经济发展的地位不仅没有被削弱，反而成为区域和产业发展获取持久竞争优势的重要来源。中国当前面临着经济转型的压力，迫切需要理论界和实践界对存在的问题进行理论上的解释和分析，提出合乎产业发展规律的政策措施。国内的一些学者对于产业集群的研究同样进行了有益的努力和探索。但是中国在产业集群方面的研究起步较晚，国内学者们大多数是在国外研究的基础上继续延伸与拓展。翻译并非是一件容易的事，而且是极具责任的一件事，从某种意义上讲，翻译人员所翻译的国外著作能够产生的社会收益要远远大于其个人收益。我们一方面希望这套产业集群译丛能够为中国产业的优化升级提供直接借鉴和比较；另一方面也希望国内的研究人员和政府部门的决策人员都能在这套译丛中得到启迪，以期能够为相关经济政策的制定提供一定的帮助。若读者能从中有所收获，本套丛书的译者和出版社都将深受鼓舞，我们将会对国内外产业集群研究领域的最新动态进行持续追踪，将国外最前沿、最优秀的成果不断地引入国内，进一步促进国内产业集群的相关研究的发展和繁荣，为协调和促进区域经济的发展提供参考价值。

集群与产业集群中的商业网络——全球价值链的管理

第二篇 全球价值链中的产业区
——马歇尔和演变区

第三篇　全球价值链中的产业区和集群

第十二章　本地系统在全球运作
——园艺全球价值链中的异质产业区 ·············· **213**

第十三章　产业区和全球化
——地方和全球生产系统的学习和创新 ·············· **239**

第十四章　巴西瓷砖行业的产业集群和全球价值链中竞争的新挑战 ······ **261**

集群与产业集群中的商业网络——全球价值链的管理

第一章 引 言

菲奥伦扎·贝鲁西（帕多瓦大学），阿莱莎·萨迈拉（安奎拉大学）

数十年来，尽管关于产业区和集群（Industrial Districts and Clusters，IDs & Cs）的书籍和文献的数量惊人，但是它依旧受到众多学者和政策制定者的青睐。当学者对地理邻近的重要性、集聚和本地溢出最终达成广泛的共识时，产业区和集群已经演化成具有动态边界的复杂系统，这也是产业区和集群能够获得持久关注的原因。这种转变推翻了传统观点，促使我们批判性反思产业区和集群的存在原因、延伸、消亡或扩张。

我们的目的就是回到阿尔弗雷德·马歇尔（Alfred Marshall）这个讨论的起点，他强调造成专业化产业区域集聚现象的原因具有分析价值。在已有的研究中，空间集群的分析往往导致了生产过剩的观念。这种观念使得集群或产业区的划分有时会重叠，相互之间不排斥或者类型很难描述。

比如在盎格鲁—撒克逊传统里，产业区（Industrial District，ID）和集群的关系通常交替使用，然而在意大利环境下，马歇尔产业区的概念具有更大空间范围上的意义（产业区被限制在同一部门内相似企业的高度集中所形成的区域），并且作为一个新的社会经济分析单元，其经济利益来源于众多企业和居民之间封闭和合作的社交关系。本书不仅列举了一些有趣的意大利式的产业区案例，而且提供了一些弱地域化和依然保持远离产业区"纯"模式的集群案例。

而马歇尔式的产业区指的是创建一个特定的本地系统，这个系统具有主观同一性，创建特殊的机构、演化模式以及波特式的集群（该集群更加模糊不清），它的识别依赖于很强的研究假设。事实上，波特式的集群是没有集聚的最低门槛的。

从集群的概念转向产业区的概念需要满足以下三个必要条件：①集聚（有限区域内的企业具有相似的密度或关联性）；②与本地机构和单个企业之间互动；③社会嵌入性（高水平的密度、信任与合作）。第一个条件是否与特定的集群有关，取决于对一个集群的功能和地域的定义。第二个条件和与本地正式机构（研发中心、大学等）的关系有关，该条件经常被应用于集群的研究。第三个条件与马歇尔产业区有关，即对经济和社会系统的一种共同体观，其中嵌入性和密度定义了一个独特的历史路径依赖的领土系统。

然而，传统的研究坚定地支持内生发展过程的重要性，该过程集中于产业区和集群的内部结构和动力，最新的研究已经开始质疑这种观点，强调重新考虑外部联系作用的必要性。

本书提供了关于知识扩散的内外部机制以及"在边界学习"的一些新视角。企业和部门的区域密度提供了一个分析本地互动和本地知识流动机制的方法。相比之下，通过建立跨区域商业网络和研发合作研究可以获取外部知识。因此，产业区和集群演化与内生力量的作用和本地化的吸收外部知识都有关联。企业与产业区和集群在吸收能力方面有着很大的区别，这也就是为何在我们的分析过程中，本书提供了对网络文献和国际商业研究深层次的考虑。因此，我们尝试着从推动空间集聚的内生力量和促使经济活动（企业）转移的外生因素两个方面进行研究。其中，这些外生因素包括远程分包链、外商直接投资（Foreign Direct Investment，FDI）、远程研发合作，这些活动会导致生产外包和知识外包。在分析产业区和集群的转移问题时，不同价值链类型中（与分布有关的）区域进入以及跨区合作（与活动类型有关：知识密集型或劳动密集型），即不同区域系统内企业之间的交换有着巨大的意义。

在本书中，用两种概念性的方法沿着这个方向进一步分析。第一种概念性方法是全球价值链方法，这种方法已经成熟应用于发达国家和发展中国家的产业区和集群增长轨迹的分析。该方法的主要目的在于解释产业区和集群的发展结果，这种发展结果依赖于本地企业在全球价值链中的定位以及获得的控制力。

第二种概念性方法的研究着重于产业区和集群知识与创新产生的过程。这一研究过程的核心内容是：当本地嵌入式知识与所获得的外部知识结合时，产业区和集群能够更好地拓展和升级其生存能力。根据这个观点，外部知识的连接能够减少"本地锁定"和"过度嵌入"的认知风险，尤其是当技术路径和全球经济条件变化时，"本地锁定"和"过度嵌入"可能会成为本地学习与创新的主要障碍。

本书的创新之处在于，将这些方法融合起来，进而更全面和更清晰地理解具有渗透力的系统内产业区和集群的转移，并能够不断地重新定义这些系统的边界。

本书建立了一个概念性的分析框架，沿着两个维度探究产业区和集群内商业网络的重构。所关注的两个重要的维度是：①原材料生产活动的流入和流出；②知识的流入和流出。

集群与产业集群中的商业网络——全球价值链的管理

关于第一个维度，本书中所阐述的丰富经验表明，西部产业区和集群通过转移使得生产活动大量溢出，一般会促进其全球竞争力的不断增强。这一观点在分析三个意大利产业区的章节中进行了详细的阐述，这三个意大利产业区分别为：蒙特贝罗运动服装区（第六章）、维布拉塔谷服装区（第七章）、维罗纳鞋业区（第五章）。但是，就像在第一章中所阐述的概念性框架一样，产业区的转移具有长期持续性的不一致影响，这主要依赖于国际分工中区域价值链的利用程度，进而将其作为培育不同升级模式的一种方式。为了区别不同可能性结果，第一章对转移策略进行了分类。关于这一点，在书中呈现的理论是：鉴于全球价值链分析在解释产业区内企业升级的可能性方面具有显著作用，它到集群层面的能力转移需要谨慎对待。实际上，任何集群都包含着不同的全球和地方价值链，这对集群的发展具有复杂的直接和间接影响，这种影响是不能给出准确定义的。

来自西部产业区和集群生产活动的流出能够潜在地支持国外集群雏形的形成。在这一方面，第十章和第十一章阐述了罗马尼亚的蒂米什瓦拉区内鞋业企业集聚的经验。

尽管生产活动的流出描绘了大部分西部产业区的演化特征，但是第八章对阿尔齐尼亚诺皮革产业区的研究说明了相反的趋势。在这一章给出了"逆向转移"这一有趣的案例，该案例通过国际外包或外商直接投资的形式将廉价劳动力转移至西部产业区和集群，并将此作为生产活动转移于低劳动力成本地区的一个选择。

关于第二个维度。第三章给出了关于学习过程的一个概念性阐述。在产业区和集群内，这个学习过程的产生是基于本地和远程学习之间的相互作用。为了获取来自本地和外部环境的知识生产和认识这一复杂过程，本书引入并讨论了"在边界学习"的概念。这种学习模式的重要性是以基于培养创新能力所需要的复杂性知识为特征的，尤其是在高技术产业中表现得尤为突出，譬如生物技术、制药、电信和航空。这些产业的结构似乎通过一个小世界的连接模式将全球化和空间集聚隐藏起来。这种小世界的连接模式指的是本地集群的空间集聚和相互作用通过远距离组织间网络中的本地企业参与所形成的全球性联系，这主要归功于不同形式的正式和非正式的研发合作。第十七章集中讨论了德国的四个区域。富尔纳尔和特伦研究了生物技术产业内知识产生的本地和外部联系与合作之间的平衡。在第十八章中，穆迪森、科嫩和阿斯海姆将许多创新过程分解成了具体的活动，研究了医药谷集群内成员之间知识流出的不同形式，这些具体的活动用于分析合作者的空间布局。

本书的目标是在产业区和集群背景下，对揭示外部知识获取的过程做出特殊的贡献。虽然启动和促进本地学习过程的机制在传统的产业群和集群文献中已经得到了广泛的重视，但是外部学习机制仍然需要在理论和实证方面进行深入的研究。为了实现这一目标，本书的一个努力方向就是去识别外部知识获取的不同模式。就这方面来说，贝尔和阿布（1999）认为相关分析维度关注的是主动和被动机制区别，这种相关分析维度能有效地识别外部知识获取的不同机制。就如他们指出的："知识可以从外部世界众多种类的交互作用或一系列更成熟和主动的搜寻活动中，以副产品的形式相对被动地从外部资源中获取。"本书中所阐述的丰富的实证证实了这一观点，提供了产业区和集群差别很大的例子（这些不同方法在产业区和集群的研究中是比较流行的），并导致了具有差异化的升级和演化结果。

除了贝尔和阿布强调的主动和被动的视角之外，本书还识别了选择性的程度，这种选择性的程度描述了作为另外一种相关分析维度的知识获取过程的特征。近期来自不同产业区和集群的实证研究否定了众所周知的假设，这种假设是：集群企业之间知识扩散的难易程度是基于社会和地理邻近的基础上的。在对巴勒塔鞋业集群的研究中，波斯玛和特尔威尔（2007）发现只有有限的集群企业有非局域性的联系。这个例子旨在说明外部知识获取的选择性观点，即只有一部分本地企业（通常是领导型企业）充当"技术守门员"的角色，这些"技术守门员"搜寻和吸收非本地知识并将其引入到集群内。除了这种选择模式之外，书中第四章列出了产业区和集群吸收外部信息和知识的几种方式，范围从基于少数"技术守门员"起关键作用的集中式模式到有众多部门和企业处理外部信息的"一对一"模式。

本书汇集的概念性和经验性贡献呈现出一个核心思想，这个核心思想就是内部和外部知识获取并不是独立的。尽管它们代表着两种不同的现象，但是它们通过自我强化的过程相互支持。本书列举的两个极端的意大利产业区，能够对这个论点进行清晰的论证，这两个极端的意大利产业区是蒙特贝罗运动服集群区和维布拉塔谷服装区。第七章对维布拉塔谷服装区的纵向研究表明，当本地缺乏发展的内生动力时，外部联系就不能保持长久的地区竞争力。本地欠发达的知识库阻碍了外部知识的吸收和重组。相反，第六章中蒙特贝罗运动服集群区的经验表明，本地企业之所以能够获取外部知识、了解自身的潜力并进行开发，是因为它们拥有的专有技术和技术能力允许建设性地对待这样的知识。

内外部环境之间的相互渗透影响产业区和集群的竞争力和可持续性。渗透的程度并不是唯一依赖于本地企业战略的实施。地方机构的确是至关重要的参与者，这些机构能够像外部知识的获取那样支持有形资源（如资本和投资）的流入。从这方面来说，第十六章阐述了机构在两个更大的巴黎集群区内实施和运作所起的作用，其中一个从事生物技术行业，另一个从事光电行业。

在本书中所描述的来自不同区域多样性的产业区和集群对于改善当前对本地政策作用的理解具有重要的作用，这些政策主要是针对不同商业和组织环境内的

集群与产业集群中的商业网络——全球价值链的管理

集群。第十九章研究了班加罗尔软件创新系统和集群，检验了在发展中国家企业集群升级的本地创新系统的重要性（这些发展中国家在努力从成本竞争转向创新竞争），而且该章讨论了相关政策的效果。在这个升级过程中，对政策支持本地中小型企业（SMEs）的创新潜力给予特别的关注。在第十五章，集中分析了从印度转移到中国的集群发展的不同政策，并讨论了广东省内一些产业集群之间的相互关系。

本书的结构与每一章的简要概述如下：

第二章，菲奥伦扎·贝鲁西和阿莱莎·萨迈拉按照两个概念性的方法讨论了全球化对产业区和集群演化的影响。第一个是全球价值链视角，并集中于地区企业嵌入到全球商品链的转移过程。第二个是整合跨国企业研究的地区发展的文献，目的是强调跨国公司进入产业区和集群对本地发展和产业升级的基础作用。

第三章，菲奥伦扎·贝鲁西和西尔维亚·塞迪塔针对现代产业区和集群的学习过程提出了一个概念性的成果。他们探讨了一种基于知识转移的正式和非正式的渠道培育本地和远程学习的相互作用的新方法。一方面，实践社区描述了社交形式自发的和非人为的特征；另一方面，商业网络通过企业使用互补能力给自身配置有效的机制。这两方面都能够降低生产成本和增强创新能力。

第四章，蒂姆·奥格针对产业区吸收外部信息和知识提出了一个具有创意的分析方法。中心守门员策略意味着外部知识是由龙头企业驱动的，龙头企业将外部信息扩散到产业区其他企业和机构。除了这种中心化的策略之外，他还讨论了其他模式，例如"一对一"的模式（这种模式中有很多部门和企业对外部信息进行加工处理）或者是混合模式（这种模式中企业匹配的信息来源于本地龙头企业内次要的内部资源和最初收集的外部信息）。

第五章，菲奥伦扎·贝鲁西将组织邻近概念引入产业区的研究当中。她主要对维罗纳产业区的演化模式进行分析，这个产业区主要生产的是中等质量的男式休闲鞋，它坐落于维罗纳市的东部区域，这个区域是在迁移过程中通过创造组织间联系形成的。从空间上来看，维罗纳本地的鞋业系统是由 412 家企业和 4520 名雇员（2002 年估算）组成的，这比传统的意大利产业区具有更明显的集群特征。这是因为它不是坐落于连续集中的区域，而是由三个主要的局部区域交织而成的，这三个区域隶属于同一个省，它们分别是布索伦戈——靠近加尔达湖的直辖市，维罗纳——省会城市，索阿韦谷——省东部边界地带（与维琴察相接）。这个区域主要是由中型企业组成的，这在统计意义上代表着大多数的企业。确切地说，现在中型企业的作用是非常重要的。维罗纳的产业区并不是一个演化的系统。这个区域具有相当稳定的专业化生产，产业区内的企业既没有很强的创新能力，在过去十几年也几乎没有带有远见的大型团体组织出现（譬如 PDG，提供大量的鞋类的生产部件和机器）。在维罗纳，很多企业具有较高的去中心化趋势，但是确实有一些非正式的群体存在。如今，许多本地企业限制了自身向产业的上下游迈进（上游活动包括营销、销售、购买原材料、产品设计和收集，下游包括物流和运输），这一过程就意味着需要建立外部区域供应链。在这个供应链上，企业会从组织邻近获利（维罗纳企业的技术人员每两周飞往蒂米什瓦拉并对其外包工厂进行直接督查，或者提供支持，系统地控制着罗马尼亚的外包商们）。信息、知识溢出和学习的面对面交流也变得去本地化。企业的管理人员会在蒂米什瓦拉工作两周，接着休息一周，而且他们经常于在维罗纳的企业工作两周期间对产品进行质量控制。

第六章，菲奥伦扎·贝鲁西阐述了坐落于意大利东北部著名产业区的演化，该区域以蒙特贝罗"运动系统产业区"而著称。相较于之前分析的案例，这里考虑了意大利最有创新性的产业区，这是因为该区域是由动态企业组成的，这些企业能够引入重大创新。在 20 世纪 90 年代通过外商直接投资建立起来的一些跨国企业，是其代表性标志。他们认为静态外部经济就像那些基于距离的产业区一样，对产业区的历史演化模式不能提出令人信服的解释，但是新知识的产生、外部知识的吸收、创新以及企业战略似乎是决定性因素。

第七章，阿莱莎·萨迈拉对产业区危机的现象进行了更深层次的分析。以维布拉塔谷服装产业区为经验背景，它位于意大利中心城市阿布鲁佐最北边。纵向分析表明维布拉塔谷已发展成了"卫星式产业区"，这个产业区带有很强的外包职能并且依赖于外部国家委托企业。这种现象已经持续了很长时间，并且依然代表着产业区的主要结构和文化弱点。只有少数本地企业能够通过改善质量和向更为复杂的生产线移动，进而追求产品升级。大部分企业尝试通过重复和以前低成本优势及价格竞争一样的战略去应对新的挑战。这个证据表明卫星式产业区的升级就像发展中国家一样，在整个本地化升级的过程中并没有获得有利的条件。

第八章，菲奥伦扎·贝鲁西和西尔维亚·塞迪塔提供了另一种研究西部产业区向发展中国家转移的思路，包括将生产转移到低劳动成本的国家这一替代性的劳动力转移，由此产生的组织生产的重新配置在这里被称为"逆向"转移。将以皮革鞣制加工为主的阿尔齐尼亚诺区作为经验背景，该区域专门为制鞋、家具和汽车产业生产大批量的牛皮革。这个案例的提出会引发对区域开放发展的替代方式的反思，以及促使本地企业更多地投资于本地基础研究和专业化培训。

第九章，洛伦佐·巴奇、毛罗·伦罗第和桑德琳·劳比论述了托斯卡纳皮革产业中企业之间外部知识的演化。这就意味着要研究生产机构之间的"连接线"，就要基于它们关系结构的具体指标。尤其是要关注企业中的领导者，这种

集群与产业集群中的商业网络——全球价值链的管理

领导型企业持有一种以上（一般来说是组合）重要的时尚品牌（迪奥、香奈儿、古驰、普拉达等），这些时尚品牌已经在托斯卡纳区建立了大型的分包机构和网络。研究的结果主要有两部分：第一，关系的转变和重组往往有利于不同地区公司之间关系的层级化；第二，生产的转移或国际转移问题似乎对高价值产业定位于高质量位置有着更低的敏感性。

第十章，菲奥伦扎·贝鲁西阐述了蒂米什瓦拉鞋业集群，实际上它坐落于三个县的扩展区域，分别为阿拉德、蒂米什、比霍尔。该集群的发展起步于1989年，主要归功于通过特别低的劳动力成本吸引外资的进入，在接近经济崩溃时下放给很多国有企业收购或者让外商直接投资于未开发的地区。该区域内制鞋部门仅仅是众多不同的制造业集群中的一部分，这些制造业集群已经扩展到了整个区域。本章的结论是蒂米什瓦拉集群是卫星式集群而不是马歇尔产业区，这是因为它缺乏自有的企业家和本地创新。

第十一章，根据同样的分析路线，西蒙娜·蒙塔尼亚纳致力于研究"卫星式产业区"。通过对蒂米什瓦拉制鞋产业的调查，评估技术和知识是否从国外向国内转移。分析探讨了两个相关问题：一方面，考虑了外资（尤其是意大利）企业已经与国内企业建立的联系，并研究了它们对本地发展的影响；另一方面，该分析的目的在于评估国内企业对国外客户（主要是意大利）的依赖程度。该研究的结果表明在小型产业区内，意大利企业的国际化进程并没有复制整个菲利区（价值供应链），仅仅只是其中最具有劳动密集型的部分。同时，它也不能复制经典区域内的社交模式。企业内部的本地网络仅仅是集中于减少劳动力成本。企业之间的垂直关联似乎没有很大程度的合作，而且这种关系持续的时期很短。另外，意大利和国内企业之间的联系很少，也很弱，并且只是建立在信任基础上。技术和知识的流动是单向的，即从外国（意大利）企业流向本地分包企业。后者不涉及任何战略流程。该研究强调没有一家本地分包企业似乎经历了一个令人满意的追赶过程，或者取得了很大程度的自主权。

第十二章，菲奥伦扎·贝鲁西和西尔维亚·塞迪塔解决了在同一产业内部产业区和集群专业化过程中，全球化是如何致力于增加劳动力分工的共生性问题。这个问题能够通过定性分析三个园艺区进行经验说明，其中的两个园艺区位于意大利（皮斯托亚和索纳拉），是比较落后的；另一个园艺区（博斯科普）则是更大的荷兰园艺集群的一部分。尽管缺少自然资源，气候环境也不利，劳动力和能源成本较高，但是荷兰园艺集群在全球价值链中已经处于领导地位。科技的应用以及本地组织的作用解释了这种成功的演化模式。拥有更好资源禀赋的意大利产业区，如今较强地依赖于整个荷兰集群。

第十三章，菲奥伦扎·贝鲁西和比约恩·阿歇姆针对通过并购引入外商直接投资对产业区知识管理产生的影响提出一个理论层面的反思。他们比较了两个有趣的产区：挪威的亚伦和意大利的蒙特贝罗。在这两个例子中，国际化进程是以外商直接投资的流入、投资的流出（集中于收购和外部战略性知识的吸收）以及产业区内企业创造跨国结构为特征的。但是，如何评估跨国企业进入到所分析的区域呢？他们讨论了跨国公司进入这些区域的原因，以及跨国公司的进入是如何改变产业区内知识管理的模式的（知识管理的模式影响着知识溢出的机制，这种机制描绘了产业区模式的典型特征）。

第十四章，雷纳托·加西亚和加布里埃拉·斯库讨论了知识产生和扩散的模式，以及巴西瓷砖产业里两个最重要产业区的学习过程。克里西乌马位于巴西南部的圣卡塔琳娜州，圣格特鲁德位于圣保罗州。在这两个案例中，需要指出的是本地社群组织与机构存在的重要性，两者能够通过本地生产者将有关生产和创新的努力付诸实施。这些努力是特别重要的，因为在全球市场中由中国纺织出口产生了不断增长的竞争压力。在巴西市场上占有很重要份额的这两个区域从技术上来说依赖于萨索洛产业区内的意大利龙头企业，这些龙头企业向他们出售新机器、新设计和新部件。

第十五章，安娜丽莎·卡洛菲总结了她的主要研究成果，其研究的对象是中国广东省的专业化生产城镇，这些专业化生产城镇代表着新的自上而下的集聚经济形态，其研究成果能够帮助我们深刻地理解支持中国产业增长的众多因素。当然，这些因素不仅是廉价劳动力、土地利用率和庞大的国内市场，而且国家、区域和地方政策吸引了外商直接投资和跨国企业来管理全球价值链。近期的研究也指出土生土长的本地企业家精神的作用。讨论创新政策在影响集群升级的不同模式中的作用很重要，安娜丽莎·卡洛菲讨论了中国的稳定发展给意大利产业区带来的挑战，并做了总结。

第十六章，纳瓦·布法德、索菲·卢米和安德烈·托雷拓展了对"大巴黎地区"生物技术和光学高技术集群的分析，这些高技术集群位于巴黎附近。它们展现了在地方、国家以及欧洲范围内集群的建立和成长中制度持续增强的作用。这种不断增强的制度有两个方面的意义：第一，高技术集群的增长并不是一个与市场力量的作用相关的即时机制，政府支持法国"领英"的发展，并正在逐渐成为其国家产业政策的中心。第二，高技术产业集群需要一些本地中间组织（技术网络、技术中心、孵化器、集群发展组织和区域资本投资者），它们在经济发展中的作用越来越重要，尤其是涉及本地企业和其他集群机构（国营企业、实验室和大学）之间的技术转移时，然而这种制度环境可能是模糊和部分多余的。

第十七章，德克·富尔纳尔和安·特伦分析了在德国区域生物技术竞赛中的四个生物技术产业集群，它们分别是慕尼黑、耶拿、莱茵兰和莱茵—内卡河三角地区。他们的工作主要集中于分析本地化和远程学习的形态，通过在四个选定的生物技术集群的基础上绘制 1995~2007 年合作者之间的地理网络，提供一些经验证据。其研究表明这四个集群都将本地、国家、国际的联系交织在一起，但是在不同的时间和地点上具有一致性。耶拿和莱茵—内卡河三角地区开始于高度共享的本地联系（这种联系随着时间推移而逐渐减弱），并逐渐让位于国家和国际联系；而莱茵有着更多的国家层面的联系，并且其外围已经准备从更多国际层面上的联系开始。与此相反，慕尼黑显示的是数量小得惊人的国际联系。跨国公司在利用各种联系搭建地理空间的桥梁中起着很重要的作用，这些跨国公司经常涉及美国公司。因为慕尼黑没有像这样的跨国公司，所以它的国际联系程度很低。

第十八章，杰克·穆迪森、拉尔斯·科嫩和比昂·T. 阿斯海姆将注意力转向丹麦和瑞典的生物技术产业。所选择的生物技术集群是医药谷集群，它位于厄勒地区（该区域横跨哥本哈根、丹麦和瑞典北部的斯堪尼亚，包括隆德大学城和瑞典第三大城市马尔默）。麦迪康流域可以视为潜在的大型中心。斯堪尼亚在生命科学领域有着很悠久的传统，这种传统通过阿斯特拉（后来与捷利康合并成为阿斯利康）和法玛西亚（后来与厄普约翰合并成为法玛西亚 & 厄普约翰）而存在。如今有约 130 家专业生物技术公司（约 70% 位于丹麦旁边的医药谷），70 家制药企业，130 家医药技术公司。代表着生物技术价值链最早阶段的本地大学的研究也是创新的一个重要来源。这一章主要分析了知识传播和创新活动的本地化模式，其主要结论是：生物技术集群的学习活动似乎都有地方和全球现象。

第十九章，简·万和克里斯蒂娜·查米纳德分析发展中国家印度的班加罗尔集群和产业区。这个本地系统的演化表明，产业区和集群只有通过进入全球价值链和吸收最低的技术活动才能发展的认识是不正确的。事实上，发展中国家的一些本地创新系统现在支持本地企业提升价值链（传统升级）创新产品细分策略，使用新的能力获得初始阶段多元化升级。他们的工作是为了让我们明白卫星式本地系统和低成本供应者如何演化成创新"机器"，以及这些转变过程是如何得到智能公共政策支持的，并且研究了在这样的转变过程中，本地创新系统的发展是如何满足本地企业尤其是中型企业的需求的。

参考文献

［1］Aage T. and Belussi F. （2008），'From fashion to design: creative networks in industrial districts', Industry and Innovation, 15 (5): 475-491.

［2］Asheim B. and Isaksen A. （2000），'Localised knowledge, interactive learning and innovation: Between regional networks and global corporations', in Vatne

I. E. and Taylor M. （eds.）, The Networked Firm in a Global World: Small Firms in New Environments.

［3］Bathelt H., Malmberg A. and Maskell P. （2004）, 'Clusters and knowledge: local buzz, global pipelines and the process of knowledge creation', Progress in Human Geography, 28 （1）: 31-56.

［4］Becattini G. （1987）, 'L'unità di Indagine', in Becattini G. （ed.）, Mercato e forze locali: il distretto industriale, Bologna: Il Mulino.

［5］Becattini G. and Rullani E. （1996）, 'Local systems and global connections: the role of knowledge', in Cossentino F., Pyke F. and Sengenberger W. （eds.）, Local and Regional Response to Global Pressure: the Case of Italy and Its Industrial Districts, Geneva: Ilo.

［6］Bell M. and Albu M. （1999）, 'Knowledge systems and technological dynamics in industrial clusters in developing countries', World Development, 27 （9）: 1715-1734.

［7］Belussi F., Gottardi G. and Rullani E. （eds.） （2003）, The Technological Evolution of Industrial Districts, Boston: Kluwer.

［8］Belussi F., Sammarra A. and Sedita S. R. （2008）, 'Managing long distance and localized learning in the Emilia Romagna Life Science Cluster', European Planning Studies, 16: 665-692.

［9］Belussi F. and Sedita S. （2009）, 'Life cycle vs. multiple path dependency in industrial districts', European Planning Studies, 17 （4）: 505-528.

［10］Biggiero L. （1999）, 'Markets, hierarchies, networks, districts: a cybernetic approach', Human Systems Management, 18: 71-86.

［11］Biggiero L. and Sammarra A. （2010）, 'Does geographical proximity enhance knowledge exchange? The case of the aerospace industrial cluster of central Italy', International Journal of Technology Transfer & Commercialization, 9 （4）: 283-305.

［12］Boschma R. A. and ter Wal A. L. J. （2007）, 'Knowledge networks and innovative performance in an industrial district: the case of a footwear district in the south of Italy', Industry and Innovation, 14: 177-199.

［13］Breschi S. and Lissoni F. （2001）, 'Knowledge spillovers and local innovation systems', Industrial and Corporate Change, 10: 975-1005.

［14］Cooke P. （2002）, Knowledge Economies: Clusters, Learning and Cooperative Advantage, London: Routledge.

［15］Doz Y., Olk P. and Smith R. P. （2000）, 'Formation processes of R&D

consortia: which path to take? Where does it lead?', Strategic Management Journal, 21: 239-266.

[16] Gallaud D. and Torre A. (2005), 'Geographiacal proximity and circulation of knowledge through inter-firm cooperation', Scienze Regionali, 4 (2): 5-25.

[17] Gereffi G. and Korzeniewicz M. (eds.) (1994), Commodity Chains and Global Capitalism, Westport: Praeger.

[18] Gereffi G., Humphrey J. and Sturgeon T. (2005), 'The governance of global value chains', Review of International Political Economy, 12: 78-104.

[19] Gertler M. and Wolfe D. (2006), 'Spaces of knowledge flows: clusters in a global context', in Asheim B., Cooke P. and Martin R. (eds.), Clusters and Regional Development: Critical Reflections and Explorations, London, Routledge: 218-235.

[20] Giuliani E., Pietrobelli C. and Rabellotti R. (2005), 'Upgrading in global value chains: lessons from Latin American clusters', World Development, 33 (4): 549-573.

[21] Giuliani E., Rabellotti R. and van Dijk M. P. (eds.) (2005), Cluster Facing Competition: The Importance of External Linkages, Aldershot: Ashgate.

[22] Guerrieri P. and Pietrobelli C. (2001), 'Models of industrial clusters' evolution and changes in technological regimes', in Guerrieri P., Iammarino S. and Pietrobelli C. (eds.), The Global Challenge to Industrial Districts: Small and Medium-sized Enterprises in Italy and Taiwan, Cheltenham: Edward Elgar.

[23] Håkansson H. and Snehota I. (1995), Developing Relationships in Business Networks, London: Routledge.

[24] Krugman P. (1995), Development, Geography, and Economic Theory, Cambridge, Mass: MIT Press.

[25] Markusen A. (1996), 'Sticky places in slippery space: a typology of industrial districts', Economic Geography, 72: 293-313.

[26] Maskell P. and Kebir L. (2006), 'The Theory of the Cluster-what it takes and what it implies', in Asheim B., Cooke P. and Martin R., Clusters and Regional Development, London: Routledge.

[27] Maskell P. and Malmberg A. (1999), 'The competitiveness of firms and regions: "ubiquitification" and the importance of localised learning', European Urban and Regional Studies, 6: 9-25.

[28] Paniccia I. (2002), Industrial Districts: Evolution and Competitiveness

in Italian Firms, Cheltenham: Edward Elgar.

[29] Porter M. (1998), On Competition, Boston: Harvard Business School Press.

[30] Pyndt J. and Pedersen T. (2005), Managing Global Offshoring Strategies: A Case Study Approach, Copenhagen: Copenhagen Business School Press.

[31] Sammarra A. and Belussi F. (2006), 'Evolution and relocation in fashion-led Italian districts: evidence from two case-studies', Entrepreneurship & Regional Development, 18: 543-562.

[32] Sammarra A. and Biggiero L. (2008), 'Heterogeneity and specificity of inter-firm knowledge flows in innovation networks', Journal of Management Studies, 45 (4): 800-829.

[33] Schmitz H. (2004), Local Enterprises in the Global Economy: Issues of Governance and Upgrading, Cheltenham: Elgar.

第一篇

介于知识视角和全球
价值链视角之间的
产业区和集群的
商业模式

第二章 在转移与全球一体化之间的产业区和集群价值链的国际片段化

菲奥伦扎·贝鲁西（帕多瓦大学），阿莱莎·萨迈拉（安奎拉大学）

第一节　引言

本章的研究目的是在经济全球化日益深化的背景下，追溯在特定经济活动（譬如产业区、集群、本地高科技环境等）中本地生产系统的专业化演进。这个方向中富有成效的研究路线之一是融合了两个主要的范式：产业区和全球商品链视角。有关世界发展的两个特别问题都广泛地集中在发展中国家的产业区这个话题上。这些特殊问题的研究焦点是证明产业区模式能否为世界其他区域，尤其是发展中国家提供有效的发展模式。这种产业区模式最初是基于地理上的边界化和由中小企业组成的部门范围内专业化集群的所谓"第三意大利"的成功经验形成的。从这一系列研究中涌现出的最有力的发现主要体现在两个方面：首先，产业区模式的最初构想被认为范围太窄和具有文化边界，以至于不能捕捉发展中国家经验的多样性和异质性。从这个方面来说，沿着这条分支得到的研究结果与大部分研究发达国家产业集群的结论没有什么不同，且意大利的产业集群也是一样。实际上，近期的文献已经大量地记录了产业区多样化的经验，这些经验着重强调，尽管这些产业区表示的是经济集聚的一种形式，但是产业区是由一种增长、创新、学习的可能类型和演化模式多样性来刻画的。其次，需要关注本地生产者和全球销售者之间的关系。从这个角度看，增长轨迹与产业区和集群的本地发展成效在某种程度上依赖于外部联系，这种外部联系包括将产业区内的企业纳入全球商品链中。这些类型的商品链如今与专业化的本地系统保持一致并影响着本地环境，包括抑制或提升本地企业与产业区和集群。

另一个关于理解全球化对产业区和集群影响的研究分支是将跨国企业和本地发展的研究相融合。早期形成的产业区模式几乎只关注本地化的中小型企业和本地组织的作用，而近期的研究则强调跨国公司进入产业区对本地发展和产业区升级所起到的基础性作用。产业区和集群能够提供邻近利益，为外商直接投资的流入提供有吸引力的区域，并且这一过程能够进一步产生激发作用。一些研究者提出假设：产业区内有技术部门的跨国企业的进入能够显著促进跨国企业子公司和本地企业之间的技术转移进程。圭列里、皮德罗贝利（2001），艾伦斯特等（2001）的实证研究表明，远东地区产业区和集群的快速成长与分包链之间按照学习进程相互连接。与此相反，其他学者认为，上述分析的案例在现实中并没有发生。尽管已有研究的结论是有差异的，但是重要的是，跨国公司和产业区模式并不是对立的这一共识已经出现在主流的研究中。实际上，跨国公司的扩张与区域化之间是相互演化的，甚至有时候能够推动集群进程，而不是消除区域化。

在上述这两个理论观点的基础上，本章阐述的是当面临新的全球挑战时，不同的国际化方式是如何改变一些竞争力不断加强或减弱的产业区的。有两种国际化形式。第一种形式（被称为正向的国际化）为：通过本地企业将其价值链的一些活动转移或扩展到国外的开放进程实施过程中而发生的。在产业区和集群，通过远距离的分包链离岸或者在低劳动力成本的国家内新建外商直接投资项目进而将生产活动离岸化，这是 20 世纪 90 年代发生在发达国家产业区和集群最重要的变化。第二种形式（被称为负面的国际化）为：外资企业通过外商直接投资或者其他形式进入产业区内以取代原有的企业。聚焦于这样的进程能使我们去探究那些促使企业或生产活动迁移的内生性去中心化的因素，以及进一步加强空间集聚程度的外生性中心化的力量。

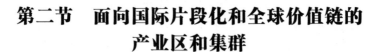

第二节　面向国际片段化和全球价值链的产业区和集群

一、国际片段化

目前，生产过程的片段化是研究国际经济学和社会学的一个重要议题。起初，全球化概念推动了相关研究的发展。这一概念表示的并不是一个准确的含义，而是对将全球经济看作单个市场的传统观念的一种再思考（在这个单一市场内，国家之间的边界不存在，人们能够观察到消费行为、资本市场的收敛性），企业有在成本、物流、国家政策和其他因素的复杂评估基础上采购材料和零部件的方式，以及在本地生产与应用并向国际转移的新知识。

生产片段化与国际贸易的增长和中间产品贸易之间有着很强的相关性。费南斯特（2003）已经清楚地将生产片段化与全球贸易一体化的增长联系起来。由于进入新的国家只需要花费低劳动力成本便会促进贸易的收益增加，同时使得企业在很大程度上降低生产成本，因此这种趋势促使发达国家与发展中国家联系和整合起来。

阿尔德、凯日科夫斯基（2001）运用片段化的概念去描述劳动力的国际分工模式，这种模式允许位于不同国家的多个生产者共同组织生产，在商业网络的支持下，原材料、零部件和组件被重新加工和组装。管理者负责直接协调不同生产阶段，这种协调是跨越国家和陆地界限的，或者通过贸易，或者通过 TPP 协调制度，在某些情况下管理者也会直接负责母公司的运输、物流、保险和质量控制。

对于整个（集聚）价值链的"切片化"代表着新的后福特模式的一个重要转变。这种趋势已经被经济学家克鲁格曼（1995）证实，并得到专门从事企业研究的研究者的讨论，这些研究者创造性地利用波特的开创性贡献发展了结构变化理论的新视角，并涌现了新的企业策略组织原则。

通过描述性案例研究和调查，证实了利用企业外包将部门和生产活动国际化的趋势。近期，《商业周刊》已经评估了 19 世纪 60 年代至 70 年代和 19 世纪 80 年代西部经济的工作替代程度。19 世纪 60 年代至 70 年代，纺织和服装部门、鞋类产品及消费电子部门重组；19 世纪 80 年代，开始与简单的服务活动相关的标准化程序，如信用卡账单管理、航空预订、呼叫中心以及相对标准化软件生产。近年来，信息和通信技术的进步使企业倾向于通过在低成本的国家采取包括服务和高附加值活动的离岸外包和采购外包（尤其是中国和印度）等方式，增加企业管理。如果考虑跨国企业的作用，片段化和一体化随处可见。国际生产系统的出现归功于跨国企业所起的作用。这些跨国企业位于生产过程的不同部分，所说的生产过程包括来自全世界的多样性的服务功能，包括生产活动的组织、布局以及其他功能，这些通常被称为全球价值链，它的范围从技术获取与研发、生产扩展到配送和销售。从一开始，这些变化就已经揭示了全球化的悖论：生产能力的急剧性扩张并没有必然地提升很多国家的发展水平。这已经被卡普林斯基等（2012）证实，是一个可能的"贫困式增长"模式。但是，在东亚国家的经验中依然有一些违反直觉的例子，这些经验显示了生产最终产品的大型跨国企业最初的外包过程是如何将技术和新的生产能力转移到发展中国家的本地企业的，这些已经在中国台湾、新加坡、韩国以及其他地区发生了。然而系统性的比较是很少的，霍布德（1995），拉尔（2001），萨克森尼、徐（2001），联合国产业发展组织（2002）对亚洲的研究，以及卡西奥拉脱对南美的研究已经强调了学习效应的重要性，这种学习效应产生于这一时期内的发展中国家，这对跨国企业来说是一种始料未及的结果，许多本地企业和供应者从原始设备生产商转变为自主设计生产商，从自主设计生产商转变为自主商标的生产商，这对原有在位企业提出了挑战。

中国台湾地区计算机产业的成功（特别是宏碁）为企业提供了一个典型的例子，该产业一开始在分包链等级中处于劣势地位，但是经历了快速的生产流程以及流程升级后，取得了设计和营销的新能力，并向价值链的更高阶段攀升。如同汉弗莱、施密茨（2004）争论的那样，这的确需要有战略意图，但像这样的战略意图在东亚比在其他部分发展中国家更加普遍的原因依然是未解之谜。尽管将链与集群的方法相结合，但是尚不足以有力地解释这些差异。制度因素和隐性创新政策（贸易管制、税收和货币政策）被认为是可能的解释变量。在20世纪80年代至90年代，东亚国家并没有面临像非洲和南美洲那些国家遇到的各种禁用政策，这些政策是用来激励产业管理者从事投机活动，而非推动战略升级的。

二、全球价值链方法

文献中出现的很多定义都是为了阐明生产链管理的过程，例如供应链、国际生产网络以及全球商品链。这些结构表示市场协调的中间形式，是介于市场经济和计划经济之间的垂直整合企业。全球商品链方法是一种网络企业范式的理论规范。

商品链的一种定义为：在产品的设计、生产和销售中涉及的虽相互关联但独立的全部离散活动。在全球产业中，同一商品链的不同部分在国际一体化和国际协调的帮助下，跨越国家边界得以不断扩张。因而，全球商品链是一种生产治理结构，这种结构的活动集是由一些独立企业组织的，并由领导组织制定规则。全球商品链还可定义为：跨国企业之间在生产、销售和消费过程中相互联系而组成的集合。霍普金斯、沃勒斯坦（1994）将全球商品链定义为"劳动和生产过程的一种网络，其最终结果是一个完成了的商品"。他们强调企业和产业之间是相互关联和相互依赖的，也就意味着其中一个部分的改变将会影响其他部分。其关注的焦点是地理层面和组织层面片段化的生产、产业协调，或组织上和地理上离散价值活动的管理，这些都是由一个在计划、融资以及整合各个生产阶段强有力的部门来实施的。汉弗莱、施密茨（2000）对全球商品链的初始定义提出了更为

集群与产业集群中的商业网络——全球价值链的管理

通用的"全球价值链"的概念，目的就是要着重分析"是谁沿着链在增加价值"的问题和避免将分析范围限制在标准化产品上的风险。根据这一建议，本章接下来的部分将采用"全球价值链"的定义来阐述这种理论方法。

全球价值链方法中存在着生产者驱动和买家驱动这一关键性区别。按照格里芬的解释，生产者驱动链是由那些大型制造商（通常是跨国公司）在沿着价值链前后连接的协调中起着中心作用。生产者驱动链描述的是那些技术密集型产业，譬如汽车、航空航天、半导体和重型机械，这些产业中最终产品的组装企业必须有一种处理架构知识的特殊能力。相反，买家驱动链已经在零售商和分销商的内部显现出来，在建立的分散生产网络中起着关键作用的品牌生产商已经将市场分割。买家导向链是劳动密集型或者消费商品（服装、鞋、玩具、家居用品和家用电子产品）所特有的。这些企业在一个寡头垄断的制度下运作，其特点是进入壁垒高。在价值链中最有利润的部分是下游，而且这些部分直接与消费者（销售和售后服务）相连。在生产者驱动的商品链中，利润最高的部分通常掌握在产业中那些起着最终装配作用的企业手中，利润来源于它们的技术领导能力和大量生产商品所带来的巨大规模经济。在买家驱动的价值链中，关键是零售商，这些零售商简单地销售基于订单生产的名牌商品，他们通过集中投资像商标、广告、营销和销售这些进入壁垒很高的领域进行竞争。

格里芬的核心观点：全球价值链方法的主要支持者认为这两种结构治理不能被人们理解，不仅是因为它们之间相互排斥，而且还因为"一系列产业组织可能性"的对比。他没有分析在现代零售业网络中生产一体化的连续性，事实上这种网络使得这两种形式变得难以辨别（参见成功的服装和鞋类跨国企业案例：19世纪70年代的贝纳通和80年代的扎拉）。

全球价值链方法为研究产业区和集群全球化和国际化的演进提供了一个有效的视角，因为它揭示了地区企业联合进入全球价值链对促进本地发展可能存在的影响。为了检验这一问题，汉弗莱、施密茨（2002）将区分四个类型的升级过程概念化。"最简单"的形式是工艺和产品升级，主要包括：①通过重组生产系统或引进先进技术，更有效地将投入转化为产出；②以增加单位价值的方式进入更复杂的产品线。"更复杂"的升级形式是功能和跨部门的升级。前者意味着在价值链中寻求新的优势功能，例如研发、设计、营销，舍弃现有的低附加值活动。后者意味着将获取的特定功能的能力应用到新的部门，比如，中国台湾生产电视的能力被用于制造监视器，接着向计算机部门移动。

全球价值链的一个核心思想是全球价值链中的产业区和集群内的企业合作往往能够促进本地企业的升级，尤其是对那些欠发达国家来说。以东亚为例，格里芬（1999）发现在全球价值链中通过外国领导者（尤其是外国购买者）引导的合作几乎都自动地促进了本地小型生产者的工艺、生产和功能升级。但是，其他学者在研究拉丁美洲集群时却得到了不太乐观的观点。汉弗莱、施密茨（2002）发现最常见的模式是产品和工艺的升级，即使这种正面的转变并不足以影响单个产业区和集群在国际上的排名，以及本地企业盈利的机会。在一个产业区和集群中，本地产品和工艺的升级往往是由外部的企业决定的。因此，属于发展中国家的产业区和集群内的本地企业缺乏产品设计的原始能力，以及在国际市场上开拓产品销售渠道的能力。汉弗莱、施密茨（2007）所列举的巴西南部的赛诺思鞋业集聚区表明，在20世纪90年代早期，尽管本地产品获得了一定程度的升级，但是产业区遭到了由中国生产者引起的长期竞争危机，这些中国生产者削弱了巴西产品在美国市场的竞争力。因此，巴西的企业丧失了市场，而且不能通过进入新的分配链进行替代，或者将国内市场作为其目标，因为它们缺乏必不可少的复杂性设计能力。纳瓦斯·阿莱曼、巴赞（2005）对巴西赛诺思的鞋类集群的研究得出了类似的结论。他们的研究集中在通过价值链的领导者促进了本地企业对质量、劳动力和环境标准的实施问题，且这种措施影响本地企业的升级。他们发现按照价值链中普遍的治理形式（美国与欧洲的网络和国内与拉丁美洲价值链的治理）和处于岌岌可危状态的标准类型去执行是非常困难的。尤其是，尽管只有譬如质量过程标准和禁止童工的标准对于全球领导企业的升级是至关重要的，但是在美国和欧洲主导的价值链中，本地的依从性往往是更高的。诸如环境标准，或其他核心劳动力标准等的执行和监督并没有遵循公平的原则。因此，当嵌入美国和欧洲主导的全球价值链有助于本地企业去适应新标准时，这些新标准对全球竞争力来说是非常重要的（或者能够有效地培养本地企业工序和产品的升级），对于其他重要升级模式的影响和对激励企业采取社会最需要的标准影响并不是一致有效的。

产生这种差异性结果的一个可能的解释是，全球价值链的嵌入对本地发展成果产生的影响取决于不同类型的治理结构，这些治理结构描述了价值链的特征。基于此，汉弗莱、施密茨（2000）区分了三种不同类型的治理形式：网络、准层级、层级。网络治理产生的条件是，企业之间的权利差异没有得到加强，且企业在价值链中分享它们的竞争力。准层级的特征是，法律上独立的企业间协调模式具有不平等的权利，价值链中的领导者定义了其他行动者必须遵守的规则。层级的治理模式意味着价值链中的参与者被领导者所拥有。他们认为，不同类型的治理对于价值链中参与者之间信息、知识和能力的转移或多或少地提供支持条件。与这种观点相一致，皮特贝利、热贝罗蒂（2005）发现，在准层级的价值链中，价值领导者促进本地企业产品和工艺的升级，然而功能升级却几乎一直处于禁止的状态。这一结论从拉丁美洲集群不同专业化部门的40个中小型企业的实证检

集群与产业集群中的商业网络——全球价值链的管理

验中得到了证实,这40个企业包括从传统制造业(如鞋和服装)到电子和汽车行业。

虽然经验证据为这种观点提供支持,但是在这种方法里面需要承认两种可能的局限性。第一种是龙头企业施加给价值链中其他机构的权力问题[巴拉巴奎尔(2000)也曾提出过]。至于特殊权力包含什么,以及它是如何获取的都没在全球价值链方法中得到较多讨论。事实上,分包商和装配商可以同时采取不同的策略,正如瑞典学校IMP所强调的,这些策略取决于活动的规模与所涉及的资源,同时也远超任何双重关系,甚至也出现在由格里芬验证过的案例体系中。在我们看来,分包商的自主权水平只是任何商业关系的多方面特征之一,这使得任何简化都举步维艰。依赖是一个选择问题,也是一个环境问题。

第二种是全球价值链方法对本地背景重要性的忽视,这成为其理论上的弱点。全球价值链方法缺乏对制度和行业所处的不同领域所起作用的关注。换句话说,全球价值链是一个游离在社会之外的理论。在这个理论中,资本主义的各种案例不被考虑,且基于特定知识的视角被排除在向本地网络开放的范围之外,从而自发地激活一个变化进程。观察每个全球价值链中参与者的可能不同表现是很重要的,这不是因为它们参与层次结构的或多或少,而是因为它们是不同制度环境的产物。事实上,本地正在发生什么,以及企业在它们发展过程中能力的积累,都是企业可以实施的一个决定性的战略工具。以热贝罗蒂(2004)研究的全球化对里维埃拉德尔布伦塔地区公司的影响为例。文章强调了那些以国际顶级时装公司(普拉达、HTM)为首的进入价值链的区域企业的功能降级主导价值链,本地鞋生产商近年来以一种被动的方式,采取了双重策略为顶级品牌商工作(接受它们对于时装设计的指令、严格的生产要求和时间表),但与此同时,它们保持着显著的自主权,以探索属于自己产品的市场。许多企业现在被更好地赋予了顶级时装设计的能力,且已经开启了一个学习设计的进程。作为一个整体的地区还未开启不可逆的衰落过程。动态地区层次链的表现同那些薄弱、不成熟的集群不在一个水平线上,因为它们属于不同的资源环境,还有诸如企业精神、技术能力、探索新市场的可能性等多方面因素参与其中。

尽管这些研究强调必须避免对全球价值链框架的任何确定性应用,但这一理论方法的优点是,通过指出集群与外部活动者的联系及其在全球背景下的定位,对集群的研究做出了重大贡献。就这一点而言,在国际分工和知识交互方面,全球价值链框架也可以用来理解产业区和集群的内部联系。这种方法强调的重点是,在对全球产业动态和结构的分析中,不同类型产业区和集群随着劳动部门或联合或分裂的过程出现。一些产业区和集群专门从事研究和产品概念化的增值活动,如意大利的萨索洛或蒙特贝罗,而另一些则处理劳动密集型制造业的任务,如索纳拉的意大利案例，皮斯托亚和科尼亚案例，或者蒂米什瓦拉案例。本地企业的链式连接管理类型的确受到单一产业区和集群知识库的限制。全球化对产业区和集群的主要影响之一是，技术领先的产业区和集群和本地其他系统之间的层级化，其在结构上取决于领导者的知识创造过程。

第三节　西部产业区和集群内的
国际化战略和产出升级

在西部的几个集群里，复杂形式的升级已经成功（如硅谷的跨部门升级，现在已经产生了生物技术集群），也有在城市研究密集型地区本地化的欧洲高科技集群（如慕尼黑的生物技术集群和巴黎的科技集群）。然而，对于一些西方产业区和集群来说，全球化正威胁着本地的发展和竞争力，并强化了采取一些积极策略的需求，以此来通过本地价值链的深度重组帮助其应对不断变化的全球环境。

一般来说，通过专注于价值链中特定的制造阶段，西部产业区和集群一些专攻传统制造业的企业已经拥有了它们自己的竞争力。受制于金融、技术和管理资源方面存在的多重限制，典型的中小企业现在也已经通过发展独特的技术能力，或者发掘源于专业化的成本优势得到了弥补。当前全球产业结构的变化逐步削弱了这些因素的竞争优势，因此正在威胁发达国家中大量的产业区在全球价值链上的位置。

面对日益加剧的全球竞争所引发的新的威胁，最有效的反应就是实施大规模迁移。经验证据表明，在西部产业区和集群，低附加值和劳动密集型的活动通过国际分包链或小型跨国公司（外商直接投资地区）的国际化纷纷外包出去。上述两种积极的国际化渠道都源自大型企业和中小企业的广泛推动，其中包括传统上被认为不易进行国际化成长的家族企业。然而，典型产业区长期可持续性迁移产生的效果可能有所不同，这取决于集群企业采取区域价值链的国际化分工作为一种手段来促进升级的可能性大小。

通常情况下，迁移是一种实现进程升级的方法。本地厂商通过外国直接投资或者国际分包，利用各国劳动力工资和价格因素的差异，从而建立国际生产网络，提高效益，这种形式被定义为"复制转移"。也就是说，迁移企业没有加强自身在全球价值链中的战略位置，因为它们试图通过炮制专注于低成本优势和价格竞争力的方式，来应对新的竞争挑战。但这种形式的升级本身并不足以加强发达国家产业区的竞争力，正如阿莱莎·萨迈拉以意大利维布拉塔谷服装区为参照

集群与产业集群中的商业网络——全球价值链的管理

所阐述的那样（见第七章）。复制迁移增加了本地分包商的竞争压力，它们正逐渐被外国供应商所取代。在这样的情形下，在中期内，转移很可能成为一个破坏性的过程，即存在着导致本地生产系统解体的风险。因为新兴经济正在逐渐取代传统工业，成为世界市场低价部分的廉价产品的生产者。

当区域内的企业转移低附加值活动并专注于高附加值的活动，而将那些资本或知识密集型的阶段留在区域内部的时候，迁移就成了更复杂、更有利可图的升级形式，这种形式被定义为"选择性迁移"。也就是说，区域价值链中低附加值活动的外流，将通过一个循序渐进的功能升级过程得到补偿。这种重组过程需要采取积极主动的策略，因为本地企业需要在内部资源与能力的收购或发展的基础上，建立新的竞争优势来源，以此来控制全球价值链的战略活动，或者进入一个新的领域。在蒙特贝罗运动区，虽然本地企业仍然把运动服装全球价值链的一些核心活动（如原型设计、研发、营销和分销）投资于本地，但是这些企业已经将劳动密集型制造业活动大量转移到东欧国家。正如第六章所说，蒙特贝罗区紧跟选择性迁移的步伐，通过区域功能升级，以及建立发展中国家低成本的模仿者和竞争者的高壁垒的方式，被淘汰出局的本地分包公司得到了吸收和补偿。

许多研究人员研究发现，在过去的几十年里表现最好的意大利产业区和集群内，复杂形式升级的成功推动和实现得益于在积极推动国际化的框架内采用了较少分散的协调模式，品牌形象的建设（如德拉瓦莱的马尔凯鞋区、蒙特贝罗的健乐士），以及扩大对零售网的投资。这些积极的策略并不适用于所有的本地企业，因为只有拥有足够资源的本地龙头企业才能在功能升级方面进行大幅投资。不过，在一些案例中，主导企业的策略已经对整个本地系统产生了积极影响，例如威尼托眼镜区、蒙特贝罗运动区和一些分包区。因此，龙头企业在区域价值链重塑过程中所扮演的角色至关重要。通常情况下，尽管龙头企业在国际上外包标准化的低成本产品，但是它们已经决定进行区域外包。通过国际分包链的内部管理，本地龙头企业现在俨然已是大采购中心。本地龙头企业进入全球分销网络（如威尼托眼镜区），区域企业分组和适度的阶层分级取代了原来的网络关系，这些都弥补了制造业外包活动。小企业中互利共存的关系模式被抛弃，更有决断力的阶层出现。

根据区域内成功升级的一些经验，区域价值链的重塑源于本地龙头企业制定了战略措施，这些企业能够改变典型的本地企业立足本地的传统商业模式。外部联系的建立需要价值链活动的广泛参与，范围涉及原材料的采购、制造业和零售业。这导致新的"开放网络"商业模式的出现，从而扩展了企业价值链以外的区域边界。

遗憾的是，这种传统区域模式的根本变革并不是总会发生。尽管大多数产业区和集群能够通过大规模迁移扩大其在国外的标准化生产活动，但是只有在某些情况下，集群企业能够适应价值链中全球领导者的角色，将迁移战略与职能和部门间升级结合起来。事实上，西部产业区和集群升级的结果具有很大的异质性。

有助于解释这些差异化结果的一个结构因素是区域内部的多样性。内部多样性涉及规模、所有权、组织模式、经济专业化、战略和能力方面的结构分化。内部多样性是一种有着重要意义的结构特性，它可以显著影响区域的升级潜力。例如，中大型企业的存在能够表示一个重要的结构条件，可以推动产业区功能性和部门升级。实际上，在价值链中大公司通过开展内部研发活动通常更容易获得优势功能，这些优势功能对于允许更激进的创新或创造它们自己的销售网络的重要性是在不断增加的，也有助于绕过国际批发商，巩固本地企业在国内外市场的地位。

尽管在全球价值链中，生产和零售的国际化是升级和获取更大价值份额的一个关键因素，但是越来越多的共识认为开拓视野是本地企业生存的先决条件。通过研发联盟和其他形式的探索和创新，外部知识联系（国家或全球）得以建立，从而降低了认知"锁定"和"过度嵌入"的风险，这些风险可能成为区域学习和创新的重要障碍，特别是当技术轨迹和全球经济条件改变时。

在相当缺乏重要技术突破的过去，许多西方产业区和集群在适应过程和产品技术的渐进式创新而产生必要知识的能力上，能够很好地实现自给自足。集群中的企业是灵活的组织，它们从联营和本地积累的现有知识储备开始就具有了开发新的组合集的特殊能力。然而，全球化进程正在对开放式创新的新模式施加压力，集群中的企业必须探索和尝试那些不是普遍存在的新的遥不可及的知识来源。本地的知识联系仍然能够对知识使用和复制机制产生影响，这种机制支持现有知识的传播，而外部联系和知识来源是扩大和升级集群现有能力的基本知识变化机制。外部知识联系对高科技产业区和集群而言尤为重要，在这些高科技产业区和集群内，与外部跨国公司的技术联盟、具有良好信誉的大型大学部门以及私人和公共研究中心对于访问异构和地理分布的知识和能力至关重要。

第四节　跨国企业在产业区和集群内的投资

虽然发达国家产业区的大部分地区通过将活动转移至国外的流出过程实现国际化，但是其他地区也正在经历由跨国企业的内向投资推动的其他形式的国际化。

集群与产业集群中的商业网络——全球价值链的管理

在意大利地区，位于摩德纳省的生物医学区和蒙特贝罗运动区，是这种"被动国际化"形式的两个典型案例。在生物医学区，跨国公司是通过收购由本地企业家创立的公司来实现进入的，而这些公司的建立经历了两个大规模外商直接投资时期：1987~1988年和1994~1995年。目前，该地区拥有一些在全球生物医学产业中具有重要地位的跨国公司，如金宝公司、B. Braun-Carex、Mallinkrodt、百特公司和费森尤斯。蒙特贝罗地区的特点还包括运动行业领先的跨国公司（如金鸡、朗格、HTM），它们通过在20世纪90年代收购本地企业进入该地区。

到目前为止，在这两种情况下的经验证据表明，跨国公司的进入有助于促进地方发展和升级，帮助本地企业克服区域层面的限制。跨国公司的进入使该地区得到新的金融资源，并直接满足了国际市场的需求。此外，跨国公司对地区的投资产生了积极的外部效应，因为本地系统在全球获得了更高的声誉和知名度，这也为本地企业带来了间接优势，这些优势没有通过专有链接直接纳入跨国网络。如比杰罗、萨玛拉（2003），萨玛拉（2003），比杰罗（2002）所述，位于摩德纳省（意大利）的生物医学区，具有吸引国外特别是具有高知名度的大型跨国公司直接投资的能力，表明在国际层面，该集群已经发展了独特的区域能力，这可能引发有利于整个集群的外商直接投资的"滚雪球效应"。

产业区可以从跨国公司的进入获得多个潜在优势。跨国公司可以提供资产，或者技能与规则，从而有效地补充集群企业因位置约束而缺少的知识。通过与本地生产者（跨国公司和终端企业的分包商）的合作或直接竞争，跨国公司可以产生不同类型的知识溢出效应。自愿或非自愿知识转移包括：①通过本地劳动力市场升级的内部培训获得的管理和技术能力；②关于国际市场演变的知识和信息；③创新的管理模式，如新的组织安排和程序，以及管理技术。将本地企业纳入跨国企业的层级治理链中可以促进区域企业的升级。事实上，为了避免地方分包商的地位由供应商提升到潜在的竞争对手，全球买家或外国供应商可能不会将管理和技术能力转移给它们，跨国企业通常倾向于在自己的国外子公司网络内进行知识转移，通过跨国网络各部门之间产品、过程、管理技能和创新的转移促进其功能升级，从而促进知识转移。然而，如前文所述，知识转移不一定是自愿或自主性的过程。空间上的连续性促进模拟的过程。因此，知识溢出也可以使本地的独立公司受益，而这些公司并不是跨国网络的一部分。

来自外商直接投资流入的优势不是单向的。一方面，跨国企业可以通过知识溢出直接或间接地促进知识向东道国传递；另一方面，也可能存在逆向知识流，即知识从产业区转移到本国的跨国公司总部，或转移到其他东道国的附属公司。有关跨国公司的研究认为，国际直接投资之所以逐年增长，是因为可以在特定的国外位置寻求新的知识。跨国企业越来越多地采取知识寻求的形式来进行国际直接投资，同时试图通过参与各种本地知识集群来获得对外国知识库的访问，从而增加自己的知识库。事实上，与跨境转移相比，直接驻扎在源头是一种更有效吸收知识的方式，因为这种方式拥有非正式和隐性成分，这往往非常重要，而且这只能通过面对面的接触和工人的流动来获得。跨国企业进驻本地集群还能使其受益于本地熟练而有经验的员工，从而能够降低其搜寻和招聘成本。

产业区和集群吸引跨国企业寻求知识投资的能力取决于本地的创新能力和积累能力。跨国公司似乎特别倾向于在具有强大技术活动的国外地区进行研发投资，这导致本地研发活动的进一步增强，从而展示了国内公司和国外子公司在东道国集群中的共同演变。例如在意大利，无论是米兰多拉的生物医学区还是蒙特贝罗运动区，随着时间的推移，都开发了一个高度专业化的技术知识本地资源库，展示了世界范围内独树一帜的制造能力，从而吸引了一些重要的跨国公司决定通过购买本地企业来投资该地区，以此获取本地的技术和背景知识。这一证据表明，本地知识创造和外部知识吸收的过程随着时间的推移而逐渐演变，并能按照一种相辅相成的机制培育彼此。

高度活跃的本地集群通常通过外商直接投资的流入而获益。相比之下，对于脆弱或不成熟集群而言，本地和外来集群参与者之间的这种共同演化的良性循环更加具有不确定性，因为外国企业通常会限制它们的范围和集群关系的深度。

第五节　结论

全球化正在改变传统的领土局限、改变内部联系，增强本地系统对外开放的需要。市场、生产和研究日益国际化促使产业区和集群跨越本地边界，推动更大地理范围内的合作。

跨国公司通过转移投资流入和流出的渠道，正在改变产业区和集群的传统结构，这对于本地企业发展的影响不是单向的。当本地公司将国际化战略同功能与部门的升级相匹配时，转移加强了产业集群的长期合作性。另一个能够促进产业集群升级的重要机制涉及国外跨国公司的进驻，这可能会产生从特定产业区到全球范围内的知识内—外向流动。高科技产业区和集群协同演进，发展了许多外部联系和专注于研发的联盟。

在低技术和高科技领域，各种产业区和集群的运营方式是完全异质的，因为本地企业强烈依赖本地部门、本地资质、外部全球价值链和其他外部链，处理区外运营商的能力也各有差异。不同的还有在外部关系的基础上吸收知识的能力。

每个产业区和集群所拥有的不同能力，决定了其在全球供应链中的地位。单个产业区和集群（或者单个企业）拥有的能力（内部开发和外部获取的能力）有限，即使在同一部门它们也可能看起来像全球领导者或者追随者，来自产业区和集群的迁移活动影响了全球价值链的建立。然而，在同一个产业区和集群中，各种模式却可以共存，发展中国家演化发展可能性的最终结果是：在升级能力（通过全球价值链实现知识吸收）和本地活跃能力（知识创造、本地条件的学习和战略改进）之间取得平衡。

参考文献

［1］Amighini A. and Rabellotti R. （2004），'How do Italian footwear industrial districts face globalisation?', Working Paper.

［2］Anderson U., Fosgren M. and Holm U. （2002），'The strategic impact of external networks: subsidiary performance and competence development in the multinational corporation', Strategic Management Journal, 23: 979-996.

［3］Arndt S. and Kierzkowski H. （eds.）（2001），Fragmentation: New Production Patterns in the World Economy, Oxford: Oxford University Press.

［4］Axelsson B. and Easton G. （eds.）（1992），Industrial Networks, London: Routledge. Badracco J. （1991），The Knowledge Link: How Firms Compete through Strategic Alliances, Boston: Harvard Press.

［5］Bair J. and Gereffi G. （2001），'Local clusters in global chains: the causes and consequences of export dynamism in Torreon's blue jeans industry', World Development, 29 （11）: 1885-1903.

［6］Becattini G. and Rullani E. （1996），'Local systems and global connections: the role of knowledge', in Cossentino F., Pyke F. and Sengenberger W. （eds.）, Local and Regional Response to Global Pressure: The Case of Italy and its Industrial Districts, Geneva: ILO.

［7］Bathelt H., Malmberg A. and Maskell P. （2004），'Clusters and knowledge: local buzz, global pipelines and the process of knowledge creation', Progress in Human Geography, 28: 31-56.

［8］Bell M. and Albu M. （1999），'Knowledge systems and technological dynamics in industrial clusters in developing countries', World Development, 27 （9）: 1715-1734.

［9］Belussi F. （1993），'The transformation of the 1980s: the growth of network companies, or the return of flexibility in large business?', International Journal of Technology Management, 9: 188–189.

[10] Belussi F. (2005), 'On the theory of spatial clustering: the emergence of various forms of agglomeration', in Belussi F. and Sammarra A. (eds.), Industrial Districts, Relocation, and the Governance of the Global Value Chain, Padova: Cleup.

[11] Belussi F. (2006), 'In search of a theory of spatial clustering: agglomeration vs active clustering', in Asheim B., Cooke P. and Martin R. (eds.), Clusters in Regional Development, London: Routledge.

[12] Belussi F. and Arcangeli F. (1998), 'A typology of networks: flexible and evolutionary firms', Research Policy, 27: 415–428.

[13] Belussi F. and Gottardi G. (eds.) (2000), Evolutionary Patterns of Local Industrial Systems, Aldershot: Ashgate.

[14] Belussi F., Gottardi G. and Rullani E. (eds.) (2003), The Technological Evolution of Industrial Districts, Boston: Kluwer.

[15] Belussi F., Sammarra A. and Sedita S. (2008), 'Managing long distance and localized learning in the Emilia Romagna life science cluster', European Regional Studies, 16 (5): 665–692.

[16] Biggiero L. (2002), 'The location of multinationals in industrial districts: knowledge transfer in biomedicals', Journal of Technology Transfer, 27: 111–122.

[17] Biggiero L. and Sammarra A. (2003), 'The biomedical valley: structural, relational and cognitive aspects', 29: 367–388.

[18] Belussi F., Gottardi G. and Rullani E. (eds.) (2003), The Technological Evolution of Industrial Districts, Boston: Kluwer.

[19] Birkinshaw J. and Sölvell O. (2000), 'Leading–edge multinationals and leading–edge clusters', International Studies of Management and Organization, 33 (2): 3–9.

[20] Boari C. and Lipparini A. (1999), 'Networks within industrial districts: organizing knowledge creation and transfer by means of moderate hierarchies', Journal of Management and Governance, 3: 339–360.

[21] Boschma R. A. and ter Wal A. L. J. (2007), 'Knowledge networks and innovative performance in an industrial district: the case of a footwear district in the South of Italy', Industry and Innovation, 14: 177–199.

[22] Braunerhhjelm P. and Feldman M. (2006), Cluster Genesis: Technology–Based Industrial Development, Oxford: Oxford Univ. Press.

集群与产业集群中的商业网络——全球价值链的管理

［23］ Breschi S. and Lissoni F. （2001）, 'Knowledge spillovers and local innovation systems', Industrial and Corporate Change, 10: 975-1005.

［24］ Camuffo A. （2003）, 'Transforming industrial districts: large firms and small business networks in the Italian Eyewear industry', Industry and Innovation, 10（4）: 377-401.

［25］ Cantwell J. A. （1989）, Technological Innovation and Multinational Corporations, Oxford: Basil Blackwell.

［26］ Cantwell J. and Iammarino S. （2000）, 'Multinational corporations and the location of technological innovations in the UK regions', Regional Studies, 34: 317-322.

［27］ Cassiolato J. （1992）, 'The user-producer connection in high-tech: a case study banking of automation in Brazil', in Schmitz H. and Cassiolato J. （eds.）, Hi-Tech for Industrial Development, London: Routledge.

［28］ Chesbrough H. W. （2003）, Open Innovation: The New Imperative for Creating and Profiting from Technology, Boston: Harvard Business School Press.

［29］ Coe N. and Bunnell T. （2003）, 'Spatializing knowledge communities: towards a conceptualisation of transnational innovation networks', Global Networks, 3（4）: 437-456.

［30］ Corò G. and Grandinetti R. （1999）, 'Evolutionary pattern of Italian industrial districts', Human System Management, 18: 117-129.

［31］ Davidow W. and Malone M. （1992）, The Virtual Corporation: Structuring and Revitalizing the Corporation for the 21st Century, New York: Harper Collins.

［32］ Dicken P. （2003）, Global Shift: Mapping the Changing Contours of the World Economy, London: Sage.

［33］ Dicken P. （2007）, Global Shift: Reshaping the Global Economic Map in the 21st Century, London: Sage.

［34］ Dicken P., Kelly P., Olds K. and Yeung H. W. （2001）, 'Chains and networks, territories and scales: towards a relational framework for analyzing the global economy', Global Networks, 1（2）: 99-123.

［35］ Dunning J. （1981）, International Production and Multinational Enterprise, London: Allen & Unwin.

［36］ Dunning J. （1993）, Multinational Enterprise and the Global Economy, Massachusetts: Addison-Wesley.

［37］ Dunning J. H. （1996）, 'The geographical sources of the competitiveness of firms: some results of a new survey', Transnational Corporations, 5: 1-30.

[38] Dunning J. H. (1998), 'Globalisation, Technological Change and the Spatial Organization of Economic Activity', in Chandler A., Hagstrom P., Sölvell O. (eds.), The Dynamic Firm: The Role of Technology, Strategy, and Regions, Oxford: Oxford University Press.

[39] Dunning J. H. (2000), 'The eclectic paradigm as an envelope for economic and business theories of MNE activity', International Business Review, 9 (2): 163-190.

[40] Edwards B. (2004), 'A word of work: a survey of outsourcing', 13: 1-16.

[41] Engardio P., Bernstein A. and Kriplani M. (2003), 'Is your job next?', Business Week, 3: 50-60.

[42] Enright M. (1998), 'Regional Clusters and Firm Strategy', in Chandler A., Hagstrom P., Sölvell O. (eds.), The Dynamic Firm: The Role of Technology, Strategy, and Regions, Oxford: Oxford University Press.

[43] Fenestra R. (2003), Advanced International Trade: Theory and Evidence, Princeton: Princeton University Press.

[44] Ford D. (ed.) (2002), Understanding Marketing and Purchasing, London: Thomson.

[45] Ford D., Gadde L-E, Håkansson H., Lundgren A., Snehota I., Turnbull P. and Wilson D. (1998), Managing Business Relationships, Chichester: Wiley.

[46] Gambarotto F. and Solari S. (2005), 'How do local institutions contribute to fostering competitiveness of industrial clusters? The upgrading process in the Italian eyewear system', in Giuliani E., Rabellotti R. and van Dijk M. P. (eds.), Cluster Facing Competition: The Importance of External Linkages, Aldershot: Ashgate.

[47] Gereffi G. (1999), 'International trade and industrial upgrading in the apparel commodity chain', Journal of International Economics, 48: 37-70.

[48] Gereffi G. and Kaplinky R. (2001), 'The value of value chain: spreading the gains from globalisation', IDS Bulletin, 32 (3).

[49] Gereffi G. and Korzeniewicz M. (eds.) (1994), Commodity Chains and Global Capitalism, Westport: Praeger.

[50] Gereffi G., Humphrey J. and Sturgeon T. (2005), 'The governance of global value chains', Review of International Political Economy, 12: 78-104.

[51] Giuliani E. (2005), 'Technological learning in a Chilean wine cluster and its linkages with the national system of innovation', in Giuliani E., Rabellotti R. and

集群与产业集群中的商业网络——全球价值链的管理

van Dijk M. P. (eds.), Cluster Facing Competition: The Importance of External Linkages, Aldershot: Ashgate.

［52］ Giuliani E. and Bell M. (2005), 'The micro-determinants of meso-level learning and innovation: evidence from a Chilean cluster', Research Policy, 34: 47-68.

［53］ Giuliani E., Pietrobelli C. and Rabellotti R. (2005), 'Upgrading in global value chains: lessons from Latin American clusters', World Development, 33 (4): 549-573.

［54］ Gordon R. (1996), 'Industrial districts and the globalisation of innovation: regions and networks in the new economic space', in Vence-Desa X. and Metcalfe S. (eds.), Wealth From Diversity, Dordrecht: Kluwer.

［55］ Guerrieri P. and Pietrobelli C. (2001), 'Models of Industrial Clusters' Evolution and Changes in Technological Regimes', in Guerrieri P., Iammarino S. and Pietrobelli C., The Global Challenge to Industrial Districts: Small and Medium-Sized Enterprises in Italy and Taiwan, Cheltenham: Edward Elgar.

［56］ Guerrieri P. and Pietrobelli C. (2004), 'Industrial districts evolution and technological regimes: Italy and Taiwan', Technovation, 24 (11): 899-914.

［57］ Guerrieri P., Iammarino S. and Pietrobelli C. (2001), The Global Challenge to Industrial Districts: Small and Medium-Sized Enterprises in Italy and Taiwan, Cheltenham: Edward Elgar.

［58］ Hall P. and Soskice D. (2001), Varieties of Capitalism: The Institutional Foundations of Comparative Advantage, Oxford: Oxford University Press.

［59］ Hanson G., Mataloni R. and Slaughter M. (2001), 'Expansion strategies of US multinational firms', Wirking Paper.

［60］ Henderson R. and Clark K. (1990), 'Architectural innovation: the reconfiguration of existing product technologies and the failure of established firms', Administrative Science Quarterly, 35: 9-30.

［61］ Hobday M. (1995), Innovation in East Asia: the Challenge to Japan, Aldershot: Edward Elgar.

［62］ Hopkins T. and Wallerstein I. (1994), 'Commodity chain in the capitalistic world-economy prior to 1800', in Gereffi G. and Korzeniewicz M. (eds.), Commodity Chains and Global Capitalism, Westport: Praeger.

［63］ Humphrey J. (1995), 'Special issue on industrial organization and manufacturing competitiveness in developing countries', World Development, 23 (1).

［64］ Humphrey J. and Schmitz H. (2000), 'Governance and Upgrading:

Linking Industrial Cluster and Global Value Chain Research', IDS Working Paper.

[65] Humphrey J. and Schmitz H. (2002), 'How does insertion in global value chains affect upgrading industrial clusters?', Regional Studies, 36 (9): 1017-1027.

[66] Humphrey J. and Schmitz H. (2004), 'Governance in global value chains', in Schmitz H. (ed.), Local Enterprises in the Global Economy, Cheltenham: Edward Elgar.

[67] Humphrey J. and Schmitz H. (2007), 'How does insertion in global value chains affect upgrading in industrial clusters?', Regional Studies, 36 (9): 1017-1027.

[68] Jaffe A., Trajtenberg M. and Henderson R. (1993), 'Geographic localization and knowledgespillovers as evidenced by patent citations', Quarterly Journal of Economics, 108: 577-598.

[69] Johanson J. and Vahlne J. (1977), 'The internationalisation process of the firm: a model of knowledge development and increasing foreign market commitment', Journal of International Business Studies, 8 (1): 23-32.

[70] Jones R. and Kierzkowski H. (2000), 'A framework for fragmentation', in Arndt S. and Kierzkowski H. (eds.), Fragmentation in International Trade, Oxford: Oxford University Press.

[71] Kaplinsky R. (2000), 'Globalisation and unequalisation: what can be learned from value chain analysis?', Journal of Development Studies, 37 (2): 117-146.

[72] Kaplinsky R., Morris R. and Readman J. (2002), 'The globalisation of product markets and immiserising growth: lesson from the South African Furniture industry', World Development, 30 (7): 1159-1577.

[73] Kenney M. and Florida R. (1994), 'Japanese maquiladoras: production organisation and global commodity chains', World Development, 22 (1): 27-44.

[74] Kogut B. and Zander U. (1992), 'Knowledge of the firm, combinative capabilities, and the replication of technology', Organization Science, 3: 383-397.

[75] Korzeniewicz M. (1992), 'Global commodity networks and the leather footwear industry: emerging forms of economics organisation in a postmodern world', Sociological Perspectives, 35 (2): 313-327.

[76] Krugman P. (1995), 'Growing world trade: causes and consequences', Brooking Papers on Economic Activity, 1: 327-342.

[77] Lall S. (2001), Competitiveness, Technology and Skills, Aldershot: Edward Elgar.

[78] Langlois R. (2001), 'The vanishing hand: the changing dynamics of in-

集群与产业集群中的商业网络——全球价值链的管理

dustrial capitalism', SSRN Working Paper.

[79] Lazerson M. H. and Lorenzoni G. (1999), 'The firms feed industrial districts: a return to the Italian source', Industrial and Corporate Change, 8: 235-266.

[80] Lechner C. and Dowling M. (1999), 'The evolution of industrial districts and regional networks. The case of the biotechnology region of Munich/Martinsried', Journal of Management and Governance, 3: 309-338.

[81] Leoncini R. and Montresor S. (eds.) (2008), Dynamic Capabilities between Firm Organization and Local Systems of Production, London: Routledge.

[82] Lipsey R. (2002), 'Home and host country effects of FDI', Available online at http://ideas. repec. org/p/nbr/nberwo/9293.

[83] Maggioni M. and Bramanti A. (2002), 'Local and Global Networks in the economics of SMEs-is proximity the only thing that matters?', in McNaughton R. and Green M. (eds.), Global Competition and Local Networks, London: Gower.

[84] Malmberg A. and Sölvell O. (1997), 'Localised innovation processes and the sustainable competitive advantage of firms: a conceptual model', in Taylor M. and Conti S. (eds.), Interdependent and Uneven Development: Global and Local Perspectives, Aldershot: Ashgate.

[85] Markusen A. (1996), 'Sticky places in slippery space: a typology of industrial districts', Economic Geography, 72: 293-313.

[86] Maskell P. (1999), 'Future challenges and institutional preconditions for regional development policy of economic globalisation', paper presented at workshop 'Information processes and path-dependent evolution: local systems' response to changes in context, Padua University, 27 November.

[87] Maskell P., Pedersen T., Petersen B. and Dick-Nielsen J. (2007), 'Learning paths to offshore outsourcing: from cost reduction to knowledge seeking', Industry and Innovation, 14 (3): 239-257.

[88] McDonald F., Tüselmann H., Heisr A. and Williams D. (2003), 'Employment in host regions and foreign direct investment', Environment and Planning C: Government and Policy, 21: 687-701.

[89] Moodysson J. and Jonsson O. (2007), Knowledge collaboration and proximity, European Urban and Regional Studies, 14 (2): 115-131.

[90] Nadvi K. and Schmitz H. (1999), 'Special issue on industrial clusters in developing countries', World Development, 27 (9).

[91] Navas-Alemán L. and Bazan L. (2005), 'Making value chain governance

work for implementation of quality. Labor and environmental standards: Upgrading challenges in the footwear industry', in Giuliani E., Rabellotti R. and van Dijk M. P. (eds.), Cluster Facing Competition: The Importance of External Linkages, Aldershot: Ashgate.

[92] Palpacuer F. (2000), 'Competence-based strategies and global production networks', Competition and Change, 4 (4): 354-400.

[93] Paniccia I. (2002), Industrial districts: Evolution and Competitiveness in Italian Firms, Cheltenham: Edward Elgar.

[94] Pietrobelli C. and Rabellotti R. (2005), 'Upgrading in global value chains: lessons from Latin American clusters', in Giuliani E., Rabellotti R. and van Dijk M. P. (eds.), Cluster Facing Competition: The Importance of External Linkages, Aldershot.

[95] Pisano G. (2006), Science Business: The Promise, the Reality, and the Future of Biotech, Harvard, MA: Harvard Business School.

[96] Porter M. (1985), Competitive Advantage, New York: The Free Press.

[97] Powell W. (1990), 'Neither market nor hierarchy: network forms of organization', Research in Organisational Behaviour, 12: 295-336.

[98] Rabellotti R. (2004), 'How globalisation affects Italian industrial districts: the case of Brenta', in Schmitz H. (ed.), Local Enterprises in the Global Economy: Issues of Governance and Upgrading, Cheltenham: Edward Elgar.

[99] Rabellotti R. and Schmitz H. (1999), 'The internal heterogeneity of industrial districts in Italy, Brazil and Mexico', Regional Studies, 33 (2): 97-108.

[100] Robertson P. and Langlois R. (1995), 'Innovation, networks, and vertical integration', Research Policy, 24: 543-562.

[101] Rugman A. M. and Verbeke A. (2001), 'Subsidiary specific advantages in multinational enterprises', Strategic Management Journal, 22 (3): 237-250.

[102] Sammarra A. (2003), Lo sviluppo dei distretti industriali, Percorsi tra globalizzazione elocalizzazione, Roma: Carocci.

[103] Sammarra A. (2005), 'Relocation and the international fragmentation of industrial districs value chain: matching local and global perspectives', in Belussi F. and Sammarra A. (eds.), Industrial Districts, Relocation, and the Governance of the Global Value Chain, Padova: Cleup.

[104] Sammarra A. and Belussi F. (2006), 'Evolution and relocation in fashion-led Italian districts: evidence from two case-studies', Entrepreneurship and Regional Development, 18 (6): 543-562.

［105］Saxenian A. and Hsu J. (2001), 'The Silicon Valley-Hsinchu connection: technical communities and industrial upgrading', Industrial and Corporate Change, 10 (4): 893-920.

［106］Schmitz H. (ed.) (2004), Local Enterprises in the Global Economy: Issues of Governance and Upgrading, Cheltenham: Edward Elgar.

［107］Shan W. and Song J. (1997), 'Foreign direct investment and the sourcing of technological advantage: evidence from the biotechnology industry', Journal of International Business Studies, 28 (2): 267-284.

［108］Tassetto F. (2008), 'L'evoluzione recente del distretto calzaturiero della Riviera del Brenta', unpublished thesis, Faculty of Science Policy, University of Padua.

［109］Thompson G., Frances J., Levacic R. and Mitchel J. (eds.) (1991), Markets, Hierarchies and Networks, London: Sage.

［110］Thorelli H. B. (1986), 'Networks: between market and hierarchies', Strategic Management Journal, 7: 37-51.

［111］Todeva E. (2006), Business Networks, Oxford: Routledge. Unctad (2002), World Investment Report: Transitional Corporations and Export Competitiveness, New York and Geneva: United Nation Conference on Trade and Development Publications.

［112］Unido (2002), Industrial Development Report, 2002/2003, Competing through Innovation and Learning, Vienna: Unido.

［113］Vang J. and Chaminade C. (2007), 'Cultural clusters, global-local linkages and spillovers: theoretical and empirical insights from an exploratory study of Toronto's film cluster', Industry and Innovation, 14: 401-420.

［114］Vernon R. (1966), 'International investment and international trade in the product cycle', Quarterly Journal of Economics, 80: 190-207.

［115］Veugelers R. and Cassiman B. (2001), 'Foreign subsidiaries as a channel of international technology diffusion', IESE Research Paper, Barcelona: University of Navarra. Available online at http://ideas.repec.org/e/pre105.html.

［116］Whitley R. (1996), 'Business systems and global commodity chains: competing or complementary forms of economic organisation?', Competition & Change, 1: 411-425.

第三章 产业区的本地化和远程学习

菲奥伦扎·贝鲁西，西尔维亚·塞迪塔（帕多瓦大学）

第一节 引言

在马歇尔概念化了产业区模型的一百多年后，人们对专业化产业空间集聚的兴趣惊人地保持不变。

与马歇尔描述的相呼应，由一大批中小型企业组成的本地化集群可以获得足够的竞争力，进而从各种各样的外部经济体获益，这些结论可以在各类学科中找到，如产业经济学、商业研究、经济地理学、社会学、城市规划、社会网络分析和政治学。

总结这一系列的研究成果，我们可以确定参与形成本地外部经济的六个重要因素为：①具有熟练工人的本地劳动力市场；②存在辅助工业和特定的基础设施；③采用与企业专业化相关的高度专业化机械；④存在本地企业间建设性合作（由垂直延伸的企业间分工促进的）；⑤竞争的透明度（与本地相当数量的现有竞争对手有关）；⑥存在让企业沉浸其中的特殊"产业氛围"，能够刺激知识的传递、引入创新，以及快速采用"好主意"。这些特征是产业区模式的关键，它们是长期本地化的结果，并且产生了一个有机整体，即一个本地化和高度专业化的本地产业系统，其特点在于存在嵌入式社交网络。很显然，这种简短的描述没有考虑不同历史时期里许多国家和地区发生的区域化进程的多样性[1]，也不讨论

---

[1] 讨论参见马库森（1996），罗伯特森、兰洛伊斯（1995），帕尼西亚（1998）。有趣的是，一些研究者还提出了混合形式的存在（科尔，2001）。日本产业区的描述可以在伊豆（1997）的研究中找到。产业区的概念和关于这个问题的理论及经验成果完全不受意大利边界的限制，它不是一种受限制的现象，而是一个扩散的模式，正如斯科特（1992）所指出的那样。

在不同学科中采用的不同术语，这些术语用以表示基于特定产业区类型的本地专业化现象，它们被称为交替集群、本地系统、本地环境等。

在原始的马歇尔产业区的理论版本中，产业区概念具有一些描述性特征（由本地社区的工人、商人、本地居民和社会协会的代表组成的产业区），在产业组织理论随后的发展中这些特征消失了，现在只关注地理经济的概念化、将集群推向由集聚驱动的规模经济的"纯粹"经济模式。因此，由密集的社会关系、商业网络以及信息和知识的流动（与本地行动者的相互作用有关）共同构成的丰富基础，曾被集群的现实表现所暗示，当前却仍如雾里看花般模糊。

从那时起，文献记载了许多处理地方经济问题的初步方法。马歇尔的社会经济方法被一些学者赋予了新的生命，其中包括美国的商业学者、经济地理学家以及意大利和欧洲的一些当代研究人员。

下一节将详细阐述和讨论许多成果，试图重新引入马歇尔分析（其提到了产业区模式的"社会"方面），但是它们没有纳入来自经济社会学和社会网络研究的最先进的理论和方法，从而将分析水平限制在了纯粹的描述性和暗示性方法。几个重要的调查线索被忽略了，如产业区企业家如何掌握"空中知识"？如何在本地竞争企业之间传播知识？是劳动力流动性、透过竞争对手的窗户直接观察还是其他因素更关键？更重要的是，产业区是外部创造新技术的净进口商，还是其自身也具有产生新颖性和创新力的能力？以上讨论的本地化学习模式，与一种封闭系统（活跃在马歇尔时期）相关联，它是如何将自身转变为一个更复杂的系统（典型的后福特主义时代）的？"边界学习"（一种综合组合的相关品种的本地化和远程学习）在这个系统中是否占主导地位？

基于这个角度，我们的贡献（主要是理论性的）是试图发展一个更严格的分析方法。这种方法从传统的马歇尔观点出发，其本质上包含本地化学习的现代理论，不过它增加了最近的关于实践社区（CoPs）的理论，即被描述为区位学习的轨迹和"边界学习"，并引导我们反思它们在产业区学习机制中作为解决问题的知识提供者和时而是创新者的功能作用，这也是企业对区外创新的吸收能力，同时也是企业创新的来源。此外，我们的分析旨在说明和对比在产业区模式中共存的、各种本地机构之间自发的知识共享机制，以及在知识创造和转移中更明显的形式，无论这种转移发生在本地还是国际的商业网络中。后者通常发生于垂直生产网络，由降低生产成本或创新投入决定（通过制造外包和/或知识外包），或者由与区域及外部知识型机构建立新关系的需求决定。我们认为在这些非自发网络的形式中，激进的创新找到了一个肥沃的环境，而渐进式创新往往是本地和远程企业间关系的副产品，或者是自发形式的社会交往的结果。我们假设：①通过产业区实践社区内的本地学习有利于渐进式创新；②通过研发机构进行本地学习可能会引起激进创新；③通过在区域外的实践社区进行远程学习有利于渐进式创新；④利用企业网络进行的远程学习可能有利于激进学习（例如研究与研发网络）或渐进式学习（例如国际分包）；⑤边界学习（这是所有本地和远程学习的融合），将引发在激进和渐进式创新的开放系统模型中的持续多重创新。

　　本章的结构如下：第二节对与产业区概念相关的文献的演变进行全面的总结，回顾了关于本地化学习机制的较早研究成果和最新研究成果，为远程学习机制的研究提供了一个新的视角；第三节基于"边界学习"概念，发展了一个理论框架，以解释本地化和远程学习的作用；第四节提供了我们的理论分析中所暗含的一些结论，通过跨学科的方法来理解产业区内的学习过程驱动了这种理论分析。

第二节　产业区的本地化学习到远程学习

一、马歇尔的传承

　　产业区的概念可以追溯到"经济学原理"，马歇尔在其中阐述了中小型公司的聚集（集群）是如何促进外部经济发展的，马歇尔使用的旧术语在收益增加机制发现之前，他允许产业区享受相同的规模经济（以及随之而来的分工），这些经济通常有利于大型企业。马歇尔（1920）曾提到："外部经济……往往可以由在特定地区具有类似特征的许多小企业的集聚来保证，或者正如通常所说的，通过产业的本地化来确保。"

　　专业化部署地方资源所带来的好处是在这种集中工业活动的创造性进程的基础上，创造了一个本地技术工人库，使得在新的、昂贵的机器上分享投资成为可能，并且增强知识溢出的"产业氛围"。"贸易的奥秘变得不再神秘，但它仍藏身空中，如影随形，孩子们在潜移默化中学到很多。"（马歇尔，1920）

　　在马歇尔区传播的知识主要是经验型的，源于实践和技术。这些知识的人工编码程度很低，技术工人更多通过口头将经验传递给新一代。马歇尔的观点已经被放弃了数十年，直到它重新焕发生机，这要感谢巴卡蒂尼的工作，他在托斯卡纳研究中找到了马歇尔理论的证据。巴卡蒂尼将产业区定义为："社会领土实体，其特点是在一个自然和历史上有界的地区内，活跃着一群人和一群企业。该地区不像其他环境（如制造业城镇），社区和企业倾向于合并。"

在巴卡蒂尼的新马歇尔观点中，产业区被看作是中小型企业的本地集团，所有这些企业都参与相同的生产过程，但其中每个企业都在某一特定的阶段。各个企业彼此独立，但都参与地理、社会和生产性关系的本地网络。因此，一个一体化的产业区出现了，它产生的经济对单一企业来说是外部的，但对行业内部和社会关系"浓缩"的本地企业来说是内部的。因此，产业区是轻工业化机制和特定本地生产系统嵌入社会共同体之间社会经济活动的极端综合体。

这种产业组织的新社会视角的特点是社区的概念作为产业区定义的基础被引入，这种社区现已超越了一个本地企业的概念。巴卡蒂尼介绍了马歇尔观点的一个重要变化，试图明确"空中知识"的模糊概念。产业区存在的一个必要条件是存在社会交往和一种本地社区的归属感，而这又成为社区/地区特征（由共同价值观、机构和规则制度所创造）发挥重要作用的一个关键因素。里昂、梅塔（1997），霍林斯沃斯（2000）提出，在一个更普遍水平上的理论假设中，产业区成为制度安排的一个活生生的隐喻，它融合了利己主义机构（本地企业）的新古典主义与更多社会学的观点，这种观点描述了行为者如何被社会责任激励。这意味着需要将社区、协会和各种形式的社会和商业网络的理念引入分析框架。在新古典主义范式中的客观计算交易组织成的经济协调在产业区模式中被转化为一种嵌入式交易，并受社会关系、自建信任的不同变化、声誉、团结、规范、习惯和共同演化的行为规则的影响。地理上的邻近允许区域里行动者间相互信任的增强，这源于频繁的交流和对同一社区的认同感[①]。产业区展现出的这种关系被称为社会资本[②]。

来自产业区的"社会"理论引发的主要结论是：它代表了一种制度性安排的配置，这一配置降低了本地行动者的交易成本，提高了本地参与者（企业公司和机构）之间的合作。

二、产业区——作为本地网络和实践社区

在 20 世纪 80 年代末，对于研究产业区理论而言，社会方法变得普遍。尤其是许多研究强调了产业区中商业网络的出现，这既是现有本地社会关联性的普遍效应，又是一种新颖的组织形式，它保留了市场功能的某些特征（灵活性）以及层级体系的成本（内部协调成本）改善，这是经鲍威尔（1990），贝鲁西、阿尔坎杰利（1998），科格特（2000）讨论过的。商业网络被视为关系型治理，具

---

① 这种地方系统明显不同于本地增长的佩鲁形式的机制（1955 年），其中效率的唯一来源基于一种外部效应，该效应来自日益增长的汽车企业之外的外部引入。

② 关于布尔迪厄和普特南的社会资本概念的比较，参见西西艾宁（2000）。

有或多或少分散的权力，其中单独的资源在合作模式中被联合起来。网络视角成为区域聚集或区域学习系统中科学家遵循的共同实践。他们指出，与低效的企业巨头相比，位于产业区的企业能够产生更好的经济绩效，比如基于分包网的丰田生产系统取代了福特斯的组织模式（哈里森，1994）。如皮尔尔、塞布尔（1984）所论述的：与大公司模式相比，在处理灵活的需求和传递知识方面，企业的本地化网络通常被证明是一种更好的组织形式。贝兰迪（1992）强调了产业区内所谓的"去中心化能力"在国际层面起的作用。其他学者则将意大利模型与其他类型的本地化网络进行了比较。类似地，其他研究人员将硅谷企业去中心化的动力归结为波士顿路128号（大企业所在地区）稳定性的下降。他们认为，虽然两种情况下的企业都位于专业化区域，可以从高地理接近度受益，但是两个本地系统显示出了不同的活力。对于硅谷企业所展示的面对变化时的不同性能和适应性，可以通过一种区域效应来解释，其中涉及以下方面：小型专业化企业的存在（本地系统的变化来源），社会网络在为企业提供种子资本方面的作用（金融机构和企业之间的积极合作），由非正式接触频繁而引发的知识的迅速传播（快速的知识传播）。利索尼、帕加尼（2003）在布雷西亚的纺织机械生产区也发现了创新者网络。

在产业网络问题方面，相关主题的文献浩如烟海，并且有许多经验案例。然而，关于本地网络的大多数研究更偏描述型而非分析型。社交网络分析的新工具包（包括网络结构的详细描述）还没有被大量应用。中野、怀特（2006）描述了东京太田机床产业区的大尺度网络，他们展示了使用社交网络分析来深刻阐述产业区生产网络关系结构的首次尝试，但对于产业区中某些网络结构引发创新条件的系统分析仍然缺少。几乎没有考虑的相关紧要问题是：网络中新知识的位置在中心或外围（或在特定的参与者——节点内）、网络拓扑结构，以及网络的属性（密度、关系的强度、主要参与节点的中心性）。现实中的逻辑似乎是，网络的存在展示了合作，并且这种合作带来了创新，但我们知道这一系列的因果关系在根本上是一种误导。分包关系并不总会产生新的知识。正如托德瓦在其一篇很长的文献综述中声称的那样：制度因素或限制或有利于合作和创新。社会嵌入性可以产生累积优势，但它也能导致"锁定"效应。捆绑的纽带也可能变成盲目的纽带；嵌入性可能会产生太多的一致性，或病态的僵化。在一项关于纽约服装业的研究中，尤兹（1997）发现，绩效不仅与企业联系的数量（社会资本假说）相关，而且与中间联系的数量有关。因此，企业的成功既不能过度嵌入也不能嵌入不足。

在产业区和集群之间观察到的各种增长模式需要一个新的理论框架，这个框架能够更准确地分析社会和经济领域间的相互作用，考虑产业区出现和存在的条件，并且检测潜在的演化轨迹，其中机构—节点（学习）的行为是第一个与特定产业区结构和节点特定特性的理论层面的关联。与商业研究的传统一样，在解释经济和创新绩效而考虑各种变量时，缺乏关于因果关系的大规模测试。一个必要的前提条件是，要加深我们对既定产业区中存在的不同社交网络的了解。

在旧的马歇尔框架中，属于公有的社会网络只是根据机构对身份的认知而定义的，这取决于历史背景，而在现代产业区中，如萨克森尼（1994），贝鲁西、皮洛蒂（2002），贝兰迪（1992），朱利安尼（2005），朱利安尼、贝尔（2005），汉森（2005），亚马林、麦卡恩（2006）所讨论过的：社会由形成认知子集的劳动力市场、技术人员、企业家和特定的专业人士组成。事实上，这些子社区是实践社区。因此，可以在关于当代产业区和公共开放策略服务（COPS）方法的文献之间建立联系。由于工作和非工作活动的共享，产生了企业家、工人和机构之间发生相互作用的紧密结构，这种结构处在由地理和社会邻近产生的产业区中。正如在社会学文献中所论证的，实践社区能够产生知识和培养本地社区（布朗、杜吉德，1991；斯旺等，2002）。

雷弗、温格（1991）首先在1991年介绍了实践社区的概念，并强调了在大型企业的学习过程中分享实践的重要性。他们关于实践社区描述如下：实践社区是一个活动系统。在这个系统里，参与者分享他们在做什么以及这对他们的生活和社区意味着什么。因此，在行动和这些行动对自己及较大集体的意义方面，他们联合在一起（雷弗、温格，1991）。

这些社区是由专业人员及团体组成的有机体，他们非正式地结合在一起，由共同的目的驱动，分享他们独特的能力来解决组织问题。例如，他们可以是从事深水钻井的工程师，或是专门从事战略营销的顾问，或是提供技术支持的"代表"［参见奥尔（1990）施乐的案例］。通过自我选择的成员参与机制，社区成员在解决问题过程中做出自身贡献的态度方面得到强化。

实践社区的主要目的是发展成员的能力和建立知识交流，这正变得有用，例如，它能推动战略实施和产生新的业务线，也支持渐进式创新，后者经常出现在社区内工作实践中，以应对新问题。

实践社区的一个典型特征在于自我延续的过程，而不是其他形式的集聚，如功能性小组、网络、团队或项目组。例如，团队或项目组通常由一组为完成特定任务①而集中到一起的工人组成，项目完成即宣告解散。相反，正如温格、斯奈

集群与产业集群中的商业网络——全球价值链的管理

---

① 我们在这里回顾一下涉及由野中、竹内（1995）描述的"知识创造公司"，并暗含在日本的"ba"概念中的升级。日本哲学家西田先生最初提出了这个概念，它接近英语单词"Place"，指的是组织环境（在这个环境中的特定时间段内，个人在特定时间和地点进行交互），一种用于新兴关系的共享空间，正如皮洛蒂（2000）所描述的。

德（2002）曾解释的，一个实践社区具有持续很长时间的特性，它允许社会资本的沉淀。随着时间的推移，这种隐性和共同的知识提升了社区的潜力和解决问题的能力。

实践社区是社会视角下激活学习过程的重要场所，它涉及所有成员的相互参与，即使后者难以凭经验检测到。学习是社会群体中定义的能力和个人经验之间相互作用的结果。因此，一个实践社区可以被视为一个社会容器，这个容器包含形成学习系统的多种能力。

在产业区中，这些社区扮演着小型关键社交网络的角色。专业人员和技术工人升级他们的知识，解释市场上出现的创新性，在进行新知识的选择时应用同行评价，以及促进社会认同机制。可以假设这样的实践社区在旧的和成熟的产业区中更发达，而在一些新开发的产业区里却不一定存在这样的社区，通常只有相关分包商①形成的卫星状区域（马库森，1996）。

从"社群主义区域"（每个人只认为自己是社区的成员，他们通过一般的归属感相联结）到"实践社群功能型产业区"的转变仅仅是尝试性的提议，因为关于地方实践社区作用的分析还是一个相当新的研究领域。例如，在意大利的里维埃拉布伦塔区（一个专门从事高品质时尚制鞋的产业区），产业区内存在的实践社区已经分离。在那里有一个活跃的设计师社区，他们选择本地酒吧作为会议点，来非正式地分享新想法和市场趋势。利索尼、帕加尼（2003）也做了有用的工作，他们计算了本地集群（布雷西亚的针织品机构）中的网络数量，目的是探知本地关系的模式及其对引入渐进式创新的影响。他们将这些关系与认识论社区的概念联系起来，但我们认为实践社区的概念更合适。当我们提到产业区时，会发现隐性知识传递更重要，特别是在时尚、音乐以及那些通常以创造力为根本竞争优势要素的行业里。事实上，区分两个社区的主要特征之一是其所产生的知识类型。认识社区被认为与知识的生产有关，因存在一本密码本，使得这些知识主要是显性的。与之相反，实践社区与实践和专门知识的交换相关，它们主要被假设为采取隐性形式，并被社会本地化。

在这方面，本纳（2003）对本地化学习的理论做出了贡献，揭示了在本地机构的支持下，硅谷的实践社区是如何在该地区的个人和集体学习过程中发挥重要作用的。他利用互联网设计和发展职业中妇女协会（硅谷网络女孩）的案例进行研究，这个协会是跨企业学习社区的促进者。此外，还有一些关于欧洲产业区的研究证明了实践社区的存在，例如位于马德里电子产业区充满活力的工程专业

---

① 这背后的想法是社会网络需要时间发展，企业之间的合作行为是依赖于路径的，并且有利的环境条件也是必需的。因此，产业区的"克隆"远离了它们自发形成的地方是不可能实现的。纯粹离域的活动或向低成本国家的转移分包活动不能重现原始的社会经济公式。

人才社区，以及丹麦诺康电信产业区。

三、产业区——作为本地学习的工具

回顾过去 20 年关于这一主题的大量文献发现，当研究人员开始将注意力更加准确地放在产业区模式（该模式与企业创新能力的执行力相关）上时，一个重要的分析支流出现了。在这个问题上，我们可以找到一些来自产业区案例研究的说服性证据，这涉及高科技领域和低科技领域的产业区。根据这些研究，以下因素得到强调：①区域和社会毗邻对知识传播的影响；②邻近度（和非正式情况）对于激活本地机构之间隐性知识流动的重要性；③非基于研发创新的重要性；④积累实用知识的关键作用及其本地化的性质；⑤在知识传播和创造过程中，联合地方机构（集体参与者）作为元组织者发挥的作用。

在企业历史的叙述、工人经验的检索和口头传播中，在由多元关系（这种多元关系也包括工作地点之外，由机构与本地合作伙伴建立，他们共享一些共同的文化、利益和生活方式）的存在所支持的"位置"学习的各种情况中，隐性知识的表达找到了它的特殊地位。产业区中的共同本地化公司自然地受益于这种嵌入性，以及与知识最丰富的行动者之间的高度稳定关系，即格兰诺维特（1973）范式二分法中的"强关系"。这大大降低了知识获取的成本。尽管隐性知识通常被认为是黏性且难以表达的，但是在产业区丰富的关系组织中，本地社区起到了转移机制的作用。在资源和编码知识的获得几乎无所不在的全球，为了将自己与竞争对手区分开来，企业所采取的策略是使用复杂的监控策略来分散知识源，如集群特定的建筑知识（平奇等，2003），或者仅仅对严格限制成员数的俱乐部开放和嵌入在本地码本中的知识源。由隐性知识的本地化形式培育的有活力氛围的本地能力，是和产业区的竞争力最密切相关的驱动因素。虽然信息与通信技术可以帮助编码知识，但是关键的隐性维度仍然是难以捉摸和本地化的。显然，面对由格特勒（2003）提出的"隐性等于局部，可编码等于全局"时，我们需要谨慎。组织邻近，而不是地理邻近，往往是距离遥远的机构之间隐性知识转移的基础，例如跨国企业总部及其子企业，或者在客户和分包商之间游走的管理者以及贸易交易会或展会的参与者。

认识到地理知识溢出的重要性似乎是另一个角度，通过它可以来讨论本地化学习的概念。例如，我们已经发现其他科学家在引用美国专利时，遵循了明显的地域维度。有远程机构注册的专利，有空间相邻的发明人注册的专利，而引用前者的频率小于后者。然而，知识溢出的重要性可能被夸大了，与知识溢出相关的许多问题，例如专家或科学家由大学到企业的劳动力流动，实际上是

集群与产业集群中的商业网络——全球价值链的管理

与劳动力市场运作有关的一个方面，尽管在特定情况下，存在着类似企业的显著聚集性。

一般的共识是，产业区的特点是对渐进式创新的强烈偏好，并受到机构之间的相互作用和效仿激励的支持。一方面，本地环境促进了渐进式创新的产生；另一方面，创新的可见性提高了追随者的参与度。那些不能防止知识在组织之外泄露的创新者，面临着寻找新方案以绕过模仿者（在新产品或新生产流程方面）的挑战。这可能会产生一个基于探索和开发活动的地方学习的递归过程。

在传统部门经营企业的经济绩效①中，凯内利、德利索（2004）通过对区域效应和创新效应评估的实证调查确定了知识溢出（非自愿，通过非正式机构的）和正式创新活动（大部分是产品创新）之间的相关性。该研究的结果支持产业区创新性的论点，这种创新在有意和无意活动中产生。

尤其是在 2001 年，一篇有影响力的文章使人们的注意力重新转向与本地系统集群相关的本地化学习机制（因此与产业区概念重叠），这篇文章强调了集群/产业区作为特定地方创新系统的作用（不同于如区域或国家创新体的其他类别）。因此，国外文献将产业区模式看作一种非凡又强大的手段，通过这种手段，无论是沿着垂直方向还是水平方向，都可以在地域层面上开发学习活动和新知识。关于前者，注意力集中在连接一些商业伙伴的方向上，这些商业伙伴具有不同但互补的能力，并沿着生产流水线进行交易。有人认为，交易成本（包括研究和信息成本）减少、谈判和决策成本（由于信任、社会资本和声誉的存在）下降、互动学习以及本地生产网络的相同成员之间频繁而密切的互动带来了利益。有人认为，通过减少交易成本（包括研究和信息成本）、谈判和决策成本（由于信任、社会资本和声誉的存在）以及通过互动学习，有利于本地生产网络中相同成员之间频繁而密切地互动。关于后者，有人认为，存在着分享类似能力和类似生产活动的本地竞争对手，促进了对生产周期中引入的商业模式和新事物的观察。因此，一方面，它刺激模仿，但另一方面，它提供了变化的合适刺激，以触发平行实验和知识探索。换句话说，本地系统的自我复制很大程度上依赖于监督式的学习。

---

① 我们估计了 5 个回归模型，以 1992~1995 年在传统部门经营的 1218 家公司为样本，分别根据其在 1992 年和 1995 年的实际增加值变化来衡量业绩。数据有三个统计来源：社区创新调查、意大利结构商业统计和意大利商业登记。

四、产业区——作为远程学习的工具

有文献最近强调了从新马歇尔地区（主要是封闭的本地网络）到全球地区（后马歇尔区演化）的过渡，文章把注意力集中在运行和跨越不同空间配置的网络连接上。在全球化背景下，创新投入不可能局限于本地区，全球化也减弱了传统的本地化生产要素的重要性。企业的关键投入似乎是国际间的研究合作，以及国际科学和专业能力的使用。与顾客和国际市场上的客户保持联系，对于创新型新产品的商业成功至关重要。显然，我们不是在这里讨论"死亡的距离"，而是把注意力集中在产业区中发生的近距离和远距离相互作用的结合上。创造性的表达——"远程学习"，使我们处于中间地位，远离了其他严格的地域隐喻，如超空间有界系统的想法，或相反，全球系统里典型的有限空间中知识流的观点。

外部分包商和战略供应商稳定网络的出现，强调了产业区的新开放性。科罗、格兰迪内蒂（1999）通过实证分析研究了意大利 19 个产业区的演进模式，发现该地区与越来越多的外部行动者、资源和能力息息相关，因此，它正在经历从一个相当有限的关系系统转变成一种相当不同的事物的过程（科罗、格兰迪内蒂，1999）。反映现代产业区和集群活力的新特征是远距离学习的新形式，这与使用从外部到产业区的非正式和正式渠道吸收/创造知识流有关。企业的国际网络和外部实践社区正在努力激发对区域边界之外知识的探索、选择、激活和培育的过程。

为了具有竞争力，尤其是为了引入复杂的创新，产业区必须能够与区域外的服务提供商建立战略关系，以涵盖其内部能力薄弱的环节（通常是信息技术、质量管理、营销沟通等）。这个"开放"过程显然发生在不同的层级，它与西方企业增加其外国研发份额的趋势是一致的。

产业区的"守门员"作为搜索、转码和传输外部知识吸收者。将本地企业的创新能力与利用外部知识资源进行创新联系起来的研究人员发现，存在着像大学、研究中心和咨询机构等国内和国际代理机构。这里指的是莫里森（2004）研究工作中对意大利低科技区的研究，以及鲍威尔等（1996）对波士顿生物技术区的研究。虽然在某些情况下外部"守门员"只是提供了对确定知识源的独特访问，但是在其他情况下，它们有助于建立知识创造的联系。在生物技术集群中，如果空间集聚倾向于和大公司、前沿机构、领先大学以及地方人力资本（如明星科学家）相关联，那么全球联盟就会在研发协作和许可领域广泛建立。

集群与产业集群中的商业网络——全球价值链的管理

萨克森尼（1999，2005）证实了技术移民在硅谷发展中发挥着越来越大的作用。他们也是印度班加罗尔软件区发展的基础，该地区是由归国移民开发的。随后成为商业网络的跨国社交网络不应被简单地解释为人才流失，或是为了获得便宜的离岸生产，但它们确保建立跨国技术社区的互利联系，这种联系有助于人员、资本、技术和创意的流通。类似地，安德森、劳伦森（2007）报道了一些从波士顿回来的丹麦企业家在医药谷（哥本哈根附近）开办一家新企业的案例。在许多远东国家，高科技地区的发展归功于全球跨国企业或国际供应商的本地化而推动的知识转移，慢慢提升了本地企业的能力。在这里回顾中国台湾新竹地区的有趣演变是很重要的。

远程学习与企业的吸收能力直接相关。在这种情况下，奥格（2001）解释了产业区得到外部知识的能力，作为所获能力的"内化"，这种知识在系统内被重新加工。她关于日德兰半岛（丹麦）服装产业区的研究表明：外部信息来源和提高内部创新能力具有相关性。她特别提到演出、市场、与供应商的关系以及时尚工作室扮演的角色。她的结论似乎强调了区域嵌入的贬值。但事实并非如此，这并不意味着密集的内部网络的终结，但其提供了存在知识获取和转移的多尺度联系的经验证据。

产业区的认知"开放"近来也出现在低科技领域，部分原因是使用了信息与通信技术。然而，电子知识交流确实不能替代面对面的交流。越来越多国际共享语言和信息通信技术基础设施的采用，使知识流动变得更加容易。因此，对多个知识源的访问成为可能，这有利于经济的多样性，并增强异质性。一些经济学家已经在文献中研究了有关获得新知识从而将其结合到产业区里的过程，并且通过最近对外部联系和远程研发/技术合作得到了经验性的证实。与外国合作伙伴（包括外部供应商、客户、研究和市场机构）的生产关系，已经提高了产业区企业的本地能力和帮助建立全球供应链。关于这一点，格里芬等（2005），贝尔、格里芬（2001）已经很好地阐述过了。

巴塞尔特等（2004）加深了本地学习过程特征的二元性并引入了全球渠道的概念。他们将本地的"东奔西忙"现象与"全球管道"建设过程并列，即使这个比喻没有产生很大的共识（库克，2005），但是很明显，引入这两个概念可以回应限制本地学习视角的影响，以及使用一个更加现实的分析框架，该框架考虑了源于长距离关系的知识流动的作用。

表3-1总结了文献中的成果，并简要概述了这些成果。我们试图研究有限空间的产业环境中发生的两种主要形式的学习：本地学习和远程学习。我们试图在综合理论框架内融合两种类型的学习，了解产业区中本地企业创新能力的驱动因素。

表 3-1 产业区中的本地学习和远程学习：文献调查

普遍的学习类型		主要贡献	主要观点
本地学习	马歇尔遗产	马歇尔（1920）	涉及形成区域化、引起局部外部经济的元素：①技术工人的集合；②辅助产业和特殊基础设施；③企业专业化；④建设性合作；⑤有利于知识传播的"产业氛围"
		巴卡蒂尼（1979，1990），德奥塔蒂（1994）	产业区作为一种降低地方行为者之间的交易成本、改善合作的制度安排，在本地社区概念中发挥重要作用
	现代视角	波特（1998），萨克森尼（1994），斯科特（2006），斯托珀（1997），费尔德曼（2005），贝兰迪（1992）	产业区作为本地创新系统的发现
		马斯克尔（2001），卡玛尼（1991），阿谢姆（1996），安东内利（1994，2000），萨克森尼（1994），斯托珀（1995）	本地化学习未升级的相互依赖
		斯托珀、哈里森（1991），马库森（1996），伊豆（1997），帕尼西亚（1988），罗伯逊、朗格瓦（1995）	通过去中心化治理，产业区作为本地化系统运作
		拉泽森（1995），利索尼、帕加尼（2003），拉泽雷蒂、斯托雷（2003），斯科特（2006）	
		布鲁斯科（1982），尤·威尔金森（1994），朱利安尼（2005），伊马里诺、麦肯恩（2006），哈坎森（2005）	产业区作为社会联系的工具
远程学习	全球视角	阿明、斯里夫特（1992），斯科特（1992）	全球网络中的本地节点 世界经济是由嵌入全球网络中的本地交易网络组成区域的拼图

续表

普遍的学习类型	主要贡献		主要观点
远程学习	产业区作为开放式演进系统	科洛、格兰迪内蒂（1999），贝鲁西、哥达迪（2000），贝鲁西、皮洛蒂（2002），穆迪森等（2006），费尔德曼（2004），库克（2002a，2002b，2004），萨克森尼（1999，2005），科埃、巴娜尔（2003），安德森、劳伦森（2005），舒（2003），巴塞尔特等（2004），汉弗莱、施密茨（2002），德斯玛、沃尔（2005），斯科特（2006），贝尔、阿布（1999）	
		奥伊纳斯（2002）	本地系统作为互通的地区

第三节　产业区内的学习：本地与远程学习的融合

在本书发展的这个新的分析视角中，产业区学习过程导致创新的产出，该过程可以分解为以下两个主要的决定因素：①在本地/全球层面个体间的非正式联系——个体层面；②在本地/全球层面企业间的商业联系——组织层面。

事实上，产业区的创新源于企业的策略及它们积极主动的努力（研发、工程部门和重点工作组），但这也是通过实践社区（包括本地专业人士和实践社区）和商业网络（包括在地方一级或在该地区之外运作的供应商、客户、大学和机构①）进行互动的结果。在一些情况下，商业网络完全国际化，就像格里芬（2005），贝尔、格里芬（2001）阐述的全球供应链那样。大多数情况下，非正式的人际关系弥补了正式组织间安排的结构性缺陷。

结果是一个开放式创新的模式，它植根于一个边界学习机制，这种机制能够同时激活本地和由外部到区域内部的行动者。正如库克（2006）所指出的那样，并不是所有的开放性在地理上都很接近，因为远程网络扮演了一个战略角色，认知和关系的邻近性（在人际关系和组织之中）都发挥着作用（波斯玛，2005），

---

① 我们这里提到埃茨科瓦茨、雷蒂斯托夫（1997）提出的"三螺旋模型"，他们强调了在创新系统演变过程中大学、企业和政府之间空间相互作用的重要性。

从而建立了多空间（地理上混合）的知识领域。在现代产业区中，学习涉及一种双向机制：当不同的实践社区（本地和远程）匹配和整合它们的知识，或以相当激进的方式，通过深思熟虑后的努力建立创新导向的联盟、网络和协作，从而克服区域边界时，学习就发生了。

这里需要参考的是鲍威尔等（1996）的研究："企业不是使用对外关系作为临时机制来弥补自身尚未掌握的能力，而是通过合作来扩大其能力。公司选择通过相互依赖和垂直整合的自主性来维持学习的能力……这种关系的核心是获得相关知识的必要性：一种复杂又广泛分散的知识，在企业界内不容易生产或捕捉。……许多相关知识既不位于组织内部，也不容易购得。……当知识的来源不同、技术发展的途径未知时，我们可以预见学习网络的出现。"

可在意大利的蒙特贝罗和米兰多拉地区找到关于本地企业"在边界学习"的分散案例。我们以施乐集团"呼吸鞋底"的创新为例（施乐集团是位于蒙特贝罗的地区性企业），其创新是一种通过企业网络的概念化过程，涉及内部实验室、米兰理工学院和东京大学。相类似的还有兰德公司的案例，位于米兰多拉市（摩德纳省）的医疗区，与米尼亚波利斯（世界上最大的全球生物医学区），以及位于那里的美国美敦力公司的研发相关联。

需要强调的是，产业区中的学习不仅是建立一个渠道，而且与互相协调的能力有关：①不同实践社区的工作（其边界比地区更广泛），其功能是增加和根本性地升级该地区现有的知识；②形成全球企业网络的深思熟虑后的战略活动，它分散了知识，并为渐进和激进的知识升级提供了手段。没有实践社区的作用，渠道是有缺陷的；缺少经由外部联系带来的强大的研发投资，实践社区在新知识建设的过程中会处于弱势。

本地和远程学习有许多来源。因此，我们要区分非正式网络和商业网络。这种划分显然受到鲍威尔、格罗达尔（2005）研究的启发，他们强调网络可以通过正式（双向的有目的性、战略性联盟）或非正式联系（基于共享经验）来表征其他特征。贝尔（2005）最近采用了这种方法，他在对加拿大共同基金企业集群的创新性进行评估的实证研究中，调查了正式和非正式网络的相对重要性。

地理上的联系决定了成员的地理邻近性以及关系的密切程度。因此，我们可以假设本地关系往往是强的，而外部关系如果是临时的就可能会是弱的，但当它们涉及稳定的企业间网络时，就会是强的。我们在理论层面探讨社会网络理论之后，假设存在以下的启发模式。渐进性创新更有可能发生在强本地关系中，这需要频繁和重复的互动，并且由于机构之间的认知距离普遍很小，有利于少量新信息的传播。由实践社区的相互作用而得到的学习类型有些新意，但仍然保守，因此不利于激进创新。

集群与产业集群中的商业网络——全球价值链的管理

激进的创新更有可能发生在遥远的弱关系上，它具有空间分散和不频繁发生的特征。如果机构之间的认知距离足够大，新的信息和知识将支持熊彼特的"新组合"论［参见格兰诺维特（1973），鲍威尔、格鲁多（2005），诺特博姆（1992），阿明、罗伯茨（2006）］。远程学习扮演着地区边界扳手的角色，它与本地和遥远的行动者有多种关系。本地和远程业务交互主要有以下两个解释：①搜索能力，这是企业所缺乏的（或者外部购买组织成本较低的）；②需形成联盟，通过它建立全新的能力，发现新的知识与创新。

理查德森（1972）已经在他开创性的文章中强调了企业进入商业网络的动机，即为了获得它们缺乏的互补但不同的能力，这需要去适应特定的组织生产力需求，并且无法在市场上买到现成的。在产业区中，这意味着一个进化过程，它将企业搜索从本地转移到了全球范围内，以实现：①寻找专业生产者和关键能力；②搜寻更便宜的生产者的市场，这些市场或者位于同一地点，或者分散在较低工资的国家。在一个片段化但完整的全球生产过程期间，全球供应链的建设已经占据了制高点——既作为买方驱动链（由零售商和大型商业买家统治），又是生产者驱动链（跨国公司）。国际上企业间联盟通过战略（共同合作以消除竞争对手），或效率（规模和范围），或市场定位（快速市场准入），或最终获得补充能力（目的主要是创新）得到提升。由于非正式和正式合作，本地化和远程学习的融合产生了一项集体能力，该能力被用于广泛的组织活动（研发、生产、采购、物流等），有利于渐进式和激进式创新过程。来源于学习活动的假设是情境式的，这些学习活动可以在本地化的业务结构中进行，例如区域的本地供应链（包括本地机构和研究中心），或者本地实践社区。学习机会允许企业探索自身的技术相关品种，从而建立一个企业特定的技术轨迹。

第四节　结论

本书所提出的理论层面的调查分析单位是产业区，这是一种生产组织模式，如果意大利生产结构根深蒂固，那么在其他国家也显示为一种扩散的产业模式。本章已经验证了基于本地和远程学习之间的相互作用，引入区域学习过程的新方法。它通过非正式和正式的知识转移渠道，试图深化对产业区中创新的学习过程的理论的理解：一方面，实践社区描述了一种自发的和无意的社会互动形式；另一方面，商业网络将自己定义为有效的机制，企业通过这些机制获得互补的能力，由此既降低了生产成本，又增加了创新能力。

我们区分了渐进式创新和激进式创新。可以认为，产业区模式适合于处理知识的升级和渐进式创新（由于存在各种相互作用的区域实践社区和在知识和创新能力方面偏弱的本地供应链的行动者之间的相互作用），双循环学习、激进学习和创新导向工程（由于实践社区和全球供应链的存在），以及可与其他强大的企业或机构开展审慎的（本地和远程）研发合作（知识和创新能力方面）。

笔者的工作主要是概念性的，在我们看来这是一个可以洞察未来的研究途径，其中本地和远程学习的过程（通过实践社区和商业网络）可以由更多的实证证据支持。

可以认为，通过外部知识联系和产业区实践社区的远程学习可以由政治机构社会机构促进和培养，以此作为吸收新知识和提升本地扩散能力的一种方式。此外，地方政策制定者可以通过投资虚拟交互平台（如网站、博客和论坛）、赞助本地知识工作者积极参与国际贸易展览会，或者吸引在发达国家或欧洲主要机构受过培训的科学家以加强外部联系。

参考文献

［1］Aage T. （2001），'External relations and industrial districts'，paper presented at the DRUID Nelson and Winter Summer Conference. URL：http：//www. druid. dk/conference/nw/ paper1/aage. pdf.

［2］Aage T. （2004），'Efficient information acquisition by industrial districts. Intensity，speed，and direction of external information sources. The case of the industrial district of clothing in Jutland'，paper presented at the DRUID Summer Conference，Elsinore，Denmark. URL：www. druid. dk.

［3］Acs Z. （ed.）（2000），Regional Innovation，Knowledge and Global Change，London：Pinter.

［4］Amin A. （1993），The Difficult Transition from Informal to Marshallian District，mimeo，University of Newcastle upon Tyne.

［5］Amin A. and Cohendet P. （1999），'Learning and adaptation in decentralised business networks'，Environ. Planning D：Society and Space，17：87-104.

［6］Amin A. and Cohendet P. （2004），The Architecture of Knowledge：Communities，Competences and Firms，Oxford：Oxford University Press.

［7］Amin A. and Roberts J. （2006），'Communities of Practice? Varieties of situated learning'，Paper Presented at the DIME Conference on Communities of Practice，Durham，27-28 October.

［8］Amin A. and Robins K. (1990), 'Industrial districts and regional develop-ment: limits and possibilities', in Pyke F., Becattini G. and Sengenberger W. (eds.), Industrial Districts and Inter-Firm Cooperation in Italy, Geneva: ILO.

［9］Amin A. and Thrift N. (1992), 'Neo-Marshallian nodes in global networks', Internat Journal of Urban and Regional Res., 16: 571-587.

［10］Andersen K. and Lorenzen M. (2007), 'The stretching of weak ties, clus-ters, pipelines, and the creation of small worlds', paper presented at the Winter Druid Conference, December.

［11］Antonelli C. (1994), 'Technological districts, localised spillovers and pro-ductivity growth. The Italian evidence on technological externalities in core regions', In-ternat. Rev. of Appl. Econom., 14: 18-30.

［12］Antonelli C. (1995), The Economics of Localized Technological Change and Industrial Dynamics, Boston: Kluwer Academic Publishers.

［13］Antonelli C. (2000), 'Collective knowledge, communication and innova-tion: the evidence of technological districts', Regional Studies, 34 (6): 535-547.

［14］Argote L. and Ingram P. (2000), 'Knowledge transfer: a basis for com-petitive advantage in firms', Organ. Behav. Hum. Decis. Processes, 82 (1): 150-169.

［15］Argyris C. (1976), Increasing Leadership Effectiveness, New York: Wiley.

［16］Asheim B. (1996), 'Industrial districts as "learning regions": a condition for prosperity', European Planning Stud., 4: 379-400.

［17］Audretsch D. (1998), 'Agglomeration and the location of innovative activi-ty', Oxford Rev. of Econom. Policy, 14 (2): 18-29.

［18］Audretsch D. and Feldman M. (1996), 'R&D spillovers and the geography of innovation and production', Amer. Econom. Rev., 86 (3): 630-652.

［19］Bair J. and Gereffi G. (2001), 'Local clusters in global chains: the causes and consequences of export dynamism in Torreon's blue jeans industry', World Dev., 29 (11): 1885-1903.

［20］Bathelt H., Malmberg A. and Maskell P. (2004), 'Clusters and knowledge: local buzz, global pipelines and the process of knowledge creation', Prog. Hum. Geog, 28 (1): 31-56.

［21］Baumard P. (1999), Tacit Knowledge in Organisations, London: Sage.

［22］Becattini G. (1990), 'The industrial district as a socio-economic notion', in Pyke F., Becattini G. and Sengerberger W. (eds.), Industrial Districts and Inter-firm Cooperation in Italy, Geneva: International Institute for Labour Studies.

[23] Bell G. (2005), 'Clusters, networks, and firm innovativeness', Strategic Management J., 26: 287-295.

[24] Bell M. and Abu M. (1999), 'Knowledge systems and technological dynamism in industrial clusters in developing countries', World Dev., 27: 1715-1734.

[25] Bellandi M. (1992), 'The incentives to decentralised industrial creativity in local systems of small firms', Revue d'Economie Industrielle, 59: 99-110.

[26] Belussi F. (2005), 'Are industrial districts formed by networks without technologies? The diffusion of Internet applications in three Italian clusters', Eur. Urban and Regional Stud., 12 (3): 247-268.

[27] Belussi F. (ed.) (2000), Tacchi a spillo. Il distretto calzaturiero della Riviera del Brenta come forma organizzata di capitale sociale, Padua: Cleup.

[28] Belussi F. and Arcangeli F. (1998), 'A typology of networks: flexible and evolutionary firms', Res. Policy, 27: 415-428.

[29] Belussi F. and Gottardi G. (eds.) (2000), Evolutionary Patterns of Local Industrial Systems, Aldershot: Ashgate.

[30] Belussi F. and Pilotti L. (2002), 'Knowledge creation, learning and innovation in Italian industrial districts', Geografiska Annaler, 84 (2): 125-139.

[31] Belussi F. and Sammarra A. (eds.) (2005), Industrial Districts, Relocations, and Governance of the Global Value Chain, Padua: Cleup.

[32] Benner C. (2003), 'Learning communities in a learning region: the soft infrastructure of crossfirm learning networks in Silicon Valley', Environ. and Planning A, 35: 1809-1830.

[33] Boschma R. (2005), 'Proximity and innovation: a critical assessment', Regional Stud., 39: 61-74.

[34] Boschma R. and Iammarino S. (2007), 'Related variety and regional growth in Italy', paper presented at DRUID Summer Conference, Copenhagen, 18-20 June.

[35] Boschma R. and ter Wal A. L. (2005), 'Knowledge networks and innovative performance in an industrial district: the case of a footwear district in the south of Italy', Industry and Innovation, 14 (2): 177-199.

[36] Bourdieu P. (1985). 'The forms of capital', in Richardson J. C. (ed.), Handbook of Theory and Research for the Sociology of Education, Connecticut: Greenwood Press.

[37] Brown J. S. and Duguid P. (1991), 'Organizational learning and commu-

集群与产业集群中的商业网络——全球价值链的管理

nities - of - practice: towards a unified view of working, learning, and innovation',
Organ. Sci., 2 (1): 40-57.

[38] Brusco S. (1982), 'The Emilian Model: productive decentralisation and
social integration', Cambridge J. of Econom., 6: 167-184.

[39] Cainelli G. and De Liso N. (2004), 'Can a Marshallian district be inno-
vative? The case of Italy', in Cainelli G. and Zoboli R. (eds.), The Evolution of In-
dustrial Districts, Heidelberg: Physica Verlag.

[40] Cairncross F. (2001), The Death of Distance: How the Communication
Revolution will Change our Life, London: Texere.

[41] Camagni R. (1991), Innovation Networks: Spatial Perspectives, London:
Belhaven Press.

[42] Caniëls M. and Romijn H. (2005), 'What drives innovativeness in indus-
trial clusters? Transcending the debate', Cambridge J. of Econom., 29: 497-515.

[43] Castells M. (1996), The Rise of the Network Society, London: Black-
well.

[44] Castilla E., Hwang H., Granovetter E. and Granovetter M. (2000),
'Social networks in Silicon Valley', in Lee C., Miller W., Handcock M. and Rowen
H. (eds.), The Silicon Valley Edge, Stanford: Stanford University Press.

[45] Chesbrough H. W. (2003), Open Innovation: The New Imperative for
Creating and Profiting from Technology, Massachusetts: Harvard Business School
Press.

[46] Chiarvesio M., Di Maria E. and Grandinetti R. (2005), Le ICT a
supporto dellR. innovazione aziendale. Filiere e distretti industriali nella provincia di
Pordenone, Milan: Franco Angeli.

[47] Ciarli T. and Rabellotti R. (2006), 'ICTs in industrial districts: an empiri-
cal analysis on adoption, use and impact', Indust. and Innovation, 14 (3): 277-303.

[48] Coe N. (2001), 'A hybrid agglomeration? The development of a satellite-
Marshallian industrial district in Vancouver's film industry', Urban Stud., 38 (10):
1753-1775.

[49] Coe N. and Bunnell T. (2003), 'Spatializing knowledge communities: to-
wards a conceptualization of transnational innovation networks', Global Networks, 3
(4): 437-456.

[50] Coenen L., Moodysson J. and Asheim B. (2004), 'Nodes, networks and
proximity: on knowledge dynamics of the Medicon Valley biotech cluster', Eur. Planning

Stud. , 12 (7): 1003-1118.

[51] Cohen W. M. and Levinthal D. A. (1990), 'Absorptive capacity: a new perspective on learning and innovation', Admin. Sci. Quart. , 35 (1): 128-152.

[52] Cohendet P. (2005), 'On knowing communities', Presented at 'Advancing Knowledge and the Knowledge Economy' conference, National Academies, Washington, DC.

[53] Coleman J. (1988), 'Social capital in the creation of human capital', American Journal of Sociology, 94: 95-120.

[54] Cooke P. (2002a), 'Regional innovation systems: general findings and some new evidence from the biotechnology clusters', J. of Tech. Transfer, 27 (1): 133-145.

[55] Cooke P. (2002b), Knowledge Economies: Clusters, Learning, and Cooperative Advantages, London and New York: Routledge.

[56] Cooke P. (2004), 'Globalisation of bioscience: knowledge capabilities and economic geography', paper presented at the Annual Association of American Geographers, Philadelphia, 14-19 March.

[57] Cooke P. (2005), 'Regionally asymmetric knowledge capabilities and open innovation, exploring "globalisation 2" —a new model of industry organisation', Res. Policy, 34: 1128-1149.

[58] Cooke P. (2006), 'Between implicit and explicit knowledge: translational proximities and innovation', paper presented at the DIME Conference on Communities of Practice, Durham, 27-28 October.

[59] Cooke P. and Huggins R. (2002), 'High technology clustering in Cambridge', in Amin A. , Goglio S. and Sforzi F. (eds.), The Institutions of Local Development, London: IGU.

[60] Corò G. and Grandinetti R. (1999), 'Evolutionary patterns of Italian industrial districts', Hum. Syst. Manage. , 18 (2): 117-129.

[61] Cowan R. and Foray D. (1997), 'The economics of codification and diffusion of knowledge', Ind. Corp. Change, 6 (3): 595-622.

[62] Cowan R. , David P. A. and Foray D. (1999), 'The explicit economics of knowledge codification', Ind. Corp. Change, 9 (2): 211-253.

[63] Dei Ottati G. (1994), 'The industrial district. Transaction problems and the "community market" ', Cambridge J. of Econom. , 18 (2): 529-546.

[64] Dorfman N. (1983), 'Route 128: the development of a regional high-tech-

nology economy', Res. Policy, 12: 299-316.

[65] Enright M. (1998), 'Regional clusters and firm strategy', in Chandler A., Hagstrom P. and Sölvell O. (eds.), The Dynamic Firm: The Role of Technology, Strategy, and Regions, Oxford: Oxford University Press.

[66] Etzkowitz H. and Leydesdorff L. (1997), Universities and the Global Knowledge Economy, London: Pinter.

[67] Feldman M. (2004), 'Knowledge externalities and the anchor hypothesis: the locational dynamics of the US biotech industry', paper presented at the Annual Meeting of the Association of American Geographers, Philadelphia, 14-17 March.

[68] Feldman M. (2005), 'The locational dynamic of the US biotech industry: knowledge externalities and the anchor hypothesis', in Curzio A. Q. and Fortis M. (eds.), Research and Technological Innovation, Berlin: Phisica Verlag, Springer.

[69] Gereffi G., Humphrey J. and Sturgeon T. (2005), 'The governance of global value chains', Rev. Int. Polit. Econ., 12 (1): 78-104.

[70] Gertler M. (2003), 'Tacit knowledge and the economic geography of context, or The undefinable tacitness of being (there) ', J. of Econom. Geography, 3: 75-99.

[71] Gerybadze A. and Reger G. (1999), 'Globalisation of R&D: recent changes in management of innovation in transnational corporations', Res. Policy, 28 (2-3): 251-274.

[72] Giuliani E. (2005), 'The structure of cluster knowledge networks: uneven and selective, not pervasive and collective', DRUID Working Paper No. 05-11. URL: http: //www. druid. dk/wp/pdf_files/05-11. pdf.

[73] Giuliani E. and Bell M. (2005), 'The micro-determinants of meso-level learning and innovation: evidence from a Chilean wine cluster', Res. Policy, 34 (1): 47-68.

[74] Giuliani E., Rabellotti R. and van Dijk M. P. (eds.) (2005), Cluster Facing Competition: The Importance of External Linkages, Aldershot: Ashgate.

[75] Gordon R. (1996), 'Industrial districts and the globalisation of innovation: regions and networks in the new economic space', in Vence-Desa X. and Metcalfe S. (eds.), Wealth from Diversity, Dordrecht: Kluwer.

[76] Grabher G. (1993), 'The weakness of strong ties. The lock-in of regional development in the Ruhr area', in Grabher G. (ed.), The Embedded Firm: On the Socio-economics of Industrial Networks, London: Routledge.

［77］ Grabher G. and Ibert O. （2006）, 'Bad company? The ambiguity of personal knowledge networks', Journal of Economic Geography, 6 （3）: 251-271.

［78］ Granovetter M. S. （1973）, 'The strength of weak ties', Amer. J. Sociol. , 78: 1360-1380.

［79］ Haas P. M. （1992）, 'Introduction: epistemic communities and international policy coordination', Internat. Organ. , 46 （1）: 1-35.

［80］ Håkanson L. （2005）, 'Epistemic communities and cluster dynamics: on the role of knowledge in industrial districts', Indust. and Innovation, 12 （4）: 433-463.

［81］ Håkansson H. and Ford D. （2002）, 'How should companies interact in business networks?', Journal of Business Research, 55 （2）: 133-139.

［82］ Håkansson H. and Johanson J. （1988）, 'Formal and informal cooperation strategies in international industrial networks', in Contractor F. J. and Lorange P. （eds. ）, Cooperative Strategies in International Business, Lexington Books.

［83］ Håkansson H. and Snehota I. （1995）, Developing relationships in Business Networks, London: Routledge.

［84］ Handley K. , Sturdy A. , Fincham R. and Clark T. （2006）, 'Within and beyond communities of practice: making sense of learning through participation, identity and practice', Journal of Management Studies, 43 （3）: 641-653.

［85］ Harrison B. （1992）, 'Industrial districts: old wine in new bottles', Regional Studies, 26 （5）: 469-483.

［86］ Harrison B. （1994）, Lean and Mean: The Changing Landscape of Corporate Power in the Age of Flexibility, London and New York: The Guildford Press.

［87］ Hollingsworth R. （2000）, 'Doing institutional analysis: implication for the study of innovation', ICE-Working Paper no. 9, Austin Academy of Science.

［88］ Hsu J. （2003）, 'The evolving institutional embeddedness of late-industrial district in Taiwan', Economische en Sociale Geografie, 95 （2）: 218-232.

［89］ Humphrey J. and Schmitz H. （2002）, 'How does insertion in global value chains affect upgrading in industrial clusters', Regional Stud. , 36 （9）: 1017-1027.

［90］ Iammarino S. and McCann P. （2006）, 'The structure and evolution of industrial clusters: transactions, technology and spillovers', Res. Policy, 35 （7）: 1018-1036.

［91］ Ibarra H. , Kilduff M. and Tsai W. （2005）, 'Zooming in and out: connecting individuals and collectivities at the frontiers of organizational network research',

Organ. Sci. , 16 （4）: 359-371.

[92] Izushi H. （1997）, 'Conflict between two industrial networks: technological adaptation and inter-firm relationships in the ceramics industry in Seto, Japan', Regional Studies, 31 （2）: 117-129.

[93] Jacobs J. （1961）, Death and Life of Great American Cities, New York: Random House.

[94] Jaffe A. , Trajtenberg M. and Henderson R. （1993）, 'Geographic localisation of knowledge spillovers as evidenced by patent citations', The Quarterly Journal of Economics, 108 （3）: 577-598.

[95] Jarrillo C. （1988）, 'On strategic network', Strategic Management Journal, 9: 31-41.

[96] Kleeble D. , Lawson C. , More B. and Wilkinson F. （1999）, 'Collective learning processes, networking and institutional thickness in the Cambridge region', Regional Studies, 33 （4）: 319-322.

[97] Kogout B. （2000）, 'The network as knowledge: generative rules and the emergence of structure', Strategic Management Journal, 21: 405-425.

[98] Langlois R. N. （2003）, 'The vanishing hand: the changing dynamics of industrial capitalism', Industrial and Corporate Change, 12 （2）: 351-385.

[99] Langlois R. N. and Robertson P. L. （1992）, 'Networks and innovation in a modular system: lessons from the microcomputer and stereo component industries', Research Policy, 21 （4）: 297-313.

[100] Lave J. and Wenger E. （1991）, Situated Learning. Legitimate Peripheral Participation, Cambridge: Cambridge University Press.

[101] Lazerson M. （1995）, 'A new Phoenix? Modern putting-out in the Modena knitwear industry', Administrative Science Quarterly, 40: 34-59.

[102] Lazzeretti L. and Storai D. （2003）, 'An ecology based interpretation of district "complexification": the Prato district evolution from 1946-1993', in Belussi F. , Gottardi G. and Rullani E. （eds. ）, The Technological Evolution of Industrial Districts, Boston: Kluwer.

[103] Lesser E. and Everest K. （2001）, 'Using communities of practices to manage intellectual capital', Ivey Business Journal, 3: 37-41.

[104] Lissoni F. and Pagani M. （2003）, 'How many networks in a local cluster? Textile machine production and innovation in Brescia', in Brenner T. and Fornahl D. （eds. ）, Cooperation, Networks, and Institutions in Regional Innovation Systems,

Cheltenham: Edward Elgar.

[105] Loasby B. (1998), 'Industrial districts as knowledge communities', in Bellet M. and L'Harmet C. (eds.), Industry, Space and Competition, Cheltenham: Edward Elgar.

[106] Loasby B. (2000), 'Organisations as interpretative systems', paper presented at the DRUID Summer Conference, Rebild, Denmark. URL: http://www.druid.dk/summer2000/ Gallery/nyloasby. pdf.

[107] Lyons B. and Mehta J. (1997), 'Contracts, opportunism and trust: self interest and social orientation', Cambridge Journal of Economics, 21 (2): 239–257.

[108] McDermott R. (1999), 'Learning across teams: how to build communities of practice in team-based organizations', Knowledge Manage. Rev. , 8: 32–36.

[109] March J. (1991), 'Exploration and exploitation in organisational learning', Organ. Sci. , 2: 71–87.

[110] Markusen A. (1996), 'Sticky places in slippery space: a typology of industrial districts', Econom. Geography, 72: 293–313.

[111] Marshall A. (1920), Principles of Economics, 8th edition, Philadelphia: Porcupine Press.

[112] Maskell P. (1999), 'Globalisation and industrial competitiveness: the process and the consequences of "ubiquification" ', in Maleki E. and Oinas P. (eds.), Making Connections: Technological Learning and Regional Economic Exchange, Aldershot: Ashgate.

[113] Maskell P. (2001), 'Towards a knowledge-based theory of the geographical cluster', Ind. Corp. Change, 10 (4): 921–943.

[114] Maskell P. and Kebir L. (2005), 'What qualifies as a cluster theory?', DRUID Working Papers 05-9, DRUID, Copenhagen Business School, Department of Industrial Economics and Strategy/Aalborg University, Department of Business Studies. URL: http://www.druid.dk/wp/pdf_files/05-9.pdf.

[115] Maskell P. and Malmberg A. (1999), 'Localised learning and industrial competitiveness', Cambridge J. Econ. , 23: 167–185.

[116] Moodysson J. , Coenen L. and Asheim B. (2008), 'Explaining spatial patterns of innovation: analytical and synthetic modes of knowledge creation in Medicon Valley Life Science Cluster', Environmental and Planning, 40 (5): 1040–1056.

[117] Morrison A. (2004), 'Gatekeepers of knowledge within industrial districts:

集群与产业集群中的商业网络——全球价值链的管理

who they are, how they interact', Cespri WP: 163.

[118] Nakano T. and White D. R. (2006), 'The large-scale network of a Tokyo industrial district: small-world, scale-free, or depth hierarchy?', Working Papers Series, Center on Organizational Innovation, Columbia University. URL: http://www. coi. columbia. edu/pdf/nakano_white_lsn. pdf.

[119] Nelson R. (1992), 'The roles of firms in technical advance: a perspective from evolutionary theory', in Dosi G. , Giannettini R. , Toninelli P. (eds.), Technology and Enterprises in an Historical Perspective, Oxford: Oxford University Press.

[120] Nelson R. and Winter S. (1982), An Evolutionary Theory of Economic Change, Cambridge: Harvard University Press.

[121] Nonaka I. and Takeuchi H. (1995), The Knowledge Creating Company, New York: Oxford University Press.

[122] Nooteboom B. (1992), 'Towards a dynamic theory of transactions', J. Evol. Econ. , 2 (4): 281-299.

[123] Nooteboom B. (2006a), 'Cognitive distance in and between COPS and firms: where do exploitation and exploration take place, and how are they connected?', CentER Discussion Paper Series No. 2007 - 04. URL: http://ssrn. com/abstract = 962330.

[124] Nooteboom B. (2006b), 'Learning and innovation in inter-organizational relationships and networks', CentER Discussion Paper Series No. 2006 - 39. URL: http://ssrn. com/abstract = 903754.

[125] Oinas P. (1999), ' Activity-specificity in organizational learning: implications for analyzing the role of proximity', Geo Journal, 49 (4): 363-372.

[126] Oinas P. (2002), 'Competition and collaboration in interconnected places: towards a research agenda', Geografiska Annaler, 84 (2): 65-76.

[127] Orr J. (1990), 'Sharing knowledge, celebrating identity: war stories and community memory in a service culture', in Middleton D. S. and Edwards D. (eds.), Collective Remembering: Memory in Society, Beverly Hills, CA: Sage Publications.

[128] Paniccia I. (1998), 'One, a hundred, thousands of industrial districts: organizational variety in local networks of small and medium - sized enterprises', Organ. Stud. , 19: 667-699.

[129] Perroux F. (1955), 'Note sur la notion de pôle de croissance', Econo-

mie Appliquée, 1 (2): 307-320.

[130] Pilotti L. (2000), 'Networking, strategic positioning and creative knowledge in industrial districts', Hum. Syst. Manage. , 19: 121-133.

[131] Pinch S. , Henry N. , Jenkins M. and Tallman S. (2003), 'From "industrial districts" to "knowledge clusters": a model of knowledge dissemination and competitive advantage in industrial agglomerations', J. of Econom. Geography, 3: 373-388.

[132] Piore M. J. and Sabel C. F. (1984), The Second Industrial Divide, New York: Basic Books.

[133] Porac J. F. , Thomas H. and Baden-Fuller C. (1989), 'Competitive groups as cognitive communities: the case of Scottish knitwear manufacturers', J. Manage. Stud. , 26 (4): 397-416.

[134] Porter M. (1998), On Competition, Boston: Harvard Business School Press.

[135] Powell W. (1990), 'Neither market nor hierarchy: network forms of organisation', Res. In Organ. Behaviour, 12: 295-336.

[136] Powell W. and Grodal S. (2005), 'Networks of innovators', in Fagerberg J. , Mowery D. and Nelson R. (eds.), The Oxford Handbook of Innovation, New York: Oxford University Press.

[137] Powell W. W. , Koput K. W. and Smith-Doerr L. (1996), 'Interorganisational collaboration and the locus of innovation: networks of learning in biotechnology', Admin. Sci. Quart. , 41 (1): 116-145.

[138] Putnam R. (1993), Making Democracy Work: Civic Traditions in Modern Italy, Princeton: Princeton University Press.

[139] Rama R. , Ferguson D. and Melero A. (2003), 'Subcontracting networks in industrial districts: the electronics industries of Madrid', Regional Stud. , 37 (1): 71-88.

[140] Reinau K. (2007), 'Local clusters in globalized world', paper presented at the Druid winter conference.

[141] Richardson G. (1972), 'The organisation of industry', Econ. J. , 82: 883-896.

[142] Robertson P. and Langlois N. (1995), 'Innovation, networks, and vertical integration', Res. Policy, 24: 543-562.

[143] Saxenian A. (1994), Regional Advantage: Culture and Competition in Silicon Valley and Route 128, Cambridge, MA: Harvard University Press.

集群与产业集群中的商业网络——全球价值链的管理

［144］Saxenian A. （1999），Silicon Valley New Immigrant Entrepreneurs, San Francisco：Public Policy Institute.

［145］Saxenian A. （2005），'From brain drain to brain circulation：transnational communities and regional upgrading in India and China', Stud. in Comparative Development, 40 （2）：35-61.

［146］Scott A. （1988），New Industrial Spaces：Flexible Production Organisations and Regional Development in North America and Western Europe, London：Pion.

［147］Scott A. （1992），'The role of large producers in industrial districts：a case study of high technology systems houses in southern California', Regional Stud. , 26 （3）：265-275.

［148］Scott A. （2006），'Entrepreneurship, innovation and industrial development：geography and the creative field revisited', Small Bus. Econom. , 26 （1）：1-24.

［149］Siisiäinen M. （2000），'Two concepts of social capital：Bourdieu vs. Putnam', paper presented at ISTR Fourth International Conference：'The Third Sector：For What and for Whom?' Trinity College, Dublin, Ireland. URL：http：//www. jhu. edu/~istr/conferences/dublin/workingpap ers/siisiainen. pdf.

［150］Simmie J. and Sennen J. （1999），'Innovative clusters：global or local linkages?', National Inst. Econom. Rev. , 170：87-98.

［151］Smith-Doerr L. and Powell W. （2003），'Networks and economic life', in N. Smeser and R. Swdberg （eds. ），Handbook of Economic Sociology, Princeton：Russell Sage Foundation and Princeton University Press.

［152］Sorensen O. and Audia P. （2000），'The social structure of entrepreneurial activity：geographic concentration of footwear production in the United States, 1940-1989', Amer. J. of Sociology, 106：424-462.

［153］Staber U. （1998），'Inter-firm co-operation and competition in industrial districts', Organ. Stud. , 4：701-724.

［154］Staber U. （2001），'The Structure of Networks in Industrial Districts', Internat. J. of Urban and Regional Res. , 25：537-552.

［155］Storper M. （1995），'The resurgence of regional economies ten years later：the region as a nexus of untraded interdependencies', European Urban and Regional Stud. , 2 （3）：191-221.

［156］Storper M. （1997），The regional world：territorial development in a global economy, New York：Guilford Press.

[157] Storper M. (1991), 'Flexibility, hierarchy and regional development: the changing structure of industrial production systems and their forms of governance in the 1990s', Res. Policy, 20: 407-422.

[158] Swann J., Scarborough H. and Robertson M. (2002), 'The construction of "communities of practice" in the management of innovation', Management Learning, 33 (4): 477-496.

[159] Thomson M. (2005), 'Structural and epistemic parameters in communities of practice', Organ. Sci., 16: 151-164.

[160] Thorelli H. (1986), 'Networks: between markets and hierarchies', Strategic Management Journal, 7: 37-51.

[161] Todeva E. (2006), Business Networks, London: Routledge.

[162] Torre A. and Rallet A. (2005), 'Proximity and localization', Regional Stud., 39 (1): 47-59.

[163] Uzzi B. (1997), 'Social structure and competition in interfirm networks', Admin. Science Quart., 42: 35-67.

[164] Von Hippel E. (1998), 'Economics of product development by users: the impact of "sticky" local information', Manage. Sci., 44 (5): 629-644.

[165] Ward A. (2000), 'Getting strategic value from constellations of communities', Strategy and Leadership, 28 (2): 4-9.

[166] Wenger E. C. (1999), 'Learning as social participation', Knowledge Manage. Rev., 6 (January-February): 30-33.

[167] Wenger E. C. (2000), 'Communities of practice and social learning systems', Organ., 7 (2): 225-246.

[168] Wenger E. C., Snyder W. M. (2000), 'Communities of practice: the organisational frontier', Harvard Bus. Rev. (January-February): 139-145.

[169] You J. (1995), 'Small firms in economic theory', Cambridge J. of Econ., 19: 441-462.

[170] You J. and Wilkinson F. (1994), 'Competition and cooperation: towards understanding industrial districts', Rev. of Political Econom., 6: 259-278.

[171] Zucker L., Darby M. and Armstrong J. (1998), 'Geographically localised knowledge spillovers or markets?', Econom. Enquiry, 26: 65-86.

集群与产业集群中的商业网络——全球价值链的管理

第四章 产业区跨边界策略——吸收能力的影响

蒂姆·奥格（哥本哈根西兰大区）

第一节　引言

众所周知，在诸如企业之类的组织以及不同类型的集群中，学习是基于现有知识和新信息的重组。在相关文献里，已经确定了组织信息获取的不同策略的决定因素，但对于像产业区这样的组织形式，情况并不是这样。本章讨论了不同信息获取策略和吸收产业区外部信息的主要解释。

第二节　基于知识视角的产业区：缺失的环节

与其他类型的集群一样，产业区在理论和实证研究方面都受到了大量的关注。该领域文献的中心部分涉及位于产业区内企业的优势。根据文献所述，这些优势几乎完全来自产业区的内部特性和活力。

多年来，经确认的内部特征与两个主要分析传统密切相关，分别是基于交易成本法和产业区的外部经济。交易成本法强调了与产业区内企业之间的商品和服务协调有关的成本减少。根据文献所述，减少的成本是以机构和企业邻近为市场特征的结果，其中制度的发展（如信心和信任）支持协调机制。外部经济体已确认的优势同样是机构和公司之间邻近的结果，其中包括共享劳动力市场、专业服务和生产投入以及该区域机构可用的知识库。基于这些外部经济体的增长回报，往往可以解释为企业和机构获得知识和能力，且更多地与地区而不是单个企业或机构有关。在文献中，减少交易成本和产业区的外部经济，都将支持在产业区开展活动和创造知识。

关注产业区的内部特征和活力以确保竞争优势，这并不遵循在相关文献中的通用型发展原则。在这些文献中，外部信息的获取对企业应对技术和市场的外部变化以及保持竞争力至关重要。包括企业的组织结构和战略的大量文献，支持组织获取外部信息的能力。产业区的外部信息获取却没有得到同样的关注。关于产业区和其他类型集群获取外部信息的文献综述表明，即使一些研究人员指出获取产业区外部信息的重要性，这也并不包括在其分析框架中，与商品链的研究也无关。近年来，人们已经意识到外部信息获取和吸收的重要性。这意味着外部信息的吸收对于产业区内的知识创造和学习具有重要意义，但分析框架很少有将其纳入的意识。在围绕由全球网络以及跨国公司的作用连接的卓越节点的本地—全球活动中，展开了实证研究。一些学者强调了将跨界策略纳入产业区外部信息采集分析框架的重要性。在这些研究中，有一个倾向集中在"守门人"策略，该策略作为产业区用于获取外部信息的唯一边界跨越机制。这项研究意味着产业区的外部信息被一些中心主导企业收购和吸收，这些企业将外部信息扩散到该地区的其他企业和机构。"守门员"和直接对等策略被视为两个中心策略，用以从知识的角度获取和吸收外部信息。这项研究探讨了两种策略，分别是关于区域企业作为产业区领导或非领导企业的地位、企业的知识特征及知识与信息之间的差异。本章还将重点讨论产业区如何从产业区的外部来获取外部信息，以及如何解释获取外部信息的差异化策略。本章认为产业区的外部信息获取主要取决于企业在产业区内的关系，以及衍生的内部知识创造机制。本章同样认为，基于不同类型的企业关系，对外部信息的需求和边界跨越策略的出现，在产业区的知识创造维度上是不同的。

第三节　基于产业区视角的外部信息获取的吸收能力和相关子过程

吸收能力是一种用于估计通过包括外部信息在内的许多来源的组织学习的能力。外部信息的获取、实施和商业化的子过程，结合组织知识的内部积累，构成了吸收能力。先验知识库的特征对组织的吸收能力有重要影响。先验知识库是正在进行的活动以及组织的知识创造机制的结果。组织中的知识增加了企业识别新的外部信息的价值的能力，并且激活从外部信息到嵌入组织知识的学习过程，通过新旧知识的重组产生创造性和解决问题的技能。随着时间的推移，知识积累也增强了企业识别和评估（技术）未来的能力。如此一来，知识的积累使得公司能够更准确地预测技术进步的本质和商业潜力，并且在某一活动领域内为组织保持未来的吸收能力。

在开发已有的相关知识方面投资不足，使企业面临忽视新发展的风险，或者吸收错误的外部信息的风险。企业知识库的结构也影响吸收外部信息的能力。企业知识库确定了组织和环境中存在的潜在外部信息源之间的认知距离和交流阻力。这里的知识库结构与知识的专业化程度相关。组织内部出现的专业化知识加强了内部沟通。在组织内，专业知识是基于特殊活动和路线的，其发展与本地语言的发展同步。一方面，由于沟通需要，非常专业的语言常常妨碍与外部信息源的交流；另一方面，具有更广泛和更一般知识库的组织将更容易与外部信息源共享语言和符号，支持外部信息采集的过程。公司似乎面临一个困境，它们被敦促专门化它们的知识，以提高效率和竞争力，但同时由于内部到企业知识库和外部信息源之间的认知距离，这种专业化阻碍了获得外部信息的能力。认知距离与所谓的"语义噪声"（包括沟通困难）相关。

语言和认知方向之间的不匹配程度越大，外部信息获取的问题就越大。问题包括转移知识所需编码过程消耗的时间，错觉和对信息内容的误解等。知识创造机制决定了将外部信息纳入到现有知识库中所需的时间，这依赖于组织内部对外部信息的进一步吸收。外部信息获取的子过程受到特别关注，因为这个过程最直接地涉及产业区与位于区外的外部信息源之间的边界。在扎赫拉、乔治（2002）的研究中，一个组织获取外部信息的能力是通过强度、速度和方向三个变量来衡量的。强度是基于组织获得的外部信息的数量，速度由新的外部信息被处理为累积知识的时间来确定，这些累积知识构成了组织的先验知识。最后，方向与组织内获得合并类型的外部信息以整合到公司知识库中的能力有关。方向和定位使组织能够专注于共同的目标，并选择有用的外部信息，避免昂贵的外部信息过多。关于外部信息获取的现有文献聚焦在个体类型的机构，大多数由公司或公司的细分代表，忽视产业区的组织形式。在劳森（1999）的研究汇总中，这一缺失被涵盖在内，劳森认为，产业区在许多方面可以作为一种组织形式，如企业。在他关于产业区的研究中，存在多个集体组织和机构：在企业中，我们发现大量机构交互以及社区系统，其特征在于公司之间的机构和区域内的组织之间频繁的相互作用。机构之间的互动，如产业区，引发了社会系统的发展以及相关的规则和实践。根据这个定义，劳森介绍了产业区的核心特征，其中包括间接指导地区内企业和其他机构行为的能力。成功的企业或其他类型的领导者，同样可以创造一个分散的方向，并建立一种间接领导。历来的众多研究都支持这一说法。

第四节　跨边界策略

在文献中，外部信息的获取发生在提供者的边界和外部信息的接收者之间。图斯曼、卡兹（1980）强调存在两个满足外部信息获取过程的跨界策略的原型，分别是"守门员"策略和直接对等策略。这两种策略与外部信息的提供者和接收者之间交流阻力的程度有关。

根据图斯曼、卡兹（1980）的研究，不同类型的沟通结构来自组织所从事的活动。他们在实证研究中阐述了不同的边界跨度策略（以直接对等与守门员策略为代表），可以用于处理不同特征的外部信息获取，以满足不同组织对组织活动的需求。

在他们的研究中，组织内的成员一方面开展通用或一般活动，另一方面开展地方或专业化活动。以研究为例的通用活动，建立在组织外部和组织内部的知识和语言共享的基础上。通用或一般活动通常会导致组织内部的一般认知结构，这意味着组织和外部信息源之间较低的交流阻力。他们还认为，开展更广泛和普遍活动的组织将利用直接对等策略。由于环境和组织之间的认知邻近性，将外部信息转换为可理解的组织知识的成本相当低，正如直接对等策略防止信息在通过第三人传送时被误解。

"守门员"策略被认为是最适合于组织或负责在组织内执行特定任务的单位，处理其局部和专业化的活动。这主要是由于访问外部信息源，以及从外部信息到更专门的本地语言转换的成本相对较高。"守门员"策略要求企业的关键人员从外部来源获取昂贵的外部信息，对其进行转换，并将其扩散到组织或单位的其他成员。从产业区的角度来看，"守门员"策略意味着很少有公司将进行外部信息获取，并将外部信息传播给区内的其他企业。当从产业区视角考虑时，直接对等策略假设每个企业都进行外部信息获取。这意味着直接对等策略将获得比"守门员"策略相对更多的外部信息（以获取外部信息的企业数量衡量）。图4-1反映的是在理论层面展开的垂直和水平维度中跨边界策略的差异。该图表明由于直接对等策略在水平维度接收相对更多的外部信息，因此所有企业和其他机构高度依赖于对外部信息源的访问。垂直维度获得相对较少的外部信息，如外部信息源的数量所示。在水平和垂直维度上，外部信息在不同的企业和机构之间传播。不同的扩散机制在这两个维度中占主导地位，这是由于生产相似和互补活动的企业之间或竞争对手与合作者之间的关系不同。高度的变异和大量的共享知识

集群与产业集群中的商业网络——全球价值链的管理

解释了在水平方向上有着比在垂直方向上更快地处理外部信息的能力。

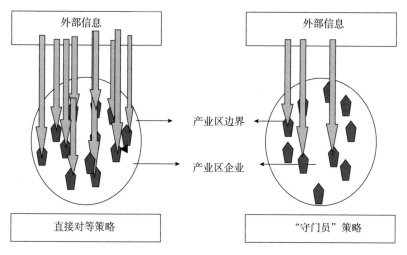

图 4-1 跨边界策略：直接对等策略和"守门员"策略

第五节 产业区水平与垂直方向的吸收能力

一般来说，产业区中知识创造机制是支持高吸收能力的。知识变异和溢出效应构成快速学习曲线，其确保将外部信息快速处理为特定地点和语境知识。在产业区内建立的语境知识库支持该区的进一步吸收能力。

共享知识库使企业能够避免持有专门或一般知识库，有利于科恩、利文索尔提出的内部或外部沟通。单个企业和机构在其企业或其他组织的独特边界内开展活动，但同时它们可以获得该地区更广泛的知识库。通过这种方式，企业能够享受专业化的益处，而且不妨碍它们获得外部信息的能力，即知识经济中的核心竞争优势。

通常来说，即使一些效益适用于产业区，吸收能力和信息获取在其他两个维度上也是不同的。这两种维度的主要特征如表 4-1 所示。

表 4-1 产业区的水平和垂直维度的特征

	水平维度	垂直维度
活动	相似	互补
企业关系	竞争者	投入—产出

	水平维度	垂直维度
协作	观察	合作
知识创造机制	变化	专业化
制度	规则与声誉	信任/规则与声誉
知识库	一样	不一样

就单个产业区的独特性而言，可以根据其在水平和垂直两个维度上占支配地位的活动的性质组合，确定两种理想的维度类型。这两个维度来自理查森（1972）的开创性工作，对于他来说，企业的活动是理解市场中企业协调的组织形式的关键变量。在生产的同一阶段活动和能力的协调，意味着类似能力协调是有可能的。在生产的不同阶段协调活动意味着协调互补和不同的活动与能力。

这样一来，类似和不同活动的协调产生了不同的知识创造和学习机制。紧随马库森（2001）的研究，在产业区模式中该过程可以由水平和垂直维度的两种理想类型表示。这两个维度在同一个产业区都是可追溯的，但往往在每个单独的产业区内一个将占据另一个。

一、产业区的水平维度

根据马库森（2001）的研究，产业区的水平维度是基于进行类似活动的企业。这些企业通常是竞争对手，因为它们生产几乎相同的产品。水平维度的特征是马歇尔区类型，其中：①小型相似的企业在同一市场中竞争；②专业技能有很大的市场；③存在已有知识集合库。水平维度的性质提供了通过变异过程学习的极好机会。通过这种方式，企业拥有了"现场实验室"的位置优势，这个"实验室"是对同一信息的不同解释会导致对同一问题产生大量解决方案的地方。

此外，这个"实验室"的存在使它们能够测试不同解决方案的效果，并增强评估和选择最佳（市场）解释的成功率。除了知识创造的基本元素、变异的概念，以及不同解决方案的监控、比较和模仿，水平层面的学习过程主要是观察、讨论和比较不同的解决方案——通常在每日的实践中产生。由于企业生产几乎相同的产品，并且进行几乎相同的活动，因此它们倾向于具有类似的能力。因此，企业很容易做逆向工程，并解析其竞争对手在企业竞争的每个领域的行动，从业务战略到产品开发。模仿策略作为信息传播机制的角色，是水平维度的核心。

根据理查森的研究，在核心领导的指导下进行的企业级相似活动的协调往往是发生在一个组织内的。在几个企业家或管理者的指挥下进行的类似活动，是对产业区由于高度差异而具有竞争优势的一种解释。尽管企业家和管理者之间存在个体差异，但在水平方向上，有一个中心机制在起作用，这种机制由地区机构的间接权威激励活动的导向机制和知识创造的聚焦机制来引导主体的行为。

二、产业区的垂直维度

在前向和后向投入产出关系中进行互补活动的企业构成产业区的垂直维度。垂直维度的特征主要在于其专业化的投入和服务，而企业往往通过合作相互关联。在垂直维度上的协调主要由企业间的密切合作来调整数量和质量。与合作相关的一个重要制度是信任，这有助于降低交易成本。虽然知识创造和学习在垂直维度上主要是在企业分包关系的背景下激活的，但是在水平维度上发生的知识创造和学习过程较少受到关注。作为进行相同活动结果的共享能力，使得产业区中的各个企业具有相对良好的能力来评估其他企业的产品或对市场需求做出解释，并与它们选择的策略进行比较。这些观察和评估的可能性缩短了市场驱动型创新的过程，并提高了产品在市场上的成功率。在水平和垂直维度上表现出来的不同知识创造和学习机制，同样以不同的方式促进了知识库的增加。知识库代表了企业和机构在两个方面对知识的累积贡献。知识库可以由机构在两个维度上通过累积知识创造和学习机制在产业内访问。垂直维度的知识库被描述为不均匀。这意味着单个企业和机构对垂直维度的共同知识库的贡献是不同的。这也意味着知识库更专业化，有时是难以接近的，因为它包含差异化的输入。此外，对于单个机构来说，访问知识库更加困难，因为整个知识库和单个机构之间存在着认知距离。在水平维度上出现的知识库在表4-1中被标记为"一样"，这意味着水平维度中的公司和机构对知识库贡献相同的知识。这导致更一般的知识库，其中单个机构和公共库之间的认知距离相对较小。两个知识库的不同特征也支持一些关于获得集体知识库的研究结果。垂直维度的知识库只能有限地获取知识，而知识的获取更有可能发生在水平维度。最后，这两个维度对企业可用的生产要素的性质有不同的贡献。在区域内的垂直维度，位于企业外部但在区域内的特殊生产因素是可用的。特殊的生产要素知识创造机制将互补知识进行合作与协调的结果。在水平维度上，水平维度的生产要素将接近相等，因为它们进行相同的活动。因此，这些企业必须寻找位于产业区之外的生产要素，以获得特殊的生产要素，使它们具有竞争优势。知识库的差异、获得特殊投入以及两个维度的协调模式影响了企业对寻找外部知识的能力（区域外），如果想要保持存活和竞争，企业需要这样做。

第六节　产业区外部信息获取

上文介绍了产业区不同知识维度中不同的吸收能力和积累知识的能力。由于特定生产要素的不同位置分别构成了沿水平和垂直知识创造维度的竞争优势，因此两者对外部信息的需求同样也不同。由于两个知识创造维度在吸收能力和对外部信息的需求上存在差异，与传统守门员模式相比，需要更加差异化的方法来拓展信息获取和跨边界策略。本节将分别讨论水平和垂直维度的吸收能力，包括强度、速度和方向三个变量，这些变量构成了产业区的获取外部信息的能力。

一、水平维度上的外部信息获取

知识创造和学习机制的几个特征可以在水平维度上被识别，这给予产业区企业优越的信息获取能力。在同一产业部门内从事同样活动的企业的协同，为专门领域内高度密集的外部信息创造了基础。外部信息强化是外部信息的高利用率和高的外部关系数量的结果，因为同一地区的所有企业都在同一活动中寻求外部信息。由于结构中的扫描、搜索、选择和变异过程，学习的速度应该是快速的。这些类型地区（马歇尔区）的企业使用每个其他企业作为实验室，创造各种解决方案，这种实验室加速了竞争。可以说，在从获取外部信息走向最终产品商业化的过程中，它们为了拥有最好的解释系统而竞争。区域内部机制有助于区域内的外部信息的分布，获得一般的知识库（如区域内先前的发展经验、龙头企业的存在），给予企业良好的机会来满足选择正确方向和正确类型的外部信息。机构和企业库具有几乎相同的知识、技能和能力，同样地，它们构成极为关键的基础，其既能够评估尚未实现的可能性，又能够选择有用和新的外部信息。

二、垂直维度上的外部信息获取

在垂直维度方面，需要互补的知识、知识创造和学习机制由投入产出关系构成。这意味着单个机构能够访问的公共知识库的专业化程度相对低于水平维度上的专业化程度。由于信息通常从与它们合作的区域内部企业获得，所以外部信息的强度同样将相对低于水平维度上的。在垂直维度（上游和下游）上，存在拥有相同知识的机构相对较少，企业只有几个联系人，降低了吸收和获取外部信息

集群与产业集群中的商业网络——全球价值链的管理

的能力。如果垂直关系是主导的，这就降低了区域作为一个整体获取外部信息或以一种持续的方式确定方向的速度。一般来说，可以得出结论：通常在产业区的水平维度上的吸收能力和外部信息获取能力比垂直维度上更高。

第七节　两个维度的跨边界策略

　　根据赫拉、乔治（2002）的研究，成功获取外部信息的能力对应外部信息的高投入。所有企业都需要高度对外关系的假设过于狭窄，因为企业的信息需求不同，正如成本方面不包括在成功获取外部信息的能力定义中一样。外部信息获取的成本必须包括在评估获取外部信息的能力中，如任何其他生产要素一样。与其从获取信息能力的高低角度来处理这个问题，更有用的是检查强度（通过外部信息源的数量来衡量）和组织需求之间的匹配。考虑到成本，需求与获取的信息量之间的匹配应该是衡量获取外部信息效率的主要焦点。为了满足对外部信息的不同需求以及将外部信息处理为企业知识库的不同能力，获取过程应该有不同的策略。

　　一方面，处理外部信息源的能力和产业区外的特殊竞争性生产要素的位置越高，对使用水平维度的直接对等策略的要求就越高。这个策略意味着维度提供大量的外部信息。另一方面，由于区域内特有生产要素的位置，将外部信息处理到先验知识库中的能力越低，对外部信息的需求相对越低，因此需要使用垂直维度上的守门员策略。守门员策略意味着相对较少的外部信息，因为只有少数企业将承担获取知识过程。如果存在知识障碍或较高交流阻力，核心策略同样使成本最小化。在表4-2中展示了知识创造维度和边界跨度策略之间的有效匹配。从理论上讲，在不同类型的产业区之间，可能需要一种更加混合的信息获取和跨边界策略。在此，我们认为直接对等和守门员策略是两种理想的类型。

表4-2　产业区内水平和垂直维度的跨边界策略的效率

		产业区的维度	
		水平	垂直
策略	守门员	低效率	高效率
	直接对等	高效率	低效率

第八节　结论

产业区的外部信息获取比通常假设的更复杂。在本章中，讨论了中心化的守门员策略与更分散的直接对等策略。这两种策略有效地满足了产业区中不同类型企业的差异化能力和需求，同时它们由于区域和外部信息源之间的认知距离和交流阻力而匹配不同的成本。

传统关注中心化的守门员策略的一个原因可能是，产业区外部信息获取的分析框架仍然侧重于成本最小化。另一个原因可能是，大多数产业区的研究只涉及垂直关系。在这项研究中，我们认为产业区中存在以下匹配：守门员策略与产业区垂直关系更受关注，直接对等策略与水平维度竞争力更相关，因而，我们需要这两种策略来扩充外部知识获取的形式。

参考文献

［1］Aage T. (2006), PHD Thesis, Institute of Industrial Economics and Strategy, CBS Copenhagen.

［2］Antonelli C. (2000), 'Collective knowledge communication and innovation: the evidence of technological districts', Regional Studies, 34 (6): 35-47.

［3］Bathelt H., Malmberg A. and Maskell P. (2004), 'Clusters and knowledge: local buzz, global pipelines and the process of knowledge creation', Progress in Human Geography, 28 (1): 31-56.

［4］Becattini G. (1990), 'The Marshallian industrial district as a socio-economic concept', in Pyke F., Becattini G. and Sengenberger W. (eds.), Industrial Districts and inter-firm Co-operation in Italy, Geneva: International Institute for Labour Studies.

［5］Becattini G. and Rullani E. (1996), 'Local systems and global connections: the role of knowledge', in Pyke F. and Sengenberger W. (eds.), Local and Regional Response to Global Pressure, Geneva: ILO.

［6］Belussi F. and Pilotti L. (2002), 'The development of an explorative analytical model of knowledge creation, learning and innovation within the Italian industrial districts', Geografiska Annaler, 84: 19-33.

集群与产业集群中的商业网络——全球价值链的管理

[7] Belussi F. and Sedita S. R. (2005), ' "Learning at the boundaries" in industrial districts through communities of practice and networks', in Belussi F. and Sammarra A. (eds.), Industrial Districts, Relocation, and the Governance of the Global Value Chain, CLEUP.

[8] Cohen W. M. and Levinthal D. A. (1989), 'Innovation and learning: the two faces of R&D', Economic Journal, 99: 569-596.

[9] Cohen W. M. and Levinthal D. A. (1990), 'Absorptive capacity: a new perspective on learning and innovation', Administrative Science Quarterly, 35: 128-152.

[10] Dicken P. (2003), Global Shift: Mapping the Changing Contours of the World Economy, London: Sage.

[11] Dicken P. and Malmberg A. (2001), 'Firms in territories: a relational perspective', Economic Geography, 77 (4): 345-363.

[12] Foss N. J. (1996), 'Introduction. The emerging competence perspective', in Foss N. J. and Knudsen C. (eds.), Towards a Competence Theory of the Firm, London: Routledge.

[13] Giuliani E. (2002), 'Cluster absorptive capability: an evolutionary approach for industrial clusters in developing countries', Conference Paper DRUID Summer 2002, Copenhagen.

[14] Giuliani E. (2003), 'Knowledge in the air and its uneven distribution: a story of a Chilean wine cluster', Conference Paper for DRUID Winter 2003, Aalborg.

[15] Giuliani E. (2005), 'The structure of cluster knowledge networks: uneven and selective, not pervasive and collective', Conference Paper for DRUID Summer Conference on 'Dynamics of Industry and Innovation: Organizations, Networks and Systems', Copenhagen.

[16] Lawson C. (1999), 'Towards a competence theory of the region', Cambridge Journal of Economics, 23: 151-166.

[17] Loasby B. (1998), 'Industrial districts as knowledge communities', in Bellet M. and L'Harmet C. (eds.), Industry, Space and Competition, Cheltenham: Edward Elgar.

[18] Loasby B. (2000), 'Organisations as interpretative systems', Conference Paper from DRUID Summer 2000, Aalborg.

[19] Lotentzen M. and Foss N. (2002), 'Cognitive coordination, institutions, and clusters: an explorative discussion', in Brenner T. (ed.), The Influence of Co-operations, Networks and Institutions on Regional Innovation Systems, Cheltenham:

Edward Elgar.

[20] Maskell P. (2001), 'Towards a knowledge-based theory of the geographical cluster', Industrial and Corporate Change, 10 (4): 921-943.

[21] Marshall A. (1920), Principles of Economics, 8th edition, reprinted 1982, London: MacMillan & Co Ltd.

[22] Miner A. S. and Haunschild P. R. (1995), 'Population level learning', Research in Organisational Behaviour, 17: 115-166.

[23] Morrison, A. (2004), 'Do leading firms feed industrial districts? Evidence from an Italian furniture cluster', Conference paper for DRUID Winter 2004, Aalborg.

[24] Nonaka I. (1991), 'The knowledge-creating company', Harvard Business Review, 12: 96-104.

[25] Nonaka I. (1994), 'A dynamic theory of organizational knowledge', Organization Science, 5 (1): 14-37.

[26] Oinas P. (2002), 'Competition and collaboration in interconnected places: towards a research agenda', Geografiske Annaler, 84 (2): 65-76.

[27] Richardson G. (1972), 'The organisation of industry', The Economic Journal, 82 (2): 883-896.

[28] Saxenian A. (1994), Regional Advantage, Harvard, MA: Harvard University Press.

[29] Storper M. (1995), 'The resurgence of regional economies ten years later: the region as a nexus of untraded interdependencies', European Urban and Regional Studies, 2 (3): 191-221.

[30] Teece D. and Pisano G. (1994), 'The Dynamic Capabilities of Firms: an Introduction', Industrial and Corporate Change, 3 (3) 537-556.

[31] Tushman M. L. and Katz R. (1980), 'External communication and project performance: an investigation into the role of gatekeepers', Management Science, 26 (11): 1071-1085.

[32] Wolfe D. A. (2003), 'Clusters from the inside and out: lessons from the Canadian study of cluster development', Conference Paper for Druid Summer 2003, Copenhagen.

[33] Zahra S. A. and George G. (2002), 'Absorptive capacity: a review, reconceptualization, and extension', Academy of Management Review, 27 (2): 185-203.

集群与产业集群中的商业网络——全球价值链的管理

第二篇

全球价值链中的产业区
——马歇尔和演变区

第五章

由邻近优势到组织优势：通过产业区的全球扩张①——来自维罗纳鞋类产业区的案例

菲奥伦扎·贝鲁西（帕多瓦大学）

第一节 引言

本章介绍维罗纳产业区的发展模式，该产业区位于意大利北部的威尼托地区东部，专门生产中等质量的男士和男童步行鞋。从空间的角度来看，维罗纳区比传统的意大利区更像一个集群，因为它处在同一省内的三个主要本地极的交会地带。② 2002 年，该产业区由 324 家公司③和 4038 名员工组成。这几乎相当于该省鞋业部门的总构成——412 家公司和 4520 名员工（2002 年）。据估计，该地区的总营业额约为 10 亿欧元，其中 60%出口到国外。④ 维罗纳区是意大利最重要的鞋类区之一⑤，与蒙特贝罗和里维埃拉德尔布伦塔并列。里维埃拉德尔布伦塔是一个

---

① 本章主要是根据罗马塔利亚卡恩学院组织的项目——中西产业区转移政策开展的全面调查研究。

② 维罗纳产业区位于一个以制造业为主的特色地区。在三个制鞋极中，只有在圣乔瓦尼—伊拉里奥内市的阿尔坡内谷谷地看来是鞋业活动高度专门化的地区。事实上，维罗纳和布索伦戈是包括几家商业企业在内的多部门综合区。

③ 维罗纳产业区较大的公司是 3A 安东尼尼、欧力普、埃菲吉、弗里莫德、弗劳鞋厂等，其销售额超过 6000 万欧元。

④ 2002 年，位于威尼托地区（蒙特贝罗、里维埃拉德尔布伦塔和维罗纳）的三个产业区的鞋子出口额达到全国的 26.9%，其中 7.992 亿里拉可归于蒙特贝罗地区，6.43 亿里拉来自里维埃拉德尔布伦塔产业区，6.05 亿里拉来自维罗纳产业区。

⑤ 2001 年，在意大利鞋类产业是相当重要的经济部门，有 111650 名员工，产值为 8.70 亿欧元，出口额为 7.23 亿欧元。与分包链全球化相关的外向加工贸易的密集商业流动使该行业更具特色。

地方系统，专攻女鞋，面向高端市场（拉贝洛蒂，2004；贝鲁西，2000）。

第二节　产业区的历史发展

维罗纳区是意大利北部一个非常发达的地区。需要特别指出的是，维罗纳还是欧洲北部外流的重要节点。该地区还具有企业密度高的特点：每 50 名居民就有一家制造企业（机构）。维罗纳的失业率特别低，约为 3.5%。该地区的人均收入与标准购买力相关，比欧洲平均水平高出 30%。社会经济背景是传统的农民文化，以及来自本地的天主教文化。

维罗纳省的制鞋业拥有历史悠久的工艺品传统，旨在满足农业人口的需求。因此，在该地区的鞋子生产始于"斯高勒玛拉"产品（一种木制的鞋子），使用的原材料包括皮革。

在 20 世纪初，本地的手工店开始生产丝绒女鞋。在 20 世纪 30 年代，专门从事鞋业的小型工厂（10~20 名员工）开业。该地区的"锚点公司"如特雷维萨尼、斯百客阿历、皮克利和莱奥纳尔迪，已不复存在。一些大型的创业计划随即出现，比如在布索伦戈建立的玛丽亚·皮亚制鞋厂①（在 20 世纪 80 年代关闭），以及位于维罗纳的 3A 安东尼尼公司②。同时期，另一个活跃在维罗纳省的大企业是军用鞋的制造商——罗西鞋厂。在此期间，它的员工总数达到 600 人，但在 1961 年关闭了。

从一开始，本地专门生产非常简单的产品，即工作鞋和凉鞋。该地区增长最快的时期是意大利产业区模式的大启动时期：20 世纪 50 年代至 60 年代。在此期间，维罗纳地区鞋业的就业水平从 2900 人增加到 8833 人。

维罗纳地区是一个买方驱动的标杆。大多数本地企业都是根据德国市场的需求来开发产品的，以及满足那些从欧洲北部来到维罗纳的外国商人的需求（这些人寻找的是中等质量的廉价产品）。该地区的最大扩张是在 20 世纪 70 年代，当时达到了约 600 家企业和 9000 名员工的水平（见表 5-1）。据观察，1971~2002 年，大约有 4000 个单位的就业急剧收缩，而现有企业的数量也严重收缩。

---

① 皮德罗·维萨内利是玛丽亚·皮亚制鞋厂的创始人，该公司作为分包商开始进行生产。在 20 世纪 70 年代末，玛丽亚·皮亚制鞋厂是意大利第一家皮鞋制造商，雇员人数为 726 人。

② 20 世纪 30 年代，来自伊拉西的伊尔沃·安东尼尼在托斯卡纳获得了一些专业经验。第二次世界大战之后，阿尔瓦罗·安东尼尼与另一名哥哥加埃塔诺一起资助伊尔沃在维罗纳开设一家工厂。在 20 世纪 50 年代，企业搬到了维罗纳（已经有 180 名员工），然后转移到新建产业区，在这里创建了四家机构。安东尼尼集团立即成为一家大型工业企业。

在五十多年的发展过程中，该行业的本地化保持了"三极分化"的地域形状。在维罗纳省，圣焦万尼伊拉廖内是其中一个更稳定的极，如弗劳、路易莎、瓦尔布鲁内拉这些本地企业几乎不考虑国际分包，并在市场细分的低价女装、步行鞋行业保持了竞争地位。它们位于一个有农村氛围的偏远山谷，周边地区也允许有效的管理劳动力流动性和灵活性。[①] 相反，在维罗纳和布索伦戈，当时鞋类活动明显收缩。

维罗纳产业区的衰退是由于向东部国家（特别是罗马尼亚）或其他低劳动力成本国家（如阿根廷）的发展转移。在维罗纳产业区，生产活动的萎缩影响了该地区的两家主要公司，即3A安东尼尼和卡古洛。[②] 现在，该地区的特点是有很多小型家族企业，以及一些有150~200名员工的中型公司。

表5-1　1971年、2002年维罗纳产业区演变

产业区	机构/公司（家）		雇员数量（名）	
	1971年	2002年	1971年	2002年
维罗纳第一区极	187	24	2176	354
布索伦戈第二区极	200	235	4288	2655
阿尔坡内第三区极	35	65	1049	1029
维罗纳产业区	422	324	7453	4038
总计	609	412	8833	4520

资料来源：商会档案与1971年意大利统计普查资料的解读。

在20世纪90年代，一次经济衰退影响了该地区的企业，只剩现有的企业还保持着活力。实际上，我们估计这个产业区的就业水平不超过4500人。在转移之后，若干地方分包商（托马菲西）关闭，那些还存在的分包商只在最短批次和收集准备上运作。该地区每年生产四五百万双鞋子。

维罗纳生产极不是一个演化系统。五十多年来，该地区的生产类型一直保持不变，即大批量生产中等质量和价格的休闲鞋，如鹿皮鞋、凉鞋、帆布鞋等。这部分特别容易受到新型工业化国家和中国的国际竞争力影响。本地企业创新不大，近几十年来也没有出现大型有活力的集团。许多中等规模的本地企业在出口

---

① 接受访问的企业家兰多·达卡诺说："我们可以在一个大企业异域化的世界中仍然具有竞争力吗？答案很清楚：我们在价格和质量之间有很好的平衡，这就是我们真正的优势。不要在广告中花费这么多钱，但我们将资源集中在产品研发上。我们的供应链很短，就在区内，所以控制和组织得更有效率。"

② 卡古洛成立于1966年，由安东尼尼的前职工组成。它专门生产"克拉克"鞋。20世纪70年代末，该公司有428名员工，2002年宣布只有28个劳动力。

和转移策略方面相当活跃，但除了本地龙头企业安东尼尼之外，这些企业也不会大量投资于品牌战略、产品升级、研发活动、专利、专有网点和信息与通信技术。这个产业区是马歇尔地区的典型案例。本地企业相对较小，技术上被动，几乎没有明显的例外。综合而言，这个区域具有中等的创新能力。

第三节　从地方到全球价值链：建立组织邻近的新形式

国外文献研究了形成买方供应链或生产者驱动的供应链过程，作为替代方式，涉及传统的简单制成品，如纺织品、鞋类，或者更复杂的物品，如汽车、计算机和机械。因此，许多文献都推测了这些不同的链条对发展中国家集群地区企业升级的影响。较为权威的结论是，由于存在强大的全球价值链，集群的发展受到限制。事实上，在产品、加工和功能的初步升级中，研究发现产业区模式在解释企业转型模式方面几乎没有用处。本节提出的这个案例表明，意大利的模式比起初想象得更为复杂和多样化，而且在不合理的情况下，中小型企业已经将自身变成了买方驱动或生产者全球链的混合形式。维罗纳产业区仅在其变革之路的最后阶段才进行了这些改革（见图5-1）。

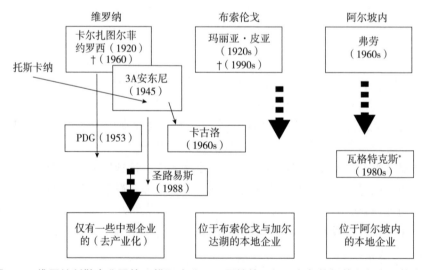

图5-1　维罗纳制鞋产业区的"锚"企业——原始的三极：多年的根基和新企业的启动

注：†表示该公司已经不存在了。如果有，我们会报告其倒闭的日期。*表示这家公司没有纳入我们的数据库，因为它是一家纺织公司，然而它现在也为鞋业生产先进的织物和组件。

维罗纳产业区的增长路径可以分为以下几个阶段：

（1）两次世界大战之间的"胚胎"阶段。其中由一些工匠在该地区开始进行技术能力和能力的探索。

（2）在20世纪50年代至60年代的"快速起飞"阶段。基于产业和大型企业发展的巨大变化，它们能够满足德国的需求。

（3）20世纪70年代的"成熟"阶段。伴随最大的组织（安东尼尼除外）的初始危机；在这一时期，本地企业试验了一个重要的"生产去中心化"过程，其中许多活动（切割、缝纫和装配）被委托给本地分包商。

（4）与20世纪80年代和90年代的转移相关的"缓慢下降"阶段。该地区从本地外包转为"远距离"国际分包，本地企业没有建立临时和无所不在的网络，而是选择了一种转移方式。通过建立稳定的组织链接，这种转移方式可以再现邻近的一些益处。

该产业区的最后阶段意味着：①远距离网络分包网的新方向；②在国外建立合资企业和接受外商直接投资；③更好地发展物流功能；④更多地使用信息与通信技术；⑤通过技术人员的知识转移，控制海外已实现的生产阶段；⑥选择一种特定的转移模式，形成新的聚集模式。

维罗纳产业区专门生产男士和男童简单低价步行鞋。当里维埃拉德尔布伦塔生产一种典型的高档时尚产品时，维罗纳的鞋子具有不受任何风格内容限制的优势。因为德国地区等并不苛刻的市场要求，它们生产的鞋子坚固、简单、标准化，其产品比新型工业化国家制造的产品只复杂一点。当维罗纳的生产者向国外转移一些生产阶段时，它们已经牢牢掌握了最终客户或营销渠道。所有的企业最终都能够生产符合设计标准的成品，有些已经有能力进行原始积累了，但是有的正在为知名品牌工作。这里还有许多具有知名品牌的意大利中型企业。

据了解，维罗纳有大约50家终端企业。几乎所有的企业都与外国分销商有联系，其中许多是大出口商。有一些小企业在为意大利市场和一些独立的商店工作。这些小企业的利润是相当不确定的，而且与客户的经济状况紧密相关，它们经常等待90~120天才能收到发货的货款。一些企业是纯粹的商业实体，灵活性很强。专业供应商集团，如皮革、零部件和配件等的制造商和销售商，是广泛存在的。在维罗纳产业区，很少有独立的鞋设计师，企业每个季节往往会重现非常相似的产品。

中小型企业使用相当先进的技术，大多数机器基本上都是手动辅助的动力工具，这就解释了为什么劳动力成本在确定最终成本方面仍然如此重要。装配仍然是需要更多熟练劳动力的一个生产阶段。

鞋类行业整体变化过程常常被描述为工作组织的集约化，以提高劳动生产率。近年来，快速成型的新技术已经开始发展。

信息与通信技术的应用使得能够更好地管理分散的生产系统，以及涉及国际供应链的更为全球化的系统。在此期间，每一项操作技术的优化尺度已经减少了，所以现如今平均 15～40 名员工的规模是合理的。越来越多的回报似乎与设计、营销、品牌和零售业有关。鞋类生产工艺流程如图 5-2 所示。这是一种极端的合成模式，因为根据模型的不同，在制作一双鞋的过程中涉及 100 多种不同的操作。一般来说，所有与高端生产和装配相关的操作都可以由最终厂商转包。如今，许多企业将其自身限制在上游（营销、销售、购买原材料、设计收集）和下游（物流、出货和分销零售）。

在最具活力的企业中，几乎所有制造业活动都在国外发生。然而，维罗纳的企业使用临时的邻近形式，技术人员每两个星期一班飞往蒂米什瓦拉，组织直接视察分包工厂，或提供协助。面对面的信息交流和知识交流如今在国外非本地化了。

集群与产业集群中的商业网络——全球价值链的管理

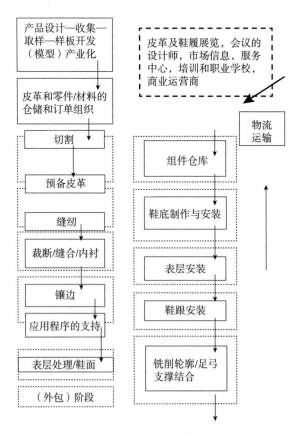

图 5-2　鞋类生产工艺流程

第四节 调查结果

一、一些方法的注解

本章研究中的信息来源于对企业进行的 30 次深入访谈，从现有企业总体列表中抽取样本，以及与本地企业进行的 7 次定性访谈。我们采访了当地主要的企业，主要是产业区内的机构和活动者，如本地商会、本地工会、企业家协会以及组织培训活动的联盟。2003 年 4 月至 8 月收集了有关企业和地方参与者的数据，接受采访的对象（面对面访谈时间为 2~3 个小时）是企业家或高级别的经理人、企业以及负责本地机构的人员。为了完成信息收集，往往需要进行后续电话访谈。

产业区企业可以分为三个部分：①终端企业（鞋类制造商）；②生产特殊零部件的专业企业；③有能力的分包商（它们不负责生产的设计和销售，它们是定制公司，并从委托公司接收所有原材料）。

二、一些企业的特征

我们采访了总共 30 家企业或机构。在选择的样本中，有一个代表区域复合性质的组合：①大小生产者；②中低端部分市场的生产商；③密集转移且没有国际化的企业；④终端企业、中间生产者和组件生产者；⑤终端企业和组件生产商。

如表 5-2 所示，2001 年选出的 30 家公司的总营业额为 4.218 亿欧元，其中约 44% 出口。接受访问的企业同年公布共有员工 1407 人（仅涉及区域本地就业，不包括外商直接投资相关单位）。

我们采访了 21 家终端企业和 9 家中间产品/阶段/服务生产商，其中 16 家终端企业根据市场评估生产产品或服务，另外 5 家根据客户需求生产产品或服务（仅占终端企业公布的总营业额的 10%）。这些最终生产者缺乏市场化，因为它们是作为其他最终生产商的分包商，但是有时也自己生产。一些大公司为诸如英国其乐这样的综合品牌而开展工作，但它们试图从委托公司"独立"。大多数样本企业的营业额是由 16 家中型企业（50~249 名员工）生产的，这也是有更多工作单位的类别。

表 5-2　产业区企业数量

	样本区			产业区		
	1999 年	2000 年	2001 年	1999 年	2000 年	2001 年
机构数量（家）	30	30	30	450	400	324
雇员人数（名）	1361	1391	1407	5500	5000	4038
总营业额（百万欧元）	384.116	407.165	421.808	800	900	1000

资料来源：由笔者估计所得。

尽管在采访"总管"企业家时会遇到困难，但是小公司（1~9 名员工）的样本质量很好。所有受访的公司都不隶属于跨国公司。我们样本的很大一部分（33.3%）由属于一个集团的企业组成，10 个中有 9 个对该企业有完全的控制权，集团公司在国外设有工厂，控制 26 家企业。这表明，该地区相对较小的组织也可以获得全球经济的利益。受访公司是家族企业，只有一半的样本是参与组织的外部经理。受访企业家的正规教育水平较低。超过一半的样本（16 名企业家）只拥有强制性学历，11 名企业家有中学毕业证书，只有三位企业家拥有大学学位。

劳动者学历情况如表 5-3 所示。这个指标不支持维罗纳作为一个知识密集型区域的观点，例如在蒙特贝罗，有 43% 的工作人员拥有大学学历或持有文凭。

本地企业主要雇用意大利员工。移民工人主要从事仓储工作，如搬运和简单的组装工作。

表 5-3　按资历和雇员规模划分的雇员分布　　　　　单位：名

资质和地位		按雇员规模划分				
		1~9 名	10~19 名	20~49 名	50~249 名	总计
所有雇员	具有大学学历的雇员	4		0	107	111
	持有文凭的员工	5	1	31	267	304
	合格员工	20	28	6	328	382
	具有中级职称的员工	19	19	85	407	530
	不具有职称的员工	0	0	11	69	80
	总计	48	48	133	1178	1407

1. 终端企业

终端企业平均与 6.7 个分包商合作。关系通常是长期的（见表 5-4），中东欧国家和国际分包商也是如此。在接受访问的 21 家终端企业中，只有 4 家企业

集群与产业集群中的商业网络——全球价值链的管理

不诉诸分包。11家企业表示使用中东欧国家分包商，3家国际分包商（不包括中东欧国家），其余4家企业仅使用本地化的分包商。8家企业使用外国和本地分包商。

产品或任务根据委托企业的严格技术规范提供。维罗纳产业区的企业参与常规标准化网络关系。在有国际分包商的情况下，企业的外部技术人员监督国外的生产。通常机械设备也从委托企业转移到外国分包商。

表5-4　根据互动时间长短及位置划分的终端企业分布　　　　　单位：家

关系时长	本地	国内	中东欧国家	国际（除中东欧国家）
	绝对值	绝对值	绝对值	绝对值
少于或等于1年*	1	0	1	0
2~3年**	5		7	0
超过3年***	6	1	3	3
总计	12	1	11	3

注：*表示与本地分包商关系最多持续一年或一年以下的企业数量，**表示与本地分包商关系持续2~3年的企业数量，***表示与本地分包商关系持续3年以上的企业数量。

2. 分包商

在这里，主要生产中间产品的本地企业被定义为分包商，专业组件的生产商也被列入此类别。本地分包商由自主和从属的企业组成。

就产出而言，这里的主导集团是根据自身的具体设计工作的企业，见表5-5。本地分包商表现出相对较强的市场地位，因为它们通常用于多个客户，见表5-6。

表5-5　按生产类型划分的主要生产中间产品/服务的企业（机构）分布

生产类型	分包商或中间企业的数量（家）	营业额（百万欧元）	产出份额（%）
标准生产/服务			
根据委托企业的规格制造产品/服务	5	1030	2.4
根据企业自己的规格/设计制造产品/服务	4	41840	97.6
总计	9	100	42870	100

表 5-6　按分包商/中间企业数目划分的客户公司分布

客户企业数量	2001 年		2000 年		1999 年	
1 家	1	11.1	1	11.1	1	11.1
2~3 家	2	22.2	2	22.2	1	11.12
4~5 家	2	22.2	1	11.1	2	22.2
6~10 家	1	11.1	2	22.2	2	22.2
大于 10 家	3	33.3	3	33.3	3	22.2
总计	9	100	9	100	9	33.3
客户总数	191		195		198	
客户企业的平均客户数量	21.2		21.7		22	

三、创新活动

在制鞋产业没有获取非常高的技术的机会。新技术在机械自动化领域得到发展，技术开发掌握在外部生产者手中。[①] 鞋类企业通常集中力量于即时生产任务，它们通常不具备专门的人力资源开发内部应用研究。

在维罗纳产业区，研发活动仅由 7 家企业（总共 30 家企业）开展，共有 18 名员工。该产业区最大的企业是研发执行者，包括 3A 安东尼尼、欧力普、卡尔兹、弗劳、马克西和玛丽坦。专利活动仅在三大公司（3A 安东尼尼、欧力普和弗劳）中发现。

1. 创新扩散

在大多数样本企业（20 家企业）中，企业没有采用任何技术产品创新。在 9 家企业中，技术产品创新是在内部产生的（见表 5-7）。仅有 7 家企业采用了商业创新，只有 2 家（3A 安东尼尼和欧力普）采用了新的商业网点。

表 5-7　样本企业（机构）按雇员规模划分的创新程度

	按雇员规模划分				
	1~9 名	10~19 名	20~49 名	50~249 名	总计
实施产品创新					
没有创新	10	4	3	3	20

---

① 在维杰瓦诺（伦巴第），有一个专门从事制鞋技术的产业区。这是一个老鞋类区，在 20 世纪五六十年代，本地企业转向机械化的多元化生产。企业家获得了鞋类机械修复的第一个技术经验，开发了使用学习的过程。

续表

	按雇员规模划分				
	1~9名	10~19名	20~49名	50~249名	总计
企业产生的创新	1		1	7	9
产业区内产生的创新					
国内产生的创新					
国外产生的创新				1	1
实施工艺流程创新					
没有创新	10	4	3	1	18
企业产生的创新	1		1	7	9
产业区内产生的创新				3	3
国内产生的创新					
国外产生的创新					
在生产组织中实施创新					
没有创新	10	4	4	5	23
企业产生的创新	1			5	6
产业区内产生的创新				1	1
国内产生的创新					
国外产生的创新					
在营销组织中实施创新					
没有创新	10	4	4	5	23
企业产生的创新	1			5	6
产业区内产生的创新				1	1
国内产生的创新					
国外产生的创新					

2. 企业知识的来源

在这个实证调查中，我们还调查了企业的各种知识来源（见表5-8）。受访评估得分平均值从1（不相关）到5（最相关）。在样本中，最重要的内部知识来源是"从生产过程的持续改进中获得的知识"（2.6），而不是研发（1.5）。最重要的外部知识来源与产业区内的知识有关，即"从与客户或供应商的互动中获得的知识"（3.0）。在国际层面上，最重要的来源似乎与"从公开信息（如交易会、出版物）获得的知识"（2.9）有关。

"产业区"的知识得分高于国内或国际知识，证实了马歇尔产业区的存在。

然而，产业区内的企业也是与贸易、出版物等有关的国际知识来源的有效吸收者。

表 5-8　相关的技术知识来源得分平均值

知识来源	企业内部	产业区	国内	国际	雇员规模在 50~249 名
通过内部研发获得的知识	1.5	—	—	—	1.9
从生产过程的持续改进中获得的知识	2.6	—	—	—	3.9
来自母公司或子公司的知识	1.3	—	—	—	1.2
通过公司内部教育和培训项目发展获得的知识	1.8	—	—	—	2.8
其他	1.1	—	—	—	1.0
劳动力市场上雇用专家的知识	—	1.7	1.5	1.5	
从与客户或供应商的互动中获得的知识	—	3.0	2.2	2.0	
从与其他公司合作中获得的知识	—	1.9	1.5	1.4	
来自产品模仿的知识	—	2.3	2.2	1.7	
从外部获得的技术、许可和组件中的知识（技术创新）	—	2.4	2.5	1.8	
从与公共机构（如大学、公共研究中心、地方政府等）的互动中获得的知识	—	1.5	1.4	1.1	
从与半公共机构（如商会、行业协会、工会等）的互动中获得的知识	—	1.5	1.3	1.1	
从公开信息（如交易会、出版物）获得的知识	—	1.9	1.7	2.9	
其他	—	1.1	1.1	1.0	

注：评估得分平均值可以从 1（不相关）到 5（最相关）不等。

3. 横向合作

在我们的样本中，存在与其他企业合作的协议，但并未在很大范围内扩散。维罗纳企业主要在培训问题上进行合作，这涉及 12 家企业，约占样本的 40%。协议在更大的企业中更为常见。

4. 企业的竞争对手

维罗纳产业区鞋业企业的主要竞争对手有哪些？受访企业家认为其主要竞争对手位于该产业区内。大的企业竞争者都是本地和外国的企业，这些竞争对手从发展中国家的劳动力成本中受益匪浅。企业越大，潜在竞争对手的行动范围就越大。

集群与产业集群中的商业网络——全球价值链的管理

四、产业的全球化

1. 出口流量

2001 年的出口流量估计为 185.975 百万欧元，相当于企业总销售额的 42.4%（见表 5-9）。在我们的样本中，来自 21 个终端生产者的 17 家企业是出口企业。在非出口商中，我们发现弗劳鞋厂（150 名员工）为国内市场生产休闲舒适鞋，企业家希望尽可能地保留"意大利制造"的理念。企业家仅使用本地或国内的承包商。

出口流量由产业区内最大的企业掌握，员工人数超过 50 人。欧盟市场是最大的出口地区，占出口总额的 72.9%，德国和法国是最重要的国外市场。出口的首选途径是中间商和贸易商。

在维罗纳产业区没有外来投资，大型跨国买家都与蒙特贝罗有更多的联系。

表 5-9 按雇员规模划分的企业进出口情况统计

单位：百万欧元

年份	按雇员规模划分				
	1~9 名	10~19 名	20~49 名	50~249 名	总计
2001	0.8	1.0	77.013	107.162	185.975
2000	0.7	1.0	79.118	99.197	180.016
1999	4.3	1.0	79.821	93.562	178.683

注：共 17 个案例（无缺失值）。

2. 国际分包策略

平均而言，该产业区每家企业至少对 10 家企业进行分包，其中 4 家或 5 家来自中东欧国家。与全球供应链相关的流程主要涉及中东欧国家，特别是罗马尼亚的分包商。在产业区内，所有拥有 50 名以上员工的企业都在东部国家建立了全球分包商链。较小的企业通常只使用本地分包商。如表 5-10 所示，2001 年，12 家地区公司在中东欧国家建立了国际全球连锁店，使用了 85 家分包商。在中东欧国家使用分包的主要动机是劳动力成本低。只有 8 家公司进口成品，包括欧力普、基尔扎和马克西鞋业。一般地，成品在维罗纳产业区内完成，因此企业将其产品标示为"意大利制造"。涉及与设计、营销和沟通、原型设计和研发活动相关的高价值活动的价值链部分保存在该产业区。

表 5-10　2001 年按分包商客户企业的雇员规模划分的中欧分包商数量

单位：家

	按雇员规模划分							
	1~19 名		20~49 名		50~249 名		总计	
	企业	中东欧国家的分包商	企业	中东欧国家的分包商	企业	中东欧国家的分包商	企业	中东欧国家的分包商
转移的企业	1	5	2	7	9	73	12	85
未转移的企业	14		2		2		18	

　　中东欧国家的分包商平均规模较大，一般是拥有 250 名以上员工的企业。分包商经常变更，通常是因为不遵守客户标准，或它们从事低质量的生产。通过询问客户或经销商来选择中东欧国家的承包商，商业协会发挥了重要作用。承包企业在所有可能的相关领域影响中东欧国家的分包商：价格、机械选择（有时会将自己的旧机械转移给中东欧国家分包商），现场检查与质量标准和程序控制有关，生产计划和交付系统。实际上，中东欧国家分包商的自主性并不是不存在，而是很低。中欧经济合作与区域分包商之间相差甚远，它们无法快速适应产品和行业的变化，而且由于本地劳动力培训不足，它们缺乏必要的技术能力。使用中东欧国家的承包商唯一的优势就是与成本有关。

　　3. 外商直接投资

　　在关于国际化的文献中，外商直接投资和其他形式的承包合同被视为全球化的替代方式，维罗纳产业区的企业已经探索了建立国际分包链的机会，而不排除追求外商直接投资（见表 5-11）。外商直接投资策略涉及我们样本的重要部分（9 家企业）。通过外商直接进行投资的是该产业区最大的企业。外商直接投资的实施可以更好地控制质量标准、生产效率及物流，通过外商直接投资进行外向加工，也有助于进入新市场，扩大销售，但这仍然是对外商直接投资的一个很小的解释。从事中欧经济合作组织外商直接投资的企业通常选择绿地投资，选择外商直接投资的首选国家是罗马尼亚。

　　与蒙特贝罗相比，外商直接投资战略不涉及许可证和商业分销策略。如表 5-12 所示，涉及国际分包的 7 家公司也激活了外商直接投资。通常情况下，这两个选择不是替代策略，而是互补的。

集群与产业集群中的商业网络——全球价值链的管理

表 5-11　2001 年按投资类型和雇员规模划分的外商直接投资企业数量

单位：家

中东欧国家内外商直接投资的类型	按雇员规模划分			
	1~19 名	20~49 名	50~249 名	总计
外商直接投资形式的企业	0	1	8	9
外商直接投资数量	0	1	10	11
绿地（新）投资	—	1	8	9
收购现有本地企业	—	0	1	1
联合经营	—	0	1	1
非外商直接投资形式的企业	15	3	3	21

表 5-12　2001 年按投资类型和就业规模划分的外商直接投资和国际分包商企业数量

单位：家

中东欧国家内外商直接投资与国际分包商	按雇员规模划分			
	1~19 名	20~49 名	50~249 名	总计
无外商直接投资和国际分包商	14	2	1	17
仅是国际分包商	1	1	3	5
仅是外商直接投资	0	0	1	1
有外商直接投资和国际分包商	0	1	6	7

4. 转移与外商直接投资战略对产业区的影响

通过国际分包和外商直接投资进行转移的策略使维罗纳产业区发生了转变。在过去 30 年间，本地的就业人数减少了一半，但这并不是一个明显下降的迹象，因为最大的本地公司将自己变成了小型跨国公司。在产业区内，买家驱动的链条和生产者驱动的链条已经融入了一种新的国际化模式，这种双重形式融合了或多或少的风险战略。

因为本地龙头企业只专注于服务知识密集型业务，而对于营销、物流、投资和一般企业功能，它们已经萎缩了。对于龙头企业，如 3A 安东尼尼、欧力普或迪亚曼特，转移过程一直是增加销售和国际竞争力的机会。维罗纳产业区的转移过程为合格工人和全球连锁经营者创造了新的需求。因此，该区产业区将来必须准备新的专业人员。

第五节 结论

维罗纳产业区是一个将卫星区演变为标准马歇尔产业区的代表案例。它是由手工艺作坊扩散能力的存在所支撑的。在 20 世纪 60 年代，决定性的导火索是德国买家的存在。20 世纪 70 年代一些大型老牌企业的危机产生了一个典型的由中小型组织组成的意大利产业区。过去 50 年来唯一幸存下来的大型企业是 3A 安东尼尼。在维罗纳产业区的历史上，可以观察到持续的企业重组。

尽管企业处在中等质量鞋子的专业化水平，罗塔也参与了高质量的项目，但是坚定的异质性仍然存在。欧力普正在扩大其市场定位。

在维罗纳产业区，现在有几个品牌生产商。其乐的大部分鞋子生产都分包给新生产商。3A 安东尼尼在建立 20 世纪 80 年代的意大利时尚产业和引入兰波杰克品牌方面发挥了重要作用。一家新企业创立了洛根品牌。

国际竞争实际上非常激烈。在欧洲，维罗纳产业区必须每年生产 4500 万双鞋子对抗新进入的中国等国家。

产业区的全球化并没有复制到海外地区，而是创建了第二个"层"产业区，这个地区位于蒂米什瓦拉，阿拉德和奥拉迪亚附近的一个非常分散的地区，标准化的制造业活动已经迁移到这个区域，一些大型机构也进入布加勒斯特。所有原材料和半成品仍然来自维罗纳产业区的企业总部。蒂米什瓦拉将来有机会成为意大利产业区吗？答案可能是否定的。在全球化的世界中，中国的劳动力成本较低，是一种离心力量。由于使用外商直接投资和全球供应链而产生的这种新型分工，已经在蒂米什瓦拉引起了一个双形式的"婴儿产业区"，但复制得不完美。临时、邻近已经形成了一些组织联系，有助于激活全球流动和企业联系，但是对蒂米什瓦拉来说，创造一个具有真正本地企业能力系统的机会是很少的。

参考文献

［1］Amighini A. and Rabellotti R. （2006），'How do Italian footwear industrial districts face globalization?'，European Planning Studies，14（4）：485–502.

［2］Anastasia B. and Corò G. （1993），I distretti industriali in Veneto，Nuova dimensione，Ediciclo，Portogruaro.

［3］Anastasia B.，Corò G.，and Crestanello P. （1995），'Problemi di individuazione dei distretti industriali: esperienze regionali e rapporti con le politiche', Oltre il Ponte, 52: 163-170.

[4] Anci (2002), L'industria calzaturiera italiana 2001, Relazione economico statistica, Milano: Anci.

[5] Bair J. and Gereffi G. (2001), 'Local clusters in global chains: the causes and consequences of export dynamism in Torreon's blue jeans industry', World Development, 29 (11): 1885-1903.

[6] Belussi F. (ed.) (2000), Tacchi a spillo. Il distretto calzaturiero della Riviera del Brenta come forma organizzata di capitale sociale, Padova: Cleup.

[7] Belussi F. and Pilotti L. (2002), 'Knowledge creation, learning and innovation in Italian industrial districts', Geografiska Annaler, 84: 19-33.

[8] Bercellesi M. (2003), 'Cina, partner o concorrente?', Tecnica Calzaturiera, October.

[9] Bravo G. and Merlo E. (2002), 'Sviluppo e crisi del distretto di Vigevano', in G. Provasi (a cura di), Le istituzioni dello sviluppo, Roma: Donzelli.

[10] Casson M. (1990), Multinational Corporations, Edward Elgar: London. Cerved Data, Chamber of Commerce.

[11] Chamber of Commerce and the Verona University (1999), Romania chiama Verona, mimeo, Verona.

[12] Gereffi G., Humphrey J. and Sturgeon T. (2005), 'The governance of global value chains', Review of International Political Economy, 12 (1): 78-104.

[13] Horstmann I. and Markusen J. R. (1996), 'Exploring new markets: direct investment, contractual relations and the multinational enterprise', International Economic Review, 37 (1): 1-19.

[14] Lavoro V. (2002), Il mercato del lavoro nel Veneto, Milan: Angeli.

[15] Onida F. (1992), I distretti industriali: crisi o evoluzione? Milano: Egea.

[16] Rabellotti R. (2004), 'How globalisation affects Italian industrial districts: the case of Brenta', in Schmitz H. (ed.), Local Enterprises in the Global Economy, London: Edward Elgar.

[17] Sammarra A. (2003), Lo sviluppo dei distretti industriali. Percorsi tra globalizzazione e localizzazione, Roma: Carocci.

[18] Thomas A. (2001), 'Cenni sull'evoluzione del settore calzaturiero', Novus Campus, 1.

[19] Varaldo R. (1988), Il sistema delle imprese calzaturiere, Torino: Giap-

pichelli.

［20］ Varaldo R. and Ferrucci L. （eds.） （1997）, I distretti industriali tra logiche di sistema e logiche di impresa, Milano: Angeli.

［21］ Zanfei A. （1981）, Quale modernizzazione per un settore tradizionale. Il calzaturiero nella provincia di Verona, ricerca coordinata da Belussi F. , Ires Veneto, Litografia Villotta.

菲奥伦扎·贝鲁西（帕多瓦大学）

第一节　引言

本章描述了北意大利东北部著名产业区的演变模式。位于特雷维索省的蒙特贝罗产业区是技术运动鞋、滑雪靴和徒步鞋、摩托车靴和自行车鞋的世界领先者。一些国际公司的存在是该地区的标志，他们通过收购成立于 20 世纪 90 年代的本地企业公司而形成。

蒙特贝罗产业区被认为是意大利最具创新力的产业区之一，因为它是由充满活力、不断发展的企业组成的，这些企业在过去引入了重要的激进式创新，这些创新已经使该地区在制作滑雪靴技术方面产生了国际优势。与此相关的是，该产业区在国际市场上取得了广泛的成功。该区专门从事运动鞋和运动服装，还生产了众多其他技术产品，因此被定义为"运动系统产业区"。

该产业区于 2004 年由约 400 家公司（300 家鞋类生产商和 100 家服装生产商）组建，雇用约 8000 名员工。蒙特贝罗产业区是一个演化产业区的典范，随着时间的推移，它的产业结构已经演变，而现在这个地区主要是熊彼特式的企业，即使中小企业的作用仍然重要，也已经建立了许多非正式和正式的组织。

本章第二节介绍了该产业区的概况。第三节是对其历史形成的分析。第四节介

---

①　本章基于由贝鲁西和卡列加里在东西方产业集群项目中的研究工作，由罗马的塔利亚卡恩机构协调。这是第五框架计划下的资助项目。

绍了我们的实证检验结果。第五节介绍了全球化背景下产业区演化模式的评估。

第二节　一个演化产业区

蒙特贝罗区位于本地工业经济区内，以中小企业的存在为显著特征。[①] 在特雷维索省，46%的工作人口活跃于制造业。人均国民生产总值比欧洲平均水平高出30%。在特雷维索地区，每9个居民都有一个企业（机构），本地的企业文化有助于营造企业活力的环境氛围。威尼托地区直到20世纪60年代才被移民困扰，但是由欧洲大市场的发展所开启的市场机会，完全改变了该地区的历史面貌。威尼托企业家探索到了这些机遇，这些企业家有着较低层的起源，通常以前是蓝领工人。

全区由有历史的部分产业区[②]和毗邻的外部市镇的边缘地区[③]组成，20世纪80年代通过新建企业或者酒产业区的企业扩建活动，建立了许多新的现代化工厂。

如图6-1所示，2002年，约有400家公司和8000名员工组成了该区域（6000个鞋类和2000个服装）。该地区还有很多中小企业、家族企业和几家重要的本地企业，这里从18世纪末至19世纪的第一个十年是创建泰尼卡、卡贝洛托、阿尔皮纳鞋厂、多洛迈特和诺迪卡的第一批创始人的原始核心。"二战"期间，这个地区的增长是渐进的，并不是微不足道的。这个地区的真正起飞是在20世纪60年代，在意大利经济增长（所谓的"经济奇迹"）时期，其得到了欧洲市场组织、新技术广泛应用的帮助，这些新技术是由欧洲（德国）和美国企业进行的广泛传播。市场增长允许更深入的国际专业化，该地区受益于国际山地滑雪靴需求的稳定增长。由于创新了产品（塑料滑雪靴），本地企业数量在20世纪70年代急剧增长。产业区内的企业可以将创新产品引入市场。在20世纪80年代，产业区的持续活力和新创造的市场空间的增长，也扩大了产业区内企业的存量。

20世纪80年代初以来，几家大型垂直企业和数量众多的中小型企业组建了

---

① 参见安娜塔西亚、科罗（1993）和安娜塔西亚、科罗、克雷斯塔内洛（1995）。以体育用品为主产业区的相对较小（约553平方千米），对应于半径约13千米的圆形。该地区有159362名居民。

② 卡拉诺、科务达、克罗塞塔、佩德罗巴、蒙特贝罗、马瑟、内尔维萨、特雷维尼亚诺、伏尔巴哥和贾韦拉·德尔·蒙特洛。

③ 阿尔提沃勒、阿卡德、阿索洛、卡斯特尔库科、哥德高城堡、卡瓦索·德尔·汤巴、丰特、蒙富莫、波维利亚诺、里斯·皮奥十世和维德拉戈。

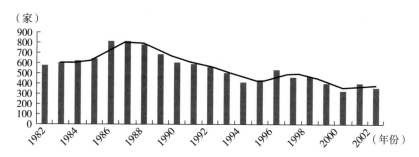

图 6-1　1982~2002 年产业区企业数量演化

注：本分析中不包括纺织企业。

资料来源：梅洛（2003）和 CERVED。

蒙特贝罗产业区。由于高度分工，小型工艺企业可以以分包商的身份进入市场，大型本地企业正在不断地使用外包方式分散任务、活动以及购买中间产品或现成产品。

1989 年以后，本地的企业人口开始稳步下降。1989 年，产业区内企业的数量达到了 800 个的高峰，后来又下降到了 20 世纪 90 年代初的 600 个，然后再下降到了约 300 个（2000 年）。企业数量的下降并不是经济落后的标志，而是来自两个过程的结合效应：企业集中和低劳动力成本国家的活动转移。

然而所有的经济指标显示，近年来，在企业销售和出口流动方面，持续的增长模式出现了。该地区表现的显著指标是蒙大拿州实现的总产出额。尽管本地企业和就业人数不断减少，但生产和产出数据仍然是正向的，呈现出普遍的扩张趋势。包括服装（不是贝纳通）在内，蒙特贝罗地区的产量已从 1999 年的 1.992 万亿里拉到 2001 年的 2.834 万亿里拉。

如图 6-2 所示，过去一段时间内，本地分包企业的数量呈现下降趋势，主要集中在所谓的"托马菲西"（鞋面生产商）的企业数量部分。与此同时，该地区出现了较多的集团，1989 年贝纳通集团进驻该地区，收购了诺迪卡，该企业是本地较大的本地企业之一。

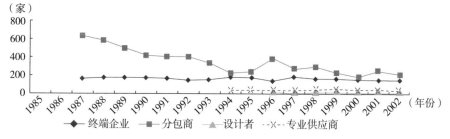

图 6-2　1987~2002 年按照类型划分的产业区企业数量演化

资料来源：梅洛（2003）和 CERVED。

2000 年，终端鞋类企业雇用了 5661 名员工，其间接活动（转包公司和专业供应商的）由 3471 名员工负责，所有鞋类可就业总数为 8782 家。

尽管有大型企业的存在，但是 2000 年有 5109 名员工（相当于整个产业区工作人员总数的 58%）在小企业工作（雇员数小于 100 人）。因此，蒙特贝罗仍然可以被认为是一个产业区，但龙头企业的作用在增加。

据计算，1997~2001 年，运动服饰区约减少了 1000 名工人。由于转包给东方国家，失去工作的是分包商（主要是"托马菲西"）的人员，他们已经失去了委托任务。但是，要将活动转移到其他国家，往往也需要将蒙特贝罗的分包商转移到这些国家。

企业与供应商和值得信赖的合作者一起转移，许多分包商突然失去外包订单并在罗马尼亚开了新的研讨会，或者成为本地分包商的质量管理者。因此，许多以前的分包商现在都是为一些本地主要的企业工作，这些企业是大型全球供应链的控制者。另外，我们必须考虑到这个产业区位于意大利充分就业的地区，失业率最低。该产业区仍然有丰富的制造活动、专业供应商、设计师等与体育系统相关的因素，它还没有成为一个"空心体系"。所谓的"空心体系"指的是管理外部的、非区域化的和非空间的生产活动。生产者的地理邻近依然扮演着一个角色，组织上的邻近程度也是如此，因为与分包商存在许多关联，如面对面的交流信息、与合作企业的互动，如今都产生了一个临时邻近的新维度。

值得注意的是，虽然在蒙特贝罗工作的有 8000 名员工，但是在分包活动的外部领域（主要是在东部国家分散的外包皮带、塑料和服装纺织品活动）大约有 6 万名工人，这些工人得到的命令来自蒙特贝罗产业区的企业。这是由"靴子博物馆"的主管阿尔多·杜兰特（笔者的采访对象）估计的，他是蒙特贝罗产业区历史方面的专家。事实上，这对外部观察者来说是惊人的。2006 年，特雷维索企业家协会将蒂米什瓦拉定义为威尼托地区的第八个省份。

特雷维索省有关出口的官方数据显示，2001 年，本地企业向罗马尼亚出口了约 430292000 欧元的货物。这些数据记录了为罗马尼亚分包商提供零部件的所有业务，相当于在蒙特贝罗产业区的鞋和运动服装部门生产的总产量的 35% 左右。

第三节　产业区的历史发展

该产业区最初的专长是登山靴（用皮革制成）。该地区的龙头企业如今仍然活跃，它们成立于 19 世纪末和 20 世纪初：泰尼卡（1890 年）、多洛迈特（1897年）、阿尔皮纳和穆娜丽（1908 年）、皮维塔和文德拉明（1919 年）、诺迪卡（1926 年）。

蒙特贝罗从 15 世纪开始制造乡村鞋子和各种各样的马靴。在同一时期，斯特拉（1898 年）的路易吉沃尔坦在蒙特贝罗设立了第一款新型的鞋子自动化设备。在蒙特贝罗，靴子的生产伴随泰尼卡（1890 年）的诞生。

蒙特贝罗是本地机构和本地经济协同演变的一个典型范例。20 世纪 80 年代，登记成立了重要的本地机构：蒙特贝罗博物馆，其还在许多项目中发挥了企业家合作催化组织者的作用（培训、信息和知识传播）；"技术设计"中心，该中心是负责 CAD/CAM 技术的。意大利商会作为一个公共机构在意大利发挥了重要作用，该机构由成员国的生产性协会（企业家和工会）管理。这个机构推动了本地企业家参与展会，并组织了时尚潮流活动。

在经济困难和企业危机时期，强大的经济社区的存在是可追溯的。本地企业家们直接干预，避免地方企业破产，互相帮助。若干年前，本地银行家卡萨·马尔凯创立了一所私立大学（由帕多瓦和威尼托大学进行技术培训）。600 年后，该大学回到了特雷维索。

蒙特贝罗的技术知识升级可追溯到 1937 年，当时来自都灵的维塔利亚诺·布拉马尼发明了一种防水材料制造的"伐柏拉姆"牌登山靴橡胶底，特别适合在山区散步，这种创新在蒙特贝罗迅速被采用。"二战"之后，蒙特贝罗的企业家在 20 世纪 60 年代对滑雪靴进行了几次修改，以提高其稳健性和稳定性。特别是，他们在鞋底上引入了钢板，并加入了新的封闭系统。1962 年，一家本地企业在市场上推出一种带有金属杠杆的靴子，这项技术改进取代了传统的鞋带，因而立即被该地区所有其他企业模仿并创新。20 世纪 60 年代，该地区的企业引入了一种新的单一硫化方法，其将鞋底与上部连接，随后注入聚氯乙烯，这种处理方法将两个部件更好地连接为一个系统。本地的生产者赞助了组件和滑雪板绑定的标准化过程。为了协调分包商和技术零部件制造商的大范围网络，这些赞助是有必要的。在 1967 年之前，蒙特贝罗的企业家多次尝试将生产原料从皮革转移到塑料。一个失败的实验产生了用薄塑料覆盖皮靴的第一个模型。

由于技术人员鲍勃·朗格所注册的国际专利的改进，实现了真正的大技术革命，创造了一个新的技术系统。在 1957 年的美国，鲍勃·朗格做出了第一双塑料靴子，很快被一些欣赏法式滑雪的运动员称为"塑造幻想"。这一创新吸引了蒙特贝罗企业家的注意，并在科罗拉多州的展会上进行展示，该展会是美国冬季运动的一个重要展会。鲍勃·朗格的发明由诺迪卡在蒙特贝罗进行完善，诺迪卡用注射法代替了朗格融合，使用了位于帕多瓦（洛伦津）的一家企业的一些专业技术。不久，朗格自己在意大利蒙特贝罗附近开了一家工厂，以便获得改进后的技术和附近已经发展起来的技术供应商。20 世纪六七十年代见证了该地区企业的主要增长，滑雪靴的产量从 1963 年的 18 万双增加到 1970 年的 100 万双，1979 年达到 410 万双。许多历史悠久的企业采用新技术（诺迪卡、多洛迈特、穆娜丽、圣乔治和泰尼卡），也有许多其他企业不相信这些创新或觉得没有必要投入资金重组生产环节，开始以多元化的形式推出新产品（运动鞋、休闲鞋等）。这种根本性的变化催生了终端企业之间劳动力的地域分工，即处理更简单任务的分包商和技术生产者（专业供应商）。

20 世纪 70 年代末，专门从事鞋类生产的区域企业数量增长到 511 家，其中有滑雪靴生产员工 9710 人，运动系统总共有 12000 人。

一个多元化是引进了滑雪靴的塑料材料。第一个模型是泰尼卡的"月亮靴"，它受到在那年飞往月球的宇航员的启发。经过几年的生产后，滑雪项目起飞了。在 20 世纪 70 年代末，蒙特贝罗生产了 7.5 万~8.0 万双这种新产品。

另一个多元化相当平行，主要在慢跑、溜冰、篮球、足球、摩托车越野赛、跳舞、骑自行车、网球等运动领域的鞋方面。

20 世纪 80 年代的产能过剩导致了一次典型的企业重组，其中产业区内一些重要生产者退出，但新产品（第四次生产多样化）弥补了传统生产需求的下降。

在随后的一段时间里，在 20 世纪 90 年代，诸如徒步旅行鞋、滑雪板鞋、溜冰鞋、足球鞋和步行运动鞋（城市鞋）等新产品见证了两个新兴的本地冠军，即健乐士和斯通富莱的诞生，这两家企业稳定了产业区的总产量。1979~1996 年，产业区企业数量从 511 个增加到 526 个，本地就业人数从 7316 人增加到 7647 人（这些数据只包括鞋类企业的直接就业人数）。

自 20 世纪 70 年代末以来，蒙特贝罗已被全球公认为是世界运动鞋中心，甚至在 1979 年 2 月的《新闻周刊》上发表的一篇文章中将蒙特贝罗定义为"雪地产业"的首都。这个产业区不仅可以被视为标准（马歇尔）产业区（生产过程在无数的中小型企业中分解）的典型例子，而且是在劳动力地域分工的基础上开展有组织性活动的地方，这些分工是基于终端企业公司，如品牌和非品牌最终生产商，以及分包商的，如皮革切割公司、机械生产商、模型制造商、设计师、上游生产商、靴子装配企业、模具制造商、鞋底生产商、注入专家、模具公司、撬杆生产商、鞋带生产商等。20 世纪 80 年代初至 90 年代末期，蒙特贝罗成为国际上竞争力和生产能力非凡的区域，也是直接或间接地在一系列不同产品的世界总产量中占有很大份额的全球性专业化区域。据本地消息报道，目前世界上生产的 80% 的摩托车鞋、75% 的滑雪鞋、65% 的滑雪靴、50% 的技术登山鞋、25% 的轮式溜冰鞋是在蒙特贝罗制造的。

20 世纪 90 年代中期，蒙特贝罗产业区已对国际市场开放。生产的滑雪靴 70%～80%出口。20 世纪 90 年代末，考虑到所有多样化的产品，其总产量的一半（1.1 万亿里拉）[①] 出口到欧盟，如德国、法国、西班牙和英国，并进入美国和日本。许多大型本地企业在国外开设了商业办事处，以促进外部关系的密切交流以及本地企业日常工作中的商业和生产性联系。在 1989 年之后，东欧国家基于制鞋业的简单阶段（如鞋子组装）为发展全球供应链提供了一个历史性的契机。

有一些与蒙特贝罗产业区的知识储备形成的特殊性有关的因素必须予以强调：

（1）机器生产者的本地化。有趣的是，澳伊玛以前在中国生产，但后来回到了蒙特贝罗，这显然是一个无法脱离本地化的案例。

（2）设计师（模式制作者）、时尚专家和现代时尚展览的存在。

（3）专业供应商的存在。

突发事件是使用累积的本地知识所必需的：

（1）20 世纪 70 年代：通过开发注射机器，基于朗格专利的滑雪靴得到改进，其中诺迪卡发挥了重要作用。

（2）20 世纪 80 年代：将本地技术知识应用于新产品以创造差异化的市场定位，因此滑雪靴区成为运动区域，其中许多龙头企业（如乐透）发挥了重要作用。

（3）20 世纪 90 年代：创造了新的市场，如城市运动鞋，其中健乐士和斯通富莱发挥了重要作用。

第四节　调查结果

一、一些方法的注解

本节详细的资料来自对经理人和企业家的 30 次深度访谈和对本地企业的 10 次定性访谈。该样本是使用特雷维索商会的 CERVED 档案构建的。我们采访了本地的主要企业，包括在 20 世纪 90 年代进入产业区的跨国企业，在 2003 年 4

---

① 特雷维索商会提供的数据。

月至 6 月收集了数据。接受采访的对象（2~3 个小时的面对面访谈）是企业的企业家或高级管理人员、本地机构的负责人。为了完成收集信息，往往需要进行后续电话访谈。

我们采访了 30 个本地公司（机构）。在选定的样本中，产业区内企业混合性质的组合型代表有：①大小生产者；②服装和鞋业公司；③滑雪靴生产商和运动鞋生产商；④高中低市场部门的生产者；⑤本地和跨国企业；⑥频繁转移的企业和未国际化的企业；⑦终端企业和企业生产者，主要是中间商和部件制造商；⑧终端企业和机械生产商。

二、一些企业的特征

如表 6-1 所示，所选择的 30 家企业已实现 15 万亿欧元的总营业额（2001 年），其中约 60% 出口（约 9 万亿美元）。企业产出的总和比基金会博洛尼亚·斯卡波恩估计的总区销售额大很多，是因为我们将"出口到出口"的产出包括在内。在 2001 年被访问产业区内企业，共有员工 3636 人，此处我们只计算产业区内本地就业机会，不包括外商直接投资相关单位。

表 6-1　样本中企业的总体概况与整个产业区的比较

	样本企业			整个产业区		
	1999 年	2000 年	2001 年	1999 年	2000 年	2001 年
机构数量（仅运动系统）（家）	30	30	30	491	460	464
雇员数量（仅运动系统）（名）	3257	3538	3636	8596 *	8897 *	8943 *
营业额（仅运动系统产量）（百万欧元）	1280	1384	1527 **	1206856998	1426916622	1492663369
人均营业额（仅运动系统生产的）（千欧元）	420117	391073	393103	140397	160382	166909
资本货物投资总额（千欧元）	24275	25093	29486	—	—	—

注：* 表示所收集的数据不同质，经常包括外商直接投资就业情况。** 表示通过整合企业产出而收集的数据，它们也包括"出口到出口"的产出。

资料来源："斯卡彭博物馆"基金。

如表 6-2 所示，样本营业额大部分产生于 16 家中型企业（50~249 名员

集群与产业集群中的商业网络——全球价值链的管理

工），也是有更多工作岗位的类别（1699 人）。在样本中，只有一家超过 500 名员工的大型公司。

表 6-2　按产品类型和雇员规模划分的样本企业（机构）分布

		按雇员规模划分						
		全部	1~9 名	10~19 名	20~49 名	50~249 名	250~499 名	500 名及以上
主要生产中间产品/服务的企业	机构数（家）	5	0	0	2	3	0	0
	雇员数（名）	364	0	0	66	298	0	0
	营业额（1 千欧元）	69740	0	0	8400	61340	0	0
	资本货物投资总额（1 千欧元）	4045	0		150	3895		
主要生产最终产品/服务的企业	机构数（家）	25	0	2	6	12	3	1
	雇员数（名）	3272	0	31	179	1401	1161	500
	营业额（1 千欧元）	1457807	0	7350	53431	894475	355551	1470000
	资本货物投资总额（1 千欧元）	25441769	0	100	1290063	17736519	6114287	200
全部	机构数（家）	30	0	2	8	16	3	1
	雇员数（名）	3636	0	31	245	1699	1161	500
	营业额（1 千欧元）	1527547	0	7350	61831	955815	355551	147

我们的样本涵盖了该地区各类雇员规模的企业。25 家公司是本地的（诺迪卡过去由贝纳通收购，后来由本地最大的企业泰尼卡收购①），还有 5 家则由外部资本所有。跨国企业②和外部公司在产业区中拥有相对较小的企业（或子企业）规模，所以在员工方面，独立公司构成了更大、更重要的部门（3636 名员工中有 2537 名员工）。独立的本地企业的存在是区域自治的保证，它们完全可以选择自己的生产和商业战略，而且更接近产业区的使命。25 家企业可以归类为

---

①　贝纳通进入蒙特贝罗产业区是收购了其中一家最大的企业，但是根据独家品牌名称和专门连锁店需求，这不能满足其业务模式，就现行的运动服饰需求而言，需要技术复杂的物品和多品牌大商店。2003年，由于亏损巨大，诺迪卡向本地一家本地企业出售。

②　笔者也采访了一家过去由运动服装行业最大的国际跨国公司（14000 名直接就业人员）收购的公司，总部设在俄勒冈州的美国比弗顿，组织了一个国际供应链，有 50 万工人在发展中国家的自主分包公司工作。

最终生产者、中间生产者或为制靴部门生产机器的生产者①。2 个最终生产者是生产完整产品的公司，但其缺乏市场独立性，并且作为分包商为其他最终生产者工作。其他 23 家公司享有完整的自主权。

我们的样本涵盖了更有声望的国际品牌，如泰尼卡、诺迪卡、罗尔波雷德、赛迪、罗西尼亚尔、若喜士、里斯珀特、乐透、迪亚多拉、多米雷特、达尔贝洛、斯卡帕、HTM、朗格、西迪、阿索罗、健乐士和斯通富莱。

我们企业的本地创始人主要是来自家族企业的第二代或第三代企业家（16 人受访），6 名是大型本地企业的技术人员，4 名曾在跨国企业工作。有两位企业家来自大学，只有一个企业家只在一家小企业中工作过。小企业被认为是企业家精神的创造者，但是在蒙特贝罗这样的老产业区，有生产能力的企业复制更是原龙头企业的一种机制。

如表 6-3 所示，受访企业主要是多工厂组织：7 家企业位于产业区内（拥有 10 家以上机构），13 家企业拥有产业区外的许多机构。就员工人数而言，在辖区以外设有机构的企业（30 家企业中有 13 家）占我们样本企业全部员工中最重要的部分（占 62.7%）。它们是中型企业，每家企业有 175.5 名员工，而一些本地独立的企业规模则更小，平均有 79.7 名员工。

表 6-3　企业和机构的分布　　　　　　　　　　　单位：家

	只有一个机构		超过一个但位于产业区内*		超过一个但位于产业区外*		总计	
	企业	机构	企业	机构	企业	机构	企业	机构
企业	10	10	7	17	13	44	30	71

注：表中数据包括企业访谈。

在分析的 25 家终端企业中，没有一家涉及标准产品的生产。22 家企业根据自身企业的市场评估制造产品，3 家公司按照客户要求制造产品。

受访企业家的正规教育水平很低，只有 12 位企业家持有大学或中学文凭。然而，在这家地方公司的员工素质相当高：16% 的劳动者拥有大学资格，27% 持有文凭，约有 19% 是合格的员工，28% 的员工具有中等资格。事实上，非合格制造业工人的百分比很小（只有受访企业总劳动力的 10% 左右）。这个指标可以被认为是对该地区人力资本重要性的粗略估计。在鞋类领域，提升劳动者资格水平并不常见。表 6-4 支持蒙特贝罗作为知识密集区的观点。

———————————

① "中间生产者"是一个剩余分类，笔者在这里列出了那些没有为大众市场生产最终产品（如鞋子、靴子和运动工具）的公司。

集群与产业集群中的商业网络——全球价值链的管理

表 6-4　按资历和雇员规模划分的雇员分布　　　　　单位：名

资历和地位		按雇员规模划分					总计	
		1~19 名	20~49 名	50~249 名	250~499 名	500 名及以上	a. v	p. v
所有雇员	具有大学学历的员工	—	12	174	108	300	594	16.3
	具有文凭的员工	14	57	531	281	100	983	27.0
	合格员工	4	63	357	234	50	708	19.5
	拥有中级职称的员工	—	76	435	438	50	1012	27.8
	无学历的员工	13	37	202	100	—	339	9.4
总计		31	245	1699	1161	500	3636	100

经过了 20 世纪 90 年代的产业转移之后，蒙特贝罗产业区已经转变成了高科技区域，执行规划、营销、产品设计、技术开发和原型制作等过程中最具战略性和关键性的阶段。从我们的访谈中可以看出，本地企业雇用的主要是意大利本地的人员。移民工人只能在被抽样的较大企业找到。在每个企业中，这个分组中的人数没有超过 5~8 人，他们参与了仓储、搬运和简单的装配等任务。

1. 终端企业

蒙特贝罗产业区的特点是生产高度分散化和企业间的劳动力分工。平均而言，每个最终公司都与 15 家分包商合作（见表 6-5）。对于中东欧国家和国际分包商而言，关系通常是长期的。小公司（1~49 名员工）通常与 6~7 家分包商合作，而中型企业则涉及 1~20 家。采用的质量控制方法是：经常对分包商车间进行随机访问和引入具体标准。对于中东欧国家分包商而言，委托企业派内部技术人员到分包公司进行监督生产。产业区的知识转移通过机械、工厂、标准规范和最重要的人力资本的国际运动而实现。国际分包链只有在本地技术人员所拥有的知识维持下才能发挥作用。

表 6-5　1999~2001 年终端企业的客户企业分布　　　　　单位：家

客户企业数	2001 年	2000 年	1999 年
	a. v.	a. v.	a. v.
1 家	1	1	1
2~3 家	4	5	5
4~5 家	3	2	2
6~10 家	7	7	7

客户企业数	2001 年	2000 年	1999 年
	a. v.	a. v.	a. v.
大于 10 家	9	9	9
总计	24	24	24
分包商总数	374	363	358
每个企业平均分包商数量	15.6	15.1	14.9

2. 分包商

在我们的调查中，访谈了 7 个零部件生产者和主要针对客户需求进行具体设计的两个终端企业。它们的市场地位很高，它们为本地的外国客户和国际市场工作。它们通常拥有大量客户，并且涉及非常稳定的关系（见表 6-6）。除了对时间安排和价格进行适度控制之外，其客户对它们的控制很弱。

表 6-6   1999~2001 年分包商的客户企业分布　　　　　　　　单位：家

客户企业数	2001 年		2000 年		1999 年	
	a. v.	p. v.	a. v.	p. v.	a. v.	p. v.
1 家	1		1		1	
2~3 家	1		1		1	
4~5 家	0		0		0	
6~10 家	0		0		0	
大于 10 家	5		5		5	
总计	7	100	7	100	7	100

三、创新活动

蒙特贝罗产业区在国际上的巨大成功，可以由本地企业发起的重大创新活动来解释。30 家企业中的 20 家企业开展研发活动：2001 年，企业总共投资了 2700 万欧元，由 329 名技术人员进行研发活动。这相当于总样本营业额的 2% 左右。唯一没有研发活动的大企业实际上在巴黎总部进行研发，还有几家小企业与研发实验室联系在一起，只有非常小的企业（少于 19 名员工）通常不会进行研发活动，或很少注册专利。产业区内企业同年注册了 127 项国际技术专利。

这证实了蒙特贝罗产业区不再是标准的马歇尔区，而是高科技的演化产业区。

1. 创新扩散

正如预期的那样,样本企业的创新倾向非常高(见表 6-7)。24 家企业在 1999~2001 年推出了产品创新,其中 22 家企业是内部产生的。

大量的产业区内企业也积极参与组织创新(11 家企业)和商业创新(16 家企业)。

表 6-7 样本企业(机构)在 1999~2001 年按雇员规模划分的创新程度

	按雇员规模划分					
	1~19 名	20~49 名	50~249 名	250~499 名	500 名及以上	总计
采取产品创新						
无创新	1	2	3	0	0	6
企业产生的创新	1	6	11	3	1	22
产业区产生的创新			1			1
国内产生的创新			1			1
国外产生的创新						0
采取工艺创新						
无创新	2	2	5	0	0	9
企业产生的创新		2	8	3	1	14
产业区产生的创新		1	2			3
国内产生的创新		2	1			3
国外产生的创新		1				1
在生产组织中采用创新						
无创新	1	1	9	0	1	11
企业产生的创新		1	3	2		6
产业区产生的创新	1		1	1		4
国内产生的创新		4	3			7
国外产生的创新		1				1
在营销组织中采用创新						
无创新	2	2	9	2	1	16
企业产生的创新		2	4			6
产业区产生的创新			1	1		2
国内产生的创新		2	2			4
国外产生的创新		1	1			2

2. 企业知识的来源

如表 6-8 所示，企业最重要的知识来源是通过内部研发获得的（3.9），以及从生产过程的连续改进中获得的（3.3）。对于大型企业来说，内部研发更加重要。外部来源如与国际客户的互动、参与国际展览会以及国家顾问的使用，不被产业区内企业认为是相关的。

另外两个引用的本地知识来源是从与客户或供应商的互动中获得的（2.5）和嵌入在专家身上的（1.8）。

表6-8　技术知识最相关来源的得分平均值

知识的来源	企业内部	产业区	国家	国际	雇员人数介于250~499名的企业
通过内部研发获得的知识	3.9	—	—	—	5.0
从生产过程的持续改进中获得的知识	3.3	—	—	—	1.0
来自母公司或子公司的知识	2.0	—	—	—	3.7
通过公司内部教育和培训计划发展的知识	2.0	—	—	—	2.7
其他	1.0	—	—	—	1.0
嵌入在劳动力市场上雇用专家身上的知识		1.8	1.3	1.3	
从与客户或供应商的互动中获得的知识		2.5	1.7	2.9	
从与其他公司合作中获得的知识		1.4	1.2	1.2	
来源于对产品模仿的知识		1.5	1.2	1.3	
从外部获得的嵌入技术、许可和组件中的知识（技术创新）		1.4	1.4	1.5	
从与公共机构的互动中获得的知识（如大学、公共研究中心、地方政府等）		1.5	1.5	1.6	
从与半公立机构的互动中获得的知识（如商会、工业协会、职工会等）		1.7	1.3	1.1	
从公开信息（如交易会、出版物）中获得的知识		1.5	2.0	2.4	
其他		1.0	1.0	1.0	

注：评估得分可以从1（不相关）到5（最相关）不等。

3. 横向合作

1999~2001 年，11 家公司（约占样本的 30%）与其他公司达成了共同协议，其中正式协议（9 起）取代非正式协议（2 起）。协议侧重于创新（共同开发新产品和新工艺）。独立企业和大企业之间的协议更为频繁。培训活动由本地活动

集群与产业集群中的商业网络——全球价值链的管理

者（蒙特贝罗博物馆和技术设计中心）组织。

4. 企业的竞争对手

蒙特贝罗企业的主要竞争对手是位于产业区内的企业和位于国外的外国企业，而不是该产业区内的跨国子公司。

四、产业区的全球化

1. 出口流量

如表6-9所示，在我们的样本中，除了非终端企业（高出口额的企业）的分包商，有29家企业是出口商。出口流量大部分归属于终端企业。独立企业占出口额的最大部分（7.6亿欧元）。欧盟市场是出口流量最大的地区（占出口总额的58%）。世界其他地区占33%，中东欧国家占7%。

进口流量与世界其他地区以及中东欧国家，特别是罗马尼亚有关。大企业有能力在全球范围内销售它们的产品，而小企业主要瞄准欧盟市场。

表6-9　1999～2001年按雇员规模划分的企业出口及进口价值　　单位：欧元

年份	按雇员规模划分					
	1~19名	20~49名	50~249名	250~499名	500名及以上	总计
出口* 2001	2000000	46442267	6224225000	180760955	50000000	901628222
2000	2000000	45011168	574919000	174543379	40000000	836473547
1999	2000000	32292104	429011000	174831730	30000000	668134834
进口** 2001		7053552	9205100			99104552
2000		5001773	78479000			83480773
1999		2551247	27458000			30009247

注：*表示数据涉及24家公司（5家数据缺失，1家没有直接出口流动）；**表示数据仅涉及8家公司。

2. 国际分包策略

分包和原材料采购与中间投入、最终产品（全套订单）或服务的收购有关（见表6-10）。2003年，在我们访谈时，本地外包（按价值计算，而非数量）占中间产品的1/3，占最终产品的1/4。中东欧国家在中间产品中占主导地位，而中东欧国家在如中国和远东地区获得了很大一部分的最终产品，如大量的慢跑鞋或徒步鞋。

每个产业区的企业平均有10~12家企业的分包合同，其中一半都位于中东欧国家（见表6-11）。小企业平均分3家或4家分包商，中型企业有10~13家，大型企业也有 25~30 家。

2002 年，在总共 133 个中东欧国家分包商中，有 82 个位于罗马尼亚（62%），16 个在匈牙利（12%），5 个在捷克，2 个在斯洛文尼亚。中东欧国家分包商规模普遍较大，其中 44.4%（59 家）拥有 250 多名员工。此外，小型产业区企业也使用非常大的中东欧国家分包商。中东欧国家分包商通常是没有议价权的，价格是由终端企业决定的，并且是以计件或工作分钟数的形式计算的。承包合同中包括所有必要的材料，以及有时必要的机械。现场检查是常见的，每天都有来自产业区终端企业的技术人员在场。中东欧国家分包商通过询问客户或分销商，并效仿其邻近企业的做法进行选择。

表 6-10　分包和原料采购的地域分布情况　　　　　　单位：%

	产业区	意大利	中东欧国家	非中东欧国家	总计
原材料	16.6	63.7	0.0	19.7	100
中间品	36.6	0.5	56.9	7.0	100
最终产品	24.9	0.0	36.5	38.6	100
服务	57.8	32.8	0.0	9.4	100

表 6-11　1999~2001 年按雇员规模划分的产业区企业的
中东欧国家分包商数量（企业平均数）　　　　　　单位：家

年份	按雇员规模划分					
	1~19 名	20~49 名	50~249 名	250~499 名	500 名及以上	总计
2001	4	1.5	4.6	13.3	30	6.5（131）
2000	4	1.3	5.4	10.0	30	6.5（129）
1999	4	1.7	4.6	10.0	30	6.1（122）

注：数据来自 20 家企业。

3. 外商直接投资

蒙特贝罗产业区的企业国际化在某种程度上是一种追求效率的投资（由寻找低劳动力成本驱动），也是寻求市场的投资。

事实上，产业区本地企业已经开发出了新的商业战略。来自我们样本的 19 家企业进行了商业性投资，10 家引进了制造业外商直接投资。在表 6-12 中，我们可以算出 39 家企业中，大部分涉及在外国设立子公司。

投资的目的地主要是以下国家和地区：美国、加拿大和北欧（特别是英国，被认为是美国市场的桥梁）以及远东地区。产业区的外商直接投资对应于 13 个方面的举措，其中大部分是绿地投资。罗马尼亚有 6 个。

过去发生的转移过程彻底改变了产业区。本地鞋业失去了 1500~2000 名员工，这些流失的员工在其他行业被重新聘用。目前，许多本地企业都在全球链条的高价值阶段：营销、物流、综合功能、项目、低产量、高品质的系列生产和原型。

考虑到利用外商直接投资战略的企业，它们只有在三种情况下减少了内部雇用，而一半的样本企业减少了本地分包，见表 6-13。

表 6-12　按雇员规模划分的进入国外市场最常用的模式　　单位：个

模式	按雇员规模划分					
	1~19 名	20~49 名	50~249 名	250~499 名	500 名及以上	总计
商业外商直接投资						
全资子公司		2	10	3	1	16
联合经营		3	3			6
外资少数控股		1		4		5
许可证	1	1	5	1		8
特许经营						0
管理合同		1				1
承包工程						0
合作经营			2	1		3
其他						
总计（企业）	1	8	24	5	1	39（19）
产业外商直接投资						
绿地（新）投资		2	7		1	10
收购现有的本地企业					1	1
与现有的本地企业联合经营					1	1
其他（如合作协议、合并等）		1				1
总计（企业）		3	7		3	13（10）

表 6-13　按投资类型和雇员规模划分的在中东欧国家进行外商直接投资和
国际分包商的企业统计情况

在中东欧国家进行外商直接投资和国际分包商的企业	按雇员规模划分					
	1~19 名	20~49 名	50~249 名	250~499 名	500 名及以上	总计
无外商直接投资和国际分包商	1	3	2	0	0	6
仅有国际分包商	1	3	7	3	0	14
仅有外商直接投资	0	1	3	0	0	4
外商直接投资和国际分包商都存在	0	1	4	0	1	6

一方面，蒙特贝罗企业通过价格和技术影响它们的外国直接投资子公司。另一方面，子公司享有中东欧国家企业有关决策的适度自主权。然而，已经从事外商直接投资活动（大部分是绿地）的企业往往是相当有流动性的，经常修改它们以前的决定，选择新的转移目的地。如安索夫（1965）和诺尔曼、拉米雷斯（1994）所讨论的，我们可以称之为生产部门的"持续的地理重构"。

第五节　结论

对蒙特贝罗产业区的分析表明，标准的马歇尔产业区可以随着时间的推移而改变。两个触发因素促进了这种转变：熊彼特式创新者的进入，龙头企业的出现。20世纪90年代，产业区彻底改变了，因为许多公司把活动转移到了东欧国家。虽然国际文献研究了外部全球供应链对产业区的影响，但是在我们的案例中，产业区内生性地产生其全球价值链，并成功组织了转移过程。当然，并不是产业区内所有企业都转移了，而是只有中大型企业。分包的转移需要大容量和高质量的存在，但是这些要求并不是太高的水平。蒙特贝罗产业区案例并没有遵循一个完整的转移模式，而是一个均衡的异地化模式，一些活动仍然保持在该产业区，如规划和原型制作、营销、研发、高质量分包，以及一些集中在低端系列和高质量的制造活动。

参考文献

［1］Aage T. （2002）, 'Absorptive capacity of firms in industrial district', paper presented at Siena, 8-11 November, Eape Conference.

［2］Anastasia B. and Corò G. （1993）, I distretti industriali in Veneto, Nuova dimensione.

［3］Anastasia B. , Corò G. , and Crestanello P. （1995）, 'Problemi di individ-uazione dei distretti industriali: esperienze regionali e rapporti con le politiche', Oltre il Ponte, 52: 163-170.

［4］Ansoff H. I. （1965）, Corporate Strategy, New York: McGraw-Hill.

［5］Asheim B. and Isaksen A. （2002）, 'Regional innovation systems: the inte-gration of local "sticky" knowledge with global "ubiquitous knowledge"', Journal of Technology Transfer, 27: 77-86.

集群与产业集群中的商业网络——全球价值链的管理

[6] Asheim B. (1996), 'Industrial districts as learning regions. Conditions for prosperity', European Planning Studies, 4: 379-400.

[7] Baccarani C. and Golinelli G. (1993), 'Tratti del divenire dei distretti industriali', Quaderno dell'Istituto Tagliacarne, 8: 15-46.

[8] Belussi F. and Gottardi G. (eds.) (2000), Evolutionary Patterns of Local Industrial Systems, Aldershot: Ashgate.

[9] Belussi F. and Pilotti L. (2002), 'Knowledge creation, learning and innovation in Italian industrial districts', Geografiska Annaler, 84: 19-33.

[10] Belussi F., Gottardi G. and Rullani E. (eds.) (2003), The Technological Evolution of Industrial Districts, Boston: Kluwer.

[11] Centro Estero Veneto (2003), Indagine sulla presenza imprenditoriale veneta in Romania, paper, Venezia.

[12] Club dei distretti industriali (2003), Guide to the Italian Industrial districts-2004, Fondazione del Museo dello scarpone, Montebelluna, Treviso.

[13] Corò G. and Grandinetti R. (1999), 'Evolutionary patterns of Italian industrial districts', Human Systems Management, 18 (2): 117-129.

[14] Corò G. and Rullani E. (1998), 'Percorsi locali di internazionalizzazione. Competenze e auto-organizzazione nei distretti industriali del nordest', Franco Angeli: Milano.

[15] Corò G. (2000), 'La delocalizzazione: minaccia, necessità o opportunità?', in Diamanti I. and Marini D. (eds.), Nord Est 2000, Rapporto sulla società e l'economia, Fondazione Nord Est, Venice.

[16] Crestanello P. and Dalla Libera E. (2003), 'The delocalisation of production abroad: the case of the fashion industry of Vicenza', paper presented at the Conference on 'Clusters, Industrial Districts and Firms', Modena, September 2003.

[17] Durante A. and Durante V. (a cura di), Rapporto OSEM, ediz. 2001 e 2002, Fondazione Museo dello Scarpone, Montebelluna.

[18] Durante A. (1997), 'Montebelluna fa giocare il mondo, Fondazione Museo dello scarpone', Montebelluna.

[19] Ediciclo, Portogruaro. (1996), Evoluzione Diun' Economia Regionale, Nuova Dimensione, Portogruaro.

[20] Grandinetti R. and Rullani E. (1992), 'Internazionalizzazione e piccole imprese: elogio della varietà', Piccola Impresa/Small Business, 3 (1996), Impresa transnazionale ed economia globale, Nis, Roma.

[21] Grandinetti R. (1993), 'L'internazionalizzzione "sommersa" delle piccole imprese', Rivista Italian di Economia e Statistica, 47: 119-142.

[22] IPI (2002), L'esperienza italiana dei distretti industriali, Ministero delle attività produttive, Roma.

[23] ISTAT-Istituto Nazionale di Statistica (2002), Statistiche sul Commercio Estero, Roma.

[24] Lipparini A. (1997), Architetture e assetti relazionali per l'organizzazione delle attività della catena del valore alla scala internazionale, in Lorenzoni G. (a cura di), Architetture reticolari e processi di internazionalizzazione, Bologna: Il Mulino.

[25] Litvak I. (1990), 'Instant international: strategic reality for small high technology firms in Canada', Multinational Business, Summer, 2: 1-12.

[26] Lorenzen M. and Mahnke V. (2002), 'Global strategies and acquisition of local knowledge: how MNCs enter regional clusters', DUID Working Paper.

[27] Lorenzoni G. (1997), Architetture reticolari e processi di internazionalizzazione, Bologna: Il Mulino.

[28] Maccarini M., et al. (2002), 'Growth paths of the Italian SMEs and their local clusters: the internationalisation strategy', paper presented at the international conference "Business policies and strategies in a global market", A framework for SMEs: case studies, Turin, 14 November.

[29] Madsen T. and Servais P. (1997), 'The internationalisation of born global: an evolutionary process?', International Business Review, 6 (6): 561-583.

[30] Maskell P. and Malmberg A. (1999), 'Localised learning and industrial competitiveness', Cambridge Journal of Economics, 23: 167-185.

[31] Merlo D. (2003), 'Nati-mortalità delle imprese del distretto della calzatura sportiva di Montebelluna', Facoltà di Statistica, Padua University, unpublished manuscript.

[32] Normann R. and Ramirez R. (1994), Designing interactive strategy: From value chain to calue constellation, NewYork: Wiley.

[33] Osem (Osservatorio Socio Economico Montelliano) (2001), Rapporto Osem 2001, Veneto Banca, Treviso.

[34] Piva C. (2002), 'I processi di globalizzazione dei distretti industriali, il caso di Montebelluna', unpublished thesis, Padua University.

[35] Quadrio Curzio A. and Fortis M. (2000), Il made in Italy oltre il 2000, Bologna: Il Mulino.

集群与产业集群中的商业网络——全球价值链的管理

［36］Schiattarella R. （1999），'La delocalizzzione internazionale：problemi di definizione e delimitazione. Un'analisi per il settore del Made in Italy'，Economia e Politica Industriale，103.

［37］Veneto Lavoro （2002），Il mercato del lavoro nel Veneto，Milano：Angeli.

第七章

一条通往全球服装行业竞争力的"低层次路径"——维布拉塔谷产业区的案例

阿莱莎·萨迈拉（安奎拉大学）

第一节 引言

纺织服装业在发达国家和发展中国家的经济中发挥着重要的作用。在欧盟，这一产业主要是由多个地区和地理上集中的产业区和集群中的中小企业组成的。例如，在意大利全国199个产业区中，69个（即35%）主要是专业从事服装业的。

近几十年来，服装业的全球结构经历了现代化和转型的过程（见表7-1）。在主要的变化趋势中，有两个方面值得特别注意。第一个关系到产业与分配之间权力关系的变动。在过去，纺织服装行业主要由垂直关系主导，分配系统分散化程度很高，而如今的分配越来越多地受到少数大型企业，特别是中低档市场部门的控制，将游戏规则强加于服装价值链的上游部分。第二个虽然不是相关的，但变革的驱动力与全球化和自由化的持续进程有关，这种过程使发达国家的企业面临着大量低劳动力成本国家，特别是亚洲国家的竞争。

这两个因素的结合有利于全球服装价值链国际分散化水平的提高。从原材料采购到设计、生产、市场销售，服装价值链被组织成一个专门活动的集合，每一项活动都位于它可以为最终产品贡献最大价值的地方。在服装产品生产中，设计和其他最终活动是有高资格的工作，劳动密集型阶段通常集中在具有悠久传统的、高质量的、创造性形象的国家中。连锁店的组装阶段仍然是低资格的，劳动密集型阶段是最有可能被淘汰到低成本企业的阶段。此外，面料和半成品的国际运输相对容易和廉价，因为它们是与重量相关的高附加值产品。这些技术特征解释了越来越多的向外加工贸易的追求以及美国和西欧的发达国家服装产业不断转移的趋势。

表7-1 欧洲纺织服装产业的主要变化趋势

进口渗透率提高	欧洲是纺织品（世界进口量的40%）和服装（超过45%）的最大进口国。1990~1999年，纺织品的进口渗透率从12%增长到23%，而服装则从30%增长到46%。欧盟在中国之后的纺织服装行业排名第二。1990~1998年，欧洲服装贸易总额的百分比从10.5%下降到8.8%。在纺织品方面，欧洲的份额从1998年的14.5%上升到15.2%
就业减少	1980~1995年，欧洲纺织品和纺织品的员工人数已经下降了47%
生产片段化与经济集中化	大多数企业都是中小型企业，1999年企业平均有19名员工。但是，相当大比例的营业额来自数量有限的几家大企业。例如，在意大利，纺织品前五名企业的份额为12%，服装为25%
劳动力成本和生产力的差异	纺织服装行业通常是劳动密集型行业，劳动力估计为服装生产成本的60%，纺织品的40%。服装行业的成本比较表明，欧盟西部国家之间与东部国家之间的工资差距很大，前者从葡萄牙的4.5美元到丹麦的23美元不等，后者从波兰的2.77美元到罗马尼亚的1.04美元不等。这种竞争劣势部分被高水平的劳动生产率所抵销，因为当时欧洲的劳动生产率一般高于亚洲，但低于美国、日本和瑞士
分配的重要性越来越高	在过去，欧洲纺织服装行业的特点是强大的产业和由中小企业零售商组成的薄弱和片段化的销售系统。如今，就付款和交货条件而言，销售越来越多地受到数量有限的大企业的控制，这些大企业可以把纺织服装行业的上游部分置于相当大的压力下。因此，这个制度从"产业驱动"转变为"销售驱动"
营销和广告业务的增长（并购）	近年来，欧洲服装和销售行业的并购增长已经涉及越来越多的中型企业。这一活动的主要目标之一是提高品牌与营销网络的投资盈利能力
增加的国际化和搬迁	由于全球化和优惠贸易协议的结果，欧洲纺织服装产业见证了国际化和生产转移不断增加的趋势，同时供应来源多样性且越来越复杂。到目前为止，由于地理邻近和更高的品质标准，欧盟制造商通常优先考虑东欧和北非国家

资料来源：笔者基于斯坦格（2001）整理的。

强大的全球领导者（零售商和顶级时尚公司）的出现以及服装价值链日益国际化的分化，使得欧洲一些服装店的长期可持续发展受到质疑。这削弱了与传统的有效率和灵活的分包领域相关的竞争优势。事实上，这些深刻的变革对发达国家的个别公司和产业区的传统竞争力来源提出了严峻的挑战。

本章采用案例设计研究了这一变革过程，重点关注位于意大利中部地区阿布鲁佐最北端的维布拉塔谷服装产业区的演变趋势。[①] 通过深入分析发现，随着时间的推移，本地企业未能通过发展内部品牌和设计能力，从其最初的分包商角色中解放出来。这一演变道路并不会鼓励人们对该地区在全球经济中的未来抱有乐观的期望。实际上，为了保持竞争优势，意大利和欧洲的服装业必须不断提高生产技术、扩展营销模式和设计具有创新性的产品。只有无形资源（知识、设计、信息、物流）的发展才能防止竞争力下降，使传统制造业的产业区重新定义其在全球商品链中的地位。遗憾的是，目前这些因素正是维布拉塔谷服装产业区的关键弱点。

本章的结构如下：第二节说明了研究方法。第三节介绍了该产业区的历史形成与演变。第四节致力于分析区域在经济、制度和认知方面的主要结构特征。第五节则说明了产业区企业的国际化。第六节讨论了实际调查的结果，根据对产业区演化与全球化进程再次进行科学的辩论。第七节为结论。

第二节　研究方法

本章应用案例研究方法对产业区的变化动态进行"深度描述"。

案例研究整合了定性和定量的数据收集方法。笔者收集了文档，并对重点知情人和地方机构参与者进行了 10 次深入的半结构化开放式访谈。在详细的半结构式问卷基础上，通过面对面的访谈进行了调查。

问卷部分介绍了一些相关的调查范围：①公司背景和内部组织；②创新活动和知识来源；③与本地和外部分包商/客户公司的联系；④与地区公司和机构的横向联系；⑤国际化。两名专业的访问员（包括笔者）进行了这次访问，问题由企业所有者或总经理进行回答。如果上述形式不可能的话，我们采访了企业中有权力的人。调研工作是在 2003 年春季和秋季展开的。

为了代表产业区生产链的所有不同阶段，选择了 30 家公司的分层样本。然而，考虑到全球化和转移过程的理论焦点，抽样策略是选择理论而不是概率抽样。相关数据和样本数据之间的比较如表 7-2 所示，样本中的企业平均数量高于全区。事实上，这个产业区由微型和小型企业组成，这是大部分意大利产业区特有的，这些企业的生产结构仍然具有很强的片段化特征。

---

① 实证研究是对西欧和东欧产业区演化与转移模式进行更大调查的一部分，该研究项目题目为《产业区转移过程：从欧盟扩大视角制定政策》。该项目由欧洲委员会第五次框架计划（1998~2002 年）"改善社会经济知识库"的主要行动提供资金。

表 7-2　样本与产业区的对比

	样本	产业区
企业数量（家）	30	484
机构数量（家）	36	214
从业人员数量（名）	1590	5603
企业的平均规模（雇员数量）（名）	53	12

资料来源：意大利统计局（2001）。

第三节　历史形成与演变

维布拉塔谷产业区位于泰拉莫省，在意大利阿布鲁佐区最远的地方。它占地面积 627.56 平方千米，包括 20 个自治市。该地区的心脏是圣埃吉迪奥阿拉维布拉塔，其中约 60% 的服装公司是本地化的。一些学者以前将该地区确定为产业区。

维布拉塔谷服装区的形成源于古老的传统。纺织工艺与麻类植物的加工有关。直到 20 世纪 60 年代末，麻类植物都是在泰拉莫种植的。第二次世界大战之后，该地区建立了一些服装公司，大多专门生产衬衫。到 1951 年，纺织服装产业的就业人数估计已达 1200 人左右，到 1961 年上升到 2000 人。

该产业区的真正起飞始于 20 世纪 70 年代，企业建立的速度大幅上升，这导致服装企业形成了空间集聚。与过去相比，由于服装行业的发展，泰拉莫省在 1971~1981 年注册的企业数量增长了 40% 以上，员工数量增长了 80%。区域发展的诱因是需求方面的增加、市场扩张以及政府和欧洲激励措施的存在。

这个发展过程在 20 世纪 80 年代持续下去，主要是由意大利北部地区的外部公司所采取的外包战略所推动的，这些策略促成了分包商角色的本地企业的诞生——所谓的制造商，特别是制造衬衫和休闲服（即牛仔裤）。因此，区域发展与分包商紧密地联系在一起。在此阶段，维布拉塔谷服装店的竞争力主要是以价格和劳动力成本为比较优势。在这个发展阶段，一部分本地核心终端企业成功出现，并成长起来。这一小群本地中型企业成功地直接面向市场生产，并推出了自己的品牌。

该组织包括时装生产集团卡苏奇和格兰萨索等企业。因为这些本地企业采取了生产阶段分散化的战略，它们的成长促进了新的小型企业的建立。事实上，在这一期间，前雇员认识到一个可能有利可图的商业机会，并决定利用这个机会自

集群与产业集群中的商业网络——全球价值链的管理

已成为企业家，通过剥离生产活动建立了新的小型和极小型企业。

该产业区的增长于 20 世纪 90 年代初开始衰退。经济刺激措施的取消以及国际竞争的加剧大大削弱了维布拉塔集群的竞争优势。1996 年，阿布鲁佐地区政府采取了一项政策措施，使包括维布拉塔服装区在内的四个区域性的产业区获得法律承认，并随后获得资金。1997 年，区域委员会成立。尽管采取了这一政策措施，但是衰退这一个严峻的危机仍在继续。一些本地企业已经尝试通过提高产品质量或提高生产力来解决这一难题。

经济危机导致本地企业严重减少，大部分企业依然依赖外部和内部委托企业。最受影响的企业是众多的供应商和专业生产低品质产品的生产商，这些企业近年来的数量大幅减少。

第四节　产业区结构：经济、认知和制度特征

产业区的经济质量表现出高度的同质性（见表 7-3）。该群体由大量的微型和小型企业组成，中大型企业极少。现行治理结构是以家族商业模式为基础的。产业区内既没有大型企业，也没有外国企业。

作为最近形成的一个地区，大多数企业都是第一次创业。样本中的创始人中有 27% 以前没有在其他企业当过企业家或工人的经验，其他本地企业中有 67% 的受雇人员。只有 6% 的受访企业家以前曾在意大利其他地区的企业工作过，但他们都没有国际工作经验。

产业区内没有跨国企业的子企业。然而，随着几家本地终端企业的出现，该地区非常依赖外部战略中心。事实上，大多数本地企业都是专门或部分地为区外的客户生产产品的，因此缺乏市场自主权。

就服装行业所扮演的不同角色而言，可以确定三种主要类型的企业。第一种是由终端企业组成的，这些企业直接以自有品种在市场上销售最终产品。这些企业在经济和战略上是自主的，因为它们完全可以自由选择生产和商业战略。在整个服装产业区，第一种类型企业集团由 20 多家企业组成，其中包括该区最古老、最著名的公司。在产品专业化方面，这些企业代表了该地区所有最重要的专业化产品：牛仔裤和休闲服装（如卡苏奇）、衬衫（如纽曼）、儿童服装（如吉·埃菲·莫达）、针织品（如格兰萨索）。终端企业通常有若干分包商，大部分受访者声称与十多个分包商合作，它们的垂直关系是长期的。

包括大多数本地企业在内的第二种类型的企业组织包括所谓的制造商，这些

制造商主要或专门为少数本地终端企业和其他外部委托企业制造最终产品。在制造商中，重要的是有高品质水平的生产者，这些生产者是古驰、普拉达、麦丝玛拉等顶级时装商的分包商，以及为专门从事服装市场中低质部分的委托企业工作的生产者。通过追求产品升级，前者已经能够减少国际竞争，而后者更容易受到本地和外部投资企业的转移和海外分包的威胁。事实上，源于20世纪90年代的经济危机引发了本地企业的严重削减，特别是第二种类型的组织中专业生产低品质产品的生产商受到惩罚，不愿遵循质量改进策略。在大多数情况下，专业生产低品质产品的生产商从委托企业那里收到已经裁剪好的服装部件，以及所有准备组装的服装配饰（拉链、纽扣、标签、线）。所有增值活动（产品设计和切割）都由委托企业直接执行，而制造商执行劳动密集型阶段（组装）。因此，纵向关系不包括有关产品设计或技术内容的任何互动。专业生产低品质产品的生产商的市场地位往往较低，因为它们缺乏战略和市场自主权并对委托企业强烈依赖。值得注意的是，根据客户的需求和要求，专业生产低品质产品的生产商会将一些工作分包给产业区内的小企业。

表7-3　样本的经济特征（N=30）　　　　　　　　　单位：%

按雇员规模划分的样本企业		
小于或等于9名	10	
10~49名	50	
50~249名	37	
大于或等于250名	3	
按所有权划分的样本企业		
独立	90	
国有子公司	10	
外资子公司	0	
按创业背景划分的样本企业		
无创业经验	27	
产业区其他企业的前雇员	67	
产业区外部国有企业的前雇员	6	
外资企业的前雇员	0	
按类型划分的样本企业		
	企业	雇员	营业额
中间产品/服务的分包商	37	36	8
最终产品的分包商	27	16	17
终端企业	36	48	75

第三类包括专业化的供应商，它们执行染色、熨烫和刺绣等服装制造过程的特定阶段。这些生产阶段可能对最终产品增加重要价值。例如，染色对于牛仔布（如牛仔裤）的美学特性是非常重要的。在与终端企业的访谈中，一些委托企业明确承认了这些专业化工作的相关性。事实上，有时这些专业供应商会就产品工作过程的技术内容委托企业提供反馈和建议。有趣的是，这些生产过程的专业活动是受转移和国际分包战略影响较小的活动。同样地，专业从事这些活动的本地供应商在缩减过程中也没有受到像服装组装企业那样的影响。

分包商受到客户的依赖和控制。如表 7-4 所示，委托企业对分包商决策的最重要影响因素包括收费价格、产品创造与开发、订单调度/生产计划、质量管控程序等。根据分包商的说法，他们从与主要客户的联系中获得的最重要的好处是改善了财务稳定性。

表 7-4　分包商对主要客户关系的评估（N=19）

客户公司对分包商决策的影响领域	中位数	与主要客户联系的优势	中位数
销售区域	1	获取新市场	2
销售的客户	1	获取新客户	3
收费价格	5	提供工具/机器	2
资本设备的采购（如工具、机械）	3	获取新产品和工艺技术	3
产品创造与开发	5	提供蓝图/规格/原型	2
质量管控程序（如视察）	3	管理/组织技术的转移	3
质量标准的采用（如 ISO-9000）	1	促进财务稳定性	4
分配系统（如 JIT）	1	更高的效率和生产力水平	2
订单调度/生产计划	5	改善与自身供应商的关系	1

注：评估从 1（不相关）到 5（最相关）不等。

关于关系模式，尽管垂直关系通常是稳定的，但是企业间垂直关系是相当等级化的，因为本地分包商和专业生产低品质产品的生产商强烈依赖委托企业。事实上，它们根据客户严格的技术要求，执行服装生产过程中最劳动密集的阶段。维布拉塔谷服装店的水平关系也很弱，本地企业不参与合作协议或策略。

与其他知名意大利产业区相比，服装行业的专业化并没有引发辅助和互补产业的出现。在产业区内，没有专门从事技术、机械和服务互补的企业。

1. 知识库和创新性

调研收集的数据展示了该产业区作为一个静态系统的图像，其特点是知识库薄弱、内部知识生成机制不发达。这个考虑来自以下方面：企业家和工人的教育情况表明，正规教育和培训水平不高。产业区的企业对创新、研究、开发的承诺非常薄弱。样本企业没有内部研发实验室，也没有员工或财务资源专门用于创新活动。此外，它们没有在国家和国际上注册任何专利，这是公司在创新活动中的承诺和投资的直接指标。

本地企业对创新的倾向偏低：创新收入的增长速度非常有限，主要集中在产品适应和生产过程的逐步改进（见表7-5）。最重要的创新是从外部获得的，主要是通过与外部供应商、客户和服务提供商的交互实现的。在考虑组织方面，创新倾向急剧下降。1999~2001年，只有3家企业（都是中型企业）创新了销售和分销组织，而12家企业宣称在生产组织中引入创新。

表7-5　1999~2001年按雇员规模划分样本企业的创新性（N=30）

创新类型	小于或等于19名	20~49名	大于或等于250名	总计
采用产品创新				
无创新	5	5	0	10
企业产生的创新		7	1	8
产业区产生的创新	1	0	0	1
国内产生的创新	4	6	0	10
国外产生的创新	0	0	0	0
采用工艺创新				
无创新	2	1	0	3
企业产生的创新	0	1	0	1
产业区产生的创新	0	0	0	0
国内产生的创新	8	16	1	25
国外产生的创新	0	0	0	0
在生产组织中采用创新				
无创新	8	9	0	17
企业产生的创新	0	5	1	6
产业区产生的创新	0	0	0	0
国内产生的创新	2	4	0	6
国外产生的创新	0	0	0	0
在营销组织中采用创新				
无创新	10	15	0	25
企业产生的创新	0	3	0	3

集群与产业集群中的商业网络——全球价值链的管理

续表

创新类型	小于或等于 19 名	20~49 名	大于或等于 250 名	总计
产业区产生的创新	0	0	0	0
国内产生的创新	0	0	0	0
国外产生的创新	0	0	0	0

　　总体而言,最引人注目的结果是该区域内部创新能力极低。在调查中考察的四种创新,只有一家公司在产业区内产生了创新(产品创新)。

　　对样本企业来说,最重要的内部技术知识来源是生产过程的持续改进。这一结果表明,正如预期的那样,由于缺乏对研究和开发的正式和明确承诺,对于被调查企业而言,通过边做边学的内部和非正式/隐性机制产生的增量创新和实践知识仍然是最重要的知识产生来源。受访企业认为技术知识的外部来源,最重要的是与本地和国内客户及供应商的互动。由于委托企业严格的技术规范,被访企业已将垂直关系定义为单向交互,因此这种结果必须被理解为通过交互学习的一种隐性形式,这不是建立在客户和分包商之间明确和正式合作协议的基础上的,其目的是提高从事垂直关系的企业网络的编码知识和创新能力。

　　样本中企业组织知识的最重要内部来源是从不断改进的生产过程中学到的技能,以及企业家/创始人的组织能力。这些结果再次表明,组织知识的内在生成主要是基于学习过程的非正式/隐性机制。值得注意的是,对于属于 250~499 名雇员规模级别的企业来说,组织知识的另一个重要内部来源是企业职业经理人员的技能。作为组织知识的外部资源,另一个有趣的观点是,所有的本地来源都获得了非常低的分数,与被采访的企业规模无关。这个结果可以通过两个不同的(虽然可能的补充)考虑来解释。第一,这一结果可能表明,与技术知识相比,组织上的知识可能通过非自愿和非正式/隐性的知识生成机制(通过互动学习或模仿学习)而变得更难被分散和获取。第二,这一结果可能表明,维布拉塔谷产业区本地活动者如竞争对手、客户/供应商、商业服务与咨询公司、地方机构的缺失,能自愿或非自愿(例如通过模仿)地将先进的组织模式和程序转移到其他地区的企业。在组织知识的外部资源中,受访企业认识到与国内客户和供应商的互动是一个重要的来源,尽管这一因素的最大关联性被中型企业(规模为 250~499 名员工)特别地认可。造成这一结果的原因是,中型企业尤其有资源和动机求助于本地区以外,特别是意大利其他地区的供应商和顾问。

　　这些发现对一种广泛认同但可能被理想化的观点提出了质疑,这种观点认为,由于存在大量的溢出效应,集群有助于知识的形成和扩散,以及信息的快速流动。维布拉塔谷服装产业区的例子以及其他衰退集群的案例表明,在所有区域或集群中建立创新能力的内生机制既不是同等有效，也不是集群内所有企业都能平等地获得。

它们传统的区域优势，如邻近性和社会经济相关性，有利于通过模仿过程传播知识。然而，维布拉塔谷服装产业区知识流动的经验证据表明，升级集群现有能力需要复杂的机制。在这方面，有必要区分有利于现有知识传播的知识使用、复制机制和扩展产业区知识库的知识改变机制。虽然前一种机制在大多数产业区可以很容易地发现，但知识转换机制并不仅仅是溢出效应的副产品，而且是需要具有特定技能和能力的本地企业采取积极的创新战略。

2. 制度因素

有利于该地区形成的政策，主要与旨在资助欧洲和意大利欠发达地区的投资和经济发展的欧洲和国家奖励措施有关。在这些激励措施取消之后，维布拉塔谷服装产业区未从任何公共支持中获利。地方和区域政府在 1996 年以前没有实施过任何支持该产业区的具体政策，当时符合国家标准的区域政府已经合法地界定了维布拉塔谷和其他区域性的产业区。

一方面，艾米利亚罗马涅和托斯卡纳成功的产业区模式不同，地方机构没有明确说明向企业提供实际服务的任何具体政策。另一方面，与威尼托成功的产业区模式形成鲜明对比，本地文化并不支持从底部出现的"社群主义模式"，该模式基于企业网络和自发的"观念联合论"，能够弥补本地机构缺乏的主动性。

这些制度和文化限制强烈地惩罚了维布拉塔谷产业区。即使在今天，本地的实际服务系统也是不发达和不足的。产业区企业认为本地的咨询和业务服务人员不够专业化，从而将其在本地的服务需求限制在最传统的会计、运输和保险方面。

维布拉塔谷产业区内多达 65% 的产业区企业依赖于在本地设有代理机构的银行。

维布拉塔谷服装产业区与本地教育系统的联系非常薄弱。在圣埃吉迪奥阿拉维布拉塔镇——服装产业区的心脏，有一个纺织专业学校专门从事培训工作以服务于服装产业。然而，在与企业家和本地人的访谈中我们发现，学校的活动与本地服装企业的需求之间没有直接的关系、交流或协作。同样地，该产业区与泰拉摩大学以及阿基拉省和佩斯卡拉省的其他地区大学之间也存在很差的关系。地方机构试图解决这个问题，启动了时装产业的经济与管理硕士课程，旨在培养时装和服装企业的管理人员。然而，硕士课程在产业区内的企业中并不为人所知，尽管其中一些已经直接参与了这一举措。

近年来，少数财团已经扎根于产业区内。其中最重要的是，仅在服装行业，就有 7 家企业参与其中。

在地方机构中，特别要注意的是产业区委员会，它是在确定区域性的产业区后由区域政府建立的治理结构。委员会由本地活动者和机构（工会、企业协会、本地商会等）的代表组成，负责产业区的发展规划、选择计划执行的活动者及查找必要的资源。到目前为止，由产业区委员会挑选和执行的项目得到了大量本地行动者（例如企业协会）的负面评价，因为这些项目不符合企业的实际需要。许多本地企业甚至没有意识到或不知道已经开展的项目。因此，这项具体措施未能实现其原来的目标。最初在国家立法者看来，区域性产业区制度化的目的是改变地方政策，有利于根据每个区域内的本地需求和社会经济特点专门设计和调整产业政策。然而，在阿布鲁佐地区具体执行工作更加强调确定区域性产业区识别的过程，而很少注意每个识别的产业区的设计和实施发展计划的战略阶段。

为了完成对本地区的描述，必须用几句话来谈谈"无形的机构"，这些机构在传统上被认为对产业区发展至关重要（至少在意大利经验中）：社会规范、文化、信任、身份和公民行为。在维布拉塔谷产业区，这些无形机构仍然很弱势。人们和企业的社区并不是如此地交织在一起，以发展强大的民间关系，并支持企业间的信任和合作。在对受访者进行访谈时，这些访谈对象提到，本地的企业文化非常具有个人主义性。企业不会积极扩大旨在建立企业间合作和协议的横向战略。同样地，本地实体也无法通过制定旨在支持横向战略和企业间合作的具体政策和举措，以弥补本地企业家缺乏合作的态度。

第五节　国际化和转移

维布拉塔谷产业区显示出适度的和选择性的国际化程度。调查结果显示，产业区内企业之间在商业国际化程度上存在明显的两极分化。只有终端企业具有良好的出口能力，外销额占其总营业额的60%左右，而许多进行产品制造或中间制造阶段的微型和小型企业则无法进入国外市场。该产业区产品出口的最主要的国外市场是欧盟，其吸收了约75%的样本企业总出口，而世界其他地区则占另外25%。在进入国外市场的模式方面，所有以出口为导向的企业最重要的出口路径是贸易商和中间商。这一结果表明，大多数出口型的产业区企业仍然与国外市场有间接关系。显然，这种商业策略对于本地终端企业的风险较低，因为它涉及投资较少的资源和能力（财务和组织）。同样地，中小企业没有长期的出口经验，对国外市场的特点和制约因素未有深刻的了解。另外，这种间接出口途径不允许本地出口企业完全控制其在国外的产品定位，或者直接了解国外市场的机遇和威胁。

近年来，劳动力竞争加剧和国际差距推动了大多数本地终端企业和一些分包商承担了其他国外转移和分包的战略，主要针对罗马尼亚、突尼斯和摩洛哥。

在抽样企业中，5家企业在东欧国家开展了绿地投资，1家企业与罗马服装企业签订了协议，1家公司在北非建立了一家合资企业（见表7-6）。参与外商直接投资的本地企业似乎并不像以国外的去中心化和企业间劳动分工为典型的产业区模式。事实上，它们的东欧附属企业通常是大型综合性企业。

在很多情况下，当母公司是超过一个品牌的终端企业时，外国子公司实行较低成本生产线的生产。这种选择是有理由的，因为必须把本地产业区内再也不方便生产的中等质量产品的生产转移到劳动力成本较低的国家。有意思的是，受访的那些在中东欧国家拥有子公司的企业宣称，其外国子公司不是专门或主要为母公司工作，而是还有其他客户，大多数为其他意大利服装公司。这种战略是合理的，因为外国附属机构的规模很大。然而，母公司控制着向哪些客户销售产品的决定。

在转移的过程中，不仅有以自身品牌生产最终产品的中型企业，也有一些专注于服装生产过程某一特定阶段的小型企业。按照其主要客户已经采取的决定，这批转移企业往往决定投资外国。

在受访企业中，7家终端企业和2家地区分包商宣布使用国际分包合同。如表7-7所示，关于外国分包商的地域分布，大多数（11个中有7个）位于罗马尼亚，其他中东欧国家有2个，北非2个（突尼斯和摩洛哥）。有意思的是，外资分包商都是中型和大型企业，其中有1/4企业的员工人数在50～249人，有5家企业的雇员超过250人（见表7-8）。

特别是对于生产中间产品的企业来说，海外分包合同的决定似乎跟随了它们的国内客户已经实施的转移过程。分包产品的质量控制是基于对分包商企业的随机检查和控制以及对产品接收的检查。

表7-6　按投资类型和国家划分的外商直接投资企业统计情况　　　单位：家

外商直接投资类型	东欧国家						
	北非	匈牙利	罗马尼亚	捷克	斯洛文尼亚	波兰	其他
绿地	0	0	4	0	0	0	1
并购	0	0	0	0	0	0	0
联合经营	1	0	0	0	0	0	0
其他	0	0	1	0	0	0	0
总计	1	0	5	0	0	0	1

表7-7　按所在国家分类的外国分包商数量

国家		分包商数量	
		绝对值	相对值
中东欧国家	匈牙利	0	0
	罗马尼亚	7	64
	捷克	0	0
	斯洛文尼亚	0	0
	波兰	0	0
	其他中东欧国家	2	18
北非		2	18
总计		11	100

表7-8　按照雇员规模划分的中东欧国家的分包商分布情况　　单位：家

按雇员规模分类	分包商数量	
	绝对值	相对值
少于 10 名	0	0
10~49 名	0	0
50~249 名	4	44
大于或等于 250 名	5	56
总计	9	100

基于调研结果，外商直接投资和国际分包的主要原因是明确和毫不含糊的，最重要的动机在于利用劳动工资差额的可能性。因此，产业区内企业的国际化战略是以有效寻求投资为基础的。此外，受访者表示，由于本国利润率逐步下降，生产国际化已成为必须。这些结果表明，各产业区的企业对服装行业竞争加剧做出了反应，力图通过国际直接投资和国际分包来保持价格竞争力而不是试图建立新的成功要素。由于这种战略选择，它们的内部能力和价值链没有显著发展。与其他专门从事时装业的意大利地区相比，龙头转移企业并没有通过将战略重点转移到服装生产链最具附加值的无形活动（如营销、物流和分配）上，来补偿其外国投资。这意味着仍然保留在区内的活动类型与转移出去的活动没有本质区别。在某些情况下，转移企业继续关注制造过程，只是决定在本地生产更优质的产品，并向国外转移品质较差的品牌。

所有接受外商直接投资或国际分包的受访企业家都表示，尽管他们意识到劳动力成本差异大到足以过度补偿外国子公司较低的生产率，但是与母公司相比，其外国子公司/分包商的生产力下降幅度较大。

总体而言，产业区转移过程的净效应增加了本地分包商和生产者的竞争压力。所有正在实施转移的企业认为，它们在海外的投资导致了产业区内企业的就业水平下降，并减少了本地分包工作的数量。

第六节　面对全球挑战：演化模式、升级与转移

从形成阶段到成熟期，除了不能改变其原有的特征和限制，维布拉塔谷服装产业区已经从快速增长转变为稳定发展。到目前为止，该地区的演变也遵循了路径依赖的过程，受到原始形成阶段印记的强烈约束。

该产业区的出现主要是受外部力量如外部委托企业的服装制造要求的驱动。将"原区"从形成阶段推向发展的最重要的触发因素有两个方面：一是由于财政和经济激励措施的存在，存在探索成本优势的可能性；二是由于外部委托公司的外包战略，服装分包的需求日益增加。触发因素的外生性质塑造了该地区的内部结构和过程及其后续演变。本地生产系统已经发展成为一个"卫星产业区"，这个产业区具有很强的分包能力和对国外调试公司的依赖性。这个印记随着时间的推移而得到保持，仍然是该区的主要结构和文化特点。

来自大量低劳动力成本国家（特别是亚洲）的服装行业竞争加剧，以及维多利亚州地区结构和文化弱势的持续存在，加剧了20世纪90年代开始的经济衰退。尽管在生产过程中扮演着不同的角色，但是大多数本地企业都在努力面对新的竞争挑战，保持过去同样的战略眼光，即以低成本优势和价格竞争力为重点。内部同质性和低结构性差异有利于内向型和保守型视角的形成和维护，这一点使企业的战略和产业区的危机进一步恶化。

只有少数本地企业能够通过提高质量和进入更为复杂的产品线来追求产品升级，大多数企业一直专注于低成本竞争力。国际差距导致成本上涨，推动了大多数本地终端企业和一些分包商通过转移和海外收购来实施国际化的有效寻求战略，主要针对罗马尼亚、突尼斯和摩洛哥。面对日益激烈的竞争，大多数本地企业都试图降低价格和生产成本。这一策略在一些地方分包商利润率下降的情况下，造成了真正的"价格战"，导致本地企业数量严重下降。对该产业区的总体影响是，许多专门从事中低端生产分包商的死亡率较高。只有少数成功地遵循质量改进战略的生产商，能够避免国际竞争和被本地和外部委托企业转移以及被国外分包取代的威胁。

集群与产业集群中的商业网络——全球价值链的管理

这种模式在发展中国家企业的竞争行为中经常出现，这些企业往往通过挤压工资和利润率来进行竞争。与基于功能和部门间升级的"高路"相比，这种模式被定义为竞争力的"低路"。维布拉塔谷企业在寻找新的竞争基础方面所遇到的困难表明，发达国家以及发展中国家的"卫星地区"不能为取得和保持长期的竞争能力提供有利条件。汉弗莱、施密茨（2002）指出，产业区企业进入准层次链（在该链中，龙头企业对其他企业保持强大的权力）可以为过程和产品升级提供有利条件，但一般会阻碍职能和部门间升级。

维布拉塔谷服装产业的调查对于产业区升级的外部联系所起的作用提供了重要的见解。研究表明，地理开放是产业区企业发展的前提条件。外部知识联系减少了认知锁定和过度嵌入的危险，这可能成为本地学习和创新的重要障碍。然而，本书研究中提出的实证证据清楚地表明，地方学习机制和本地企业建立和管理外部关系的方式决定了本地企业能够从外部来源吸收知识的数量和质量。事实上，维布拉塔谷服装产业的知识流动分析表明，本地企业对创新和学习的坚定承诺不仅阻碍了内生知识产生和传播的有效过程，而且限制了本地企业从外部吸收知识和创新及创造性地使用和调整已获得的知识以促进创新的能力。贝尔、阿尔布（1999）注意到，知识可以从外部来源获取，或者是相对被动地作为与外部世界的各种互动的副产品，或者从一系列更有意图和更积极的搜索努力中获得。维布拉塔谷服装企业建立的联系似乎属于前一类，该类强调企业家的努力，这种努力能够以积极和审慎的外部搜索战略来弥补用于创新的内部资源的不足。

为了保持国际竞争力，最活跃的本地企业最近开始了一个重组进程，主要涉及更多的劳动力密集型活动（组装），如中东欧国家（特别是罗马尼亚）和地中海边缘地区（特别是突尼斯和摩洛哥）。虽然海外转移和出口的过程还是温和的，但是值得注意的是，除了国际分包外，所有地方的龙头企业已经积极从事这一过程。然而，领头的转移并没有通过将战略重心转移到服装全球价值链中最有价值的无形活动方面来补偿他们的外国投资。在这方面，我们可以说，维布拉塔谷产业区已经遵循了"复制转移"模式，这意味着在产业区内仍然存在的活动类型与转移至海外的活动没有本质的区别。在某些情况下，转移企业一直致力于制造过程，简单地决定在本地生产更高质量的产品，并将质量较差的品牌转移至国外。

虽然这个转移过程最终将使本地的龙头企业保持竞争力，但是整个区域的生存在中长期都受到质疑。事实上，转移过程显然不仅涉及少数几家本地的终端企业，还涉及外部委托企业，特别是针对中低端市场的企业，该产业区对此依然依赖。

第七节　结论

本章研究的目的在于为全球挑战下产业区的演变提供文献资料，提供对产业区危机现象的深入分析。这个话题在学术界被广泛地忽视，并且还有待进一步的实证证据和概念见解。

根据全球商品链方法，全球产业中可以实现和维持增长及竞争力的程度取决于这些集群中的企业融入全球产业链的方式。我们的分析表明，维布拉塔谷服装产业区未能从低科技、劳动密集型制造业和外部依赖地区，向一个未来取决于设计、IT技术、营销和物流等专业技能的先进地方体系的转型。总体而言，在物流、品牌营销和设计能力方面进展甚微。

除了少数直接面向市场生产的中型企业外，本地企业对服装价值链中最具附加值的活动没有任何控制能力。这些重要的局限性使维布拉塔谷成为国际上大量低劳动力成本国家（特别是亚洲国家）的国际竞争场，对这些国家来说，纺织服装部门是重要的收入和就业来源之一。

整个纺织服装业的转型清楚地表明，该地区的生产结构已经不足以适应行业发展，需要对本地价值链进行深刻的重塑。为了生存和适应纺织服装行业的转型，维布拉塔谷产业区面临着诸多挑战。本地机构应通过提出具体行动来支持这一战略和组织变革的进程，使地方企业家了解在国家和国际层面出现的整个纺织服装业的新趋势。政策制定者可以发挥重要作用，通过设计考虑服装业正在发生的主要变化趋势的政策措施，来弥补许多本地公司所表现出的战略短视。这项工作的政策含义将要求支持产业区企业的升级努力。

在创新、品牌和质量改进方面，旨在支持向本地企业提供先进服务的政策是非常可取的。地方机构也应为地方公司采用信息和通信技术提供有效的激励。在人力资本投资领域，培训政策对于在服装价值链中最有价值的活动，特别是设计、裁剪、营销和分销中创造新的专业能力至关重要。事实上，这些专业能力在该地区还没有得到充分的发展，还需要有资助本地公司管理更替过程的培训方案。

参考文献

［1］Alberti F. G. (2006), 'The decline of the industrial district of Como: recession, relocation or reconversion?', Entrepreneurship and Regional Development, 18: 473-501.

[2] Bair J. and Gereffi G. (2001), 'Local clusters in global chains: the causes and consequences of export dynamism in Torreon's blue jeans industry', World Development, 29 (11): 1885-1903.

[3] Bathelt H., Malmberg A. and Maskell P. (2004), 'Clusters and knowledge: local buzz, global pipelines and the process of knowledge creation', Progress in Human Geography, 28: 31-56.

[4] Bell M. and Albu M. (1999), 'Knowledge systems and technological dynamics in industrial clusters in developing countries', World Development, 27 (9): 1715-1734.

[5] Belussi F. and Pilotti L. (2002), 'Knowledge creation, learning and innovation in Italian industrial districts', Geografiska Annaler, 84 (2): 19-33.

[6] Belussi F., Sammarra A. and Sedita S. R. (2008), 'Industrial districts evolutionary trajectories: localized learning diversity and external growth', paper presented at the Druid 25th Celebration Conference.

[7] Biggiero L. and Sammarra A. (2003), 'Social identity and identification processes: enriching theoretical tools to study industrial districts', in Belussi F., Gottardi G. and Rullani E. (eds.), The Technological Evolution of Industrial Districts, Boston MA: Kluwer Academic Publishers.

[8] Boschma R. A. and ter Wal A. L. J. (2007), 'Knowledge networks and innovative performance in an industrial district: the case of a footwear district in the South of Italy', Industry and Innovation, 14: 177-199.

[9] Dei Ottati G. (1995), Tra mercato e comunità: aspetti concettuali e ricerche empiriche sul distretto industriale, Milano: FrancoAngeli.

[10] Dunning J. H. (1993), Multinational Enterprises and the Global Economy, Workingham: Addison-Wesley.

[11] Fabbrini A. and Olivieri R. (1999), 'Il distretto industriale di Ascoli Piceno', Economia Marche, a. 18 (2): 113-129.

[12] Felice C. (2001), Il modello abruzzese. Un caso virtuoso di sviluppo regionale, Roma: Meridiana Libri.

[13] Gereffi G. (1999), 'International trade and industrial upgrading in the apparel commodity chain', Journal of International Economics, 48: 37-70.

[14] Gereffi G. and Korzeniewicz M. (eds.) (1994), Commodity Chains and

Global Capitalism, Westport: Praeger.

［15］Gereffi G., Humphrey J. and Sturgeon T. (2005), 'The governance of global value chains', Review of International Political Economy, 12: 78–104.

［16］Giuliani, E. (2006). 'The selective nature of knowledge networks in clusters: evidence from the wine industry', Journal of Economic Geography, 7: 139–168.

［17］Giuliani E., Pietrobelli C. and Rabellotti R. (2005), 'Upgrading in global value chains: Lessons from Latin American Clusters', World Development, 33 (4): 549–573.

［18］Grabher G. (1993), 'The weakness of strong ties: the lock-in of regional development in the Ruhr area', in Grabher G. (ed.), The Embedded Firm: on the Socioeconomics of Industrial Networks, London and New York: Routledge.

［19］Hanzl–Weiß D. (2004), 'Enlargement and the Textiles, Clothing and Footwear Industry', The World Economy, 27 (6): 923–945.

［20］Humphrey J. and Schmitz H. (2002), 'How does insertions in global value chains affect upgrading industrial clusters?', Regional Studies, 36 (9): 1017–1027.

［21］ISTAT (1996), Rapporto annuale. La situazione del Paese nel 1995, Roma: Istituto Poligrafico e Zecca dello Stato.

［22］Markusen A. (1996), 'Sticky places in slippery space: a typology of industrial districts', Economic Geography, 72: 293–313.

［23］Maskell P. (2001), 'Towards a knowledge-based theory of the geographical cluster', Industrial and Corporate Change, 10 (4): 919–941.

［24］Maskell P. and Malmberg A. (1999), 'Localised learning and industrial competitiveness', Cambridge Journal of Economics, 23: 167–185.

［25］Paniccia I. (2002), Industrial Districts: Evolution and Competitiveness in Italian Firms, Cheltenham, UK and Northampton, MA, USA.: Edward Elgar.

［26］Sammarra A. (2003), Lo sviluppo dei distretti industriali. Percorsi evolutivi fra globalizzazione e localizzazione, Roma: Carocci.

［27］Sammarra A. and Belussi F. (2006), 'Evolution and relocation in fashion-led Italian districts: evidence from two case-studies', Entrepreneurship and Regional Development, 18 (6): 543–562.

［28］Sammarra A. and Biggiero L. (2001), 'Identity and identification in industrial districts', Journal of Management and Governance, 4: 61–82.

［29］Stengg W. (2001), 'The textile and clothing industry in the EU: A survey', Enterprise Papers2.

集群与产业集群中的商业网络——全球价值链的管理

［30］Strengg W. 2001, Enterprise Directorate-General of the European Commission.

［31］Vang J. and Chaminade C. （2007）, 'Cultural clusters, global-local link-ages and spillovers: theoretical and empirical insights from an exploratory study of Toronto's film cluster', Industry and Innovation, 14: 401-420.

［32］Viesti G. （2000）, 'I numeri del made in Italy meridionale', in Viesti G. （ed.）, I distretti industriali nel Mezzogiorno, Roma: Donzelli Editore.

［33］Yin R. K. （1989）, Case Study Research. Design and Methods, Newbury Park: Sage.

第八章　将移民迁入西部产业区——阿尔齐尼亚诺皮革制革区的"反向"离域

菲奥伦扎·贝鲁西（帕多瓦大学），西尔维亚·塞迪塔（帕多瓦大学）

第一节　引言

本章讨论了一种替代方法来解决离域问题，即劳动力灵活性，而不是将生产转移到低劳动力成本国家。这种生产组织的新配置称为"反向"离域。那么问题是：产业区企业家是否更喜欢转移生产，或将移民到西部产业区？阿尔齐尼亚诺的案例作为将资本转移到劳动力成本更低的海外的有趣的次优解决方案，探讨了意大利产业区面对经济开放和进入全球化世界所选择的标准路径。在我们的贡献中，有人认为，这个次优解决方案为产业区的社会和经济嵌入性的问题提供了一些答案。

本章的结构如下：第二节简要介绍了皮革制革产业的特点。第三节介绍了阿尔齐尼亚诺皮革制革产业的案例。第四节介绍了"反向"离域过程。第五节总结本章。

第二节　阿尔齐尼亚诺皮革制革区

由阿尔齐尼亚诺—基安帕山谷和蒙特贝罗（所谓的"皮革三角形"，为130平方千米）分界的地区，代表了今天的维琴察皮革制革业的飞地，并在该产业的产量和产品质量上维持了数年的世界纪录。意大利产业约由2000家企业和30000

名员工组成，其占欧洲生产量的 65%，占国际生产总值的 16%。约 1/3 的意大利本地化企业在阿尔齐尼亚诺产业区。该地区专门为鞋类、家具和汽车产业生产牛皮和小牛皮。

该地区具有扩散产业化系统的特点，其特点是有中小型企业，它们在制革产业雇用的雇员分别占总人数的 53% 和 22%。考虑到皮革制备和鞣制活动（不包括补充活动），该产业区在 2002 年由 958 个本地单位组成（见表 8-1），销售额约 40 亿欧元，其中一半的产品出口（见表 8-2）。直接员工人数超过 8000 人，如果考虑到所有阶段的生产，包括生产化学成分和机械生产者，员工将超过 10000 人。

表 8-1 阿尔齐尼亚诺产业区的历史演变

年份	皮革		其他相关制造活动（化学及机械生产商）	
	本地单位数（家）	雇员数（名）	本地单位数（家）	雇员数（名）
1951	19	361	63	2068
1961	100	1929	91	2765
1971	161	3029	191	3228
1981	602	6358	230	2606
1991	615	8017	227	2590
2001	649	7988	222	2514
2002	958	8105	218	2567

资料来源：我们对维琴察（1991~2002 年）的统计数据和 CCIAA（1951~1981 年）的解读。

表 8-2 阿尔齐尼亚诺产业区业绩指标

年份	企业数（家）	雇员数（名）	销售额（千欧元）	进口（千欧元）	出口（千欧元）
2001	760	11900	4500000		1685000
2002	736	12154	4479000		1670000
2003	720	11644	4426000	757959	1461337
2004	721	11504	4257000	714713	1391400

资料来源：我们对本地创业协会数据的解读。

皮革制造过程的具体特征（如片段化程度高），导致了高水平的劳动分工。特别是 20 世纪 70 年代，该产业区的小企业数量的激增是生产过程剥离的结果。尽管小企业的存在感很强，但是大约 1/3 的员工被超过 100 名员工的中大型企业雇用（见表 8-3）。在 20 世纪 90 年代，像其他几个意大利地区一样，阿尔齐尼

集群与产业集群中的商业网络——全球价值链的管理

亚诺的特征许多是以演化的形式改变并层级化的一个过程，这意味着一些本地龙头企业的规模增长和分组的过程也与强化企业特有的创新活动有关。诸如马斯特罗托集团、里诺·马斯托罗特集团、克里斯蒂娜制革厂和萨布丽娜制革厂这样的大型团体出现了（见表8-4）。与典型的意大利产业区相比，阿尔齐尼亚诺并没有大规模地将以前委托给本地分包商的活动转移或离域的过程。事实上，本地企业吸收了移民工人（见表8-5）。

表 8-3　2004 年阿尔齐尼亚诺产业区的企业雇员规模分布　　　　单位：%

	规模分布				
	1~20 名	21~50 名	51~100 名	大于 100 名	总计
企业	71.9	17.5	8.2	2.4	100.0
员工	29.9	21.2	21.9	27.0	100.0

资料来源：我们对波特的一组有关 482 家企业和 12526 名员工数据的解读。

表 8-4　2000 年阿尔齐尼亚诺产业区的本地龙头企业

	销售额（欧元）	占比（%）
马斯特罗托集团*	266000000	40.5
里诺·马斯托罗特集团	182000000	27.8
克里斯蒂娜制革厂	105000000	16.0
萨布丽娜制革厂	102000000	15.7
总计	655000000	100.0

注：*表示来自 2003 年，包括了杜马和马斯特罗托制革厂。
资料来源：我们对埃克娅（2004）和弗兰与普莱切罗（2007）的伙伴关系的解读。

表 8-5　2000 年阿尔齐尼亚诺产业区的移民雇员统计情况

国家	绝对值（名）	占比（%）
亚洲	2065	44.5
中非	1294	27.9
东欧	906	19.5
北非	322	6.9
南美	57	1.2
总计	4644	100

资料来源：我们对波特（2005）的解读。

据估计，在该行业就业的 1/3 员工是外来移民，其解释了该地区很高比例的非欧洲移民现象。该产业仍然需要大量低端工作，这不能仅由意大利工作人员提供（见表8-6）。

表 8-6 2004 年阿尔齐尼亚诺产业区的员工质量情况

	平均值（名）	占比（%）
普通的蓝领工人	6895	57.3
特殊的蓝领工人	2613	21.7
文员	1398	11.6
技术人员	678	5.6
管理人员	442	3.7
总计	12026	100.0

资料来源：我们对 Fonte 的解读。

第三节 阿尔齐尼亚诺产业区的历史发展

关于维琴察地区皮革业的第一个记录证据可以追溯到 1300 年。维琴察制革产品的第一本著作出版于 1855 年，当时有大约 20 家公司，一般位于巴萨诺-德尔格拉帕地区，其中来自米兰、维也纳和法国的皮革在这里被鞣制。即使该产业连同羊毛和丝绸产业的发展持续出现是在 1500 年，但基安波谷的活动也能回溯到 14 世纪。

更加先进的鞣革产品的制造开始于威尼斯塞雷尼西玛共和国统治时期，海运和从东方进口的各种制成品对本地的皮革生产产生了非常积极的影响，可以依靠当时最好的技术（见图 8-1）。这种有益的影响不仅给威尼斯人的生产带来了好处，还给其他生产者，特别是维卡西亚和基安波谷地区带来了利处。这些地区特别适合这种生产类型，因为它们可以依赖大量淡水供应，以及提取单宁酸的树木，这是皮革制造过程中的两个不可或缺的要素。

组织进步的第一个迹象体现在 20 世纪 20 年代，当时有几家公司使用了丝绸工厂的遗留设备和机械，这些工厂从 20 世纪的第一个十年开始生产皮革制品。实际上，丝绸生产面临持续的危机，这是由于需求大幅减少，部分是由于两次世界大战，部分是由于日本的强劲竞争。最后一个企业于 1968 年关闭。与此同时，皮革行业在 20 世纪 50 年代开始蓬勃发展。如果 1951 年的人口普查包括阿尔齐尼亚诺（有 19 家本地单位和 361 名员工在这个产业），那么 1961 年的数字会上升到 100 家本地单位和 1929 名员工（见表 8-1）。

在所谓历史制革厂工作的员工开始在新单位开展新活动，建立分拆流程，从而导致阿尔齐尼亚诺产业区的诞生。熟练技术的传承，水资源的过剩，专业劳动力的充足，这些都是有利于新公司大量涌现的条件，其中，大部分是分包商，这些分包商是非常依赖终端——产品——控制完整周期的企业。

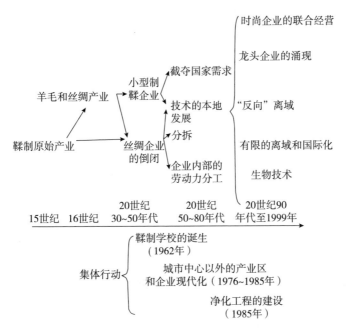

图 8-1 阿尔齐尼亚诺产业区企业人口的演变和地方机构的协同演变

资料来源：我们的解读。

这些新企业利用了以前来自丝绸产业的工人和以前的农民劳动力，最初一般致力于制造用作衬里材料的劣质皮革，如马皮或牛皮。因为一些本地的制革机械制造商成立（最初模仿德国公司的技术），后来产生了原创的"博塔利"技术，在此期间，产品质量显著提升。这形成了鞣革发展的坚实基础，即最具活力的企业与新技术的生产者之间紧密的技术整合。

该产业区的发展需要建立一些支持机构。1965 年，一个致力于鞣制化学的技术高校（伽利略伽利莱制革化学工艺技术学院）与分析实验室一起诞生。多年来，其他专业培训机构相继出现，涵盖了鞣制生产过程的所有方面，从质量到环境问题和营销活动。阿让佛和帕多瓦大学后来推出了一个新的适用于制革工艺和质量技术人员的硕士课程，以满足先进技能的需要。

对环境问题越来越关注，因此需要改进生产过程中的环境质量，促成了 CO. VI. AM（属于维琴察产业协会的企业家联盟）的建立，这个协会的目的是试验所有可能的技术创新、使用替代产品以及任何可以减少制革生产过程中产生的对环境影响的东西。

同样值得注意的是产业区内企业的信息化，以及与区域发展相关的多项举措，如电子采购系统、区域电子商务系统、横向和纵向发展的外联网以及集成的数据库系统。1985 年，由于地方政府的财政支持和威尼托大区的慷慨捐助，建立了一个用于处理水和工业残留物的集体工厂。这些集体投资是本地企业与本地机构共同演变的结果。

第四节 "反向"离域化

通常，离域过程的结构如下：价值增值活动停留在企业建立的国家，而另一些知识密集型程度较低的活动则被外包给了低劳动力或低能源成本国家的企业。这类过程的结果通过存在高级信息和通信技术基础设施而得到真正的增强，这些高级信息和通信技术基础设施促进了远程活动的协调。

意大利产业区进行的一些制造活动的特点是：资本密集型活动（难以转移）和劳动密集型活动（容易转移）之间存在差距，前者占生产的大部分。在阿尔齐尼亚诺产业区就是这样，两种类型的活动可以分开，这样做可以成为操作离域过程的障碍。皮革制革业是一个低科技行业，产业区内工厂不仅是简单的生产场所，还是"研究实验室"，每天都在进行连续的实验、反馈机制和学习。转移一些工厂，或更糟糕地将工厂全部转移到国外，被企业家视为价值创造的损失。[1]

阿尔齐尼亚诺产业区的全球成功似乎植根于我们称之为"反向"离域的过程，在这里工厂不是从原始地方移动，相反地，外国工人越来越多地占据了本地可用的劳动力资源。这种选择是合理的，因为有必要严格控制生产过程，这是一种增值活动，同时可以找到愿意花时间在工厂努力工作的劳动力。众所周知，大多数的蓝领活动在发达国家和地区（包括意大利，东北部地区）都缺乏内部人力资源，这是因为其劳动力的平均教育水平较高，且大多数的毕业生倾向于寻求白领工作。

---

[1] 这一考虑是针对阿尔齐尼亚诺产业区的 15 家企业调查结果而言的，主要由莫丽娜在 2003 年进行，针对小型企业的企业家或大型企业的高层管理人员面对面或电话半结构化访谈，他们的调查结果收集在莫丽娜（2003）中。

移民构成了一个有效的替代关闭或离域的生产工厂。移民在特种皮革制造企业中的大量参与是对维琴察省积极注册趋势的一个解释。如表 8-5 所示，他们主要来自亚洲、中非（加纳、塞内加尔和摩洛哥）和东欧（罗马尼亚和斯洛文尼亚，来自阿尔巴尼亚的人数要少得多）。

2000 年进行的对阿尔齐尼亚诺产业区的东北企业组织的研究表明，样本中80%的企业家认为人力资源不足是影响企业生存的关键问题，90%的企业家是指专业化劳动。这些结果通过我们的调查证实，15 家受访企业中有 13 家声称缺乏人力资源。

如果第一阶段的制革过程不需要特定的培训和有经验的劳动力，那么可以很容易地由没有经验和只有有限意大利语知识的移民担任，否则需要复杂的机械设备，以及只有熟练或训练有素的意大利人或经验丰富的移民工人。这是"反向"离域化的主要原因之一，这种现象可在这里观察到，而非蒙特贝罗运动系统产业区。在蒙特贝罗产业区，待加工的原材料是塑料，这比鞣革过程更容易处理。鞣革是一种很难对所有生产出来的产品进行统一选择、切割和处理的材料，因为上述过程需要的材料通常要在生产的最关键阶段做出最后的决定。

生产这些特定阶段所需的经验深度通常在年龄较大的工人身上发现，主要是那些超过 50 岁的工人。他们的家庭在阿尔齐尼亚诺，与他们出生和长大的地方有着紧密的联系。这意味着如果企业最终决定转移其制造业活动，那么他们并不真正赞成离开国家，去劳动力低廉的国外生活和工作。同样地，必须注意到，阿尔齐尼亚诺的大多数企业都是家族企业。家族企业不太愿意将生产转移到国外，进而将家庭成员转移到国外。此外，在阿尔齐尼亚诺有一些本地化的外部经济体（例如集体净化工厂），企业可以利用它们进行皮革制革活动。如果企业要在国外设立办事处，它们将不得不承担建设新基础设施的成本。对于一个决定将生产转移到国外的小公司来说，这在经济上显然是不可能的。只有由大量愿意分担环境基础设施成本的企业进行大规模的集体转移，才能提供另一种解决办法，但这将涉及企业之间非常复杂的关系，这与本地企业文化的个人主义背道而驰。最后，该地区只有四家大企业尝试了某种形式的国际化（里诺·马斯托罗特集团、马斯特罗托集团、德玛索和贝斯金）。

第五节　结论

与西方国家企业的转移活动相比，"反向"离域可能被认为是次优的选择。

资本公司没有转移，而是决定吸引新的劳动力流动。它们显然承受较高的成本，但可以利用该地区的外部性，如优良的地区供应商、有利的机构和该地区的积累能力。在阿尔齐尼亚诺，"产业区气氛"显而易见，是由最优秀的制革机械工程的工程师、专业化工产品的高专业技术企业、学校的存在（如伽利略伽利莱制革化学工艺技术学院）和全球最高效的制革废物处理工厂的本地化创建的。这建立了一个不容易在任何地方复制的集成系统。因此，离域的选择似乎不是该地区和本地小企业的可行策略。

"反向"离域解决了三种类型的问题：第一，本地企业家和技术人员的专门知识的嵌入，将这些知识编码成册的困难使任何外国投资在绿地活动中面临风险；第二，不可转让的马歇尔经济体的存在，如企业间分工和集体工厂；第三，本地企业家的社会嵌入，他们为自己的外国身份付出了巨大的代价。

为便利愿意在这一产业工作的移民进入和融入社会而制定的灵活法律，可以稳定来自其他国家的劳动力流入。这种模式可以替代低成本驱动的离域模式，如蒙特贝罗的例子。

对资本密集型活动所要求的高科技技能的吸收更加注意，可以提升现有专业人员的水平，通过知识面外包替代全球能力。

本章案例引发了一些思考。"反向"离域化代表了一种替代的区域开发方式，它避免了去产业化机制，并推动本地企业在本地投资更多。要注意的是，要考虑"反向"离域化与企业的市场竞争力之间的关系。保持在国内生产并不意味着排除了征服新市场的可能性。目前，阿尔齐尼亚诺产业区的企业一直在参与它们在中国市场上供应成品生产所需的中间成分（蓝湿革、鞣革或化学材料）的生产。

参考文献

［1］AA. VV（1977），Valle del Chiampo. Antologia 1977，ind. Tip. Dal Molin & Figli.

［2］Anastasia B.（1995），'Flussi di esportazioni e processi di internazionalizzazione：il contributo dei distretti industriali veneti'，Journal of Petrology，38（11）：1461-1487.

［3］Anastasia B. and Bragato S.（2004），L'immigrazione nella provincia di Vicenza：l'impatto della 'grande regolarizzazione'，in AA. VV，Osservatorio di Veneto lavoro，Milano：Franco Angeli.

［4］Banca Intesa（2006），Il distretto della concia di Arzignano，aggiornamento

集群与产业集群中的商业网络——全球价值链的管理

2006, pubblicazione interna.

[5] Belussi F., Gottardi G., Rullani E. (eds.) (2003), The Technological Evolution of Industrial Districts, Boston: Kluwer.

[6] Bordignon F. and Marini D. (2000), I fattori che frenano lo sviluppo economico del Nord Est in Quaderni FNE, collana Panel, n. 1, Venezia: Fondazione Nord Est.

[7] Cainelli G. and De Liso N. (2005), 'Innovation in industrial districts: evidence from Italy', Industry and Innovation, 12 (3): 383-398.

[8] Furlan A. and Plechero M. (2007) 'Three case studies', in Corò G. and Grandinetti R. (eds.), Le strategie di crescita delle medie imprese: dimensioni, relazioni e competenze, Milan: Il Sole 24 Ore Libri.

[9] Grabher G. (1993), The Embedded Firm: On the Socio-economics of Industrial Networks, London: Routledge.

[10] Guerrieri P. and Iammarino S. (2001), 'The dynamics of Italian industrial districts: towards a renewal of competitiveness', in Guerrieri P., Iammarino S. and Pietrobelli C. (eds.) The Global Challenge to Industrial Districts: Small and Medium-sized Enterprises in Italy and Taiwan, Cheltenham: Edward Elgar.

[11] Iacobucci D. (2006), 'Capabilities dinamiche e sviluppo per gruppo nelle imprese di piccolae media dimensione', in Cainelli G., De Liso N. (eds.), Organizzazioni, Conoscenze e Sistemi Locali, Milano: Angeli.

[12] Lazerson M. and Lorenzoni G. (1999), 'The firms that feed industrial districts: a return to the Italian source', Industrial and Corporate Change, 8: 36-47.

[13] Marini D. (ed.) (2002), Il lavoro come itegrazione possibile: gli imprenditori, i lavoratori immigrati e alcune storie di lavoratori autonomi immigrati in provincial di Vicenza.

[14] Quaderni FNE-Collana Ricerche, 6-maggio 2002.

[15] Molina E. (2003), La 'globalizzazione inversa': i lavoratori immigrati nel distretto industriale della concia di Arzignano, unpublished Masters thesis, Faculty of Political Science A. A. 2002-2003, Padua University.

[16] Nascimben M. (1998), Reti di imprese e sistemi industriali locali. Il caso del distretto conciario vicentino, unpublished thesis work, Faculty of Statistics, A. A. 1997-1998, Padua University.

[17] Partnership Equal G-local (2004), Imprese e migrazioni nella società vicentina, Milano: Franco Angeli.

[18] Patto per lo Sviluppo del Distretto Vicentino della Concia (2004), Regione Veneto, documento presentato in riferimento alla legge regionale 4 aprile 2003.

[19] Poster (2005), Osservatorio del distretto vicentino della concia, report non pubblicato, Vicenza.

[20] RUR–Census (2002), 36° Rapporto sulla situazione sociale del paese, Fondazione Censis.

[21] Sorenson O. (2005), 'Social networks and industrial geography', in Cantner U., Dinopoulos E. and Lanzillotti R. F. (eds.), Entrepreneurships, the New Economy and Public Policy. Schumpeterian Perspectives, Berlin–Heidelberg: Springer.

[22] Zaheer S. (1995), 'Overcoming the liability of foreignness', Academy Management Journal, 38: 341–363.

[23] Zampiva F. (1997), L'arte della concia: Ad Arzignano, nel Vicentino, nel Veneto e in Italia: dalle origini ai giorni nostri, Vicenza: Egida.

[24] Zucchella A. (2006), 'Local cluster dynamics: trajectories of mature industrial districts between decline and multiple embeddedness', Journal of Institutional Economics, 2: 21–44.

第九章 托斯卡纳皮革业的外部联系和关系密度的演变

洛伦佐·巴奇（佛罗伦萨研究所），
毛罗·伦巴第（佛罗伦萨大学），桑德琳·劳比（费拉拉大学）

第一节　引言

近年来，中小企业的国际化一直是许多学者研究的课题。对中小企业的出口倾向和强度进行的分析（奥德斯，2003；维斯赫德等，2004）总体上表明，虽然中小企业的出口趋势一直在增长，但是很少有中小企业出口。中小企业的国际化战略主要取决于它们的能力。

在分析中小企业国际化时必须考虑到许多中小企业不能单独运行，而是以各种形式组合而成的。因此，许多研究分析了在发达国家和发展中国家的全球链网络中集群嵌入的问题。

孤立的中小企业和嵌入集群中的中小企业之间的差异是一个相关问题，特别是对于像意大利这样的国家，在产业区中实现了很大一部分生产。总的来说，意大利产业区似乎遵循了两项国际化战略：一是本地企业在国际市场的营销和分销方面具有领导地位；二是产业区与一个或多个具有全球分销渠道的大型企业建立关系。尽管与领导者开始建立关系可能会对产业区产生深远的影响，但是这种情况似乎没有被广泛地分析。伽罗福利（2003）认为，大企业和产业区之间的关系可能会对产业区的自主发展能力产生负面影响，因为大企业往往会主导这种关系。贝兰迪（2001）对大型企业和地方经济之间的潜在联系进行了分类。他认为，关系对本地经济的影响取决于大企业的嵌入程度。他提出了一个假设：本地因素既不太弱也不太强，参与知识交流和制度建构（发展嵌入）就更有可能。

在成功的产业区和地理集群中，存在着大量关于企业之间关系的文献。许多研究都特别指出，社会关系对经济和地域集群的表现以及对一般的企业家精神至关重要。其他研究集中关注信任的作用，而理论分析则从知识创造和交流的角度考察了产业区和本地生产系统的动态。

本章重点介绍已经对本地化系统造成影响的演化过程，这些系统由众多龙头企业吸引的许多小型经济单位组成。近年来，竞争环境的变化暗示了现有关系的变化。此外，新领导企业已与本地企业建立了新的关系。因此，在我们所选择的例子中，研究进化过程是很有趣的，这就是本章在理论和经验层面上要做的工作。

关于理论层面，我们考察了小型企业生产系统中运行的单位之间关系的性质、内容、范围和网络拓扑结构。第三节将基于拓扑关系，连接几何和模型的概念检验更一般的理论框架。

关于实证层面，我们分析了意大利一个特定地区（托斯卡纳）的三种本地生产系统和一个特定时尚产业的案例，以提供中小企业集群和大型企业之间商业关系发展影响的实证见解。我们研究的生产系统是有趣的案例，因为它包括各种类型的中小企业和关系：一些中小企业一直在独立运作，直接在最终市场上销售；一些中小企业长期与龙头企业有联系；一些中小企业才开始与它们建立关系。该调查允许我们分析企业之间关系的演变，因为它包含了关于近年变化的问题，以及自从与龙头企业建立关系以来的变化。

龙头企业可以基于三个要素来刻画：①同时占有大部分最终市场；②原产地（本地或外部）的；③在本地存在的时间较长。拥有这三个属性的企业是我们分析的主要焦点，我们称之为"地方领导者"。最近才开始在本地生产系统中开展活动的龙头企业被归为"其他领导者"。

对不同企业网络拓扑结构和演进过程的研究是基于对托斯卡纳三个地区的中小企业和领导者的调查，即佛罗伦萨地区、阿雷佐地区和桑塔科洛切皮革生产区。我们考虑整个皮革生产过程，这意味着从皮革生产（桑塔科洛切产业区的中小型企业）到皮革制品（袋子、腰带等）以及佛罗伦萨和阿雷佐的中小型企业系统的鞋类（在奢侈品市场）生产过程都在研究框架中。

本章的结构如下：第二节介绍了以连接几何和拓扑关系的概念为中心的理论框架，提出了生产周期分析的一般模式。第三节描述数据集和方法。第四节介绍了产业区生产皮革的经验证据。第五节介绍了生产皮革制品和鞋类的两个中小企业系统。第六节介绍了第五节中两个中小企业系统的第一级和第二级供应商领导的网络形态。第七节为结论。

集群与产业集群中的商业网络——全球价值链的管理

第二节　理论框架①

我们研究的第一部分是理论分析，使我们能够了解影响本地生产系统中关系演化的基本概念和分析工具，如拓扑关系、连接几何、模块化及其他因素（如社会资本）。

我们研究围绕领导者组织的中小企业网络结构，这些网络与地理位置有限的生物实体可能有关系。我们分析有形（组件或整个生产的供应）和无形（信息、信任）方面的关系。

我们分析的理论背景包括不同的维度。我们研究的经济空间是由给定的生产周期内的机构之间的相互作用组成的，其产出是预先给定好的。机构的行为空间及其交互定义了一个研究领域，其中一个主要角色可以被归属为连接操作单元的连接类型。连接的几何是我们研究的理论和分析框架，旨在重建和表征机构之间的一系列关系和联系。这意味着提出的问题是：企业之间存在什么类型的联系？它们的决定因素是什么？它们如何改变？影响其演变的变量有哪些？

在这个一般框架内，我们确定经济单位之间联系的性质、时间与空间分布。关系的临时稳定或变化、相互作用的机构的邻近性以及连接的发展模式使我们可以决定所研究的拓扑关系。我们使用由塞尔莱斯和斯托波（1992）定义的"生产世界"的概念，即特定类型的产品与特定需求和技术条件的组合。② 专门和专用产品的"世界"是本地生产系统的典型特征，以满足市场上消费者的需求，在市场上需求是易变、可变和基于广泛的产品质量谱的。

我们研究的网络是生产网络。生产周期③可以被认为是为了使最终产品的特征与市场需求相匹配而必须投入的一系列状态或阶段。因此，任何阶段的集合可以被定义为"状态空间"。每个阶段的参数（即产品组件的一种特征）是该多维空间内的一个点，在这个空间内初始想法和最终实现之间形成了一条轨迹。

通过利用关于企业模块化理论的文献，我们认为一个阶段总是任务的组合，

---

① 我们选择的理论框架有一个进化根源，并把主体的认知动力学放在关注的中心。参见波茨（2000，2001）、斯比（2000，2001）、西蒙（1962，2002）。

② 塞尔莱斯和斯托波（1992）、斯托波（1996）通过两个维度来区分产品：标准化与专业化商品，通用与专用产品。第一个维度指的是生产产品所需要的技术、信息和必要的技能。第二个维度是基于需求的特征，即客户的匿名性和一致性程度。

③ 这里的生产周期是指从最初的想法到必须匹配需求参数的产品特性的转变过程。

它产生的组件或部分产出必须加以调整，以便与其他部分产出相对应，并产生最终产品。这样生产阶段被视为能力模块，即封装的信息和知识的集合，它们又根据新来的信息流发展。① 不同程度的隐性知识和编码知识是阶段演化的特征，而两者的相互作用则因知识和组织协调者的行为而异（也称为"系统集成商"）。除此之外，我们通过将每个模块进一步分解为子模块（基本任务集）来丰富框架。

在实际中，可能的轨迹是多种多样的，这取决于阶段之间相互作用的可能性、重复性（并行或网络）以及物理和信息交换的可能性。因此，有可能设计一个线性轨迹，或者复杂的轨迹，这取决于可行的组合。还可以引入不改变线性序列的反馈回路。其他的循环可能会出现，例如在全局转换过程中引入非线性。

一般来说，生产周期可以组织为一个紧凑的单向系统，也可以组织为一组分布在区域内并以各种方式相互作用的模块。在文献中，已经分析了钱德勒模式（单一和多部门企业）、马歇尔模式（产业区）和更一般的模块网络形式。在第三种形式中，要区分四种情况：①日本模式被定义为层级和"俘获"，因为供应商通过中长期合同和交叉持股参与；②在银行和企业之间复杂的经济和金融关系的背景下，基于"自力更生"的紧密合同关系，使得不同规模的企业相互作用的德国网络模式；③"平等、合作"网络的意大利模式；④新的美国模式，在这种模式下，不同的、分散的企业共享自主供应商提供的生产能力，这些供应商能够使用特定的能力和资源生产产品。因此，生产周期有一系列可能的组织架构，每个架构都是基于上述定义的阶段和模块之间的关系和相互作用，并由或多或少不同的操作单元实现。② 换句话说，垂直整合的循环具有零模块性，而模块化在完全分布式周期中是最大的。

对关系的分析应包括一个重要因素，即社会资本。这个概念首先被雅各布（1961）和劳瑞（1977）使用，且没有一个协商一致的通用定义。为了本书的研究目的，我们使用索贝尔的描述："社会资本描述个人可以使用群体中的成员资格和网络以确保利益的情况。"社会资本存在于"理解、社会共享和观察、自我维持的行为规则"的背景下。这意味着基本成分是信任、行为规范的合作、实体间的关联、信息对称和重复交互。现有研究倾向于将概念减少到某些维度。奈克、基弗（1997），达赫里、德克莱克（2004）测量了各国的信任和公民规范，并表明社会资本与经济绩效之间存在正相关关系。在博弈论框架内，安南

---

① 企业和生产过程模块化理论的更通用的方法是在隆巴尔迪（2007）研究基础上发展的。
② 模块化是一个通用的系统概念，它是一个连续体，描述系统组件可以分离和重组的程度，它既指组件之间耦合的紧密性，也指架构的规则支持（或禁止）组件的混合和匹配的程度。

（2003）建立了一个模型，证明合作网络因它们的包容性而具有更高的交流能力。信息流和交互的类型在这两种方法中都起着重要的作用。

阿德勒、考恩（2002）从不同的角度（社会学、管理研究和经济学）回顾了社会资本的文献，并区分了两组定义：一组定义社会资本主要从活动者之间的关系结构中得到，而另一组将社会资本定义为主要源于关系类型（性质、内容、范围）。在本章中，我们分析了关系的两个方面，即结构和类型。在佛罗伦萨和阿雷佐的两个生产系统生产皮革制品和鞋类即最终产品的情况下，我们计算了社会资本的指标，以评估与领导者的关系对这个变量的影响。本地中小型企业在领导者到来之前具有产业区的许多特征（密集的关系、高社会资本），调查数据使我们能够评估领导者出现之后的变化。我们将在下文看到，桑塔科洛切产业区生产皮革原材料的案例与其他两个系统是非常不同的。

第三节　数据和方法

在展示我们的实证分析结果之前，我们将更详细地解释数据和方法。实证分析旨在解决三个特定问题：①企业之间关系的不同结构是否以及如何在信息流动和其他因素如社会资本的基础上产生；②在本地层面上交换何种类型的信息（技术、金融、市场）以及这种关系的强度是什么；③如果有的话，是什么类型的形态描述了这些网络，以及在研究的这段时间里它们是如何进化的。

我们使用在 IRPET（托斯卡纳经济规划区域研究所）建立的数据库，该研究中心位于意大利佛罗伦萨的一个区域研究中心，该数据库是基于对我们所关注的行业的公司进行的几项调查而建立的。关于两个系统生产最终产品，我们在 2002 年和 2003 年对中小企业和时尚行业的领导者进行了一次调查，询问企业经理们关于企业的特征（如何组织生产、员工技能水平、公司状况、企业年龄等），以及他们与本地和其他地区的企业建立什么类型的关系。选择本地生产系统是因为它们在皮革制品和鞋类方面的高度专业化：两个地区的企业约占在该地区（托斯卡纳）鞋业行业经营企业的 11%，77% 的企业在区域皮革制品行业开展经营；这两个地区占该地区鞋业行业雇员的 15%，皮革制品部门雇员的 79%。

调查表已提交给本地工业协会的所有成员，其中约有 28% 做出答复。因此，最后的样本包含 155 家中小企业（声称是为 55 个领导者工作）。这些中小企业规模很小，平均规模为 16 名员工，其中 2/3 的样本为规模为 1～15 名员工的企业。这些公司基本上属于皮革行业（80% 的企业在这个行业），且在佛罗伦萨地区

（78%）。

领导者有全球知名品牌。其中一些有本地的，并且在该地区长期存在，例如，古驰、菲拉格慕、桥牌；有些品牌来自外地，最近才建立或重建了合作关系，例如，阿雷佐地区的普拉达；有些品牌来自意大利其他地区如芬迪，或海外如迪奥和普拉达，它们最近与本地的中小企业建立了关系。

我们决定将注意力集中在三个本地领导者（古驰、普拉达和菲拉格慕），并将其与来自区域外或国外的领导者进行比较，我们将其归入"其他领导者"类别。这种选择的主要原因是，我们采访了这些领导者，这样我们就能从他们的观点和供应商的角度，获得大量关于他们网络的信息。

对中小企业进行分类，将不同类别的企业分组，独立企业在最终市场直接销售产品，占中小企业的 5%，其他所有公司都是供应商，分为：① "简单供应商"，不自行开发产品，只执行买方的订单（占总样本的 34%）；②不进行产品开发的"阶段供应商"，倾向于在确定如何组织和执行工作方面具有一定程度的自主权来执行买方的订单（占总样本的 37%）；③ "合作伙伴供应商"，它们开发产品且通常与买家关系更密切，在合作和想法交换方面更紧密，但不一定是合作设计（占总样本的 10%）；④ "混合供应商"，这些合作伙伴也在最终市场上直接销售产品，从而具有开发营销能力（占总样本的 14%）。

根据对中小企业是否为领导者工作，为哪些领导者工作，是否为领导者的直接供应商工作等问题的回答，我们考察了中小企业与领导者之间的联系。我们知道有多少供应商中小企业，但我们不知道它们的名字。我们知道哪家公司间接地与每个领导者合作，但我们不知道它们的直接供应商是谁。我们从现有的数据中获得网络信息，但我们没有一个良好的网络数据集，因此需要进行调查。然而我们认为，根据社会网络分析参数分类，能够恢复关于关系和网络的信息。此外，通过对领导者的直接访谈获得的信息让我们确信，我们的结果很好地代表了真正的领导者的关系网。

我们进行基本的描述性统计分析并建立关系的各种特征指标：性质、内容和范围。指标失去信息，但是具有使用不同维度来评估的优势。例如，社会资本用六个维度（每个对应于不同的问题，参见本章附录）而不是如文献中所述的单个维度来评估。另一个优势是，由于受访者的主观性（夸大业务的积极方面）和解释，调查的结果往往是有偏差的，使用不同的问题允许控制这样的主观性或解释的错误。

由于我们没有中小企业的一个随机样本，我们不试图推断这两个领域的中小企业人口。除了使用领导者的采访提供的信息之外，我们描述了数据在领导者的网络中揭示了什么。使用这种方法，我们能够解决以下研究问题：大多数中小企

集群与产业集群中的商业网络——全球价值链的管理

业是为领导者工作，还是说它们主要是独立的？这种模式最近改变了吗？近年来它们更加依赖领导者吗？领导者与供应商建立什么类型的关系？供应商是否保持决策的自主性，特别是在设计方面，还是说仅仅执行领导者的命令？这些关系是否是排他性的，即中小企业是否只为一个而不是更多的领导者工作？

必须强调一点：三个地区在企业之间的关系结构与市场（地方、国家和国际）的联系上显著不同。这些结论可以从桑塔科洛切产业区的研究中得出，其中23个中小企业的样本接受了类似的问卷调查，使我们能够了解区域内外的关系。包含具体结果的下一节内容是在生产过程中向上游移动发展而来的。

第四节　皮革生产的"第一步"：桑塔科洛切产业区的结果

在桑塔科洛切产业区接受访谈的23家中小企业雇员的平均规模为36人，目前是劳动密集型企业的典型劳动结构，即平均有71%的员工是蓝领。这些企业是同意回答问卷的本地商业协会的成员，这些成员通常是该产业区表现较好的企业。

企业的边界相对扩大，因为公司的很大一部分与位于产业区及其以外的其他企业开展生产和业务联系，通常具有正式的联系。如表9-1所示，所有23家受访公司持有至少一家其他企业的股份。因此，在这个皮革产业区，企业之间的联系似乎不同于传统产业区内的联系，在这种联系中，企业在法律上和经济上都是独立的，如表9-2所示。

表 9-1　皮革产业区的关系

样本中企业数量（家）	拥有股份的企业数量（家）	将拥有股份的公司本地化	
		产业区内（%）	产业区外（%）
9	1	100	0
3	2	100	0
5	3	100	0
4	4	94	6
1	5	100	0
1	11	100	0

表 9-2 按地域市场划分的收入情况

	平均值（%）	标准差
本地市场	11.2	22.1
区域内非本地市场	17.0	19.9
国内非托斯卡纳市场	30.5	21.4
国际市场	41.3	25.8
总计	100	

国际化程度相对较低。桑塔科洛切企业对市场是有相当控制力的，由位于意大利各地区具有持续需求的企业组成。因此，国际化的推进力不如位于皮革生产下游的企业高。桑塔科洛切产业区的结果与我们以后分析的佛罗伦萨和阿雷佐系统的中小型企业相关，但它不依赖于它们，因为它也销往意大利其他地区。

在意大利其他地区，桑塔科洛切的企业主要在这些地区销售产品，这些地区是皮革制品和鞋类生产集中的地方，如马尔凯、威尼托和伦巴第（见表 9-3）。在海外销售的公司，其主要市场似乎是中国、德国和法国，其次是韩国。因此，桑塔科洛切产业区似乎已成为亚洲皮革制品和鞋类生产的一个供应商。

表 9-3 主要市场情况（前三个市场中引用地区/国家的企业百分比）   单位：%

意大利区域	企业	国家	企业
马尔凯	61	中国	52
威尼托	39	德国	35
伦巴第	26	法国	35
坎帕尼亚	22	韩国	30
艾米利亚罗马涅	17	美国	26
特伦蒂诺	4	西班牙	26
皮埃蒙特	4	日本	22

集群与产业集群中的商业网络——全球价值链的管理

在客户类型方面，与领导者有稳定关系的皮革生产企业占样本的 74%。因此，许多领导者直接在桑塔科洛切产业区购买原材料给它们的供应商生产包、鞋子和其他皮革制品。它们平均占桑塔科洛切产业区企业总收入的 15%。

事实上，皮革生产企业是完全独立于买方的，因为它们拥有特定的隐性（或可编码的隐性）知识即各种加工皮革的方法，以获得制作一个包或鞋子的特定质量。这种知识不是特定于企业而是特定于地区，因为企业之间的关系意味着这种类型的知识在产业区内是分散的。一些领导者已经收购皮革生产企业，以获得这种具体知识，但他们不能阻止知识在整个产业区内流动。

总之，原材料（皮革）的供应商往往使它们的市场多样化，并不仅仅与特定的买家有联系。在接下来的过程中，也就是皮革产品的生产和商业化阶段，结果是不同的，我们将在后面的章节中详细分析。

第五节　皮革生产最后阶段的网络关系：性质、内容、范围和形态

一、关系的性质

企业之间的关系本质上是在正式独立的企业之间进行的交易。样本中企业之间的交叉持股并不重要，平均来说，不到20%的中小企业持有其他企业的股份。因此，它们不构成亚科布奇（2002）中定义的群体。

此外，企业之间的关系主要涉及生产领域。企业被问及它们是否与本地和外部的其他企业有稳定的协议。一般来说，几乎没有企业宣称有这样的协议，4.5%的企业有产品商业化的协议；2.6%的企业有用于研究或开发的协议，44.5%的企业有生产性协议，只有2.6%的中小企业在普遍利益问题上有非正式关系（由商会或地方机构等组织的会议等形成的）。因此，关系的主要目的似乎是促进生产的改善。

关于生产过程的各个阶段，调查提供了有关企业涵盖以下阶段的信息：设计和规划、模型图纸、样本和原型、制剂、装配、修剪、控制和包装。表9-4 显示了作为企业类型的功能所涵盖的各个阶段。

表 9-4　中小企业生产阶段　　　　　　　　单位：%

阶段	供应商类型					
	简单 （n=53）	供应商 （n=57）	伙伴 （n=16）	混合 （n=22）	独立 （n=7）	总计 （n=155）
只有装配和预备阶段	29	5	19	0		14
裁剪和装配（或前三阶段以外的其他两个阶段）	25	7		4.5		12
预备、裁剪和装配（或不属于前三个阶段的其他三个阶段	13	19		4.5		12

157

阶段	供应商类型					
	简单 （n=53）	供应商 （n=57）	伙伴 （n=16）	混合 （n=22）	独立 （n=7）	总计 （n=155）
预备、裁剪和装配、控制和包装	17	30	19			19
样本、原型与其他阶段（从装配到包装）	6	16		9		9
设计图纸、样本、原型与其他阶段（从装配到包装）	6	18	19	14	14	13
所有八个阶段	4	5	43	68	86	21
总计	100	100	100	100	100	100

所有独立的公司覆盖整个生产过程，除了外部化一些阶段（组装和修剪）。一些合作伙伴公司声明它们没有覆盖设计阶段，它们部分或完全外部化这一阶段。一些样本和阶段供应商声明覆盖设计阶段，虽然这些类别被定义为不开发产品的企业。这是由他们的特殊情况决定的。例如，其中一家公司声称在皮革制品行业经营，并向领导者提供钱包，以强制其规格，同时还生产可能部分由其设计的鞋子零件。我们检查一致性时发现，在大多数情况下，这些企业错误地回答它们涵盖了设计阶段。然而，一般来说，供应商执行的订单越多，其所覆盖的阶段越少。此外，如预期那样，合作伙伴和混合供应商更有可能涵盖生产周期的所有阶段。

二、关系的内容

我们分析交换的信息类型，将其分为技术和生产信息、市场信息、财务信息。为计算这些方面设计了指标，表明信息交换是低、中还是高。第一个指标是使用买方提供设备和技术、控制质量和提供原材料的程度的数据计算的（详见本章附录）。其他两个指标仅使用一个问题计算（因缺乏其他相关问题）：市场信息交换的指标是基于企业和领导者之间交换的市场信息量是否在过去三年中上升[1]，而财务信息指标基于企业是否从买方获得财务帮助。

表9-5的结果显示，后两列区分为直接（第一层）供应商和间接（第二层）供应商。一级供应商交换技术和生产资料的强度比其他级供应商要高，73%的一级和29%的其他级供应商交换技术和生产资料的强度为中或高。比较各种网络发

集群与产业集群中的商业网络——全球价值链的管理

---

[1]　如果信息量已升高（降低或保持不变），则指标的水平为高（低或中）。

现，相对于其他领导者和独立公司，本地领导者的网络强度更高。在地方领导者中，古驰（91%的中、高）网络的强度最高，其次是普拉达（76%的中、高）和菲拉格慕（75%的中、高）。地方领导者已经在该地区存在了很长时间，因此比其他领导者更加融入本地。

嵌入性在这里被认为是指经济行为受到活动者的二元关系和整个关系网络结构的影响，因此嵌入的意思是插入到社会经济环境中。似乎买方越大，技术和生产信息交流就越紧密；本地嵌入领导者越多，技术和生产信息的交换就越强烈。市场信息似乎相当密集地交换，因为接收大量此类信息的公司的百分比通常高于先前类型信息的公司，如表9-5所示，在其他领导者的网络中尤其如此。然而，这一指标必须谨慎解读，因为它仅基于一个问题，即衡量领导者提供的市场信息在过去三年是否有所增加。考虑到为其他领导者工作的企业最近已经建立了关系，可以预期它们会对这个问题做出积极的回答。对领导者的访谈证实，交换市场信息只涉及合作伙伴。财务信息方面，信息交流从来都不是很激烈，因为只有少数领导者会给他们的供应商提供财务帮助，主要是古驰和普拉达。因此，我们得出结论，交换的信息主要涉及生产和技术方面。[①]

表9-5　关系特征：按类型划分的信息流强度、关系的频率和
稳定性指标（企业的百分比）　　　　　　　　单位：%

	古驰 （n=49）	普拉达 （n=40）	菲拉格慕 （n=24）	其他 领导者 （n=72）	独立企业 （n=7）	直接 供应商 （n=90）	间接 供应商 （n=62）
信息：技术和生产							
低强度	9	24	25	36	73	27	71
中强度	74	71	62	59	27	65	24
高强度	17	5	13	5	0	8	5
总计	100	100	100	100	100	100	100
市场（高强度企业的百分比）	50	42	25	54	40	41	42
财务（高强度企业的百分比）	13	20	0	5	0	9	3
频率（高强度企业的百分比）	48	62	25	32	37	39	15
稳定性*	14	11	12	11	10	11	8

注：＊表示与领导者关系的平均年数。

———————————

① 调查问卷包含了一个问题，即中小企业是否从领导者那里收到关于市场趋势的信息。肯定回答率是如此之低（很少说是），所以我们没有在指标的构建中使用这个问题。因此，我们的市场信息指标仅指示过去三年中交换的市场信息量是否增加。它通常是增加的，但是与技术和生产信息相比，它仍然非常低。

如表9-5所示，稳定性通常也很高，因为与领导者合作的企业为直接供应商工作的平均年限为11年，间接供应商为8年。中小企业与其供应商之间关系的稳定性也很高，因为98%或100%几乎总是相同的原材料和零部件供应商。普拉达是唯一一个通过内部网连接到供应商的领导者，因此在这个网络中信息流动的频率更高。考虑到其他信息交换手段也被广泛使用，62%的供应商有高频特征。直接供应商比间接供应商的频率更高。

用于分析关系性质的其他参数还包括特异性和强度。关于特异性，关系的专一性并不高，因为很多中小企业都与不同的领导者相关。关于强度，使用的一个指标是该区域的人际关系程度，这在我们研究的区域中似乎不显著。另一个指标是社会资本（见下文）。

三、关系的范围

企业参与买方的关系程度可以用来估计流动的互惠程度。在我们的案例中，买方在产品规格和一些管理方面对供应商施加的要求或约束越多，信息流动的单向性就越强，即相互性越弱。同时，低互惠性在关系中体现出权威性。利用与企业和买家合作方式有关的问题答案，我们构建了一个互惠指标，通常有三个级别（低、中、高）（详见本章附录）。结果如表9-6所示。由于57%的中小企业之间的关系是单向的，所以互惠性通常很低。简单和阶段供应商普遍存在低互惠性，其中分别有75%和65%的企业具有单向关系。合作伙伴和混合供应商与他们的买家有更多的互惠关系，因为这些类别中分别有82%和77%的互惠是中等或高的。

表9-6　信息流的互惠性（所有供应商的百分比，n=148）　　　单位：%

	简单 (n=53)	阶段 (n=57)	伙伴 (n=16)	混合 (n=22)	总计 (n=148)	直接 (n=90)	间接 (n=58)
单向（低互惠）	75	65	18	23	57	51	63
单向但有一些合作（中等互惠）	19	32	69	50	34	41	26
多向（高互惠）	6	3	13	27	9	8	11
总计	100	100	100	100	100	100	100

直接和间接供应商之间关系的互惠性差异并不显著。在这两种情况下，约

10%的企业互惠率很高。这表明供应商与他们的供应商之间的关系和他们与领导者之间的关系是一样的。事实上，81%的一级供应商（领导者的直接供应商）反过来把产品和生产规格强加给他们自己的供应商。

表9-6显示了围绕一个中央单位的一系列生产阶段的存在，从这个中央单位产生动态激励（按顺序）。中央单位通常传送一个"完整的包裹"：产出模型；转换为必须满足的操作参数，没有太多的可能性让操作单位互动；提供必要的物资流动；分配参数的事后控制。以这种方式，网络以发挥引擎作用的领导者为核心，因为它们为供应商的活动提供订单。领导者在关系中具有权威性，可以强化它们的要求。[①] 有趣的是，这种低互惠性在中小企业与其供应商之间的关系中复现，因为在75%的案例中，一级和二级供应商之间的关系是单向的。

因此，本地生产系统可以被视为分层网络机器，其引擎是选择分发技术生产信息的领导者。换句话说，信息包按照级联模型传播，在这种模型中，对活动的技术约束变得越来越严格。随着生产周期进一步分解为模块和子模块，自由度降低。

关于互惠的最后一点是关于网络之间的差异。表9-7表示根据网络和供应商层关系的互惠程度。表中确认了领导者与供应商关系的单向性对一级和二级供应商关系再生产的影响：除了独立企业网络之外，领导者网络的特征是第一层和第二层之间的互惠性远低于领导者和第一层之间的互惠性。具有最高互惠性的网络是其他领导者和独立企业的网络，分别有64%和82%的企业具有中等或高互惠性的关系。

由于以领导者为中心的网络具有较低的互惠值，而其他网络中更典型的是"平等主义"关系，因此与以独立企业为中心的网络相比，以领导企业为中心的等级网络似乎显示出更高程度的单向性关系性质的最后一个参数是信任。我们通过计算关系中使用和构建的社会资本指标来研究（参见附录了解指标的详细信息）。我们衡量社会资本的标准是它的效果（信任、合作关系），而不是它的来源。我们可能会低估社会资本，因为我们依赖于受访者对知识重要性的认识和对本地运营商的信任。例如，我们使用了这样一个问题："你认为本地运营商是你的业务优势吗？"一些受访者可能回答否定，虽然他们对本地运营商有着广泛的了解，并且（无意地）从这些关系中获益。

[①] 买家在没有任何合作的情况下将模型及其规格强加给样本中63%的企业。此外，57%的企业的买家对生产和管理决策的影响有所增加。

表9-7 各种网络关系的互惠性（n=148）

	古驰 （n=49）	普拉达 （n=40）	菲拉格慕 （n=24）	其他 （n=72）	独立的供应商企业 （n=18）
直接供应商					
低互惠	61	48	50	36	18
中等互惠	35	42	38	50	55
高互惠	4	10	12	14	27
总计	100	100	100	100	100
间接供应商					
低互惠	73	67	75	64	43
中等互惠	19	11	25	25	28.5
高互惠	8	22	0	11	28.5
总计	100	100	100	100	100

注：低互惠意味着信息从领导者流向中小企业，领导者在这种关系中拥有很大的权力。互惠流表示共同决策。

　　如表9-8所示，社会资本水平一般相当低，因为86%的企业使用的社会资本水平较低或中等。领导者之间的区别也很有趣。菲拉格慕的社会资本水平低的供应商比例最高。独立企业的供应商的社会资本符合样本的平均值。社会资本水平较高的供应商中，其他领导者的供应商所占比例最低，其次是独立企业的供应商。在行业方面，58%的鞋类公司和45%的皮革制品业公司的社会资本水平中等或高。从公司选择供应商标准的分析中可以得出有用的见解（见表9-9）。中小企业提到的主要标准是技术能力，其次是信任和声誉，而价格和生产能力不是主要选择标准。

表9-8 社会资本（企业的百分比）　　　　　　　　　单位：%

	低	中	高	总计
所有供应商（n=148）	52	34	14	100
古驰的供应商（n=49）	53	31	16	100
普拉达的供应商（n=40）	50	33	17	100
菲拉格慕的供应商（n=24）	58	25	17	100
其他领导者的供应商（n=72）	43	47	10	100
独立企业的供应商（n=18）	50	39	11	100

集群与产业集群中的商业网络——全球价值链的管理

表 9-9　中小企业在各领导者的网络中所占的百分比　　　　单位：%

	古驰 （n=49）	普拉达 （n=40）	菲拉格慕 （n=24）	其他领导者 （n=72）	独立企业 （n=18）
技术能力	83	81	100	84	64
信任和信誉	52	48	44	48	36
适应变化	65	33	56	45	36
价格	22	29	37	39	18
邻近性	30	19	31	18	9
生产能力	22	24	19	30	18

因此，我们可以得出结论，技术和社会因素胜过经济变量。有限的企业似乎具有嵌入关系，而对于大多数企业，联系是一臂之遥的长度。因此，正在研究的"生产世界"的特点是网络的存在，在网络中，合作伙伴和供应商的选择不是基于随机选择的网络，而是由于寻求质量和技术标准，系统地追求稳定的伙伴关系。信任因素和非正式联系通过反复交互的方式建立。

第六节　网络形态

从广义上看，本地的"生产世界"似乎是一个非常密集和高度纠缠的链接。经济单位之间的联系在许多方向上分散，具有极其多样化的实力，这取决于每个企业的作用。然而，可以挑选出更密集的架构，它们集中在领导者身上，尤其是我们选择更详细分析的古驰、普拉达和菲拉格慕（见图9-1~图9-3）。必须强调的是，结果必须谨慎解释，因为我们没有所有的企业都属于每个领导者的网络。

我们提出的网络表示不一定反映领导者的真实网络，因为调查涵盖了属于不同网络的供应商的一个非面面俱到的大子集。然而，从我们所关注的三位领导者的访谈中获得了补充信息，这证实了我们列出的主要特征。从不同来源收集的信息汇聚在一起，使我们能够指出这三个领先者在网络拓扑结构上的重要差异。古驰的网络结构如图9-1所示。古驰的架构高度集中。古驰强加了供应商执行工作的模式与细节。除了合作伙伴，古驰的供应商不参与产品开发或战略决策。网络具有星状形式，并且不是总网络（网络中所有行动者彼此相关）。

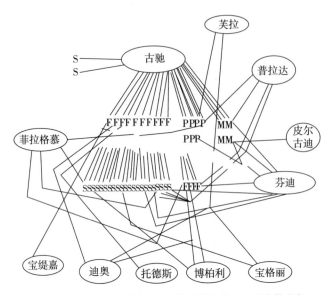

S=初级供应商；F=阶段供应商；P=伙伴供应商；M=混合供应商

图 9-1 古驰的网络

资料来源：IRPET 的调查（巴奇，2004）。

如图 9-2 所示，普拉达的网络比古驰的层次更低，因为普拉达似乎更喜欢直接与供应商联系，而不是拥有更多的供应商层。菲拉格慕的网络如图 9-3 所示。菲拉格慕的合作伙伴从来不专门为这个领导者工作，该网络与前两个有着本质上的区别。首先，菲拉格慕的供应商与其他领导者有更多的联系；其次，这些连接关注所有供应商层，而在前两种情况下，第二层与其他领导者比第一层有更多的额外连接。

表 9-10 提供了有关网络结构的其他信息。古驰的网络似乎比其他两个网络更加层次化，其中 42.9% 的供应商是直接供应商，而普拉达和菲拉格慕的供应商中这一比例超过 70%。因此，第二层对其他两个领导者来说相对不那么重要，因为他们似乎更喜欢直接关系。古驰也显得更加独特，因为其供应商与其他领导者的联系不多。古驰供应商与其他领导者建立联系的数量占其供应商总数的比例低于普拉达和菲拉格慕，其中古驰为 22.4%，普拉达和菲拉格慕分别为 30% 和 45.8%。

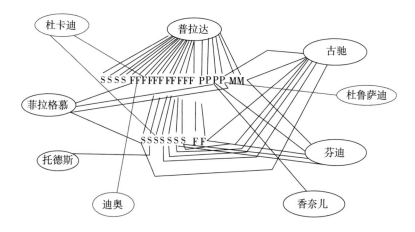

S=初级供应商；F=阶段供应商；P=伙伴供应商；M=混合供应商

图9-2 普拉达的网络

资料来源：IRPET 的调查（巴奇，2004）。

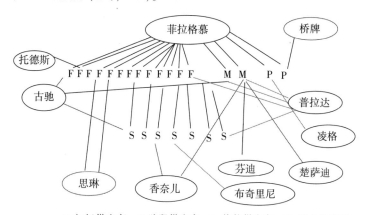

S=初级供应商；F=阶段供应商；P=伙伴供应商；M=混合供应商

图9-3 菲拉格慕的网络

资料来源：IRPET 的调查（巴奇，2004）。

表9-10 古驰、普拉达和菲拉格慕网络的一些比较 单位：%

	古驰 （n=49）	普拉达 （n=40）	菲拉格慕 （n=24）
与其他领导者有联系的供应商数量占总供应商数量的比例	57.1	80.0	83.3
与其他领导者有网络联系的供应商数量占总供应商数量的比例	22.4	30.0	45.8
直接供应商占供应商总数的百分比	42.9	70.0	70.8

以上分析以及对三位领导者的深度访谈表明，古驰的网络是层级星形的，其他网络也是层级的，但关系强度不同。因此，本地"生产世界"的特征在于在模块化配置之间具有重叠的同时存在网络系统，这意味着大量的冗余，这允许生产系统灵活地使用技术和操作模块。策略似乎是集中定义的，并且在本地环境中产生脉冲，传递到各种兼容且互补的机构中。中小型企业的地方生产系统似乎代表着一种知识库，一种由一系列能力组成的"根基"，领导者通过与各企业建立联系来吸引这些能力。

如果与领导者的关系暗示了对权威买家的日益依赖，那么中小企业为什么要保持这种跨越时间的关系？关于在与领导者关系开始建立之后发生了什么的问题调查允许我们提供见解。在与领导者的关系开始建立后，中小企业宣称：

（1）利润增加，特别是对于古驰和普拉达的供应商。

（2）该企业已成长，即在为本地领导者工作的供应商中，半数以上的员工数量有所增加，但在与来自地区以外的领导者建立关系后，员工数量往往会减少。

（3）产品的种类有所增加，特别是古驰和普拉达的供应商。约64%的供应商看到在关系开始建立后它们的产品种类增加，对于古驰的供应商来说这一比例上升至71.4%，对于普拉达的供应商来说是82.5%，而对于菲拉格慕和其他领导者的供应商来说，这一比例分别为52.9%和58.6%。

（4）80%以上为领导者工作的中小企业，劳动力的技能水平有所提高。

（5）从前员工身上剥离出来的产品数量总体稳定，只有在古驰的网络中，一些供应商才会减少。

（6）约17.4%的为领导者服务的供应商在与领导者建立关系后放弃了自己的品牌，而本地领导者的供应商这一比例高于外国领导者的供应商。

（7）约有12%的企业放弃了产品研发，但在古驰和其他领导者企业的网络中，这一比例要低一些。

（8）大约1/4的企业在与领导者建立关系后会引入新材料。

因此，尽管一些企业产品开发和营销的自主能力有所降低，但与领导者合作似乎保证了绩效（利润和企业增长）并增加了创新（获取新材料、新产品和新技术）。对于古驰的供应商尤其如此，古驰是在本地存在时期更长的领导者。因此，中小企业似乎喜欢与领导者建立关系，而不是直接在市场上销售，以保证绩效。领导者也从这种关系中获益，并且越来越多的是由于过去竞争环境的变化。新领导者的到来发生在20世纪90年代，本地领导者（古驰、普拉达和菲拉格慕）正在改变竞争战略。竞争的变化需要战略上预测事件的能力，例如通过内生性需求而不是对它做出其他反应。因此，协调（尤其是信息和物质资源）多种

集群与产业集群中的商业网络——全球价值链的管理

流动的日益增长的需求，导致了在稀疏的技术生产模块之间设计出更有意识的协调形式。为了在全球化和动荡的时装行业市场中竞争，获得灵活性和规划能力确实越来越重要。

第七节 结论

在本章中，我们分析了存在于特定生产系统中的关系，其特征是来自不同地方和不同时间进入本地系统的领导者的存在。我们评估了中小企业和领导者之间关系的性质、内容、范围和结构。我们的研究的主要结论可以合成为三个命题：①领导企业有不同的网络形态；②具有精确动态特性的层次化和重叠网络是演化路径的驱动因素；③领导企业利用本地中小企业提供的广泛技术和生产能力的"根基"来完成它们的竞争战略。虽然与原材料（皮革）供应商的关系是双向的，因为皮革生产商具有关于如何获得领导者没有的皮革特定的专业知识，但是领导者与皮革产品（零件或完整产品）的生产者关系倾向于是单向的，因为领导者施加产品规格，并且通常也施加供应商执行的生产技术。这些结果都是特别重要的，为分析本地生产系统提供了演化轨迹。

根据第一节中描述的逻辑顺序，我们展示了多层和部分重叠网络的存在。这些网络利用了最初在手工业机构中积累起来的本地分布的能力"根基"。交换的信息主要是技术和生产类型，并且以这样的方式组织，使得分级网络能够控制投入和阶段参数的多种流动，以便使产品的特征与先前设计的相匹配。这些网络的特征在于一个能够处理一般信息（关于市场、产品类型、技术等）的"中央单元"和供应商的分布层排列，在这里信息根据级联模式扩散，对生产周期有更强的约束。底部是本地的工艺根基，顶点是实现成功的侵略性市场策略的单位。这种本地生产系统的配置远不是传统的"意大利模式"，也与斯特金（2002）确定和解释的日本模型截然不同。分层和重叠网络具有两个主要动态属性：一是主导企业在稳定和非正式关系的基础上协调供应商层级，二是层级重叠。在最后一层中尤其如此，在这一层中，使用属于生产周期中不同连接结构的一些能力是非常常见的。技术生产信息就这样激烈和非正式地流动着。

因此，我们认为演化的动力已经从由密集的小单元"尘埃"组成的局部系统发展到结构化的网络，其中一个信息流的级联模型占上风。独立企业的网络比以领导者为中心的网络更为互惠。因此，似乎当企业巩固与领导者的联系时，它们不仅与领导者，而且与自己供应商关系的互惠变得越来越少。在以领导者为中心的网络中，技术和社会变量（如信任、能力）比经济因素（如成本和价格）发挥更重要的作用，特别是当领导者更多地嵌入本地时。社会资本似乎没有达到高水平，但有两个主要原因使我们的措施可能低估了它。第一，它是基于社会资本的影响而不是其来源；第二，它要求企业的企业家知道它们使用的社会资本。

虽然领导者受益于中小企业的高生产率专业技术，但是中小企业从这些关系中获得的主要优势似乎是绩效（利润和企业增长）的提高。这些关系也涉及中小企业的风险。首先，对领导者的高度依赖可能会导致它们失去自主发展的能力。其次，领导者（中央单位）可能改变本地化，以利用外国地区的能力基础。这似乎取决于许多因素，在一定程度上取决于价格，但最重要的是取决于生产质量，这是由基础和本地嵌入能力的积累造成的。小企业的不同知识基础和能力允许领导者快速改变产品，而不产生培训和时间成本，否则，在一个产业（时尚）中一年内产品多次变化是不可能的。

参考文献

［1］Adler P. S. and Kwon S－W.（2002），'Social capital：prospects for a new concept'，Academy of Management Review，27（1）：17-40.

［2］Anderson A. R. and Jack S. L.（2002），'The articulation of social capital in entrepreneurial networks：a glue or a lubricant?'，Entrepreneurship and Regional Development，14：193-210.

［3］Annen K.（2003），'Social capital，inclusive networks，and economic performance'，Journal of Economic Behavior and Organisation，50：449-463.

［4］Audretsch D. B.（2003），Introduction in D. B. Audretsch（ed.），SMEs in the Age of Globalisation，Cheltenham：Edward Elgar.

［5］Audretsch D. B. and Feldman M. P.（1996），'R&D"spillovers"and the geography of innovation and production'，American Economic Review，3：630-640.

［6］Bacci L.（ed.）（2004），Distretti e Imprese Leader nel Sistema Moda della Toscana，Milano：Franco Angeli.

［7］Baldwin C. Y. and Clark K. B.（1997），'Managing in an age of modularity'，Harvard Business Review，75（5）：84-93.

［8］Bathelt H.，Malmberg A. and Maskell，P.（2004），'Clusters and knowledge：local buzz，global pipelines and the process of knowledge creation'，Progress in Human Geography，28：31-56.

［9］Becattini，G.（1990），'The Marshallian industrial district as a socio-eco-

集群与产业集群中的商业网络——全球价值链的管理

nomic notion', in Pyke F., Becattini G. and Segenberger W. (eds.), Industrial Districts and Inter-firm Cooperation in Italy, Geneva: International Institute for Labour Studies.

[10] Bellandi M. (2001), 'Local development and embedded large firms', Entrepreneurship and Regional Development, 13 (3): 189-210.

[11] Belussi F. and Samarra A. (eds.) (2005), Industrial Districts, Relocation, and the Governance of the Global Value Chain, Padova: Cleup.

[12] Brioschi F., Brioschi M. S. and Cainelli G. (2002), 'From the industrial district to the district group: an insight into the evolution of local capitalism in Italy', Regional Studies, 36: 1037-1052.

[13] Brusoni S. and Prencipe A. (2001), 'Unpacking the black box of modularity: technologies, products and organizations', Industrial and Corporate Change, 20 (1): 179-205.

[14] Cainelli G. and Zoboli R. (eds.) (2004), The Evolution of Industrial Districts, Heidelberg: Physica Verlag.

[15] Carbonara N. (2002), 'New models of inter-firm networks within industrial districts', Entrepreneurship and Regional Development, 14: 229-246.

[16] Dakhli M. and De Clercq D. (2004), 'Human capital, social capital, and innovation: a multi-country study', Entrepreneurship and Regional Development, 16: 107-128.

[17] Dei Ottati G. (2003), 'Exit, "voice" and the evolution of industrial districts: the case of the post-World War II economic development of Prato', Cambridge Journal of Economics, 27 (4): 501-522.

[18] Durlauf S. N. and Fafchamps M. (2003), 'Empirical studies of social capital: a critical survey', Journal of Chemical Physics, 92 (6): 3359-3376.

[19] Ferrucci, L. (1999), 'Il distretto industriale pratese: processi evolutivi, path-dependence e logiche di cambiamento', in Amatori F. (ed.), Annali di storia d'impresa, Bologna: Fondazione Assi, Il Mulino.

[20] Garofoli G. (1992), Endogenous Development and Southern Europe, Aldershot: Avebury. (2003), Introduzione, in Garofoli G. (ed.) Impresa e Territorio, Bologna: Il Mulino.

[21] Gomes-Casseres B. (1997), 'Alliance strategies of small firms', Small Business Economics, 9 (1): 33-44.

[22] Granovetter M. (1992), 'Problems of explanation in economic sociology',

in Nohria N. and Eccles R. (eds.), Networks and Organisation: Structure, Form and Action, Boston: Harvard Business School Press.

[23] Iacobucci D. (2002), 'Explaining business groups started by habitual entrepreneurs in the Italian manufacturing sector', Entrepreneurship and Regional Development, 14: 31-47.

[24] Jacobs J. (1961), The Death and Life of Great American Cities, New York: Random House.

[25] Johannisson B. (2003), 'Networking e crescita imprenditoriale', in Garofoli G. (ed.) Impresa e Territorio, Bologna: Il Mulino.

[26] Johannisson B., Alexanderson O., Nowicki K. and Senneseth K. (1994), 'Beyond anarchy and organization: entrepreneurs in contextual networks', Entrepreneurship and Regional Development, 6: 329-356.

[27] Johannisson B., Ramirez-Pasillas M. and Karlsson G. (2002), 'The institutional embeddedness of local inter - firm networks: a leverage for business creation', Entrepreneurship and Regional Development, 14: 297-315.

[28] Kephart J.O. (1994), 'How topology affects population dynamics', in Langton C. G., Artificial Life Ⅲ. A Proceedings Volume in the Santa Fe Institute Studies in the Science of Complexity, Reading, MA: Addison-Wesley Publishing Company.

[29] Knack S. and Keefer, P. (1997), 'Does social capital have an economic payoff? A cross-country investigation', Quarterly Journal of Economics, 112: 1251-1288.

[30] Labory S. and Zanni L. (2004), 'Le formule imprenditoriali nel settore moda: caratteri strutturali e strategie competitive delle imprese protagoniste', in Bacci L. (ed.), Distretti e imprese leader nel sistema Moda della Toscana, Milano: Franco Angeli.

[31] Langlois R.N. (2002), 'Modularity in technology and organization', Journal of Economic Behavior and Organization, 49: 19-37.

[32] Langlois R.N. and Robertson P.L. (1995), Firms, Markets, and Economic Change, New York: Routledge.

[33] Larson A. (1992), 'Network dyads in entrepreneurial settings: a study of the governance of exchange relationships', Administrative Science Quarterly, 37: 76-104.

[34] Loasby B. (2000), 'Market institutions and economic system', Journal of Evolutionary Economics, 10: 297-309.

[35] Loasby B. (2001), 'Time, knowledge and evolutionary dynamics: why connections matter', Journal of Evolutionary Economics, 11: 393-412.

集群与产业集群中的商业网络——全球价值链的管理

［36］Lombardi M. （2003），'The evolution of local production systems: the emergence of the invisible mind and the evolutionary pressures towards more visible minds'，Research Policy, 32: 1443-1462.

［37］Lombardi M. （2007），'A morphogenetic approach to the evolution of technological capabilities'，in R. Leoncini and A. Montresor （eds.），Dynamic Capabilities Between Firm Organisation and Local Systems of Production，London: Routledge.

［38］Lomi A. （1991），Reti Organizzative，Bologna: Il Mulino.

［39］Loury G. （1977），'A dynamic theory of racial income differences'，in Fallace P. and LeMund A. （eds.），Women, Minorities, and Employment Discrimination，Maryland: Lexington Books.

［40］MacKinnon D., Chapman K. and Cumbers A. （2004），'Networking, trust and embeddedness among SMEs in the Aberdeen oil complex'，Entrepreneurship and Regional Development, 16: 87-106.

［41］Mariotti S. and Mutinelli M. （2003），'L'Internazionalizzazione Passiva dei Distretti Italiani'，Economia e Politica Industriale, 119: 139-154.

［42］Maskel P. and Malmberg A. （1999），'Localised learning and industrial competitiveness'，Cambridge Journal of Economics, 23 （2）: 167-185.

［43］Mistri M. （2003），'The emergence of cooperation and the case of the Italian industrial district as a socio-economic habitat'，Human Systems Management, 22: 147-156.

［44］Nadvi K. and Halder G. （2005），'Local clusters in global value chains: exploring dynamic linkages between Germany and Pakistan'，Entrepreneurship and Regional Development, 17: 339-363.

［45］Nooteboom B. （1999），'Innovation, learning and industrial organisation'，Cambridge Journal of Economics, 23 （2）: 127-150.

［46］Nooteboom B. （2002），Trust: Forms, Foundations, Functions, Failures and Figures，Cheltenham.

［47］Edward Elgar. （2004），'Governance and competence: how can they be combined?'，Cambridge Journal of Economics, 28: 505-525.

［48］Potts J. （2000），The New Evolutionary Microeconomics，Cheltenham: Edward Elgar. （2001），'Knowledge and markets'，Journal of Evolutionary Economics, 11: 413-431.

［49］Rabellotti R. （2004），'How globalisation affects Italian industrial districts: the case of Brenta'，in Schmitz H. （ed.），Local Enterprises in the Global Economy:

Issues of Governance and Upgrading, Cheltenham: Edward Elgar.

[50] Salais R. and Storper M. (1992), 'The four worlds of contemporary industry', Cambridge Journal of Economics, 16: 169-193.

[51] Sammarra A. and F. Belussi (2006), 'Evolution and relocation in fashionled industrial districts: evidence from two case studies', Entrepreneurship and Regional Development, 18: 543-562.

[52] Schilling M. A. (2000), 'Toward a general modular systems theory and its application to inter-firm product modularity', Academy of Management Review, 25 (2): 312-314.

[53] Simon H. A. (1962), The architecture of complexity, Proceedings of the American Philosophical Society, 196 (6): 467-482.

[54] Simon H. A. (2002), 'Near-decomposability and the speed of evolution', Industrial Corporate and Change, 3: 587-599.

[55] Sobel J. (2002), 'Can we trust social capital?', Journal of Economic Literature, 40 (1): 139-154.

[56] Steinle C. and Schiel H. (2002), 'When do industries cluster? A proposal on how to assess an industry propensity to concentrate at a single region or nation', Research Policy, 31: 849-858.

[57] Storper M. (1996), 'Innovation as collective action: conventions, products and technologies', Industrial and Corporate Change, 5 (3): 761-790.

[58] Sturgeon, T. J. (2002), 'Modular production networks: a new American model of industrial organization', Industrial Corporate and Change, 11 (3): 451-496.

[59] Uzz B. (1997), 'Social structure and competition in interfirm networks: the paradox of embeddedness', Administrative Science Quarterly, 42: 35-67.

[60] Westead P., Wright M. and Ucbasaran D. (2004), 'Internationalisation of private firms: environmental turbulence and organisational strategies and resources', Entrepreneurship and Regional Development, 16: 501-522.

附　录

指标的构建

为了可靠性，指标都使用所有企业回答的问题，将答案编码产生的变量转换为二进制虚拟变量（1或0），并对它们求和，将求和之后的变量水平定义三个级别（低、中、高）。

（1）交换和生产信息交流指标：中小企业供应的领导者提供设备和技术、控制质量、提供材料；中小企业表示自从与领导者的关系开始形成后引入了新技术，并引入了新材料；在过去三年里，领导者的技术转移增加了。

（2）信息交流频率指标：企业表明其是否频繁使用各种通信手段；由于所有企业对电话和传真做出了频繁的响应，频率指标使用三个维度计算，即频繁的直接访问、通过内联网和互联网频繁交流（因此也表示在关系中使用了信息技术）。

（3）关系互惠指标使用的变量有：①联合定义工作和积极合作；②无论是否协作，不得强加工作的规范；③不强迫供应商和规定原材料；④买方参与供应商活动的方式；⑤买方在生产和管理决策中的影响在过去三年没有增加。

（4）社会资本指标使用的变量有：①供应商选择的信任标准；②供应商选择的邻近度标准；③通过分拆直接联系；④参与商业协会的活动作为学习渠道；⑤本地运营商的知识作为一种优势；⑥以本地经营者的合作态度为力量。

当所得到的变量之和等于 0 或 1 时，社会资本的水平较低，其为 2 或 3 时为中等水平，否则为高水平。

第十章 企业家精神的转移——蒂米什瓦拉集群的形成

菲奥伦扎·贝鲁西（帕多瓦大学）

第一节 引言

在本章中，我们将介绍所谓的蒂米什瓦拉鞋类集群，事实上，它位于三个罗马尼亚西部县的一个延伸区域：阿拉德、提米斯和比霍尔。比霍尔和提米斯的鞋类生产一直有着悠久的传统，阿拉德县更为边缘，并在近年的鞋类生产方面更加工业化。该集群在1989年之后起飞，由于外国投资者进入，许多国有企业陷入了经济崩溃的边缘，或者通过使用绿地外商直接投资的模式。它们来到罗马尼亚主要是为了探索由本地劳动力成本提供的机会①，与西方成本相比，它们非常低。如今，该地区的生产总值有很大一部分是通过鞋类生产实现的。蒂米什瓦拉的集群不是特别专业，主要产品涵盖男装、女装、青少年和儿童的鞋类产品。它生产鞋子、凉鞋、靴子和高跟鞋，以及一些半成品组件，如鞋底、鞋面和配饰。制鞋产业并不是该地区唯一的专业化产业，因为还有大量的服装和纺织公司。蒂米什瓦拉集群现在是一个卫星集群，而不是马歇尔集群，因为它的内生企业家比例很低，本地企业没有太多的渐进式创新活动，集群社区的实践仍处于潜在的发展阶段。

---

① 净平均工资为每月90~100欧元。

第二节　集群的历史发展

一、社会经济背景

蒂米什瓦拉集群是位于罗马尼亚西部的一个集群，罗马尼亚西部是一个低收入经济区。[①] 2004 年，国内生产总值约为 1503 亿欧元[②]，拥有 9660000 名在职工人，官方公布的失业率为 6.3%[③]。在 20 世纪 90 年代末，通货膨胀率约为 30%。2001 年，这一数字下降到 17.8%，2002 年降至 14.1%。

由于该集群位于与匈牙利、塞尔维亚和奥地利接壤的边境，以及与这些国家有直接的文化、历史和社会联系，集群内的居民习惯与外国人交往，习惯出国旅游。

在 20 世纪 90 年代，集群吸引了很多国际商业伙伴，比例比罗马尼亚其他地区高得多。符合开放市场经济的要求，新产业有明显的发展趋势。该地区在经济发展的同时，劳动力成本略有上升，有形资产、房地产资产和金融资产的成本也有所上升。本地企业需要制定新的质量标准来营销自己的本地品牌，特别是针对服装产业区，以巩固其国内市场并将其产品运送到欧盟市场。该集群面积为23995 平方千米，延伸到蒂米什瓦拉和奥拉迪亚之间（距离为 150~200 千米），约有 170 万居民。在那里建立了阿拉德瓦西里·金诗西部大学、奥拉迪亚大学、西米尼亚萨拉大学和许多其他学校。该地区有大约 64000 家企业雇用本地工人）。[④] 该地区工业化程度很高，每 1000 名居民拥有 37 家企业，但不如意大利地区那样多，例如蒙特贝罗密度达到每 1000 名居民 111 个机构。此外，我们必须考虑到在意大利地区企业的平均规模小得多。在蒂米什瓦拉地区，本地失业率远低于国家层面的，官方层面公布的劳动力约占总劳动力的 3.7%。

该集群中鞋类公司的数量约为 300 家（2001 年为 308 家），他们雇用了大约33000 名工人（2001 年为 32588 名）。蒂米什瓦拉集群占罗马尼亚鞋业产业的 12%，其中 2001 年全国有 1732 家企业和 108177 名员工。[⑤] 本地企业的销售额估计为

---

① 人均收入估计为每月 63.2 欧元。

② 国际收支仍然存在巨大的赤字。2004 年，商品和服务出口总额为 192 亿欧元，商品和服务进口总额为 233 亿欧元。

③ 数据来源于 2002 年罗马尼亚的统计年鉴。

④⑤ 数据来源于 2004 年罗马尼亚的统计年鉴。

189000000 欧元（2001 年）。① 2001 年，罗马尼亚生产的鞋子（1517156000 欧元）的整体价值仅相当于一个大的意大利产业区，例如蒙特贝罗。2001 年，该产业员工的平均销售额已经计算出来，平均值为 14025 欧元，但集群比平均水平低很多（5810 欧元），我们的样本企业甚至更低（4215 欧元），这些样本企业主要是西方企业的分包商。如果企业和雇员在显著扩张的十年之后，集群的社会机制没有像"二战"后意大利地区增长经验那样创造出分散的财富，那么意味着贫困的增长仍然存在。国家层面上公布的该行业的数据显示，2002 年实现了 1726866000 欧元的销售额，299598000 欧元的进口额和 1223570000 欧元的出口额。

在这个集群中有 20 个不同的外国银行分支机构，它们向外国企业家提供资金，并支持其增长的业务，主要是进出口业务。集群中还有三家大型前罗马尼亚银行，能够为进出口业务提供服务：BRD 法国兴业银行，BCR 罗马尼亚银行和 BANCPOST 银行。产业区内风险资本的代表是金融投资公司 Banat-Crisana，但是由于国家相关部门对投资公司投资这类企业的限制，其为非上市企业提供融资的机会很少。

另一个限制是国家相关部门限制了通过共同基金运营的中小型企业的资本获得。从我们的访谈中可以看出，在集群中为新企业融资方面存在问题，这是抑制本地创业和新创业的主要因素之一。另外，通常用于资本投资的贷款最多是中期贷款，很少有银行愿意接受长期融资合同。

二、集群历史

蒂米什瓦拉集群在 20 世纪 90 年代以不可思议的增长率发展，无论是创造的新企业数量还是创造的业务量，均达到了全国最低的失业率，私营企业的数量是罗马尼亚各地区最高的。出于各种原因，1989 年以后，当一些生产系统衰落后，主要国有企业的私有化出现了真正的繁荣，新的企业活动开始了，特别是在蒂米斯县。因此，出现了大量中小企业，特别是在鞋类行业。根据罗马尼亚促进对外贸易中心的资料，集群中 83% 以上的生产单位是中小企业，雇员不到 50 人。这表明市场进入没有障碍。即便如此，该行业仍高度集中，雇员人数在 250 人以上的企业占企业总数的 5.3%，就业人数和销售额占企业总数的近 61%。集群的起源是源于大量的国有企业，并在集群中本地化，特别是蒂米什瓦拉的古班、菲利尔和巴纳廷，阿拉德的利伯特塔和奥拉迪亚的索里达瑞特塔。

巴那提姆由奥地利企业家（弗兰克尔·阿尔弗雷德）于 1900 年在蒂米什瓦

---

① 数据来源于罗马尼亚财政部门。

拉成立，作为一家股份制企业，于 1901 年开始运营，雇用了 500 多名工人。1928 年，工厂改名为"图鲁尔"，成为罗马尼亚最大的鞋厂。在 1930 年，企业与来自克鲁日的鞣革工厂合并。1948 年，该企业被国家接管，其名称首先更改为"尼克斯贝罗安尼斯"，然后更改为"巴那图尔"。这家企业生产男士、青少年和儿童鞋，鞋钉，以及浸渍的亚麻制品。如今，更名为"巴那提姆"，它在本地拥有私人所有权，并将自己的品牌强加在罗马尼亚市场上。然而，它主要作为意大利和德国客户的分包商而存在。

菲奥提成立于 1921 年，是由一组股东组成的联合股份公司。该企业的目标是为女性和男性制造和销售奢华皮鞋。在 1948 年，该企业被国家接管，同时公司的名称改为"丝黛芬普拉维特"鞋厂。1959 年成立了一个大型设计部门，每年生产 450~500 项新设计，用于生产约 100 个新型号。这家企业当时非常成功，其大部分生产出口到其他东欧国家和俄罗斯。1974 年，在雷卡斯，一个位于蒂米什瓦拉以东 25 千米，使用塑料成型技术生产运动鞋的公社成立了一家新工厂。在 20 世纪 80 年代，生产能力达到每年 360 万双鞋，每年超过 275000 双凉鞋。如今，公司保留了原名"菲奥提"。最初，所有权转让给前所有者，但随后通过一些技术人员组织的管理层收购，它成为一家股份公司形式下的合作社。它主要为意大利客户服务。

古班 S. A. 始于 1937 年在蒂米什瓦拉成立的一个小型化工厂，在 1954 年开始生产基于聚氯乙烯的人造革。1959 年，它开始了垂直下游多元化经营，创建了一个生产女鞋的部门。1961 年，它开始了水平多元化经营，开设了一个皮革鞋厂。在那段时间，它成为了豪华女士鞋类中最著名的罗马尼亚品牌。

在 1989 年的变革之后，这三位创始人创立了一些附属企业，这些新成立的企业是受外国生产商（主要是来自威尼托和马尔凯地区的意大利人）和分销商（德国人）委托开始进行工资合同形式的活动。产业区扩张的过程是由于维罗纳和蒙特贝罗的威尼托区公司的外商直接投资"雪崩"造成的，该公司在蒂米什瓦拉地区开设了新公司。因此，企业家精神向全球价值链的转移帮助罗马尼亚集群成为一个增长区域。

第三节　一些方法说明

2003 年，我们组织了 30 次与本地企业的访谈，与本地活动者进行了 9 次访谈。所有访谈都是面对面的，访谈的平均时间为两个半小时。在整个集群中，选

集群与产业集群中的商业网络——全球价值链的管理

择了 30 家企业（机构）为样本。

第四节　企业的特征

与整个集群相比，我们的样本包括较大的企业（见表 10-1）。所访问的 30 家鞋类企业雇用了 7138 名员工，平均每个工厂拥有 238 名员工，远高于意大利产业区的典型企业（机构）的规模。

平均来看，中间生产者的平均规模（106 名员工）比最终生产者（314 名员工）要小。我们访问了 5 家非常小的企业（1~19 名员工），6 家小公司（20~49 名员工），12 家中型企业（50~249 名员工），4 家中大型企业（250~499 名员工）和 3 家超大型企业（500 多名员工）。

该产业区和受访企业的增长令人印象深刻。1999~2001 年，样本企业的就业增长了约 31%（销售额约为 50%），在整个地区，鞋类市场占有率攀升到 40% 以上（销售额超过 145%）。鉴于这种快速扩张，我们的样本在起始年份占整个集群企业的 25%，2002 年仅减少到整个集群的 15%。在样本企业中，人均销售额从 3744 欧元变为 4275 欧元。在集群的企业中，这一指标从人均 3308 欧元变为 5810 欧元。

表 10-1　样本企业与整个集群企业基本概况

	样本			集群		
	1999 年	2000 年	2001 年	1999 年	2000 年	2001 年
机构数量（家）	30	30	30	185	234	308
雇员人数（名）	5399	6780	7138	23282	28162	32588
销售额（欧元）	20212371	22965595	30085854	77019572	109541679	189349939
资本投资总额（欧元）	17432551	3097824	4498141	N/A	N/A	N/A
企业平均规模（名）	180	226	238	126	120	106

注：N/A = 不可用。

资料来源：罗马尼亚的财政部门。

并不是样本企业的表现不如集群的平均水平，而是较低的生产率水平与其在全球分包链的低价值部分中是纯粹的装配者的事实相关。

如表 10-2 所示，样本中的 19 个企业是最终生产者，其中 14 个由外国投资者拥有。11 家企业是分包商，其中 10 家由外国投资者拥有。外部企业家和外部资本的重要性是显而易见的（24 家公司有 4966 名员工）。这意味着 70%的本地劳动力依赖于外国企业的战略决策。

我们将企业分为两类：最终生产者和中间生产者（阶段企业和零部件生产者）。与中间生产者（11 家企业，1175 名员工，平均规模 107 人）相比，最终生产者是我们样本中最重要的部分（19 家企业，5963 名员工，平均规模 314 人）。企业主要是在 1989 年的政治冲击之后创立的，我们还采访了两家大型企业集群的创始人，即巴那提姆和菲奥提，这两家企业都雇用了 1000 多名员工。我们发现它们是集群中不太活跃的企业，它们没有增加其市场份额和出口流量。如表10-3 所示，30 家中有 2 家是家族或创业企业，这使得蒂米什瓦拉集群与典型的意大利产业区不同。27 家企业（其中 24 家是外国企业）是私营有限公司，1 家是合作型公司，这种分布与县和国家层面的分布完全吻合。在企业数量方面，私人有限公司是罗马尼亚的主要形式。大多数外国企业是全资子公司（21 家来自意大利），3 家是联合股权投资企业，其中 2 家是意大利所有者，另外 1 家为欧洲外部的所有者。

许多企业在委托企业规范的基础上激活其生产周期，且几乎所有中间企业都不根据其设计制造它们的产品/任务。这揭示了一个自上而下的分层供应链的存在。

表 10-2　按选择标准对样本公司的总体概述

	样本	
	企业数量（家）	雇员数量（名）
最终生产者	19	5963
其中外企所有	14	3976
分包商	11	1175
其中外企所有	10	1170

表 10-3　按所有制类型划分的企业和雇员的分布

	企业数量（家）	雇员数量（名）
家族或创业企业	2	15
管理企业	4	2157
国家/公共所有	0	
外企	24	4966
总计	30	7138

与位于集群内但由罗马尼亚企业拥有的供应商的关系，往往比与欧洲企业拥有的集群企业的关系（三年以上）或与集群外企业的关系平均持续时间短（一至三年）。这些企业有时只是与委托企业建立设计和技术内容的交互式交易，它们不太依赖其分包商的声誉，但组织随机访问其分包商的车间。

在我们的样本中，分包企业的类型是主导地位的，28家企业属于这一类。这28家企业被分为两组，即具有少数客户关系的组（18家企业）和具有许多客户关系的组（10家企业）。

大多数客户都在欧洲或其他国家，而且样本中很大一部分公司还与该地区的外资公司有互动。此外，与客户的关系似乎更多的是基于短期而不是长期，通常持续两到三年。这些企业只是偶尔在设计和技术内容上与它们的委托企业建立互动交易。本地企业不能从与它们的主要客户合作中获得很大的利益。然而积极的方面是，它们可以迅速获得新产品和工艺技术，但不能吸收新的管理技术。

第五节　创新活动

在蒂米什瓦拉的集群中，企业通常不能组织创新活动。在接受访谈的30家企业中，只有3家企业发现存在相同的研发活动。2001年，产业区的雇员只有6人。我们的样本中只有1家企业在国际层面上记录了专利。这与企业一般缺乏创新活动相关（见表10-4）。

表 10-4　1999~2001 年按雇员规模分类的企业创新能力

	按雇员规模划分					
	1~19 名	20~49 名	50~249 名	250~499 名	500 名及以上	总计
采取产品创新						
无创新	3	6	8	4	2	23
企业产生的创新	2		1			3
产业区产生的创新						
国内产生的创新			1			1
国外产生的创新					1	1
采取工艺创新						
无创新	3	6	6	4	1	20

	按雇员规模划分					
	1~19名	20~49名	50~249名	250~499名	500名及以上	总计
企业产生的创新	2		2			4
产业区产生的创新			1			1
国内产生的创新						
国外产生的创新			1		2	3
在生产组织中采用创新						
无创新	4	6	9	4	2	25
企业产生的创新	1					1
产业区产生的创新						
国内产生的创新			1		2	3
国外产生的创新	1					1

　　企业意识到限制其创新活动的因素是缺乏资金和邻近企业的快速模仿，但在访谈中我们发现，位于该产业区的小型外国跨国企业与其他本地企业没有太多的知识联系。因此，在集群模型中，溢出的产生不明显。技术转移的程度取决于本地企业的吸收能力，而在这种情况下非常低，并且存在许多分包关系，这在分析样本中也很少见。受访公司的关系主要是在外地。

　　在这个集群中，溢出效应往往较弱，因为企业在垂直供应链中与主要处理标准订单的外部跨国公司打交道。外部跨国公司的目标主要是使用廉价劳动力，并迅速重新出口货物，而没有任何努力升级劳动力。我们的研究结果与现有文献一致，没有发现外商直接投资产生知识溢出的证据。

　　技术转让不仅是知识从母国到东道国的单向流动。相比之下，跨国公司既可以是技术的下游分销商，又可以是技术的上游猎手。对于东道国公司而言，知识获取与上游和下游活动交织在一起。与我们的研究目的相关的问题是，这些创新网络模式是否在经验上也适用于东欧集群。如表 10-5 所示，样本中的企业主要是设计和创新方面的追随者，它们的技术能力由母公司引入，并通过内部改进不断升级。

　　在企业的外部知识来源中，"从与客户或供应商的互动中获得的知识"这一项的重要性相对较高。

集群与产业集群中的商业网络——全球价值链的管理

表 10-5　技术知识最相关来源的得分

知识的来源	企业内部	产业区	国家	国际
通过内部研发获得的知识	2.2	—	—	—
从生产过程的持续改进中获得的知识	4.0	—	—	—
来自母公司或子公司的知识	3.4	—	—	—
通过公司内部教育和培训计划发展的知识	2.1	—	—	—
嵌入在劳动力市场上雇用专家身上的知识		1.9	1.5	1.9
从与客户或供应商的互动中获得的知识		2.6	2.8	3.5
从与其他公司合作中获得的知识		2.3	2.3	2.7
来源于对产品模仿的知识				
从外部获得的嵌入技术、许可和组件中的知识（技术创新）		1.6	1.4	1.5
从与公共机构的互动中获得的知识（如大学、公共研究中心、地方政府等）		1.8	1.8	1.9
从与半公立机构的互动中获得的知识（如商会、工业协会、职工会等）		2.0	2.0	1.9
顾问和私人研究中心提供的知识		2.1	1.4	1.6
从公开信息（如交易会、出版物）获得的知识		1.5	2.0	2.4

注：评估得分可以从 1（不相关）到 5（最相关）不等。

第六节　集群的全球化

一、商业化的产业区流动

国际化被认为是产业区发展的关键因素之一。产品、材料和知识的更高流通常常是集中在集群或产业区企业的特征。我们现在集中讨论商业流动（货物进出口）的问题。进出集群的进出口流量主要集中在两个国家，即德国和意大利。

二、与外国企业的国际分包关系

1999～2001 年，相当大一部分产品通过内向加工转移到国外（主要是意大利)。关于调查样本，90%以上的产品是以这种方式出口的，这与国际分包链有关。数据显示，在所分析的时期内该过程具有相对稳定性。

所分析的30家集群公司中的24家公司代表了外国投资者的活动。事实上，从蒂米什瓦拉产业区出现的模式不仅仅是一个全球供应链的简单建构，而是意大利产业区的国际化模式，它产生了一个"双胞胎"集群，在那里更多的劳动密集型生产阶段被实现。由于罗马尼亚缺乏内生性创业精神、技术知识和有效的鞋子组装的组织能力，威尼托地区（有时来自马尔凯地区）的小企业家直接进入该产业区，它们在这里可以找到两个必要条件：低劳动力成本和制鞋产业先前存在的制造社会化且拥有必要技能的工人的可用性。最终的外商直接投资通常是一个绿地投资，通常在1996~2002年建立。在我们的案例中，发现只有收购一家合资企业。几乎所有的本地企业的活动都受到母公司的影响：产品的选择、服务的客户类型以及提供中间部件或原材料的供应商。

第七节 结论

集群演化过程中最关键的事件是一个历史性的偶然事件：1989年12月的革命，为外国企业的进入开辟了道路。这些年来，该集群从惊人的增长中受益，结果是之后的失业率是全国最低的。我们不能观察到刻画意大利典型的古典马歇尔产业区的增长动力。这并不是内生发展的最初迹象，也没有典型的财富分配机制，这在意大利是区域模式的一个重要社会特征。十年不是很长的时间，但其间许多指标是负面的，即使对本地人口。土地成本不断增加，公用事业的价格越来越接近欧盟水平，运输成本也是如此。可以说，其工资仍然反映出了一个欠发达国家的水平（最低工资低于每月100欧元，甚至在外国企业里，它们不超过平均每月200欧元），但生活成本已开始接近欧盟水平。

集群中知识创造的主要来源是外国企业，但我们没有找到罗马尼亚企业之间知识溢出的证据。意大利产业区的外部知识已经被吸收，因为企业已经建立了国际网络（一个积极的过程），而不仅仅是因为跨国企业的进入（被动机制）。在蒂米什瓦拉技术转让的主要模式，是基于装配技术的连续渐进式的边际改进。在该地区，仍然很难找到和雇用一个好的、有经验的鞋设计师。这是因为上游活动仍然在较旧的意大利地区（威尼托或马尔凯地区）。在这个集群里，即使像菲奥提这样的大企业（拥有1000多名员工）也不能自主地进入国际市场，因为它们被一家意大利企业收购了。

蒂米什瓦拉的分钟成本约为 0.10 欧元，而意大利的分钟成本则达到 0.50 欧元。因此，集群在劳动力价格方面仍然显示出竞争优势。但是完全依靠成本竞争是危险的，中国可以做得更好，还有韩国和泰国。一些本地企业和一些本地分销商，如思捷，现在正在向亚洲转移其分包链，健乐士是该产业区最大的意大利企业，准备离开其大型工厂并搬到中国。像蒂米什瓦拉这样的卫星式集群嵌入性不强，而且本地企业更加不稳定。在不久的将来，向马歇尔模式的演变是可能的。

参考文献

［1］Blomströ M and Sjoholm F. （1999），'Technology transfer and spillovers：does local participation with multinationals matter？'，European Economic Review，43：915-923.

［2］Blomströ M，Globerman S. and Kokko A. （1999），'The determinants of host country spillovers from foreign direct investment：review and synthesis of the literature'，paper presented at conference on 'Inward Investment，Technological Change and Growth'，London.

［3］Challenge of Development，Geneva：United Nations Publication.

［4］Chowdhury A. and Mavrotas G. （2005），'FDI and growth：a causal relationship'，Research Paper.

［5］Economy of Romania，www. Economy of Romania.

［6］FEPAIUS，Mioara Tudor，Ex-Chairman，mimeo.

［7］Istituto Tagliacarne（2004），'Western shoes industrial district'，case study，partner：Uav Arad，Roma.

［8］Kaplinsky R.，Morris R. and Readman J. （2002），'The globalisation of product markets and immiserising growth：lesson from the South African furniture industry'，World Development，30 （7）：1159-1177.

［9］Lall S. （1993），'Promoting technology development：the role of technology transfer and indigenous effort'，Third World Quarterly，14 （1）：95-108.

［10］Lan R and Young S. （1996），'Foreign direct investment and technology transfer：a case study of foreign direct investment in north-east China'，Transnational Corporations，5 （1）：57-83.

［11］Lorentzen J，Mollgard P. and Rojec M. （2003），'Host-country absorption of technology：evidence from automotive supply networks in Eastern Europe'，Industry and Innovation，3：5-20.

[12] Markusen A. (1996), 'Sticky places in slippery space: a typology of industrial districts', Economic Geography, 72: 293-313.

[13] Markusen J. and Venables A. (1999), 'Foreign direct investment as a catalyst for industrial development', European Economic Review, 43: 335-356.

[14] NIESR, September, London.

[15] Romanian Ministry of Finance, www. mfinante. ro.

[16] Romanian National Institute of Statistics, Bucharest.

[17] Romanian Statistical Yearbook (2002).

[18] Romanian Statistical Yearbook (2004).

[19] UNCTAD (1999), 'World Investment Report', 'Foreign Direct Investment', New York.

第十一章　蒂米什瓦拉鞋类集群的国际化
——本地企业嵌入有多深？

西蒙娜·蒙塔尼亚纳（瓦雷泽大学）

第一节　引言

自 1990 年以来，罗马尼亚与其他中欧和东欧国家一起开始了国际经济一体化的进程，这是贸易自由化和国际层面上生产性组织新模式的结果。发达国家企业发起的生产性离域和生产的国际权力下放的过程倾向于形成产业集聚或产业集群。

特别是罗马尼亚专门从事传统行业，如鞋类和纺织品服装。在这方面，意大利产业区的企业国际化在一些产业集聚的形成和转型过程中发挥了重要作用。分析产业区企业在集群过程中的作用是非常有意义的。仍有争议的问题是，是否可能在发展中国家复制意大利产业区的模式。同样地，产业集群的可持续性问题（外国企业的存在和在新的国际劳工分工中插入这些集群）仍未得到答复。受到这些争议和问题的启发，目前案例研究的目的是为分析东欧国家的空间聚集提供经验。

选择蒂米什瓦拉作为本章的研究焦点，是因为它是罗马尼亚最重要的鞋类生产集群之一，且这个集群的特点在意大利产业区企业到处可见。通过蒂米什瓦拉鞋类集群成长的历史，本章旨在验证意大利产业区企业是否嵌入在这个地区，以及它们是否复制了产业区的模式。

对集群的分析从其行为者的识别及其功能机制开始。这意味着研究生产组织，从而研究地方关系的存在。从对地方层面劳动力分工的研究和企业之间以及企业和其他地方经济主体（机构、工会、银行等）之间的关系，可以了解该产业区内企业的嵌入程度。

本章分为十节。在第二节中，阐述了涉及发展研究的两种主要范式的理论争论，即集群和全球商品链的观点。第三节描述了鞋类集群发展史。第四节讨论了方法。这两个范式为这个案例研究提供了一个理论框架。第五节和第六节简要描述了集群的结构和受访企业的主要特点。第七节基于不同的起源和特征来分析集群的参与者。第八节分析了集群企业之间的关系，重点是分包和供应关系。第九节提供了一种社会网络分析。第十节为结论。

第二节　理论背景

集群理论的基础是，企业的地理和行业集中决定了正面的外部效应，从而产生了更高的效率。这促进了集群所在地的潜在发展。对集聚过程的强烈兴趣主要取决于一些发展中国家最近的经济增长，以及劳动密集型轻型制造业产品（如鞋类和服装）的出口业绩。国际经济一体化和这些地区内产业集群的诞生，都将有利于这种经济增长。

重读马歇尔的经济学原理，并研究聚类过程的理论基础，因此发展了新的解释模型，这可以解释一些区域的经济发展。20世纪80年代和90年代，所谓的意大利学派提请注意地方级别生产的组织维度。"第三意大利"的经验被转换成产业区的模式。

产业区的关键特征是小企业的强大网络的存在，这些小公司通过专业化和分包将制造特定商品所需的劳动力在它们之间进行分工：专业化导致了个体和地区级别的效率提升；专业化与分包共同促进集体能力的提升。结果是形成规模和范围的经济（森根伯格、皮克，1991）。

地方行动者之间的竞争和合作的结合也促进了效率的提高。产业区内所谓的社会嵌入性降低了机会主义行为和交易成本。在这个意义上，产业区的嵌入程度不可避免地与其企业和机构的关系有关。创新和变革是产业区演变的基本方面。生产国际化，即通过国际分包和离域，是产业区企业在全球市场上竞争的一个战略。

从意大利学派的辩论和许多成功的欧洲和美国案例开始，围绕聚类现象的其他贡献发展起来了。例如斯托波、哈里森（1991）提出了关于产业集聚的新的解释性观点。使用功能方法和区域方法，他们提出了三个不同维度的经济发展分类：劳动部门（投入产出分析）、关系和区域的治理。

马库森（1996）以同样的方式提出了一种新的产业类型的命名法，其中大企业或跨国企业在地区的社会经济可持续性方面发挥了根本作用，其特别介绍了中心辐射区和卫星产业平台。前者的特点是区域结构，以一个或几个行业的一个或几个大公司为中心。后者主要由没有跨国公司的分厂组成，这类地区可以由高科技的分厂组成，也可以由低工资、低税收、公共补贴的机构组成。

不同的贡献来自其他研究机构。例如卡玛尼（1991）介绍了环境创新的概念。波斯玛、佛瑞肯（2003）提出了产业区的演化视角。

侧重于地方维度的文献可以被框定为更一般性的研究，以解决经济中更一般和全局方面的问题。经验证据确实表明，发展中国家集群的诞生、发展与国际生产的碎片化进程以及与全球价值链的联系是多么频繁。20世纪90年代，格里芬和其他人发展了一个称为"全球商品链"的框架，直接向全球企业组织提供增值链的概念。全球商品链强调跨企业协作的重要性，而且新的全球买家作为形成全球扩散和组织分散的生产和分销网络的关键驱动力日益重要。格里芬（1994，1999）认为，一般来说，应该区分生产者驱动型和买家驱动型商品链。前一种类型存在于大型制造产业，例如汽车或飞机工业。后者类型通常存在于小企业所在产业，例如鞋类和服装相关行业。这些企业依赖于管理全球价值链的大买家。

从对发展中国家和全球商品链集群现象的研究开始，傲腾伯格、梅耶尔—斯塔莫（1999）已经提出了新的集群分类并形成了全球链的框架。他们为拉丁美洲确定了三种理想类型的集群，每种都有不同的起源、企业结构、组织原则、发展轨迹、机会和瓶颈。①最常见的是为本地市场生产低质量消费品的微型和小型企业存在的集群，主要从事进入壁垒低的活动。②一些集群由更高级和差异化的大规模生产者组成，大部分集中在进口替代时期，主要为国内市场生产产品。它们通常包括从小型企业到大型福特斯工业的不同种类的企业。贸易自由化迫使这些集群面临国际竞争，并引起深刻的结构性变化。③跨国公司集群存在于技术更复杂的活动中，例如电子和汽车工业。这些集群由世界级制造商的大型分支机构主导，通常服务于国内和国际市场。它们通常与国内中小企业和机构几乎没有联系。它们符合集群的标准，因为与简单的装配厂（例如在服装行业）相反，它们包括价值链的几个阶段，并从本地外部经济体获得竞争优势。

商品链框架是研究集群的一个有用工具，因为它分析了外部联系，外部联系通常在本地模式的文献中很少被关注。外部联系和集群在商品链中的定位和外商直接投资一样，都可以产生积极效果。然而，汉弗莱（1995）关于集群和商品链的论述是这样的：嵌入到商品链中是否会为一个集群创造发展潜力，将取决于集群在链中所处的位置以及企业和机构利用或创造竞争优势来源和升级机会的能力。

众所周知，与跨国企业的联系可能对集群企业产生积极影响。例如，跨国企业可以在东道国扩散管理和组织能力，并可以引入更先进的技术促进劳动质量的提高，从而提高生产力。因此，本地企业可以通过与外国企业的互动和升级，开始使用创新的原材料和半成品。一般来说，这种创新的升级和扩散不是自动的过程，而是依赖于一系列因素。首先，升级取决于本地企业的吸收能力。其次，它取决于本地企业和外国企业之间价值链治理的类型，可以是企业之间的基于市场的关系或垂直整合关系（具有层次结构），或者是这两种类型的混合，即模块化、亲属和俘获关系。

第三节　集群的历史

蒂米什瓦拉鞋类集群的特点是具有独特的发展路径，代表了一个有趣的案例研究。事实上，这是一个从计划经济的旧组织模式诞生的集群。这种模式包括垂直整合的大型国有企业，其为国内市场和东欧市场生产产品。

20 世纪 80 年代末，随着苏联的解体，罗马尼亚像其他中东欧国家一样，开放了国际贸易和外商直接投资。罗马尼亚，特别是一些省，包括蒂米什瓦拉，受益于意大利投资。这个省的确位于罗马尼亚最西部地区，对来自意大利的企业来说具有得天独厚的优势。蒂米什瓦拉是距离西欧最近的城市：距离贝尔格莱德有 170 千米，距离布达佩斯有 300 千米。此外，在共产党政权期间，蒂米什地区的特点是几家国有鞋业企业的存在。

20 世纪 90 年代，国有企业的私有化进程开始，经济活动重组。国有企业的重组决定了一个垂直整合的生产周期的结束，也决定了大量工人的下岗。新企业家是旧国有企业的经理和员工。起初，管理者可以购买这样的国有企业。接下来，被解雇的员工创办了小型加工厂（子企业），以满足本地市场的需求。在这个转型的前期（1990~1993 年），意大利买家的生产也出现了国际生产分散的过程。一些旧的国有企业被整合到全球商品链中，例如意大利纺织服装工业协会的鞋子。在这一阶段，权力下放决定将外部战略和劳动密集型生产阶段外包给前国有企业。在后期（1993~1996 年），几家作为分包商的意大利企业迁往蒂米什瓦拉，以便利用较低的劳动力成本。直到后来（1996~2000 年）外国鞋业企业才将一部分生产转移到那里。

这一集群发展的触发因素是需求方面的增长和总部位于威尼托和马尔凯产业区的意大利公司生产阶段强烈的离域化。2000~2005 年，集群逐渐变得更加复杂，离域的过程也涉及企业提供特定的组件（鞋底、线、鞋带等）。

尽管集群的复杂性有所增加，但是在过去几年中，蒂米什省的鞋类就业人数增加。虽然在 2005 年蒂米什省是西部地区拥有最多鞋类工人（9679 名员工）的

集群与产业集群中的商业网络——全球价值链的管理

190

地区，但是也是唯一出现就业减少的省份。这主要是因为与东部省份相比，蒂米什省吸引力变得越来越小（由于更高的土地和结算成本）。因此，几家企业离开了蒂米什省，而位于其他省份的企业数量增加了。

第四节　方法

2003 年 11 月至 2004 年 6 月笔者在现场研究蒂米什瓦拉期间进行了两次旅行，每次大约三个星期。这些旅行之前的补充实地考察，包括对鞋类制造商的访谈，为笔者提供了关于它们国际战略的信息。这些公司位于威尼托——意大利东北部最重要的生产鞋类的地区。

关于蒂米什瓦拉的现场研究，数据收集的主要方法包括两种类型的面对面访谈。为了调查蒂米什瓦拉地区的经济和社会特征，在第一次访问期间，笔者与主要信息人和代表地方当局的官员，例如企业家协会（蒂米什瓦拉商会，工业和农业）的代表进行了开放式访谈。在第二次访问期间，笔者以半结构式问卷的形式访问了一组不同类型的公司。为了获得最能代表蒂米什瓦拉鞋业公司的图片，我们做出了努力。受访企业包括终端企业和分包商、本地公司和外国企业。访谈之后通常是参观生产设施。约有 110 家鞋类制造企业在蒂米什省活跃，有 48 家公司被访谈。笔者还使用了二手信息来源，包括国家和贸易数据，文章和本地报纸，以监测这一时期的动态变化，如图 11-1 所示。

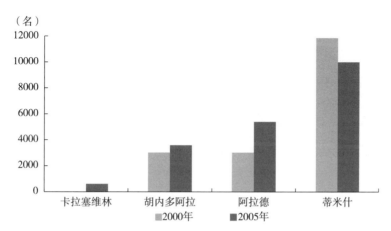

图 11-1　时尚产业中雇员数量的分布

资料来源：对 INSSE 数据的分析所得。

主要研究问题涉及在发展中国家再现产业区模式的可能性。正如在产业区文献的分析中出现的，所谓的社会嵌入性非常高，企业网络相当强大。为此，笔者试图分析蒂米什瓦拉鞋业集群和企业网络的嵌入程度。基于此，在访谈中，笔者询问了与客户、分包商、供应商和本地或公共机构之间关系的问题。笔者还调查意大利企业留在这个区域的可能性，一些问题直接说明了意大利企业离域或分散的原因，以及在蒂米什瓦拉的吸引力因素的演变。

第五节　集聚的结构

2001 年，蒂米什瓦拉在鞋类行业活跃的企业超过 100 家，雇用了约 15000 名工人。2001 年，该集群的特点是中型和大型企业较多。55% 的企业拥有不超过 50 名的雇员，雇用约 6% 的全部劳动力；而 14% 的企业拥有 250 多名员工，占该部门劳动力总数的 65% 以上（见表 11-1）。有三家企业有 1000 多名员工。一个是健乐士的生产单位，另外两家是前国有企业，分别在 1990 年和 1996 年私有化，并由位于马尔凯地区的一家意大利公司购买。

如表 11-2 所示，集群集中在生产周期的最后阶段。2001 年，几乎所有集群的企业都生产鞋和鞋帮。

表 11-1　2001 年按雇员人数划分的活跃企业及雇员分布情况

分类	企业		雇员	
	数量（家）	占比（%）	数量（名）	占比（%）
1~10 名	31	28	145	1
11~50	30	27	849	5
51~100	18	16	1312	8
101~250	17	15	2810	18
251~500	7	6	2283	14
501~1000	5	5	4102	26
大于 1000	3	3	4276	28
总计	111	100	15777	100

正如鞋类专业领域通常的情况一样，这个集群的特点是缺乏制革厂，唯一被列为制革厂的企业实际上是作为商业企业运作的。

事实上，国际领先的外国企业的分支机构与生产制成品或半成品的分包商共存，这些分包商对"意大利制造"的品牌和服务于本地和全国市场的技工企业来说是很重要的。在蒂米什瓦拉地区，健乐士、阿普达斯和西萨尔·帕奇奥提等领导企业已经开设了生产单位。同样地，为阿玛尼、菲拉格慕、普拉达、波利尼和索罗门等品牌工作的分包商也将其生产活动下放到这个领域。

表 11-2　2001 年蒂米什区域按生产类别划分的企业和雇员数量

产品类别	企业数（家）	活跃企业	雇员数（名）	平均雇员数（名）
制革	5	1	11	11
包和皮革部件	14	13	547	42
鞋子	115	98	15219	155
总计	134	112	15777	208

第六节　受访企业的特征

实证调查涉及 48 家企业，罗马尼亚的占 31%，意大利的占 69%。特别是在意大利首都的企业中，几乎一半来自马尔凯，另一半来自威尼托。有趣的是，60% 的企业是一个集团的一部分或企业家与意大利同一行业内的其他企业有关。一半以上的企业在 1999 年以前形成或私有化（见表 11-3）。受访企业的平均员工人数为 168 人。最小的企业有 6 名员工，最大的 910 人。如表 11-3 所示，约 39% 的企业被认为是微型或小型企业，40% 是中型企业，21% 是大型企业。其中外资企业往往比本地企业大。

表 11-3　企业的特征

		企业		雇员	
		数量（家）	占比（%）	数量（名）	占比（%）
规模	微型（1~9 人）	2	4	15	0.2
	小型（10~49 人）	17	35	459	6
	中型（50~249 人）	19	40	2883	36
	大型（250 人及以上）	10	21	4695	57.8
	总计	48	100	8052	100

		企业		雇员	
		数量（家）	占比（%）	数量（名）	占比（%）
建立或 组成时间	1994 年以前	8	16	2234	28
	1994~1999 年	19	40	3265	41
	2000 年及之后	19	40	1801	22
	不确定	2	4	750	9
	总计	48	100	8050	100
组织参与 形式	独立企业	19	40	1428	18
	分支（非正式）	4	8	1207	15
	分支	23	48	4915	61
	组织领导者	2	4	500	6
	总计	48	100	8050	100
资本所有权	外国人	33	69	6083	76
	罗马尼亚人	15	31	1957	24
	总计	48	100	8050	100
企业家来源	罗马尼亚	15	32	1957	24
	意大利其他区域	3	6	236	3
	意大利马尔凯地区	15	32	3037	38
	意大利威尼托地区	14	30	2820	35
	总计	47	100	8050	100

所有样本公司都从事制造活动。96%的企业基本上是生产单位，而其他主要从事商业活动。如表 11-4 所示，83%的受访企业属于最后生产阶段。尤其是，31%的企业是鞋类工厂，26%的企业是鞋厂。

表 11-4　按产品生产或制造阶段划分的受访企业数量分布　　　　单位：家

鞋类生产阶段	企业数量
制鞋厂	26
鞋面工厂	14
部件生产企业	8
打孔	1
模具	2
鞋底等	1

集群与产业集群中的商业网络——全球价值链的管理

续表

鞋类生产阶段	企业数量
聚氨酯	1
胶水、黏合剂等	3
机械和设备	1
总计	57

第七节　集群的活动者

蒂米什瓦拉的鞋业集群似乎实际上是异质的，因为它包括国内外中小企业、最终产品企业、分包商、独立企业和外国企业分支机构。由于银行、协会和地方机构等其他重要经济行动者的加入，该集群的复杂性在过去几年中逐渐增加。

前文解释了集群的形成过程。这里，根据拥有者的特征并考虑企业的来源，划分了四个类别（见表11-5）。

表 11-5　按照企业来源分类和按国籍分布

	罗马尼亚		意大利		总计	
	数量（家）	占比（%）	数量（家）	占比（%）	数量（家）	占比（%）
国有企业	5	33	2	6.1	7	14
分拆企业	10	67	2	6.1	12	25
完全转移	0	0	8	24.2	8	17
部分离域	0	0	21	63.6	21	44
总计	15	100	33	100	48	100

（1）前国有企业。它们一般是罗马尼亚资本并由前行政级人员接管的企业。只有1/4的国有企业被意大利企业收购。

（2）来自分拆过程的企业。一般来说，它们是由来自前国有企业或外国企业的工人开办的。

（3）源于某种转移过程的外国企业。企业家的情况就是这样，它们关闭了自己在母国的经济活动，搬到这一区域。在这种情况下，企业家可以组成一个新企业或购买现有企业。

(4) 国际离域过程产生的外国企业。（正式或非正式）国外企业的子公司。

尽管集群的维度有限，但是其特征是不同类型的企业，在鞋类行业中发挥不同的作用，并具有专业化的能力。因此，该样本的企业可以分为三大类（见表 11-6）：①罗马尼亚终端企业；②分包商，包括水平或能力分包商和垂直或专业分包商；③外国企业生产单位。显然，这三种类型的企业可能是以不同的方式产生的。它们可以是国有企业、分拆企业、转移或非本地企业。

表 11-6 按企业类型划分和按国籍分布

	罗马尼亚		意大利		总计	
	数量（家）	占比（%）	数量（家）	占比（%）	数量（家）	占比（%）
意大利企业的生产单位	0	0	16	55	16	36
能力分包商	9	60	9	31	18	41
专业分包商	—	—	4	14	4	9
罗马尼亚终端企业	6	40	0	0	6	14
总计	15	100	29	100	44	100

注：上述定义未包括鞋类企业所属的 4 家外国企业，这些企业主要从事商业活动。

一、罗马尼亚终端企业

在受访企业中，14% 属于这一类。这些小型企业平均有 25 名员工，并且为国内终端市场生产自有品牌的手工制品。它们是罗马尼亚的企业，主要是来自前国有企业的员工（通常是设计师和模型制造商）发起的分拆过程。只有一种情况下，分拆过程起源于位于蒂米什瓦拉的外国企业，这种在经济上和战略上自治的企业通常以轻结构为特征。企业家执行从销售到生产的所有企业职能。在提供的产品类型方面，尽管这些企业的特点主要是生产有限的系列产品，但是它们能够生产出个性化的产品。产品质量中或者低的原因更多是使用了低质量的原材料和半成品，而不是因为生产能力。

二、分包商

蒂米什瓦拉集群中的分包活动有两种类型：水平或能力分包和垂直或专业分包。当企业内部无法达到某种预期的生产水平而从另一个公司获得了补充的工作能力时，就会使用横向分包商。一般来说，能力分包商起源于需要在成本和生产灵活性方面达到优势,并迅速应对可能增加的不确定性。垂直分包商的使用源于企业内部不存在的知识和能力的反映,反映了企业内外部化过程中的非核心阶段。

在样本中,50%的受访者是中型规模的分包商,都是国外企业(源于通过绿地和棕地投资将生产转移到国际上的过程)和罗马尼亚企业(前国有企业和起源于分拆的企业)(见表11-7)。

表 11-7 外包方式 单位:%

	是	否
意大利企业的生产单元	87.5	12.5
能力分包商	44.4	55.6
专业分包商	0	100
罗马尼亚终端企业	16.7	83.3
总计	52.3	47.7

在分包商中,能力分包商最常见也是最古老的子类别(82%)。这种类型的分包商几乎只涉及一些具体阶段的详细说明,例如缝边和缝纫阶段,很少涉及裁剪。几乎所有的增值活动(设计、裁剪和装配)都由委托企业直接执行。显然,这种关系造成了分包商对委托企业的高度依赖和从属地位。委托企业总是意大利的,分布在蒂米什瓦拉、罗马尼亚西部地区和意大利。一般来说,这些分包商不超过两个或三个客户,有时他们只服务一个客户。

第二个分包商类别(专业分包商)不太分散(18%),涉及制造部件或一些特定的生产阶段,例如模具和鞋底。这些分包商是2000年以后才出现的。他们的委托企业不仅是本地和区域性企业(虽然这些是最重要的企业),还包括位于罗马尼亚其他地区的企业和意大利企业。与能力分包商不同,专业分包商凭借其高水平的竞争力,拥有大量的客户选择。

三、意大利企业的生产单位

这种类型企业的建立是通过开设新的生产工厂(绿地投资)或通过收购前国有企业或外国企业(棕地投资)使生产部分离域。这些企业通常具有中等或较大的规模,代表意大利企业的正式或非正式子公司。因此,它们只执行生产功能,并且通常执行产品生产周期的几乎所有阶段,包括包装阶段。但它们通常缺乏其他职能,如行政活动、研发、销售和后勤功能由总部处理。总部实际上是自主决定供应商、所使用的技术、原材料所生产商品的技术生产特性以及所遵循的战略。他们还把几乎所有用于生产的投入都送到生产单位，从而阻断了其与其他企业的一切关系。

由于外包的频繁使用，生产单元能够快速改变生产中的模式，并且还能够以小批量和大批量生产商品。一些受访企业生产具有高技术质量的运动鞋，如滑雪板鞋、登山鞋、狩猎鞋和摩托车鞋。[①] 其中一些企业虽然代表其他企业的附属公司，但是扮演着领导企业的角色，如健乐士和西萨尔·帕奇奥提。在其他情况下，被访谈的企业不是专门为母公司工作，也有其他意大利客户。

四、其他活动者

近年来，蒂米什瓦拉的集群已经被其他类型的企业丰富了。除了上述类型以外，目前有许多意大利企业和少数罗马尼亚企业销售并在某些情况下生产制鞋部门的零部件和专用工具。[②] 一般来说，这些公司提供的商品对于集群企业没有战略性作用，它们是黏合剂、胶泥、鞋底等次要商品。生产资本品的企业只是将其商业分支转移到这里，保留在意大利的生产。

除了大型和小型企业，分包和最终公司，以及可以被定义为独立或其子公司的企业之外，还有其他行为者在集群中具有直接或间接的作用，包括商业协会、机构、银行（本地和国外）、大学和专业培训中心。蒂米什瓦拉有 4 所公立和 6 所私立大学，以及一所鞋类培训学校。

在机构和协会层面，企业的一个重要经营者是工商和农业商会的代表机构。其他罗马尼亚机构最近才创立。其中最重要的是西部地区发展署和代表中小型罗马尼亚企业的私营企业协会。这些机构向其同行提供了不同的服务。近年来，创立了两个意大利机构：安泰纳威尼托罗马尼亚和罗马尼亚意大利全国企业协会。前者是意大利制度体系在罗马尼亚西部建立的第一个稳定机构。它成立于 2002年，与维也纳商会和蒂米什瓦拉商会达成协议，安泰纳威尼托罗马尼亚成为威尼托企业家前来巩固与罗马尼亚经济关系的窗口。这项倡议的目标是刺激威尼托和罗马尼亚之间的经济关系，提供一般的信息服务、业务援助、个性化咨询和经济促进服务。必须指出，这一结构目前尚未充分发挥作用。另一个机构是罗马尼亚意大利全国企业协会[③]，该协会于 2003 年成立，是为了响应驻罗马尼亚的意大利

---

① 这些是位于蒙特贝罗技术区的企业的子公司。

② 这些企业代表占样本企业的 4.4%。

③ 罗马尼亚意大利全国企业协会是意大利一些主要组织，如意大利工业联合会、意大利手工业联合会和国家建筑承包商协会的共同内部化项目的产物。

企业家和许多罗马尼亚当局提出的代表要求，这些当局在其发展项目中正在寻找意大利的唯一代表。意大利全国企业协会向其员工提供的主要服务代表了罗马尼亚的机构，其功能还包括充当与罗马尼亚当局为单个企业设立的办事处，并应请求协助意大利和罗马尼亚官方机构的商业事务。像安泰纳威尼托罗马尼亚一样，罗马尼亚意大利全国企业协会还没有完全运作，只有约 100 个相关企业。

意大利的蒂米什瓦拉进一步丰富了金融信贷机构和机构投资者。在财务层面，蒂米什瓦拉的特点是有大量国际银行的存在。

第八节　集群企业间的关系

为了了解企业在其所在地区的嵌入程度，我们还分析了地方关系和地区层面的组织计划。

受访企业可以分为两类：采用以分工为特征的组织模式的企业和采用垂直半一体化模式的企业。不采取外包战略的企业主要是专业和罗马尼亚最终企业的分包商。

蒂米什瓦拉鞋业集群研究中的一个重要问题是外向加工贸易，其包括根据特殊海关制度临时出口和再进口，代表国际分包的主要方式。此外，外向加工贸易是生产过程的国际分割的工具。这种生产性组织系统严重影响企业与客户之间以及其他经济运营商（供应商和分包商）之间的关系。尤其是这个组织系统直接涉及意大利生产单位和分包商，这些客户位于意大利（或在欧盟国家之一）和与意大利企业有间接关系的分包商。

由于生产过程的现代化、产品质量升级、企业和管理技能的转移，如巴基斯坦的锡亚尔科特集群的案例，生产过程的国际片段化及其在全球价值链中的嵌入代表了蒂米什瓦拉集群的一个巨大的发展机会。

一、分包关系

不仅在企业数量方面，而且在专业化和能力方面，在蒂米什瓦拉的集群中样本企业的识别是温和但持续增加的。在过去五年中，这个集群已经由专门从事零部件生产和更有价值的制造阶段的企业丰富了。这种更大的多样性有利于外包的增加。在访谈中，略多于一半的企业采取了生产性权力分散战略，特别是意大利企业的生产单位主要是采用外包方式（见表 11-7）。通过外部化，企业不仅获得了卓越的生产灵活性，而且还降低了生产成本。显然，企业在评估制造或购买的可能性时，必须同时考虑生产成本的降低和这种外部化带来的风险的增加，这与选择和协调成本相对应。

与分包商的地理邻近度以及在某些情况下意大利企业的同源性有利于创造专业化的优势。这些在文献中称为聚集经济，并且也在企业本身被承认。除了这些优点之外，分包商的集聚也带来了时间方面的优势，特别是减少了半成品的运输时间。

许多受访的意大利企业认为，减少选择成本，尤其是协调成本和交货时间是一个重要方面。他们大多受到生产和交货时间短的严重影响，因为他们经常为快速发展的时尚行业工作，有时为成衣时装（立即可穿）企业工作。为高要求的市场工作，企业具有小的误差幅度。因此，选择有效协调的合适分包商是至关重要的。然而，地理上的邻近优势往往受到本地企业和意大利企业之间缺乏信任的阻碍，这使得他们之间建立良好的关系变得困难。

在蒂米什瓦拉的集群中，许多原因使企业外部化了一些生产阶段。主要关注的是需要快速应对日益增长的需求，保持企业的生产能力不变。外包也可能涉及企业本身无法完成的生产。偏爱这种分包有许多原因，在某些情况下，这取决于缺乏具体能力或生产过程，而有时分散式制造需要一个优于企业需求的生产规模。

多年来，分包关系发生了变化。进入该区域的第一家意大利企业最初采取了歧视行为选择分包商。更复杂的制造活动分配给位于蒂米什瓦拉同一地区的意大利分包商。这种方法随着时间的推移慢慢变化，这要感谢罗马尼亚企业的升级和更高的信任度。如今，大多数受访的意大利企业已经开始将更复杂的生产阶段下放给本地企业，并认为集群中分包商的国籍无关紧要。对降低生产成本的需求促使一些受访者不得不把权力下放给更多的分包商，并把价值较低的生产阶段下放给设在其他国家的企业，例如摩尔达维亚和乌克兰。

实证研究表明，在分包关系方面存在准层次化和俘获型价值链治理：①所有能力分包商都具有执行角色，没有一个参与研发活动；②买家持续进行高度的监控和质量控制；③罗马尼亚专业分包商倾向于几乎只为一个或两个意大利企业工作；④商业订单是按季节进行管理的，关系并不总是连续和有规律的；⑤意大利买家和意大利生产单位收购了与之前建立关系的分包商。分包商的监测和质量控制取决于他们是否缺乏具体的技术能力。相比之下，由于企业的技术知识，专业的分包商倾向于更多地参与原型制造阶段，因此不受买方技术人员的质量控制。

从目前出现的情况来看，在蒂米什瓦拉集群中，大多数分包商都遵循从属分包模式。这种关系是建立在重大的成本削减计划上的，这是蒂米什瓦拉许多企业

集群与产业集群中的商业网络——全球价值链的管理

开始使用位于低成本区域分包商的主要原因。除了这些关系之外,还有另一种类型的关系,进化程度更高,只与少数受访者有关。这些是与专业分包商的关系。在这种情况下,成本因素虽然重要,但是企业的专业化和专有技术起着基本作用。

二、供应关系

蒂米什瓦拉鞋类集群的一个关键弱点是生产所需的大部分商品缺乏本地供应。机器、生产设备、原材料以及许多战略部件都来自国外。这是因为在国际层面,几乎所有原料的生产都集中在西方国家的少数大型企业。同样地,制鞋业的机械生产主要集中在意大利。此外,20世纪90年代外向加工贸易在本区域中发挥了强大的作用,抑制了典型鞋类产品分销商的本地化。只有在过去数年中,集群中出现了边际商品(乳脂、黏合剂、标签等)分销商、资本货物和原材料的国外分公司以及提供会计、法律和财务咨询、数据处理等服务的企业。

原材料和资本货物生产者缺乏的主要原因是,所有位于蒂米什瓦拉的意大利企业直接或间接维持其在意大利或国外的供应网络。意大利企业使用本地供应商仅限于按目录购买的边缘和标准化商品,对这些商品的地理位置是否靠近总部或委托企业的要求并不强烈。地理因素对意大利分企业或分包商(可以获得小物件,如针、黏合剂、胶水、器具等)是一个问题。实际上,供应集中度的增加所带来的一个重要好处涉及物流过程,特别是从出现需求到产品交付时间的优化。由位于集群中的供应商提供的商品的高标准化水平便于它们的替代。

罗马尼亚终端企业是使用最多和种类最多的供应商的企业,考虑到这些企业必须为自己的生产购买所有必要的投入,这是有道理的(见表11-8)。由于在国际市场上经营的能力有限,这些企业不得不与罗马尼亚的供应商保持商业关系,尽管这些企业承认意大利供应商和一般外国供应商的产品质量较高。由于意大利经销商最近来到这一区域,而且一般在罗马尼亚,这类公司已开始同外国供应商建立业务关系,并使用新的材料和新的生产工艺。

关于分包商,有必要区分专业分包商和能力分包商。前者通常对购买有决定性的自主权。这种类型的供应商通常是位于集群之外的大型企业,无论是在罗马尼亚还是西方国家。相比之下,能力分包商对于投入的货物几乎没有决定自主权。这些分包商总是收到所有必要的投入(原材料、半成品),委托给这些企业的供应活动主要是通过目录购买边际商品(如针、胶水、黏合剂、标签等)。一般来说,能力分包商可以购买那些来自位于集群中的意大利企业的货物。

表 11-8 按企业类型分布的商品采购

	罗马尼亚终端企业	能力分包商	专业分包商	意大利企业生产单位
原材料	+	−	+	−
战略组件	+	−	+	−
边际组件	+	+	+	+
机器和设备	+	+	只有设备	只有设备

注：+表示直接由企业采购；−表示由总部或买家购买并发送给企业。

　　与能力分包商的情况一样，意大利企业生产单位只从集群内的意大利公司购买少量的边际商品。其他实证研究强调外国企业分支机构与所在集聚企业之间关系的稀缺性和强弱性。然而，近年来，超过 2/3 的企业增加了供应商数量，没有出现供应商数量减少的情况。

　　一般来说，在地方层面，供给关系是基于产品的高度标准化，这决定了由企业间市场关系管理的价值链（见表 11-9）。

表 11-9 不同类型企业的价值链治理

供应商	分包商	企业类型	客户
市场	市场	罗马尼亚终端企业	市场、准层级
市场	准层级	能力分包商	准层级
市场	—	专业分包商	俘获
市场	准层级	意大利企业生产单位	市场、准层级

注：当罗马尼亚终端企业的客户是在意大利价值链中运作的其他企业时，价值链是一个准层级结构。

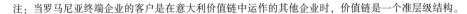

三、与其他地方活动者的关系

　　与本地机构的关系是有助于企业嵌入其所在地区的另一个因素。这些机构不仅提供特定的服务，还应该有助于传播信息（见表 11-10）。受访者对本地机构显然感到冷淡。有一半以上的受访企业在蒂米什瓦拉的商会、工业和农业商会注册；几个意大利企业与罗马尼亚意大利全国企业协会相关，没有一个在安泰纳威尼托罗马尼亚注册。虽然与商会有关联的企业有相当的数量，但是超过半数的企业表示没有与商会交换过信息，而 1/3 的企业证实存在零星关系。

　　该区域显然为罗马尼亚银行和外国银行提供了许多金融机会。然而，罗马尼

集群与产业集群中的商业网络——全球价值链的管理

亚的银行都不是本地银行。这些企业普遍抱怨与这些经营者关系不好。主要的问题涉及获得信贷和获得资金所需的大量担保。位于境内的信贷机构不作为本地银行的形式运作。

培训和构成性活动很少。除了几个前国有企业在其生产结构内提供长期培训外,其他被访企业不参与培训计划。

关于工会,只有15%的企业确认其雇员与国家工会有联系,这些是前国家所有的企业,在其私有化后继续坚持工会。其他企业公开表示反对任何形式的员工集聚。

表11-10 关于本地关系的主要行为的总结

本地连接的性质	不平等的贸易关系、机会主义行为、传统的分包和对成本节约的强调
连接的持久性	短期合同
本地层面的工作质量	许多是低技能、低工资和临时的
对本地企业的好处	本地企业购买标准、高质量部件的市场,分包意味着限制了自主增长能力
意大利投资者与本地的联系	分支工厂或公司限于生产活动和劳动密集型阶段,与本地机构没有关系或关系很弱
本地经济前景	易受外部决策影响

第九节 社会网络分析

本节将介绍社会网络分析应用于受访企业的结果。以图片呈现的信息虽然不是详尽的,但是将构成补充分析。这种类型的分析简化了企业之间的关系,因为它可以忽略一些重要的方面,如网络的动态、连接的强度和持续时间。此外,分析必然会减少样本企业,而不是全部企业。关于战略行动者的一些重要信息可以省略。通过一个名册进行召回,我们调查了样本企业之间的关系。每个公司都收到一份集群内其他公司的完整名单(名册),它们被问到以下问题:你可以标记,包括在名单中的已经建立了生产关系的,哪些已经将相关信息和技术知识转让给了贵公司?第一个结果是,几乎所有的关系都涉及分包关系。企业之间只建立信息或知识的交换,没有协作联系。几乎所有受访的企业都肯定,它们只有在与委托企业或总部以及与供应商的合作中，才拥有帮助解决问题的知识流。一般来说，在链中相同位置运行的企业之间存在非常弱的连接，并且连接（如果有的话）仅涉及分包活动。从表 11-11 和图 11-2 可以看出，每种类型企业的生产关系密度①一般较低。在整个样本公司的特征是密度指标等于 0.11。这意味着 11% 的可能关系已经形成。考虑到指标从 0 变化到 1，过去和实际关系都已经检查，这是一个相当低的值。依据所谓的中心度指数②的计算和从形成关系的平均数量，确定了专业分包商在集群中所承担的突出作用（见图 11-3）。这些企业充当了其他企业类型的连接器。此外，从访谈中可以看出，专业分包商和供应企业是创新在集群内部传播的渠道。更一般地说，就生产关系而言，意大利企业的生产单位似乎是领导企业。在图 11-3 中，明确了意大利企业的生产单位如何对应于主导与其他公司的联系的公司类型。意大利企业的生产单位通常会联系不同的分包商，组织和协调每个分包商需要开展的生产阶段。

表 11-11　按企业类型划分的网络密度、中心性与平均关系统计

	密度	发展标准（密度）	中心性	平均关系
意大利企业的生产单元	0.08	0.27	0.28	4.1
能力分包商	0.05	0.22	0.07	4.8
专业分包商	0.5	0.5	0.33	10.8
罗马尼亚终端企业	0.27	0.44	0.20	4.5
集群	0.11	0.31	0.35	——

---

① 密度指数计算如下：

$$\Delta = \frac{2L}{g(g-1)}, \quad 0 < \Delta < 1$$

其中，L 表示线的数目或实际关系，而 g 是网络中存在的节点数目。网络的密度从 0 开始，如果没有关系，并且如果所有可能的关系都是活动的，则密度达到 1。更多信息参见沃瑟曼、福斯特（1994）。

② 网络的中心指数计算如下：

$$C_d = \frac{\sum_{i=1}^{g}[C_d(n^*) - C_d(n_i)]}{\max \sum_{i=1}^{g}[C_d(n^*) - C_d(n_i)]}, \quad 0 < C_d < 1$$

其中，C(n) 表示每个节点的中心度，指数范围从最小值 0（所有节点都具有相同的中心性）直到最大值 1（当节点感知自己的中心角色时）。更多信息参见沃瑟曼、福斯特（1994）。

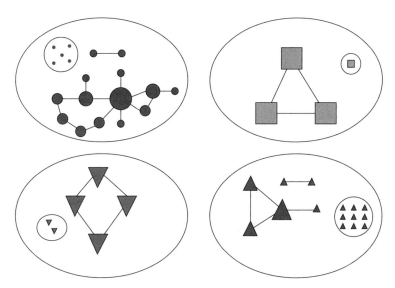

图 11-2　相同类型中企业之间的生产关系

注：圈出的公司是那些不与同类型的公司互动的公司。

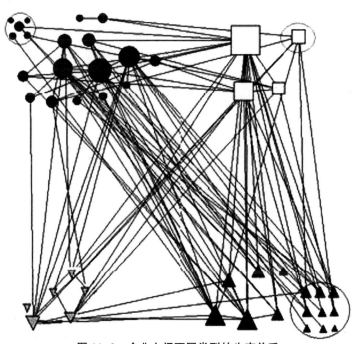

图 11-3　企业之间不同类型的生产关系

注：圈中公司是那些不与同类型公司互动的公司，较大的节点对应于与其他公司有更多联系的公司，箭头描述了公司之间的联系方向。

第十节 结论

意大利企业的出现促进了蒂米什瓦拉集群的诞生和发展。20 世纪 90 年代，蒂米什瓦拉集群在鞋类商品链中的作用逐渐演变，即从一个阶段分包商集群到最终分包商集群。虽然在过去几年中，集群的复杂性有所增加，但是其弱点仍然存在，这一事实是本书的主要信息之一。蒂米什瓦拉的产业水平显然发生了小规模的升级，这是作为本地公司和意大利企业关系发展的结果。链条上的新活动逐渐在这一区域发生，例如鞋履、鞋袜、鞋带等的生产。本地企业开始使用新的资本品、新的原材料和配件。然而，这些公司的特点是较为落后，阻碍其能力的提升。

蒂米什瓦拉的集群似乎遵循两种不同的生产组织模式。有一小部分公司由罗马尼亚终端企业组成，通常作为孤立企业，并不将任何活动分散到其他企业。相反，大多数公司扮演了从属分包商的角色，它们遵循一个层级的组织模式，并在意大利价值链中运作。这个公司作为买方驱动的集群为不同的意大利产业区工作。这种分层组织强烈影响企业的活动。首先，意大利买家并没有与能够促进本地发展的本地企业建立联系。知识扩散受到企业之间关系类型的限制，这种关系的特点是持续时间短，而且几乎从来没有建立在信任的基础上。本地公司和意大利公司之间的关系并没有采用合作的方式。由于降低成本是离域化的主要原因，因此，对劳动力成本节约的重视要强于对生产增量的重视。近年来的工资上涨迫使一些公司将业务外包到其他地区，以实现更低的劳动力成本。从这个意义上说，可以肯定的是，分包网络已经扩展到集群之外。因此，这个买方驱动集群中的企业被迫降低生产成本，以提供一个有竞争力的价格。其次，这种分层组织让位于价值链治理形式，它限制了企业在决策方面的自主权。这就限制了公司与供应商联系和合作的可能性，限制了公司建立网络的能力，因此也限制了自我维持系统的可能性。

综上所述，样本企业并没有形成一个坚实的网络来支撑该地区的发展，而在产业区通常都是这样。特别是该地区似乎更像是一个劳动力成本节约中心，而不是一个坚实的社会和生产性集群。意大利企业在这一地区的嵌入性很弱，它们没有重现意大利产业区的那种氛围。可能需要一些政策来干预和加强公司之间的联系。政策行动尤其应针对提高分包合同的质量，以促进各公司之间的分工，并加强信息的交流。

集群与产业集群中的商业网络——全球价值链的管理

　　未来研究有两个方面：首先，深入分析集群内的技术溢出效应将是主要的方向所在。这种分析将包括集群内变革和革新作用的第一阶段，以便了解是否引进了一些革新技术，以及这种技术的扩散如何影响生产。第二阶段可以解决企业的吸收能力及其可能的升级模式。其次，另一个研究方向是对同一地区不同工业集群的比较分析：蒂米什瓦拉的纺织业与鞋类集群有许多共同特征，尤其是其在意大利企业的离域化和分散化中的作用。在对这个集群的研究中，对鞋类聚类也提出了相同的研究问题，从而可以看出相似点和不同点。

参考文献

［1］Altenburg T. and Meyer－Stamer J. （1999），'How to promote clusters: policy experiences from Latin America', World Development, 27 （9）: 1693-1713.

［2］Arthur W. B. （1990），'Positive feeedbacks in the economy', in W. B. Arthur （ed.）, Increasing Returns and Path Dependence in the Economy, Michigan: Michigan University Press.

［3］Becattini G. （1987），Mercato e forze locali: il distretto industriale, Il Mulino. （1989），Modelli locali di sviluppo, Bologna: Il Mulino.

［4］Bellandi M. （2001），'Local development and embedded large firms', Entrepreneurship and regional development, 13 （3）: 189-210.

［5］Belussi F. （ed.） （1992），Nuovi modelli di impresa, gerarchie organizzative ed imprese rete, Angeli, Milano.

［6］Boschma R. A. and Frenken K. （2003），'Evolutionary economics and industry location', International Review for Regional Research, 23 （2）: 183-200.

［7］Brand S., Hill S. and Munday M. （2000），'Assessing the impacts of foreign manufacturing on regional economies: the case of Wales, Scotland and the West Midlands', Regional Studies, 34 （4）: 343-355.

［8］Brusco S. （1992），'The idea of the industrial district: its genesis', in Pyke F., Becattini G. and Sengenberger W. （eds.）, Industrial Districts and Inter-firm Cooperation in Italy, Geneva: International Institute For Labour Studies.

［9］Camagni R. （1991），'Local milieu, uncertainly and innovation networks: towards a new dynamic theory of economic space', in Camagni R. （ed.）, Innovation Networks: Spatial Perspectives, London: Belhaven Press.

［10］Castellani D. and Zanfei A. （2006），Multinational Firms, Innovation and Productivity, Cheltenham: Edward Elgar.

[11] Corò G. and Volpe M. (2003), 'Frammentazione produttiva e integrazione internazionale nei sistemi di piccola e media impresa', Economia e Società Regionale, 81 (1): 67-107.

[12] Dunning J. H. (2008), Multinational Enterprises and the Global Economy, 19 (3): 103-106.

[13] Feenstra R. C. (1998), 'Integration of trade and disintegration of production in the global economy', Journal of Economic Perspective, 12 (4): 31-50.

[14] Fröbel F., Heinrichs J. and Kreye O. (1980), The New International Division of Labour: Structural Unemployment in Industrialized Countries and Industrialization in Developing Countries, Cambridge: Cambridge University Press.

[15] Garofoli G. (1983), Industrializzazione diffusa in Lombardia, Milano: Franco Angeli.

[16] Garofoli G. (1991), Modelli locali di sviluppo, Milano: Franco Angeli.

[17] Garofoli G. (2002), 'Piccole imprese e distretti industriali: lo sviluppo endogeno nel Mezzogiorno'.

[18] La Questione Agraria, 3. (ed.) (2003), Impresa e Territorio, Il Mulino.

[19] Gereffi G. (1994), 'The organizations of buyer-driven global commodity chains: how U. S. retailers shape overseas production networks', in Gereffi G. and Korzeniewicz M. (eds).

[20] Commodity Chains and Global Capitalism; Westport: Praeger. (1999), 'International trade and industrial upgrading in the apparel commodity chain', Journal of International Economics, 48 (1): 37-70.

[21] Gereffi G., Humphrey J. and Sturgeon T. (2005), 'The governance of global value chains', Review of International Political Economy, 12 (1): 78-104.

[22] Gorg H. and Strobl E. (2002), 'Multinational companies and indigenous development: an empirical analysis', European Economic Review, 46 (7): 1305-1322.

[23] Grabher G. (1993), 'Rediscovering the social in the economics of inter-firm relations', in Grabher G. (ed.) The Embedded Firm: on the Socioeconomics of Industrial Networks, London: Routledge.

[24] Granovetter M. (1985), 'Economic action and social structure: The problem of embeddedness', American Journal of Sociology, 91 (3): 481-510.

[25] Graziani G. (2001), 'International subcontracting in the textile and clothing industry: fragmentation, new production patterns', in Arndt S. W. and Kierzkowsky H. (eds.), The World Economy, Oxford: Oxford University Press.

集群与产业集群中的商业网络——全球价值链的管理

［26］Humphrey J. （1995）, 'Industrial reorganization in developing countries: From Models to Trajectories', World Development, 23 （1）: 149-162.

［27］Lorenzoni G. （1990）, L'architettura di sviluppo delle imprese minori. Costellazioni e piccolo gruppi, Bologna: Il Mulino.

［28］Lorenzoni G. （ed.）（1992）, Accordi, reti e vantaggio competitivo. Le innovazioni nell'economia d'impresa e negli assetti organizzativi, Milano: Etaslibri.

［29］Lorenzoni G. （ed.）（1997）, Architetture reticolari e processi di internazionalizzazione, Bulogna: Il Mulino.

［30］Maillat D., Kebir L. and Bailly A. S. （2003）, 'Sistemi produttivi territoriali e sviluppo endogeno', in Garofoli G. （ed.）Impresa e Territorio, Bologna: Il Mulino.

［31］Markusen A. （1996）, 'Sticky places in slippery space: a typology of industrial districts', Economic Geography, 72: 293-312.

［32］Nassimbeni G., De Toni A. and Tonchia S. （1993）, 'L'evoluzione dei rapporti di subfornitura', Sviluppo & Organizzazione, 137: 96-106.

［33］Nadvi K. （1999）, 'Shifting ties: social networks in the surgical instrument cluster of Sialkot, Pakistan', Development and Change, 30 （1）: 141-175.

［34］Nadvi K. and Halder G. （2005）, 'Local clusters in global value chain: exploring dynamic linkages between Germany and Pakistan', Entrepreneurship and Regional Development, 17 （5）: 339-363.

［35］Potter J., Moore B. and Spires R. （2003）, 'Foreign manufacturing investment in the United Kingdom and the upgrading of supplier practices', Regional Studies, 37 （1）: 41-60.

［36］Raffa M. （1993）, 'Un modello di valutazione del grado di dipendenza tra le grandi e le piccole imprese', Piccola Impresa/Small Business, 1.

［37］Schiattarella R. （1999）, 'La delocalizzazione internazionale: problemi di definizione e di misurazione. Un'analisi per il settore Made in Italy', Economia e politica industriale, 103: 207-239.

［38］Sengenberger W. and Pyke F. （1991）, 'Small firms, industrial districts and local economic regeneration', Labour and Society, 16 （1）: 134-141.

［39］Signorini F. （2003）, Intervista a Federico Signorini, Newsletter Area Studi, Maggio 2003. Steward J. C. （1976）, 'Linkages and foreign direct investment', Regional Studies, 10: 245-258.

［40］Storper M. and Harrison B. （1991）, 'Flexibility, hierarchy and regional development: the changing structure of industrial production systems and their forms of governance in the 1980s', Research Policy, 20 (5): 407-422.

[41] Tracogna A. (1999), Le problematiche di sviluppo e i percorsi evolutivi delle imprese subfornitrici, Milano: Franco Angeli.

[42] Turok I. (1993), 'Inward investment and local linkages: how deeply embedded is Silicon Glen', Regional Studies, 27 (5): 401-417.

[43] Viesti G. (2000), Come nascono I distretti industriali, Editori Laterza, Bari.

[44] Wasserman S. and Faust K. (1994), Social Network Analysis: Methods and Applications.

[45] Cambridge: Cambridge University Press.

第三篇

全球价值链中的
产业区和集群

第十二章 本地系统在全球运作——园艺全球价值链中的异质产业区

菲奥伦扎·贝鲁西（帕多瓦大学），西尔维亚·塞迪塔（帕多瓦大学）

第一节 引言

本章研究的目的是描述在荷兰和意大利的园艺区发生的重大变化。我们的实证分析允许我们应用产业区和集群这两个广泛使用的概念，指出它们的不同含义。在考虑的三个地区之间已经发现了共生分工：博斯科普、皮斯托亚和索纳拉，它们可追溯到价值链的国际分割。我们的研究表明，科学在园艺区的应用已经使它们转变为知识密集型地区。在荷兰集群的案例中，这个过程比意大利产业区更明显。本章将讨论几个关于集聚的理论概念和观赏园艺业的主要特征，特别关注博斯科普、皮斯托亚和索纳拉三个产业区的案例研究。

这里讨论的主要思想是理解三个产业区的内部动态以及它们在价值链上的外部关系，价值链克服了单个地区甚至单个国家的边界。第二节提供了本章研究的理论背景。第三节简要概述了在较大的园艺即农业环境中观赏园艺产业的一些重要特征。第四节描述了三个园艺区的演化模式，并做了比较。第五节对这三个案例进行了简单比较。第六节为结论。

第二节 区域的异质性和全球供应链

"产业区"和"集群"的概念已经进入了经济领域的日常语言行列。然而，在使用这两个术语方面，是存在语义上的歧义的，因为在经济学、商学、区域经济学、产业经济学、经济地理学和社会学广泛使用的"产业区"和"集群"的综合术语下，可以认识到地方发展和企业间安排的不同模式。如今我们有大量的文献用同一术语表示各种各样的现象。在经验研究的基础上，经过系统地分析文献，本章提供了这两个术语使用的经验应用，强调了如何在这些较为混乱的概念之间做出精确的区分。从马歇尔产业区的概念开始，其基于外部经济对理解中小型企业集聚发展的重要性。产业区是一种企业相互关联的组织模式，是市场与层级的混合模式，是一种区域模式（一种以高部门专业化为特征的特定的局部系统）。从马歇尔的研究以来，经济学家强调，产业区的特征与外部经济的利益有关，这些利益来自于在同一产业城镇中一起工作的企业的紧密邻近，或在一个分散的产业区。该模式的其他重要因素有：①专门从事同一生产过程不同阶段的许多小型工厂的集中；②熟练劳动力在该地区的逐渐积累；③子公司和专业供应商的建立。外部经济（取决于"周边地区的生产总量"）可以与内部经济并存，后者与垂直一体化工厂的活动协调相关。马歇尔提出，至少对于某些类型的生产，可以使用两个同样高效的制造系统，即大型垂直一体化企业和产业区。

因此，我们可以得出以下内容：

（1）马歇尔产业区描述了一种具有特定制度的企业，其密集地位于那里，其中存在某种类型的共同生产专业化，这允许公司间的劳动力分工和积极的外部经济。

（2）该产业区的特点是中小型企业高密度地存在（流行，但不是绝对优势）。

（3）企业沿着供应链合作，至少是因为企业间的劳动分工延伸了。

（4）假设产业区在一个特定产业中从产业氛围里获得领导地位，如马歇尔强调，在时代变迁中企业行为的顽固或惰性并不会"摧毁"这种产业氛围。

（5）如果在同一地区有各种类似的生产者在一个产业区，那么这将刺激高度创造性的能力，有时机器制造商和机器使用者之间的想法会得到交流。

使用马歇尔的方法，我们可以得出几个分析结果。第一，产业区不是企业聚类的普遍性模型。第二，产业区是一个特定的组织模式，其他条件不变，在技术或经济可分割的条件下，对于大企业来说是同等有效的。由此，我们不能总是暗示，其为一群类似的小公司，专门从事某一特定活动，并聚集在一个区域，因为其本身是有效的，例如，他们可以采用那些大组织使用的较低水平的技术。这相当于说，本地聚集的小企业可能但不是必须诉诸于一种创业积极模式，而不设定一个决定性的因果规律，就像20世纪80年代的国际文献中暗示的那样，这和克鲁格曼的贡献如出一辙，即如果城市化和拥堵的成本不太高的话，企业聚集总是与动态的企业增长或他称之为的正外部性有关。第三，单一的企业网络不能形成一个产业区，产业区的定义回顾了大量企业的概念，并引入了本地企业相当大的"门槛"的概念。第四，在产业区内，我们可以清楚地发现嵌入在区域内的增加回报机制，但还有一种可能性是，收益增长必然局限于个人组织，甚至是位于产业区内的一些大型企业和工厂。在产业区，仍然存在提高组织效率以满足个别企业战略的空间。因此，从马歇尔理论假设可看出，产业区的外部效率与活动量（规模效率）相关，但也有其他形式的效率与增加收益和创新动力（动态效率）相关，它们受到每个产业区的演化阶段的限制。

总而言之，这种理想组织类型的大多数社会特征与以下几个方面有关：

（1）在集群企业之间不存在权力不对称的情况下，扩大了企业间的劳动分工。

（2）合作与竞争对手之间的平衡。

（3）社会融合。

（4）信任的存在加强了合作，节约了交易成本，促进了灵活性和创新。

（5）中等或较强的学习形式。

集群在《简明牛津词典》中被定义为"一组生长在一起的相似事物"。这一定义意味着相同或密切相关的事物在空间上的邻近或功能上的关联，这可能涉及一个动态过程。这种含义，与波特作品中"聚类"一词的使用有内在联系。波特（1998）解释说：集群是某一特定领域内由共性和互补性联系在一起的相互关联的企业和相关机构在地理上邻近的一个组。波特从来没有界定他所分析的区域系统的空间边界。对他来说，一个群体不仅是一个区域的一小部分，而且是一个可识别的本地化产业。波特（1998）广泛地提到了"区域集群"的存在，将它们映射到美国（例如加利福尼亚的红酒集群）、葡萄牙、瑞典和意大利，在他的书中还提出了"国家集群"，如意大利的时尚和制鞋产业集群。波特在他的著作中还指出，追踪一个集群的边界通常是一个程度问题，这是一个创造性的过程，与对产业和机构之间存在的联系和互补性的理解有关。事实上，他认为与竞争力和生产力显著相关的外部效应决定了集群的边界。

研究一个集群的经济相关性，我们可以很容易地从由地理邻近定义的空间关联性转移到虚拟关联性，这与每个地方组织与外部世界的许多外部联系有关。换句话说，通过这样做，我们将定义一个"给定系统"的可能性置于风险之中，并且我们失去了模式内部和外部的边界条件。

显然，使用术语集群没有问题。但我们指的是一类经济系统：①不是空间定义的；②没有聚集的最小阈值（三个企业在马歇尔意义上不是产业区，但它们可以属于集群）；③没有基于历史的身份（其定义很大程度上取决于研究假设）；④与本地社区没有密切关系；⑤没有一个局部的演化生长模式。

因此，术语"集群"可以适应非常普遍的现象，而术语"区域"是更具体的子集。从集群概念转向产业区概念，我们需要三个必要条件：①集聚（在限制区域内相似或部门相关的企业的密度）；②与本地机构和个体企业的互动；③社会嵌入性，某种程度的认同、信任和合作是在历史上区域化或集群化过程中形成的。第三个必要条件与马歇尔方法联系在一起，即被考察的经济和社会制度的共同体观点，它被表示为一个独特的和历史依赖的区域制度。其中①和②足以识别可能具有不同地理边界的局部集群。③介绍了社会—经济嵌入性的概念，由于面对面的社会互动而被局部限制。这是产业区定义的必要条件。

遗憾的是，在国际文献中这种区分并不总是成立。各种手段和方法以一种可互换的方式被用于识别和测量产业区和集群的类型及特征。[①] 例如，在北欧国家，集群通常用来替代产业区一词，但是分析中的局部系统满足上述三个条件。我们认为，确定产业区需要进行定量和定性分析。

这里提出了一种用于测量产业区/集群内联系的可能的四阶段系统（贝鲁西，2006）。

（1）使用定量方法，例如集中指数、投入产出和创新交互矩阵，或历史资料来确定产业区的地理边界。

（2）利用社会网络分析来确定和衡量在产业区内发生的关系类型，与所进行的分析类型相关的企业网络映射。

（3）深入分析测量产业区的演变阶段。

（4）定性案例研究，探讨企业特色和产业区联系的丰富细节。

国际文献和萨玛拉（2003）最近强调了产业区特征的异质性，其中提出了意大利产业区的综合分类法，其中用于区分不同类型的必要参数有：①社会经济结构（包括关系结构和治理类型）；②区域产业的流行战略（包括开放度）；③学习机制和对创新的态度；④制度环境。建议的分类没有考虑产品的特殊性和生产过程的多样性，这些可以被视为可能的分类的额外独特元素。

然而，正如塞迪塔（2005）所讨论的那样，世界经合组织（2001）提出的高科技、中高技术、中低技术和低技术产品的官方分类并不能真正代表每个行业的特殊知识强度。因此，投资于多种学习活动也会影响在经济增长边缘没有得到适当考虑的行业，例如观赏园艺行业。这些学习活动在企业内部（通过区域）以及他们积极的努力（研发、工程部门、重点工作组）的支持下进行，也是本

集群与产业集群中的商业网络——全球价值链的管理

地和全球发展的企业相互作用的结果。

我们指的是企业网络，包括本地供应商、客户和全球供应链。网络接入可以潜在地提升该地区企业的效率。有时，全球联系并不能传递任何可转移的知识或组织惯例，但它们作为强大的治理结构发挥作用，其领导者是商业行为者。荷兰的情况就是如此，尤其是博斯科普区，其密集而分散的商业网络遍布世界各地。

理查森（1972）在他的开创性文章中强调了企业进入商业网络的动机，即为了获得他们所缺乏的互补但不同的能力，这需要适应特定的组织生产需求，并且不能在市场上购买现成的能力。在产业区，这意味着不断寻找专门的生产者和关键的能力，但它也要求更便宜的生产者，地理位置共处或越来越分散在低工资国家。这就是为什么在一个时期同时存在片段化和一体化的全球生产过程，全球供应链的构建已经获得了进展，无论是买方驱动链（由零售商和大型商业买家统治）还是生产者驱动链（跨国企业）。①

本章所述的三个地区对网络所提供的机会有不同的理解和把握能力。它们按顺序排列：第一位是博斯科普产业区，那里有最强大的国际零售商；第二位是皮斯托亚产业区，其在国际市场上销售的一些最终产品中扮演着国际生产者的角色；第三位是索纳拉产业区，其本地公司覆盖意大利市场，专门从事园林绿化服务，是低出口企业。我们的分析表明，这三个地区不是自治的。相反，它们是由一种共生关系联系在一起的，其中整个价值链的特点是牢固的企业间分工（如在博斯科普区和荷兰集群进行研究和发展活动以及商业分配）。

第三节　观赏园艺产业

观赏园艺产业清楚地展示了市场的全球化如何影响一种产品，如花或植物这类易于运输的产品被转移到能源成本较低的国家，或者具有更好气候的国家，或者劳动力成本较低的国家。

克莱斯提（1991）认为，避免增加苗木园区本地成本负面影响的一种方法是，企业和公共机构投资研究产品/过程创新，以及增加与大学和研究中心的合作，目的是保持内部主要有利可图的活动，并外包附加值最低的活动。

荷兰是目前这个产业的前沿，并且包含整个集群的相关活动和专业区（博斯科普），即使劳动力成本最高和最不利的气候，随着时间的推移，它也能够在园

---

① 国际贸易受到行业内贸易和被动完善交通的强烈影响，造成了巨大的外包流量。在产业区内，第一波外包开始于20世纪70年代的传统行业，如服装、纺织、鞋类和廉价电子产品。

艺生产及相关的研发活动中发展些强大的专业知识。这种对产品和工艺创新的态度使荷兰处于领先地位，使其能够发挥其作为切花和盆栽幼苗供应商的强大实力，并将其销售到整个欧洲。

尽管有着悠久的传统、深厚的地域背景和宜人的气候，但是意大利的生产商主要是在产业区内组织起来的，它们对荷兰的依赖程度越来越高，而荷兰现在是全球价值链的"领头羊"。

观赏园艺产业由花卉和苗圃产业组成。花卉产业包括专门从事生产切花和切叶的企业，而苗圃产业包括种植各种植物和园艺产品的企业，如图 12-1 所示。两者都涉及生产和销售。

欧洲的观赏园艺产业由荷兰控制，意大利占据第二位，占整个欧洲市场的23%。根据 2000 年农业工业普查结果可知，意大利该产业由近 19000 家公司组成，面积大于 12600 公顷（7200 公顷露天），生产超过 25500 种类型的花卉和植物。如果我们计算包括生产过程中的所有企业（商业服务和诱导活动），那么企业数量会上升到 30000 家，员工有 130000 名。

尽管观赏园艺产业远不是高科技行业，但是它坚定而广泛地采用了信息通信技术来实现新产品的商业化、构想和生产。

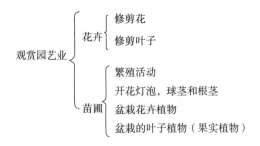

图 12-1　观赏园艺业的简略分类

资料来源：荷兰花卉批发官方部门。

集群与产业集群中的商业网络——全球价值链的管理

关于商业化阶段，我们主要参考企业对企业（B2B）技术的应用，以及使用"反向"（以最低价格）拍卖机制[1]的电子市场建设。

---

[1]　"反向"拍卖是一种用于获取商品和服务报价的网上采购方法。在"反向"拍卖中，以最低报价购买某件物品，这是正常拍卖的"反向"，通常是将独特的艺术物品以最高报价出售给有鉴别力的竞标者。"反向"拍卖通常是通过互联网组织的，在同一个市场上有数百家（而不仅仅是一家）供应商和数百家批发商，通过这种方式，竞标者可以匿名地相互竞拍特定数量的给定商品。投标在一个特定的日期和时间进行，并持续一段特定的时间或直到没有更多的投标被收到。生产商首先列出他们的产品，然后批发商就会开始表达兴趣。荷兰的这项发明将传统的艺术品拍卖市场机制转变为阶段公司（分包）的典型地区市场模式，如意大利研究人员所描述的那样，生产者被强烈诱导降低价格，市场非常透明。

B2B 和电子市场的出现，跨越垂直和水平市场，通过聚集最终销售阶段的规模，增加了市场和价值链的透明度，重构了这个产业的竞争领域。自动化交易的使用使得价值链的去垂直化成为可能，因此，它创造了高度的非中介化。

荷兰合作企业爱士曼鲜花拍卖市场是世界上主要的花卉产品拍卖市场之一，涉及来自世界各地约 7000 名栽培者和每天约 55000 笔交易。该市场是一个虚拟市场，购买者可以通过互联网使用远程购买服务从时钟①（从最高价格到最低价格）购买鲜花和植物。这是一个窗口购物机制。批发商和消费者通过查看未定价格的产品供应，可以预先确定他们需要购买什么，标记感兴趣的批次，如果产品即将被拍卖将会及时收到通知，这样他们就能切换到正确的时间进行一次性购买。此外，他们还可以在拍卖室外自由购买，这对重复拍卖有显著的优势。例如，它允许一个组织从同一个生产商那里购买商品，它创造了更多的合作交互，从而将来自拍卖市场的数据与公司内部的数据系统集成在一起。

关于新产品的概念，基本上是指花卉和植物的新品种。新品种的创建发生在高级实验室，一般位于大学或大型跨国企业。例如，在博斯科普的实践研究植物与环境所是一个研究实验室，由 2000 年的荷兰作物研究实验站和其他区域研究中心合并形成。研究者积极与瓦赫宁根大学和研究中心合作，这使得产业能够更新知识和满足企业不断变化的研究需求。

植物细胞和组织培养中的新技术用于繁殖的细胞培养（通过无性繁殖方法）和重组 DNA 的植物转化。基因工程植物不会把新的嵌入特性传给后代。因此，它们只能通过细胞来繁殖。

实践研究植物与环境所在植物在繁殖和重组 DNA 工程中都是有活力的。它旨在创建可持续的管理系统，支持链中的质量管理、栽培管理、植物健康、资源的有效利用和农村地区的结构。它将自身配置为实践和科学之间的联系，不仅对现代温室实践（有条件的存储和治疗室、实验区、实验室和气候室）方面进行研究，而且还对商业问题开展研究。

与上述类似，皮斯托亚中的 Ce. Spe. Vi. （有限责任）公司（Centro Sperimentale per il Vivaismo），由商会和皮斯托亚和帕西亚（本地银行）的储蓄银行于 1981 年成立，创建一个苗圃植物试验和推广中心，并促进企业资本的使用到其他苗圃机构或协会。在皮斯托亚很少有植物 DNA 重组研究活动。该中心包括仓库、办公室、一间会议室、两个钢制和玻璃结构的固定实验温室，以及一个装有

---

① 这种拍卖方法使用时钟，即时钟的指针从一个高价开始下降，直到买家按下一个按钮，停止时钟出价和接受（部分）拍品。19 世纪 70 年代，一位荷兰花椰菜种植者发明了这款时钟，以减少种植者在市场上花费的时间。

植物育种设备的容器区域。Ce. Spe. Vi. 还与佛罗伦萨的国家研究中心合作开发了一种母本植物系统，用于树木（主要是针叶树）、花和灌木的繁殖与繁育。这项计划已与国家种质资源库合并，该资源库是 Ce. Spe. Vi. 与佛罗伦萨大学园艺部门的联合项目。

工艺技术对于产业也是重要的。关于自动化技术，显然可以简化流程、维持成本削减并帮助达到规模经济。工艺技术应用于灌溉和施肥系统、农用拖拉机、拖车、动力耕耘机、犁、破碎机、提取机、电动割草机和升降车。荷兰企业处于这些技术的前沿，紧随其后的是专门从事农业机械的机械公司，这些机械公司主要在艾米利—罗马涅（位于雷焦艾米利亚地区）和威尼托地区。

荷兰全球价值链的演变如表 12-1 所示，其中荷兰的实力得到了证明。荷兰在欧洲各地的切花中扮演着垄断供应商的角色。意大利一直增加其园艺产品的进口。2004 年，出口到意大利的销售额为 3.33 亿欧元，2003~2004 年，这一数字增长了 5.1%。

表 12-1　荷兰的园艺产品出口统计

出口对象	销售额（百万欧元）		
	2002 年	2003 年	2004 年
德国	1512	1585	1710
英国	729	741	797
法国	606	649	654
意大利	281	317	333
比利时	164	184	190
丹麦	107	123	138
奥地利	127	133	135
瑞士	141	134	126
美国	143	115	101
西班牙	72	85	97
其他国家	671	678	729
总计	4553	4744	5010

第四节 三个案例研究①

对国际观赏园艺产业进行的研究很少，这些研究既不为人所知，又没有对其经济、社会和司法方面展开研究。同样地，意大利的生产工业也没有被进行任何程度的研究。在意大利有各种各样的园艺产品，包括从插花到公寓用的盆栽植物，还有花园和大型公园用的植物。典型的产品有赤陶罐观赏柑橘，各种品种和形状的橄榄树，以及特殊的地中海植物。这使得意大利成为在园艺领域具有异质和商业趣味的国家之一。

一些观赏园艺生产发生在划定的有限地区内，其组织呈现出古典产业区的外观和特征，例如托斯卡纳的皮斯托亚和萨奥纳拉（在帕多瓦省）的情况，下文将进一步分析。

然而，意大利的生产严重依赖于荷兰的活动，因为荷兰是这个行业的"领头羊"。在本章中，我们选择了三个观赏园艺区，其中两个分布在意大利，一个在荷兰（博斯科普）。表12-2中展示了三个产业区的结构特征和绩效指标。

表 12-2　2003 年三个地区的结构及绩效指标

地区	企业数（家）	面积（公顷）	雇员数（名）	销售额（百万美元）	出口（%）
博斯科普*	1000	2200	2500	350	90
皮斯托亚**	1767	4403	5000	300	45
索纳拉*	151	1000	800	15.5	10

资料来源：＊为笔者的调查，＊＊为托斯卡纳大区的统计部门数据。

一、博斯科普观赏园艺产业区

荷兰最重要的生产中心是博斯科普。博斯科普可以被认为是一个园艺区，属于一个非常专业和密集的地区（这里称为集群），其活动与同一产业（荷兰地区/国家）相关。园艺产业实际上占荷兰整个农业生产的41%，观赏植物产业占园艺产业的2/3。观赏植物产业也占荷兰贸易顺差的约25%。在博斯科普，数百

---

① 这项工作是基于对三个地区的二手数据收集和面对面访谈 30 名本地企业家（在小企业和大企业），并结合定性问卷，由本章的作者和我们的助理佐卡拉托共同开发的。佐卡拉托进行了访谈。

家企业正在生产观赏植物和针叶树（在温室或者露天）。2003 年博斯科普产业区结构和绩效指标如表 12-3 所示。

该地区的起源可以追溯到文艺复兴时期，本地农民从里根斯堡考文垂学习果树嫁接艺术。[①] 长期以来，他们只将新技术应用于果树植物，但在 19 世纪，他们开始利用同样的方法生产观赏植物。有趣的是，在意大利案例中，19 世纪本地生产主要集中在少数大企业。随后，出现了合格体力劳动者的剥离过程，在区域理论的深入研究下催生了众多的小型专业化企业。然而，直到第二次世界大战产业区的企业仍然相当不发达，商业线路主要是在本地，很少出口。由于国际需求的增长和经济的发展，真正的业务开始于 20 世纪 70 年代。

表 12-3　2003 年博斯科普产业区结构与绩效指标

	园艺企业的数量（家）	覆盖区域（公顷）	雇员数量（名）	销售额（百万欧元）
博斯科普	1000 *	2200	2500	350
荷兰	4000	12000	4170	445
产业区所占比重（%）	25.0	18.3	60.0	78.7

注：＊表示该 1000 家企业均为批发商。
资料来源：调查期间进行的访谈。

为什么博斯科普的园艺生产如此专业化？因为博斯科普具有某些特点，包括肥沃和潮湿的土壤类型以及高湿度，是植物栽培的理想选择。因此，该产业区专门生产幼苗，只培养到中低矮的高度。博斯科普生产商可以开发除了热带植物之外所有类型的植物，如山毛榉、玉兰、黄杨等，生产主要是在露天环境。通过对新雇员的在职培训以分享知识，"社会能力"由"父传子"的形式传播。过去，有一个以园艺为基础的地方职业培训学校，但现在它倒闭了，因为企业直接与更先进的中心和大学合作。在分析中我们发现，这些企业都有来自作为一个产业区一部分的一种认同感，年轻的企业家更直接地与公共机构、集体协会中的竞争对手合作。

企业主要是家族企业，通常包括两三个员工加上所有者组成。温室生产者和露天种植者不再自己播种。借助先进的计算机技术和机器人，幼苗的播种和栽培已经成为高度专业化的苗圃工作。整个生产过程是先进技术应用于园艺的一个典型例子。家族企业不直接与市场打交道，而是代表批发商工作。这是一种存在于制鞋或制衣等制造业部门之间的分包安排。批发商每年签订合同，购买一套明确定义的产品，然后在国际上销售。这些合同由外部机构管理，并受双方的严格限

---

① 在与荷兰园艺企业面谈时其提供的信息。

集群与产业集群中的商业网络——全球价值链的管理

制。因此，外国客户不能简单地绕过批发商而直接从生产商处购买，他们只能获得多余的生产，而且无论如何都必须提前支付现金。

该产业区最大的企业是批发商，一般这些企业是私人的，是有 5~20 名员工的有限公司，销售额在 250 万~500 万欧元。这些企业所有者，通常是本地企业家，属于第三代或第四代种植者。本地批发商主要销往欧洲、加拿大、美国和日本。它们从意大利、法国和德国进口成年植物。博斯科普的特征是，使用先进的物流技术，24 小时接受欧洲各地及全球其他地方客户的订单。在博斯科普可以买到种类繁多的植物。变化是产业区域的典型资源，生产是分散的，许多专业企业共存。

批发商主要销售到花园中心（60%）、其他批发商（30%）以及公共机构（10%）。工厂规模小，因此可以节省包装和运输成本。主要有六个国际园艺展览，其中两个是在产业区组织的：博斯科普的观测站，埃森的 IPM，英国的伯明翰国际花园和宠物用品博览会，英国的四棵橡树，西班牙的国际园艺展和帕多瓦的科隆园林贸易博览会。本地企业与博斯科普的企业协会以及国家协会都有联系（见图 12-2）。①

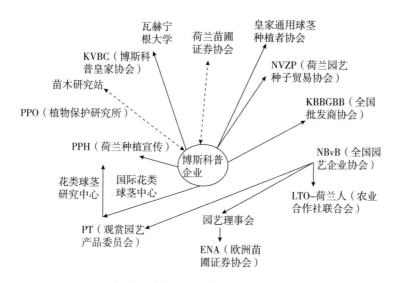

图 12-2　与博斯科普地区有关的公共和私人集体协会

注：虚线表示与博斯科普地区的机构有关。

如图 12-2 所示，许多公共和私人团体支持生产者和商业企业进行日常活动，并负责提供服务，例如在国际上推广该产业区（以植物宣传荷兰，荷兰种植宣

---

①　在国家协会中建立了专门处理特定物种的"植物小组"。他们组织培训活动、商务旅行等。

传）、进行研发活动（观赏园艺产品板，观赏园艺产品委员会）。后一个组织每年在研究中投资约 450 万欧元。国家园艺公司协会已经与代表所有荷兰农业部门的协会签署了一项总协议。此外，它还参与了许多其他委员会和执行委员会。企业直接支持他们的专业协会、广告和营销以及相关研发，许多政府机构也参与相关的研发活动。

许多关于物流的项目已经由协会利用公共资金发布。例如，最近他们支持在整个荷兰引入单一、统一类型的手推车，以及包装的标准化，如菊花盒。这些项目表明，物流标准化水平越高，物流过程越有效。企业家总会在创建和维护标准化的中心部分。例如，所有经企业家总会批准的表格包装都有一个唯一的企业家总会代码，供应商、拍卖和购买者都使用这些代码。事实上，如果没有它们，将无法与他人沟通。企业家总会负责分发和发布代码。管理标准化的企业家总会包装单元负责观赏植物部门包装池。

本地协会积极制定规则以使商业行为公平，现在已经标准化和编撰成册。其中一个基本关联是苗木委员会，以全国批发商协会和全国园艺企业协会为代表。苗木委员会为环境问题、贸易规则制定政策，并参与欧洲苗木的欧盟磋商协会。

博斯科普本地协会在博斯科普私人生产者农场的保留区域收集了荷兰传统植物，这是一个活的基因博物馆。博斯科普的成员可以向管理保护区的公司索要少量的这种植物，这样它们就可以大规模地繁殖被遗忘的老物种。该协会出版专家手册和一本名为《树木植物》的年刊。

观赏园艺产品委员会的资金来自每笔销售所得的小额收入。筹集到的资金将用于资助创新项目以及支撑该产业的所有活动。荷兰种植宣传于 1952 年创建，用于荷兰集群的园艺集体营销，由观赏园艺产品委员会提供资金。植物保护研究所是研究中心，代表了园艺实践与科学的交叉，并经营着实验站。荷兰园艺种子贸易协会代替企业从事育种生产和植物繁殖材料贸易。它为成员提供了一个交流知识和信息、提供信息和建议、协调联合研究的项目，以及作为一个具有批判性劳工协议的雇主组织的平台。然后是荷兰质量控制服务机构，根据欧盟标准的规定，对其所有农业和园艺产品进行质量控制，并监测杀虫剂的水平是否足够低。

关于公共机构，著名的瓦赫宁根大学必须提及，因为它培养研究人员，并为该地区和园艺部门的成功做出了贡献。

此外，我们必须承认，在 20 世纪 80 年代初，与 BURSHAL 组织合作的软件生产商建立一个自动化系统，用于销售和购买园艺产品，它现在是较先进的电子商务系统之一。

VARB 与 plantscope 网站合作，该网站为用户提供科学数据、同义词的正确命名法、商业信息、产品代码、有关专利和版权的数据以及有关其潜在使用的法规。政府机构非常积极地参与该部门。①

还有一个特别的园艺商业法庭，即处理所有诉讼。荷兰协会成员对他们使用这项服务的费用支付较少。最后，所有未执行的付款都被登记在一个特殊的档案中，本地企业会得到专家法律咨询的协助。如果问题不能及时得到解决，则启动国际听证会。还有一个根据违约付款事实建立的历史档案，本地企业可以访问，可以进行具体查询，以确定客户的信用状况。

因此，包含育种企业、植物培育企业、种植者和贸易分销商的博斯科普产业区已经开发了一些特定的机构（协会、研究和培训机构），但也沉浸在一个较大的国家农业和园艺集群中②，这个集群已经开发了供应产业、工艺和包装产业以及运输和物流产业（见图12-3）。

最近，政府成立了荷兰创新平台，以促进荷兰知识密集型产业，包括花卉和食品行业的创新，加强知识机构、创新供应商、领导企业家和买家之间的联系。

博斯科普产业区是一个清晰的开放式创新体系。创新并不是发生在所有东西都在内部的垂直整合的企业内部，而是企业、研究中心和大学之间开放合作的结果。"开放式创新体系"的概念意味着组织网络（私人和公共）参与创新。

荷兰园艺是一个先进的集群，生产复杂的项目（见图12-3）。企业之间长期的劳动分工以及适用于植物（以及制造和运输技术）生产的科学方法的使用创造了一个大型专业的供应产业：①繁殖材料生产商；②蔬菜种子和幼苗植物育种供应商；③温室建设和安装公司③；④收获和分拣机的供应商；⑤用于生产过程中物流改进的创新机器；⑥其他园艺用品（设备、配件）的供应商，如盆、托盘、盖子和片材。当然，还有许多在园艺部门工作的专业顾问。④ 园艺供应商不仅在荷兰活跃。它们越来越多地面向世界市场。现在这个产业几乎1/4的产值是在国外获得的。

园艺作物的培育在荷兰有着悠久的历史。传统上而言，种子公司位于西北

---

① 政府与园艺产业之间的伙伴关系是一个追求共同政策目标愿望的良好案例；农业部门和这些协会已经共同同意资助旨在使种植者在10年内减少15%的二氧化碳排放的研究，这符合荷兰政府在《京都议定书》中的承诺。政府在一个为期4年的观赏植物育种项目中采用了类似的合作方式（每年投资150万欧元），其目标是解决供应链、抗病虫害、质量改进和产品创新等方面的问题。

② 布拉班特省以西的津德尔特是公园和园林植物生产者的中心。此外，在北方也有显著的树木生产。许多生产者现在正在转向观赏植物生产。洛图姆位于林堡省，正在重新开发玫瑰和嫁接盒的生产。后者也在东部的格罗尼根有大规模的生产。这里有三个种植大树的中心：哈伦、布拉班特省北部的奥登博斯和海尔德兰的奥菲斯登。含果实的植物在弗莱沃兰、林布里戈、北布拉班特和泽兰达生产。沿海的北部省份以郁金香和多年生植物而闻名。

③ 在温室建设业务中大约有40家公司，包括温室技术的系统供应商和装配商。

④ 该部门的总生产价值在1996年达到170万欧元。

部，恩克赫伊森附近，但随后许多植物育种者搬迁，或者在韦斯特兰（荷兰西部的自治市）附近。鉴于荷兰市场的重要性，来自美国、日本、法国和其他国家的许多植物育种者都汇集在这里。鉴于植物育种高度专业化的性质以及所涉及的高成本，企业倾向于与位于该产业的外国企业合作。

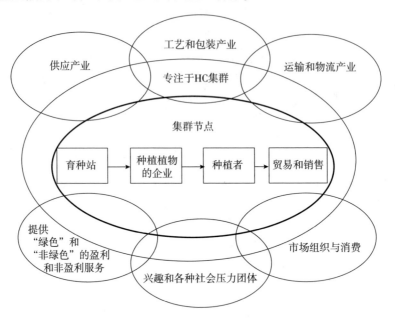

图 12-3　荷兰集群

资料来源：丹·赫涛戈（2003）。

尽管植物育种部门国际化，但是许多关于新品种的科学研究仍留在荷兰。这给种子企业带来了很高的竞争优势，其出口了大量的种子产品。荷兰现在是植物育种的故乡，也是新植物和花卉品种的创新者。对国家创新体系的详细观察如表 12-4 所示。

表 12-4　荷兰创新系统

时期（年）	特性描述	生产力助推器	知识体系
1945~1965	重建与食品安全	土壤生产力，农作物保护，各种改进	作为问题解决者的研究和信息，拍卖急剧增加
1965~1980	机械化	加热、气候控制，植物材料，机械化的劳动，通过贸易自由化实现大规模出口欧盟市场	政府与业界的紧密合作，农业知识体系（OVO/研究、信息、教育联动）的开发

续表

时期（年）	特性描述	生产力助推器	知识体系
1980~1993	电算化	计算机的引进促进了水培栽培，滴灌系统，二氧化碳施肥，同化澄清	知识系统支持新技术的引进，为了种植者的研究小组，管理信息系统的开发，拍卖发展数据处理，以及环境意识培养的指导方针
1993~2000	链逆转	销售结构和知识体系的巨大变化，市场从供给驱动转变为需求驱动，信息和研究的私有化	链思维、种植者协会和品牌战略的出现，社会关注发挥了更大的作用（如环境），生产许可证，知识系统被分解为单个的部分
2000至今	调动与整合	多学科方法，各类知识的结合，从"公式到概念"，需求与供给结合，链与链的管理	知识流动而不是知识发展、网络、实践交流、知识圈，社会技术网络、知识团体园艺学会、市场和生产的全球化，认证和质量保证体系，供应链管理，提供许可证

资料来源：我们对布玛（2001）的解释。

二、皮斯托亚观赏园艺产业区

皮斯托亚是意大利"最绿色的省份"，其领土的50%以上覆盖着针叶林、阔叶林和典型的沿海植被。山上铺满了一排排的葡萄藤和橄榄树，出产高品质的葡萄酒和特级初榨橄榄油。平原上装饰着精美的观赏植物和鲜花，这是皮斯托亚经济的一个主要特征，并使它在欧洲闻名。观赏园艺产业是最重要的农业活动，它占托斯卡纳农业总产量的25%，占整个欧洲园艺业的5%，使皮斯托亚成为非洲最重要的生产区之一。[①]

根据企业的大小，皮斯托亚产业内的企业可以分为三种类型：①小企业，即小生产者，根据一家大公司的要求，专门生产一个品种的植物，它们与大公司签订了年度合同，保证它们的工作，但利润率很小；②中型企业，既生产产品又使其商业化的生产者，它们往往不依赖于较大的企业，其目标是在国家和国际层面，因此它们是国际网络的一部分，偶尔与之互动；③大企业，约20家企业，它们的活动集中在产品的批发贸易上，主要销往国外市场（欧盟），它们将大部分收入投入到研发活动中，这些活动通常在先进的实验室内部进行，因此在一段时间内，它们已经培育出了五种新的植物品种（一种广玉兰品

[①]　该产业区包括皮斯托亚省的五个城市：皮斯托亚、塞拉瓦莱帕西斯耶、阿格利亚纳、夸拉塔和蒙塔莱。

种，两种栎树品种，两种刺槐品种）。就种类而言，该地区种植的植物种类非常多，但专长是常青树、落叶植物和针叶树。皮斯托亚产业区的企业和公众系统已经能够融合到含有科学知识的企业文化中，因此获得了现代观赏园艺企业培训的高级结构和技术与科学（如本科课程苗圃技术和景观体系结构）的支持。

一些企业积累的经验是如此宝贵，以至于它们在国家层面变得重要——企业需要开发花园和公园、生产方式（集装箱、肥沃的土壤、温室和植物工程等）以及提供服务和相关材料商品。

此外，该地区的特点是产品源自文艺复兴时期的小型托斯卡纳农场的传统，即柑橘和其他外来物种的盆栽种植，或为古典花园提供的园艺。但如今，该地区的许多企业从荷兰获得幼苗，然后在苗圃中培育。然而，最大的企业可以将其种植的植物卖回荷兰的园艺中心。荷兰缺乏适宜的土壤和阳光来让植物成熟，生产成本也比意大利高得多。因此，我们可以观察到两个地区之间发生了一个有趣的分工：在荷兰，科学活动和繁育任务更发达（也与生物技术应用于繁殖阶段相关），本地企业受益于现有发达的国家创新体系，而从小型到成年植物发展的"制造"过程是由意大利产业区组织的。

我们看到园艺产业区不再是低技术活动，但科学在两个地区有不同程度的应用，而且产业区在商品和服务的知识交换方面有一个整合的流动。一些地区专门从事知识密集型活动，而另一些地区不太专业化。在前者中，生物技术活动是植物繁殖、产品创新（新品种的产生）以及应用于物流、销售和营销技术的信息通信技术知识发展的背后推手。后者不能受益于国家在植物繁殖和生物技术科学的先进系统——新应用程序的机械劳动节省灌溉技术及运输自动化等，更多的是与价值链中中低附加值阶段相关，以及一些与典型的内生利基产品（在荷兰没有得到很大的发展，如地中海植物）相关的新繁殖技术的有限进展。这与在本书的其他章节所描述的发生在服装和鞋类区的过程非常相似，与这些产业的区别在于，在更先进的意大利产业区，通常在制造业区内处于"制造"阶段的外国企业专业从事设计、生产技术和营销活动，管理整个全球供应链。

在这方面，令人感兴趣的是，皮斯托亚企业还参与了索纳拉企业的商业活动，它们向这些公司出售苗圃产业的植物和一些机械设备，因为在皮斯托亚产业区，有一些专业企业开发了新的机械。它们现在是这些产品最大的意大利供应商。

皮斯托亚观赏园艺产业区的诞生可以追溯到 1849 年，安东尼奥·巴尔托利尼和年轻园丁维拉·博齐的工作。维拉·博齐的花园及其周围的花园，很快变得太小，不能容纳所生产的植物，所以巴尔托利尼说服他的父亲在卢凯塞省路上租一个狭窄的地段。在这里他建立了他的第一个小苗圃，也是皮斯托亚的第一个苗圃，很快他的兄弟开始与他合作，形成了一个小型家族企业。

1851 年，在一个修道院举行了第一次皮斯托亚园艺展览。1870～1900 年，举办了一些重要的园艺博览会，因为巴尔托利尼兄弟企业不再是皮斯托亚园艺业的唯一一个。在 19 世纪末运作的 15 家公司中，我们可以提及比安科比安奇、拉斐尔菲迪、马西米利亚诺卡佩基公司、马蒂诺比安奇公司和基亚里公司。1895 年，埃内斯托·托内利在花园中建立了一个重要的苗圃，他是第一个将自己的产品"出口"到里窝那市场的人。

皮斯托亚园艺业的生长阶段始于 20 世纪的前 20 年。农业企业的规模和数量都在增加，以前在城墙内进行的活动开始覆盖到城墙外的土地（东部和南部）。在仅仅 20 年的时间里，该地区迅速扩张，覆盖了 200 公顷的耕种区域，远远超过当时的平均水平。此外，1909～1923 年，大量的农业机构、研究、试验和知识扩散，开始支持皮斯托亚的园艺产业生产。

1911 年，意大利专业园艺协会成立，涉及园艺师、花艺师、苗圃专业人员、花园建设者、种子贸易商和花店。它是意大利第一个致力于在业内专业人员之间传递科学、技术和实践知识的协会。

1923 年，意大利成立了果实生长实践与理论观测站，用于果实植物领域的研究和实验。观测站有两个主要目标：一是保持植物品种、治疗各种栽培病害；二是组织水果种植课程、会议，并担任顾问，以促进产业发展。

由于这些举措，该市开发了一种以农业艺术为重点的正规教育制度，定期开设修剪、嫁接和各种农业技术课程的举措奠定了在未来开设农业学院的基础。

20 世纪 20 年代，在克服了由根瘤蚜①造成的危机和第一次世界大战之后，皮斯托亚园艺企业准备重回意大利和外国市场。

在 20 世纪 20 年代到 40 年代之间，由于从较大的苗圃剥离出来后建立了新企业，该地区得到了快速发展。遗憾的是，由于第二次世界大战，该地区又遭遇了另一场危机。一些企业倒闭了，这给该地区留下了很大的空白。

和荷兰一样，20 世纪 50 年代是一个强劲的扩张阶段：企业和员工的数量急剧增加，种植面积从 1956 年的 500 公顷增加到 20 世纪 60 年代末的 3000 多公顷。新的机构和专业学校被建立起来为皮斯托亚公司服务。从 1965 年起，企业家开始参加国际展会，如国际园林园艺展览会（在帕多瓦）和花园植物展（在米兰）。

20 世纪 70 年代，皮斯托亚企业引入了创新性的改进，例如在花盆中大规模种植植物。

---

①　根瘤蚜是一种吸汁蚜虫寄生虫，它以葡萄藤的根为食。最初来自北美，在 19 世纪末到达欧洲。

20 世纪 80 年代，园林植物在市场上占有非常重要的地位。根据需求，皮斯托亚公司引进了灌木蔓生植物的种植，不仅可以种植在花盆中，而且有特殊的形状，使用格子来获得完全原创的产品。该地区企业的创新活动在 Ce. Spe. Vi 发现了一个新的支持者，实验性质的苗圃中心成立于 1981 年，其目的和工作已经在第三节讨论过。

1985 年可怕的霜冻经历促使大学开设了一门新的苗圃技术和管理课程，该课程自 1992 年开始。

20 世纪 90 年代，产品创新是该地区的一个特征，即在集装箱中种植大型树木。橄榄树、草莓树、棕榈树、角豆树、橡树和其他物种被挖掘并运送到皮斯托亚，卸载、放置在合适土壤的大盆中，修剪后放置在地里种植。在这方面，他们可以出售丰富的"即时花园"，这是该产业的一个新趋势，如霍奇森（2004）所证实的。

由于园艺生产的进步和新物种的不断生长，在 20 世纪末，种植面积增加到 5000 公顷。该地区目前由大约 2000 家企业和 5000 名员工组成，其生产的产品近年来已达到约 3 亿欧元的销售额。

三、索纳拉观赏园艺产业区

索纳拉产业区位于帕多瓦省。与皮斯托亚一起，它是意大利古老的园艺区之一。在该地区，2000 多公顷区域中的 40% 用于苗圃种植，约有 1000 家企业。[1]该地区的企业约 30% 是家族企业，土地面积很小（约 1 公顷），大多是一人组成的企业。其中一些雇用家族以外的员工（从 3 个到 8 个不等），只有两三家企业有 20 多个员工。此外，员工通常与公司签订季节性合同。

该区专门从事玫瑰丛和水果树的生产，还包括花园、树木和用于绿化和林业的植物。企业也是有限出口商。最近一些企业开始专门从事园艺、私人和公共花园的维护。这些依赖于批发商采购的生产商收入往往很低。活跃于园艺服务部门，是摆脱市场技术所提供的价格机制的好方法，这种价格机制将生产者置于全球竞争之中，遵循纯粹的新古典主义机制。价格不再依赖于本地成本，而在全球范围内是固定的。

所有在该地区经营的企业与皮斯托亚都有一些关系，以便以低于本地供应商销售的价格购买植物、材料和设备。为此，企业开发了一种有效的物流系统，它以两种方式组织（在皮斯托亚购买工厂和材料），并出售给皮斯托亚（主要是玫

---

① 该区包括帕多瓦省的 10 个城市：索纳拉、坎帕尼亚卢皮亚、坎波隆戈马焦雷、维戈诺沃、萨科河畔皮奥韦、蓬泰圣尼科洛、波尔韦拉拉、莱尼亚罗、圣安杰洛迪皮奥韦和斯特拉。

集群与产业集群中的商业网络——全球价值链的管理

瑰丛）。一些企业从那里购买根茎和幼苗。因此，皮斯托亚更专业于切叶和"即时花园"植物，而索纳拉则擅长于玫瑰丛。索纳拉还参与花园和公共花圃维护的服务部门，它们能够将不同植物的"束"组合在一起，一些机构买了一些并栽培它们。

尽管索纳拉的企业与皮斯托亚和博斯科普之间有着密切的关系，但是它们却倒退了，他们不是在产品开发中采用先进的技术，因此既不是创新者也不是追随者。这可能是由于缺乏内在动机和文化嵌入性，这使得企业家抵制新奇和自我升级。索纳拉是一个遭受内向行为折磨的典型案例。

该地区缺少被企业家认为是不可或缺的实验中心。在莱尼亚罗有农业政策模拟系统，有与农业和兽医有关的一所大学，也包括威尼托中心农业研究；在帕多瓦有一个专门从事农业研究的二级学院，名为"杜卡阿布鲁齐"的农业技术研究所。然而，它们之间并没有多少密切而富有成效的联系。农业学院最近提出了两门专门针对该领域的课程，一门是苗圃技术学士课程，另一门是园林绿化学士课程。但本地企业家不愿意在其小企业内雇用研究生及为大学生提供实习的机会。因此，尽管存在具体的教育计划，但是涉及机构、大学和企业的内部关系网络薄弱，造成了关系真空，使知识流通和合作项目难以进行。

没有有效的元组织者（作为地区边界的管理者，即培训机构或地区博物馆），对索纳拉产业区的演变构成了极大的限制，并且使其保持在质量和技术上远离博斯科普和皮斯托亚产业区。

同样地，在帕多瓦有一个重要的国际展会——国际园林花卉博览会，由观赏园艺产业的领导者每年举办。[①] 令人惊讶的是，这个展会并没有对索纳拉产业区企业的业绩做出很大的贡献。索纳拉的案例表明，单个企业的发展依赖于其地理位置。

与实践社区和先进公司与科学机构网络的存在相关的条件不仅是一种个体特征，而且还取决于与本地环境保持关系的氛围。这似乎是扩散和采用新事物的基本先决条件。与区外运营商的远距离关系并不是创新开发内部产品和流程的充分条件。产业区以知识的"解释"来帮助企业，而产业区的机构提供必要的知识流通，在此基础上，外部关系能够取得丰硕成果。因此，索纳拉产业区将自己定位为全球价值链中的一个薄弱环节，荷兰是将其新产品（以幼苗的形式）出售给索纳拉的创新者，索纳拉没有能力进行技术改进，也没有能力进行新花卉和植物品种的杂交试验。

观赏园艺业的历史起源回溯到威尼斯这个城市，在 15 世纪至 18 世纪，它扮

---

① 展会占地面积约 30000 平方米，每年举办一次，有 1000 多家展商和 35000 名观众参与。数据来源于意大利帕多瓦国际园艺展览相关网站。

演了本地植物科学发展的创造性中心的角色。威尼斯的贵族们一直热衷于种植稀有植物，在这座环礁湖城市和陆地上创造美丽的花园。18世纪，贵族加布里尔·法尔塞蒂围绕他在帕多瓦附近的历史建筑建造了一个大型企业，致力于古老植物的种植，在1793年和1796年他出版了两次著作，详细列出了其所有的植物品种。

在第一次尝试编码观赏园艺知识之后，一些更受欢迎的出版物面向更广泛的受众被分发，而不仅仅是科学和学术界。从1763年起，一个种植水果和花园植物的公共机构活跃在帕多瓦，它是根据国家法令建立的。推广专业知识这一现象也证明，在19世纪上半叶，参与花卉展览不仅是贵族和财富阶层的特权，而且也是普罗大众的一种激情表现。

"促进园艺学会"在1846年至1868年间活跃在帕多瓦，是园艺实践广泛传播的基础。这个协会开始在帕多瓦赞助大量的花卉展览，并在私人别墅推广花卉展览。因此，在该地区我们发现，虽然这些活动缓慢增长，但是其扩张在20世纪前十年加剧。到20世纪30年代，产业区的企业专门从事玫瑰、百合、大丽花、康乃馨和唐菖蒲的种植。

20世纪40年代，本地的园艺企业开始采用欧洲开发的新技术，如温室、供暖系统、水泵、洗衣盒、浴缸等。先驱企业包括以下公司：法西纳、科洛夫、格里巴多、里兹、斯加拉瓦蒂、佐尔齐和范登博尔。当时，这些都是大公司，但后来出于某些原因，它们倒闭了或缩减了规模。

特别重要的是，在这个历史背景下，斯加拉瓦蒂家族企业的故事使索纳拉的名字在整个欧洲闻名。安杰洛·斯加拉瓦蒂出生于1798年，1815年成为莫罗西尼伯爵的专业园丁。1820年，他从伯爵那购买了一块土地（1公顷）。就像许多威尼斯贵族一样，伯爵的经济财富开始衰退，于是他在那里建立一个小的观赏园艺生产基地。1936年，弗拉泰利·斯加拉瓦蒂植物公司在皮斯托亚购买了一家企业，即比安科比安奇园艺厂，这里具有更有利的气候条件种植针叶树。1946年，企业收购了罗马的一些土地。这个家族企业在意大利国王统治期间非常活跃，后来公司在20世纪60年代倒闭了。

在帕多瓦，有许多由农业协会组织的与园艺生产有关的活动。1985年成立了一个专门的园艺协会（帕多瓦苗圃协会），但它不是非常积极地组织会议、与大学签约研发协议以及企业合作与培训活动。因此，2000年又成立了另一个机构（帕多瓦苗圃联盟），它专门提供质量认证（ISO 9001）、组织成员参加会议，并为会员出版观赏园艺植物生产技术手册。

集群与产业集群中的商业网络——全球价值链的管理

第五节　三个案例的简单比较

在表 12-5 中，基于我们对这些公司的访谈，可以发现一些启发性的比较。这三个地区非常古老，现在主要由小企业组成。20 世纪三四十年代，大型企业在产业区内占主导地位，但在"二战"后发生了强大的分散化过程。

表 12-5　索纳拉、皮斯托亚、博斯科普三个地区的比较

	索纳拉地区	皮斯托亚地区	博斯科普地区
自然资源	松散土壤	松散土壤和地中海气候	肥沃湿润的土壤
气候条件	适中	很好	不适宜
历史	1820 年，企业创始人：斯加拉瓦蒂	1849 年，企业创始人：巴尔托利尼	园艺专业化出现于 16 世纪，19 世纪出现了许多公司，第二次世界大战后起飞
地区专业化	有果实的植物和玫瑰丛，维护公共花园和绿地	培育可供"即时花园"使用的观赏植物	小植物、种子和繁殖（R&D 密集型产品）
产品质量	很好	很好	很好
劳动力市场	专业化	专业化	专业化
合作	很低	中等水平	很高（企业和机构中）
基础设施	中等	中等	高级［通过鹿特丹港的存在（货物种类及数量）］
企业组织能力	中小型企业很低，大型企业中等	中小型企业很低，大型企业中等	所有规模的企业都很高
新技术的扩散	有限	更高	很高，物流和电子商务零售；世界最著名的花卉产品拍卖
R&D	无	与意大利的大学有很少的联系	公共支出和企业协会提供了大量的研发资金
宣传	无	无	荷兰植物宣传

资料来源：我们对企业访谈的解读。

然而，科学方法的发展极大地促进了荷兰地区的全球化，并使该地区成为一

种非常特殊的科学活动和实践知识嵌入制造任务的结合。从我们的解释中可以清楚地看出，地方和国家机构发挥了不同的作用。

全球劳动分工正沿着价值链将这三个产业区联系起来：皮斯托亚和索纳拉必须购买它们在荷兰（这里的繁殖活动更加发达）所需要的几乎所有的小型植物，然后在意大利种植小型植物。在某些情况下，成年植物再出口到荷兰，并通过荷兰分配部门先进的商业结构在全球市场上销售。

第六节　结论

本章从关于产业区和集群的概念之间的差异这一问题开始。我们认为，这两个概念之间的主要差异是：①地理边界的定义，在产业区的情况下，与历史依赖系统出现的可能性紧密相关，在这个系统中社会关系影响经济动力；②本地社区的认同感，本地机构的建立，以及某种形式的合作所提供的社会嵌入的存在。产业区的异质性只能通过一种使用定性来源的分析和临时调查来认识。事实上，正如我们已经详细讨论的那样，即使在观赏园艺这样的限制性产业中，三个地区在研究能力、产品类型、技术使用、市场份额、商业模式以及与本地机构的关系方面也明显不同。全球化的影响并没有减少多样性，但它促进了专业化，并加强了它们之间的共生分工。在本章中，我们介绍了三个园艺区的演变，其中两个不太先进，在意大利，另一个（博斯科普）是荷兰较大的园艺集群。

观赏园艺产业的发展清楚地展示了市场全球化如何影响行业的本地化。因此，我们预计生产将转移到能源成本较低的国家，或转移到气候更适宜或劳动力成本更低的国家。然而，荷兰目前处于这一产业的前列，并且包含一整套相关活动和一个专业化的产业区（博斯科普），因为即使在劳动力成本最高、气候最不利的情况下，随着时间的推移，它仍能够在园艺生产和相关研发活动方面发展出强大的专业技能。

大量的专业化机构持续这种趋势，开发一些与大学和研究中心的合作，将最赚钱的活动保留在国内，如植物传播、新工厂工程、种子生产、物流、拍卖、营销和零售，把附加值最低的环节外包，如植物栽培。这种对产品和工艺创新的态度使荷兰处于领先地位，使其能够发挥作为切花和幼苗盆栽的强大供应商的实力，并将其销售到整个欧洲。

集群与产业集群中的商业网络——全球价值链的管理

参考文献

［1］Aiph/union Fleurs （2001）, International Statistics. Flowers and Plants, 49, edited by Florian Heinrichs, Institut für Gartenbauökonomie der Universität Hannover.

［2］Asheim, B. （1996）, 'Industrial districts as learning regions: a condition for prosperity', European Planning Studies, 4: 379-400.

［3］Bair J. and Gereffi G. （2001）, 'Local clusters in global chains: the causes and consequences of export dynamism in Torreon's blue jeans industry', World Development, 29 （11）: 1885-1903.

［4］Bardelli F. （1999）, Storia del vivaismo a Pistoia, Pistoia: Etruria Editrice.

［5］Becattini G. （2003）, 'From the industrial district to the districtualization of production activity: some considerations', in Belussi F., Gottardi G. and Rullani E. and Rullani E. （eds.）, The Technological Evolution of Industrial Districts, Boston: Kluwer.

［6］Belussi F. and Gottardi G. （2000）, Evolutionary Patterns of Local Industrial Systems: Towards a Cognitive Approach to the Industrial District, Aldershot: Ashgate.

［7］Belussi F. and Pilotti L. （2002）, 'The development of an explorative analytical model of knowledge creation, learning and innovation within the Italian industrial districts', Geografiska Annaler, 84: 19-33.

［8］Belussi F. and Sedita S. R. （2005）, 'The global value chain and the symbiotic division of labour between Dutch and Italian ornamental horticulture districts: the cases of Saonara, Pistoia, and Boskoop', in Belussi F. and Sammarra A. （eds.）, Industrial Districts, Relocation and the Governance of the Global Supply Chains, Padua: Cleup.

［9］Belussi F., Gottardi G. and Rullani E. （eds.）（2003）, The Technological Evolution of Industrial Districts, Boston: Kluwer.

［10］Belussi F. （2006）, 'In search of a theory of industrial districts and clusters', in Asheim B., Cooke P. and Martin R. （eds.）, Cluster in Regional Development, London: Routledge.

［11］Belussi F. （1996）, 'Local systems, industrial districts and institutional networks: towards a new evolutionary paradigm of industrial economies', European Planning Studies, 4: 1-15.

［12］Brusco S. （1982）, 'The Emilian Model: productive decentralisation and social integration', Cambridge Journal of Economics, 6: 167-184.

[13] Brusco S. (1990). The idea of the industrial district: its genesis', in Pyke F., Becattini G. and Sengenberger W. (eds.) Industrial Districts and Inter-firm Co-operation in Italy, Geneva: International Institute for Labour Studies.

[14] Buurma J. S. (2001), Dutch Agricultural Development and its Importance to China. Case-study: the Evolution of Dutch Greenhouse Horticulture. The Hague: LEI.

[15] Chesbrough H. (2003), Open Innovation: The New Imperative for Creating and Profiting from Technology, Boston: Harvard Business School Press.

[16] Cocking E. (1989), 'Plant cell and tissue culture', in Marx J. J. (ed.) Revolution in Biotechnology, Cambridge: Cambridge University.

[17] Cooke P and Huggins, R. (2003), 'High technology clustering in Cambridge', in Sforzi F. (ed.) The Institutions of Local Development, Aldershot: Ashgate.

[18] Cresti B. (1991), Il vivaismo ornamentale. Innovazione e crescita di un settore tradizionale, Studi e Informazioni, Quaderni 35, Firenze: Banca Toscana.

[19] Dei Ottati G. (1996), 'Trust, interlinking transactions and credit in industrial districts', Cambridge Journal of Economics, 18: 529-546.

[20] Den Hertog P. (2003), 'The role of cluster policies in economic growth and competitiveness', paper presented at the European Seminar on Cluster Policy, 10 June, Copenhagen.

[21] DTI (2001), Business Clusters in the UK-A First Assessment, London: DTI. ECP. NL (2005) Amsterdam: EbXML for managers.

[22] Elshof P. (1998), 'The Dutch flower sector: structure, trends and employment', SAP 2.68/WP.122, ILO working paper, Geneva: International Labour Office.

[23] European Commission (2001), Methodology for Regional and Transnational Technology Clusters: Learning with European Best Practices, Brussels: Enterprise Directorate General.

[24] Ferretti R. (2004), 'L'andamento del florovivaismo in Europa nel 2004', Linea Verde, Ottobre 2004.

[25] Galaut J. and Torre A. (2005), 'Geographical proximity and circulation of knowledge through interfirm relationships', Scienze Regionali, 1: 5-25.

[26] Garofoli G. (1989b), 'Industrial districts: structure and transformation', Economic Notes, 19 (1): 37-54.

集群与产业集群中的商业网络——全球价值链的管理

［27］Gereffi G. , Humprey J. and Sturgeon T. (2005), 'The governance of global value chain', Review of International Political Economy, 12 (1): 78-104.

［28］Harvard Business School (2002), Cluster Mapping Project, Institute for Strategy and Competitiveness, Cambridge, MA: Harvard Business School.

［29］Hodgson I. (2004), 'Italian plants with designer appeal', The Garden, 129 (3): 194-199.

［30］Hu T. , Lin C. and Chang S. (2005), 'Role of interaction between technological communities and industrial clustering in innovative activity: the case of the Hsinchu district, Taiwan', Urban Studies, 42 (7): 1139-1160.

［31］IPI (2002), L'esperienza italiana dei distretti industriali, Rome: Ministero delle attività Produttive.

［32］ISTAT (2000), Quinto Censimento Generale dell'Agricoltura, URL: http: //www. istat. it/.

［33］Maijers W. , Vokurka L. , Van Uffelen R. and Ravensbergen P. (2005), 'Open innovation: symbiotic network. Knowledge circulation and competencies for the benefit of innovation in the Horticulture delta', paper presented at the IAMA Chicago conference, 19 April.

［34］Marshall A. (1919), Industry and Trade, London: Macmillan. Marshall A. (1920), Principles of Economics, 8th edn. , London: Macmillan.

［35］Martin R. and Sunley P. (2003), 'Deconstructing clusters: chaotic concept or policy panacea?', Journal of Economic Geography, 1: 5-35.

［36］Maskell P. and Lorenzen M. (2004), 'The cluster as market organisation', Urban Studies, 41 (5/6): 991-1009.

［37］Maskell P. (2001), 'Towards a knowledge based theory of the geographical cluster', Industrial and Corporate Change, 10 (4): 921-943.

［38］Matthews R. (1986), 'The economics of institutions and sources of growth', Economic Journal, 96: 903-918.

［39］OECD (1999a), Boosting Innovation: The Cluster Approach, Paris: OECD. OECD (1999b), Economic and Cultural Transitions towards a Learning City: The case of Jena, Paris: OECD.

［40］OECD (2001), Science, Technology and Industry Scoreboard 2001 - Towards a KnowledgeBased Economy, Paris: OECD. OECD (2001a), World Congress on Local Clusters, Paris: OECD. OECD (2001b), Innovative Clusters: Drivers of National Innovation Systems, Paris: OECD.

[41] Paniccia I. (2002), 'A critical review of the literature on industrial districts: in search of a theory', in Paniccia I., Industrial Districts: Evolution and Competitiveness in Italian Firms, Cheltenham: Edward Elgar.

[42] Paniccia I. (1998), 'One, a hundred, thousands of industrial districts: organizational variety in local networks of small and medium-sized enterprises', Organizational Studies, 19: 667-699.

[43] Porter M. (1998), On Competition, Boston: Harvard Business School Press.

[44] Rallet A. and Torre A. (2004), 'Proximité et localisation', Economie Rurale, 280: 25-41.

[45] Richardson G. (1972), 'The organization of industry', Economic Journal, 82: 883-896.

[46] Sammarra A. (2003), Lo sviluppo dei distretti industriali, Roma: Carocci.

[47] Sedita S. R. (2005), 'Knowledge vs. technology: investigating the relationship between R&D and knowledge intensity in the Danish manufacturing industry', paper presented at the 5th Triple Helix Conference, 18-21 May 2005, Turin (Italy).

[48] Sforzi F. and Lorenzoni F. (2002), 'I distretti industriali', in IPI (ed.) L'esperienza italiana dei distretti industriali, Roma: Ministero delle attività Produttive.

[49] Sforzi F. (1989), 'The geography of industrial districts in Italy', in Goodman E. and Bamford J. (eds.), Small Firms and Industrial Districts in Italy, London: Routledge.

[50] Sforzi F. (2003), 'The industrial district and the new Italian economic geography', in The Technological Evolution of Industrial Districts, Boston: Kluwer.

[51] Tacchi a spillo, Padova: Cleup. (2005), 'On the theory of spatial clustering: the emergence of various forms of agglomeration', in Belussi F. and Sammarra A. (eds.), Industrial Districts, Relocation and the Governance of the Global Supply Chains, Padua: Cleup.

[52] Van Klink A. and Visser E. J. (2004), 'Innovation in Dutch horticulture: fresh ideas in fresh logistics', Journal of Social and Economic Geography, 95 (3): 340-346.

[53] VBN (2005), Annual report, Leiden.

[54] You J. and Wilkinson F. (1994), 'Competition and cooperation: towards understanding industrial districts', Review of Political Economy, 6: 259-278.

集群与产业集群中的商业网络——全球价值链的管理

第十三章 产业区和全球化——地方和全球生产系统的学习和创新

菲奥伦扎·贝鲁西（帕多瓦大学），比约恩·阿歇姆（隆德大学）

第一节 引言

"第三意大利"的产业区是本地化学习和内生增长的典范，曾经以整个价值链为特征在本地各区推行。由于全球竞争加剧和更严格的环境法规所造成的产业结构调整，这不再是正常情况下价值链的特定阶段，通常大多数劳动密集型和污染最严重阶段，越来越多地往东欧国家以外的地区和第三世界国家转移，这导致了地区产业结构的转变，以及先前本地价值链的片段化。外包的对象要么是东欧和南欧国家本地拥有的或现有的工厂，要么是外包公司的子公司，或者两者都有。许多实证研究证明了意大利地区企业的离域化策略。

这导致了产业活动（研发、设计、产品开发、销售等）中知识和资本最密集的阶段集中在原来的产业区，而且往往发生在或多或少正式合并的较大的本地大企业组织中。该地区的其他中小企业通过改变身份，从本地生产系统中的分包商转变为在全球生产系统中扮演同样的角色，以适应这种地方片段化的过程。

另一个加速了地方系统本地片段化的重要趋势是知识从"内部到地区治理"向更开放的"全球一体化治理"的转变。这发生在特定的高科技即生物技术地区和产业集聚区，例如，专门从事纺织服装、鞋类、皮革和家具的传统产业区。这也意味着，分析企业知识库的相关视角既不是单个企业，又不总是企业的本地系统，而往往是本地以外的生产或学习系统。

第三种趋势是可以清楚地观察到的，即集群式的产业区中外商直接投资数量增加。通常最具创新性和竞争力的中型企业正在被收购。由于被收购的产业区企业被整合到跨国企业的战略业务系统中，这一新的发展导致了产业区创新网络或系统与新进入企业之间的潜在冲突。引入的外资，带有外国的制度激励和约束，例如，通过内部资本配置和监控体系体现的公司治理体系特征，不一定与本地和区域创新体系兼容或互补。换句话说，这就提出了这样一个问题：当外商直接投资与集群或地区公司相互作用时，它们在多大程度上创造或利用价值？知识生产的治理是跨国公司理论的核心。

外商直接投资在所有重要的企业特定要素的行业都占主导地位，包括利用内部生产的技术或拥有的品牌所产生的优势，当活动可以从总部分离出来并在国际层面上加以利用时，如果结合其他基于位置的优势会更好。然而，跨国公司通过插入现有的知识库，在特定地点建立新的工厂或设施，使其知识开发活动日益国际化。因此，国际化进程似乎得到了支持，不仅是利用现有内部知识的意图，而且是通过获得和吸收外部战略知识的愿望，在外国建立探索性研发。然而，我们能否评估跨国公司在该地区的进入分析？跨国公司为什么会来到这些地区？它们使用的是哪种输入模式？跨国公司的进入如何改变了区域内的知识治理模式，以及作为产业区模式典型特征的知识溢出？

这些过程的影响显然是模糊的，且难以判断。根据它们出现的具体条件，这些过程可以通过两种方式来看待。一方面，作为全球化的消极方面，这降低了一些产业和地方的竞争力，其特点是成本高和工资高；另一方面，它们可以被认为是对全球化进程本身的必要调整和适应。在第一种情况下，这些趋势也可以被视为对本地学习和产业区竞争优势（是它们基于内生动力发展的基础）的本地化嵌入的潜在威胁。没有指责跨国公司对地区模式的侵蚀——被"全球节点"在跨国公司或跨国公司在生产力、盈利能力和实力方面的优越表现所压倒在第二种情况下，离域或产业区的部分领土转移的过程被理解为缓慢但不可避免的产业区"暴露"路径，这种路径是由本地机构组织的，以避免地方经济中的"锁定"趋势。因此，要想在未来保持创新和竞争力，离域化是必要的。

在任何情况下，这些过程将都对本地与非本地条件的相对重要性以及未来区域发展的关系产生影响。接下来我们将仔细看这些倾向，这无疑将加强全球化持续的过程，特别是我们将关注外商直接投资进入本地经济的后果，以评估选定的产业区继续进行信息披露的能力，并继续提升本地企业的知识基础，以保持其竞争优势。

本书将提出一个理论框架来调查这些倾向，并将使用来自"第三意大利"和斯堪的纳维亚的案例研究作为经验例证。我们将特别关注最近被称为"本地氛围"的话题，即本地的创造力来自于知识和信息的聚集过程。为了保持创新和产业区的竞争优势，这里认为邻近关系仍需要产业区和其他形式的本地集群，但是全球"管道"（获取外部知识和信息）正在成为一个支持和加强"本地氛围"的关键因素。

第二节　斯堪的纳维亚案例

亚伦是一个具有传统上高度企业间合作的专业化生产的区域集群。这种合作直到最近通过技术合作制度化，该技术合作是 1957 年由本地企业建立的能力网络，其目的是促进成员企业之间的技术发展，这些成员企业大多是生产主要农业机械的出口导向型中小企业。这使得该地区今天成为挪威工业机器人技术中心，在挪威其工业电子和微电子技术远高于一般水平。因此，原始集群的主要特征包括高度的地方所有权，地方战略控制和劳动力市场，其中，劳动力市场是基于社会资本的存在，具有高密度的工会、低外部流动性、合作的产业关系以及高度的企业间合作。因此，这一群体传统上代表了具有积极互补性的地方体制结构对由所有权、参与性产业关系和企业间合作关系产生的人力资本长期投资战略的激励。

由于全球化的影响，区域集群在过去 10 年中经历了相当大的变化，它仍然具有很强的竞争力和出口导向。在此期间，许多企业被跨国公司收购并转变为子公司。因此，战略决策者（外国公司治理体系）和本地公司之间的信息差距就产生了。此外，一些中型企业本身已经发展到跨国公司的地位，因此它们在本地的企业创新体系和在全球范围内分支机构的结构之间建立了联系。

ABB 于 1988 年收购了 Trallfa 机器人，现在称为 ABB 灵活自动化，这是欧洲汽车工业涂装机器人的领先生产商，是外商直接投资的第一个主要案例，而全球较大的农业设备生产商之一的格兰集团是地方企业成为跨国公司的主要案例。如今，公司在 14 个国家拥有生产设施，并在过去 15 年里在意大利、丹麦、德国、荷兰、法国和澳大利亚购买了公司。外商直接投资的其他案例是瑞典莫纳克在 1989 年接管奥格勒德 DBS，随后在 1995 年整合到格里马尔蒂斯的 Cycleurope，以及英国公司 Williams Plc（如今叫 Kidde Plc）在 1998 年收购了 NOHA 集团。本段第一个和最后一个案例，即 ABB 和 NOHA 将作为在所分析产业区观察到的分化趋势的主要经验例证。

TESA 的所有公司或多或少都不断受到全球化和"企业化"的影响。外部公司很少关注区域和地方问题。"企业化"对 TESA 网络来说是一个挑战。随着成员企业变得越来越不独立，关注它们的跨国公司在网络中的离心力变得越来越强。

由于这些紧张关系，所有属于或与大企业结盟的、独立于国家或外国所有权之外的企业，都不再是 TESA 的成员。这意味着 TESA 网络有被关闭的危险，对本地有潜在的负面影响。属于国际公司的个别企业已经或试图用一种明确的内部产生的创新机制来取代本地的创新系统，已经与国家和国际创新体系建立了外部联系。

全球公司可能向本地组织提供诸如物流、销售和营销等日常资源，这些是组织只有在达到一定规模时才能发展的能力。因此，跨国公司可以充当本地企业和其他外部知识来源之间的连接器，而亚伦不能支持本地创新体系。ABB 案例是一个积极案例的代表。

在亚伦最国际知名的公司是 ABB 灵活自动化。当时，Trallfa 机器人被 ABB 收购，它为欧洲市场提供了大约 50% 的汽车工业涂装机器人。如果 ABB 应用了正常的重组策略，亚伦的机器人生产将关闭，并移动到瑞典的韦斯特罗斯，在这里搬运机器人的生产规模要大得多。相反，在从液压机器人到电动机器人的转变过程中，Trallfa 得到了技术上的帮助，亚伦的生产能力得到了大幅提高，市场扩大到包括美国和亚洲。这意味着 ABB 灵活自动化公司如今覆盖了欧洲汽车工业中对喷漆机器人需求的 70%，在美国为 30%。通常它被描述为在挪威最有利可图的 ABB 部门。亚伦工厂在 ABB 系统中升级为所谓的"供应单元"，其他类型的喷涂机器人的生产已经从德国的 ABB 工厂转移到了亚伦。ABB 灵活自动化公司的成功在一定程度上与本地的嵌入式资源有关，特别是与非正式的劳动力，隐性知识和实践技能，以及在亚伦工厂里积累的关于喷漆机器人的编码知识有关。然而，这也与创造和更新研发项目、技能和科学知识的方式有关。ABB 为公司的需求提供了长期资金。

TESA 网络中包含的机器人技术知识最初代表了强大的本地特定能力或非交易的相互依赖。它们被 ABB 认为是非常重要的，因此解释了不转移它的决定。ABB 灵活自动化活动的复杂综合性要求整合来自不同来源的知识，如力学、信息技术、化学和物理。此外，以符合成本效益的方式改进产品的市场压力很大，这反过来意味着产生和调动劳动力集体持有的知识极为重要。来自公司的证据表明，它的知识基础现在有强大的隐性知识的元素，这些知识是集体积累的，并且是在整个企业员工的广泛基础上积累的。公司在长期雇佣的背景下发展了多职能、跨学科和公司特有的培训，作为其竞争力的先决条件。这些组织发展的特征似乎对公司的竞争力很重要，这些特征在很大程度上基于存在一个运作良好的本地劳动力市场、高水平的分散化和高技能工人之间的非正式协调的组织社区模式。这种模式嵌入到区域体制框架中，特别是在参与性产业关系中。

与其他组织交互学习的界面是有限的，其中与 ABB、Västeraas 合作以及少数本地附带的高精度、低体积组件生产商是唯一的例外。然而，该公司与外部知识来源有关的不同组成领域，如化学和物理。

嵌入式企业持有的知识非常具有黏性，因为学习者需要成为社会团体的内部人员，以便获得其特定的观点，这意味着组织黏性。因此，只要所产生的知识仍然是专门的和不可替代的，那么代表具有高度特定学习的地方组织将内生地抵制转移。本地 ABB 部门和总部之间的知识流动是可见的。它们表明战略一体化的重要性。只要地方单位能够取得令人满意的长期结果，就可以在很少的业务限制下将高度的责任分散到地方管理层，从而减少战略决策者与分配资源的学习过程之间的信息差距。这反过来意味着，战略决策是基于对组织及其学习过程的第一手知识，而不是由自上而下的过程构成。

NOHA 集团是不同的情况。该公司目前专门生产相对不复杂和标准化的产品，在 20 世纪 80 年代末 90 年代初通过广泛的自动化项目，取得了比本地化在低成本国家的竞争对手更大的成本优势。在这一过程中，原所有者持续分配资源用于学习和技术升级的意愿，以及通过使用 TESA 网络中存在的能力发挥了重要作用，这导致了关于工艺开发和自动化相关的黏性知识的大量专业化的积累。由于所讨论的产品是耐用的，因此替代需求低，更广泛的市场准入和更深的市场渗透被认为是探索规模和范围经济所需的合适的公司战略，这最初是通过与欧洲、亚洲和中东地区的外部经销商的具体合作而成功实现的。

生产者早期参与有限的国际化进程，由一家控股公司拥有，该公司以类似或补充的活动向挪威其他地方和斯堪的纳维亚其他地方扩张。然而，20 世纪 90 年代，该公司的配销系统越来越被其竞争对手整合，这造成了竞争力的损失，导致配销成本的提高和市场渗透率的降低。因此，公司要寻找一个新的企业合作伙伴。但是后来，这个新合作伙伴又被一家全球性公司取代。该公司在注入日常和一般资源后进行了国际重组。然而，对公司未来发展的影响仍然不清楚，因为在母国和东道国的两个不同的业务系统之间似乎存在实质性的紧张关系。我们的数据显示，在接管之后，本地公司没有利用财务杠杆来内部开发新工艺和新产品。

因此，公司未来的发展将由母公司外部决定，如今在本地企业不再与获取外部知识来源有联系。这表明存在一个层级化的治理结构，其解释了拉佐尼克和奥沙利文（1994）的"价值提取策略"，收购了本地公司的跨国公司已经将大量生产转移到亚伦，但这似乎更多的是试图获得规模经济的结果，而不是为了在亚伦工厂创造新知识的战略。真正的治理是在一个长期的金融体系的基础上获得的。因此，短期盈利是以牺牲战略学习、创新、资本设备和人力资本的长期投资为代价的。

两种截然不同的商业体系（挪威人在此受到亚伦产业文化的影响）与英国公司协调模式（通常是在纯粹的自由市场经济框架下）之间的对比可能解释了为什么主要人员选择在公司被接管后离开。管理风格、创新战略和产业关系的差异与本地的创新体系密不可分，这也可能在将来造成公司在本地拥有的专门知识的解体，并且可能通过分拆和由企业不满意的蓝领工人和技术人员建立新企业带来的本地未来的内生性发展。

考虑到这个斯堪的纳维亚机械工程专业集群的演化模式，可以确定几个关键点。

第一，通过公司治理国际化向外部知识进行"集群披露"，通常可以更多地被视为获取日益重要的日常资源如物流和销售服务的一种手段，而不是减少本地嵌入性的结果。公司的一些战略方面"知识治理"仍然是基于知识积累、专业能力的开发和更新的本地化过程。

显然，如上述 ABB 灵活自动化公司的案例中，跨国公司的各个部门之间以及公司的研发实验室之间已经产生了组织间的创新协同效应，这增强了本地部门的研发实力。跨国公司单位之间的知识转移是一个比通常认为的更为复杂的问题。此外，嵌入性可能被企业对本地供应商和分包商的依赖性降低的事实所掩盖。

由于其与跨国公司总部的关系，本地公司现在能够利用位于亚伦集群之外的专业能力。基于与零部件生产商的长期关系，ABB 现已建立了广泛的欧洲网络。但这并不意味着在亚伦集群中的本地专业知识已经变得无所不在，或者跨国公司内部的知识贸易已经取代了它，也不意味着被分析的本地公司被嵌入在地区系统的程度减弱。

第二，在理解跨国公司进入与地区之间的关系类型时，最相关的变量似乎与母公司所在地区的公司治理特征有关。这反过来就要求我们深入探讨外商直接投资的进入与现有的本地商业、金融、机构和学习系统之间的联系。

第三，应利用跨国公司进入本地，丰富我们对跨国公司作为知识基础设施的作用的认识。跨国公司在不同的外国和本地公司可能存在差异的知识架构之间构成了一个可能的学习界面。但是，知识创造和积累也可以与产业关系、金融和教育方面的社会差异相关联。特别是，在劳资关系和教育制度的结构方面，存在着知识转移的结构性障碍，这些障碍无法通过正式的所有权结构加以克服。

集群与产业集群中的商业网络——全球价值链的管理

第三节　意大利东北部案例

为了分析全球化进程对意大利产业区模式的影响，我们选择了一个我们所知的东北地区最先进的城市——蒙特贝罗区。蒙特贝罗是一个专门生产运动鞋的地区，跨国公司在 20 世纪 90 年代的进入相当显著。

这个地区位于威尼托地区的中心，在特雷维索北部多洛米蒂山脚下，它被置于工业经济中，无论我们使用什么标准来识别它，其强烈特征都是产业区模式的存在。[①] 蒙特贝罗产业区被认为是意大利具有创新精神的地区之一，因为它是由动态进化企业组成的，它们在过去引入了重要的激进创新。这使得该地区在国际上生产滑雪靴的技术方面占有主导地位，与此相关，该地区在国际市场的销售渠道上取得了广泛的成功。

蒙特贝罗区由约 400 家公司组成，其中约 300 家鞋类生产商和 100 家服装生产商；雇用约 8000 名工人，其中鞋类约 6000 名，服装 2000 名。自 20 世纪 70 年代末以来，蒙特贝罗被公认为是世界运动鞋中心，甚至在 1979 年 2 月的《新闻周刊》中，将蒙特贝罗定义为"雪地产业"的首都。

这个地区不再是一个标准的马歇尔产业区，生产被分割成无数的中小型企业，而活动是根据地区劳动分工组织起来的。[②] 这个产业区现在是一个技术区，蒙特贝罗是国际竞争力和生产能力高度集中的地区。这是一个全球性的专门领域，直接或间接生产的各种不同产品占全球总产出的很大一部分。根据本地的一些报告可知，目前世界上生产的 80% 的摩托鞋、75% 的滑雪靴、65% 的滑雪鞋、50% 的技术登山鞋和 25% 的轮式溜冰鞋在蒙特贝罗制造。

随着出口流动的加强和跨国公司的进入，全球化进程开始于 20 世纪 80 年代中期。20 世纪 90 年代中期，蒙特贝罗区已经对国际市场非常开放：70%~80% 的滑雪靴产品出口，到了 90 年代末，其生产的一半产品种类繁多。因此，1100 亿里拉[③]的货物出口到欧盟国家，如德国、法国、西班牙和英国，以及美国和日本。许多大型本地企业在国外开设商业办事处，本地企业的日常工作特点是密切

---

① 参见阿纳斯塔西娅、科罗（1993），阿纳斯塔西娅等（1995）。

② 地区企业数量是基于终端企业（品牌和非品牌的最终产品生产商），专业供应商（机械生产商、模型制造商、设计师、制造商、模具制造商、鞋底生产商、注塑专家、模具公司等），并致力于劳动密集阶段分包（皮革切割企业、靴子装配企业、上鞋底缝合、部分鞋子装配等）。

③ 特雷维索商会提供的数据。

交换外部关系、商业和生产性联系。

1989 年，东欧国家提供了一个独特的机会发展国际供应链，其基础是鞋类组装等简单阶段的生产，很难直接评估离域过程对该地区的影响。特雷维索省的官方数据显示，2001 年本地企业向罗马尼亚出口了约 430292000 欧元的货物。这些业务与鞋类和运动服产业为罗马尼亚分包公司或罗马尼亚外商直接投资公司提供中间部件有关。有趣的是，它们相当于蒙特贝罗地区总产量的约 35%。

国际供应链的建设，主要是通过罗马尼亚企业组织，显然对本地分包和该地区的企业数量产生了重大影响。1979～2000 年，生产商的数量从 511 家下降到 304 家。该地区的终端企业现在不到 170 家，但是本地分包公司的数量仍然很大，活动的减少主要集中在所谓的"托马菲西"（鞋面生产者）。与此同时，该地区出现了许多大型集团。1989 年，跨国公司贝纳通集团通过收购本地较大领导企业之一诺迪卡的方式进入该产业区。本地就业的统计趋势显示只有小幅下降。从 1997 年到 2001 年，体育系统的本地就业从 9830 个单位增加到 8782 个单位。

该地区仍然有丰富的制造活动、专业的供应商、设计师和其他与体育运动系统相关的活动，并没有成为一个只管理外部离域生产活动的"空心区"。然而，必须注意的是，对于 8782 名在蒙特贝罗工作的员工，在外包的分包活动中，主要分散在东欧国家，有大约 60000 名工人（根据蒙特贝罗靴子博物馆的计算估计）。事实上，地方企业家协会早已确定了蒂米什瓦拉是威尼托地区的第八大省。此外，我们必须考虑到，这个地区位于充分就业的地区，是意大利失业率最低的地区（为活跃人口的 1.8%～2.0%）。

因此，在区域结构调整的过程中，并没有产生长期的失业劳动力。全球化使该地区具有必要的市场劳动灵活性，而没有考虑到许多分包商的小型地方所有者（突然失去了他们的外包订单）在罗马尼亚开了新的工作室，或者在区域内作为罗马尼亚分包商质量的超级控制者（我们的采访）。

该地区的一个明显指标是蒙特贝罗实现的总产出。尽管本地企业和就业人员数量下降，但是生产和产出的数据仍然是乐观的，显示出总体扩张趋势。包括服装（但不是跨国企业贝纳通）在内，蒙特贝罗的产量从 1999 年的 1.992 万亿里拉增长到 2001 年的 2.834 万亿里拉。

在蒙特贝罗地区，我们可以找到 20 世纪 70 年代中期已经出现的第一个国际化进程的痕迹。当时，两家本地企业（洛托和迪亚多纳）生产网球鞋和慢跑鞋（一种生产远离典型的注射塑料滑雪靴产品），并开始将整个产品外包给远东分包商。它们遵循的竞争策略是纯粹模仿大型跨国公司等的路径，这些公司占据了用于网球和慢跑的技术简单的运动鞋的市场。这一战略被认为是必需的，因为所使用的技术相当稳定，以标准化的机器为基础，并以一种不需要本地劳动力特别高能力的生产为基础。因此，唯一相关的战略因素是劳动力成本，在蒙特贝罗的劳动力成本明显高于远东的发展中国家。

然而，这两家公司深深地根植于本地环境：洛托是由卡百利的前业主建立的，被卖给新的企业家；迪亚多纳是一家生产滑雪靴的公司，它没有采用新的塑料技术，而是专注于生产登山靴。以本地企业家平衡的全球化，来解释蒙特贝罗揭示的过程与该地区的存在以及本地知识密集型阶段的"知识治理"（设计、组件创新、新模型的原型设计和循环协调的新技术）完全不是对立的。这种知识永远不会变得无所不在，事实上，进入该地区的跨国公司的所有研发实验室仍然在蒙特贝罗。当索罗门试图将其研究实验室搬到巴黎时，遭到了来自蒙特贝罗的本地技术人员的坚决反对。该产业区人力资本的流动性仍然不如人们想象得那么强。

随着 1974 年卡百利的出售，我们也发现了在该地区跨国进入的第一个内向过程。卡百利被美国斯伯丁公司收购，然后转移到英国沃灵顿，1987 年被法国跨国公司罗西尼奥尔收购（其拥有者是位于莫拉罗的朗格公司，靠近特兰托，由鲍勃·朗格创立，他是塑料滑雪靴的第一个构思者）。罗西尼奥尔—朗格集团于 1977 年又被收购。1990 年，奥地利集团 HTM 收购了布雷西亚，这家公司在过去收购了穆纳里和圣马可等历史悠久的本地品牌。1993 年，圣乔治奥（滑雪靴和登山鞋）进入了索罗门集团。1994 年，意大利坎斯塔公司的所有者伊卡洛·奥利维耶将他的公司卖给了另一家巨型跨国公司，坎斯塔公司是一家专门从事滑雪靴、滑雪板、曲棍球和滑冰鞋成型和金属部件制造的公司，也是加拿大坎斯塔公司在北美的所有者。1995 年，拥有里斯波特品牌的梅拉诺公司被罗西尼奥尔—朗格集团收购。

20 世纪 90 年代，外部收购持续进行，正是在那时，许多本地公司开始放弃这个地区。所以"进入"和"退出"过程共存，但是动机不同。外来跨国公司被本地能力和技术能力的存在所吸引，并利用本地地区来吸收本地积累的有关隐性和编码知识。本地企业使用国际分工生产更便宜的产品。为了寻找廉价劳动力，它们把鞋面组装和制鞋的标准化阶段外包到该地区以外（在东欧国家，如罗马尼亚、匈牙利和波兰）。

然而，在公司管理方面也有一些活动是由地区内部或其他国家企业发起的。1993 年，泰尼卡收购了一家著名的德国公司洛瓦，这是一个外向内部化的案例。1998 年迪亚多纳被因维克塔收购，因维克塔是来自都灵的一家大型意大利企业（小型跨国公司）。1997 年，两家历史悠久的企业多洛米特和特科尼卡合并。1998 年，洛托在卢森堡的一家商业银行的支持下被一群蒙特贝罗企业家收购。

2003，诺迪卡（这是贝纳通运动系统的一部分）被卖给了泰尼卡，泰尼卡现在已经成为该地区最大的冬季运动项目的企业。可获得日常资源，如物流、营销和销售分销商解释了该地区企业规模的持续增长。

然而，这不是简单地将该地区的竞争优势转移给跨国公司。

从贝纳通收购的诺迪卡类似于上文讨论的 NOHA 集团的案例。贝纳通试图在其零售系统中整合该区的运动产品，但并没有起作用。贝纳通不了解复杂的运动产品市场，也不了解消费者的偏好和态度，所以体育项目的独家零售连锁从来没有起飞。知识的管理也失败了，诺迪卡的质量下降了。于是，在损失了一大笔钱后，贝纳通把诺迪卡卖给了一个地区企业（泰尼卡）。

全球化进程的另一个重要方面与向内的进程有关，这表现为外国跨国公司的分包活动。这些跨国公司来到蒙特贝罗，利用在这里积累的运动鞋生产技术。正如杜兰特（1996）所指出的，许多国际品牌向蒙特贝罗企业提供了一些特定项目或高技能任务的订单，用于生产山地滑雪冬季登山鞋如坎贝拉等。所有这些大型团体都利用了该地区的核心竞争力。这个过程被卡费拉塔（1993），格兰迪内蒂、鲁拉尼（1992）称为"扩散全球化"，他们将其与完全基于大型跨国公司行动的"精英全球化"进行了对比。

蒙特贝罗历史上的这一长串主要事件使我们能够把注意力特别集中在两个方面。

第一，一个典型的意大利地区已被该行业一些最重要的跨国公司渗透，但并未消失。这与过去在曼彻斯特和伯明翰发生的情况形成了鲜明对比。地区的衰落并非不可逆转。

第二，区域企业形式与跨国企业模式是否存在理论上的对立？我们在这里看到了全球空间网络之间的奇妙融合，尤其是产业区内跨国公司和本地化生产者网络。一方面，经济邻近似乎仍然相关，以知识和稀缺能力以及能力再生产为基础的地方系统能够保持其特殊性，并随时间积累其竞争优势。另一方面，跨国公司的模式，以及相互关联的规模和范围经济，似乎仍然具有相关性，并具有穿透力。从某种意义上说，蒙特贝罗案中的两个模型仍然是共同演化的。进入该区的跨国公司需要与地区建立联系，相反，本地企业离开该地区，以扩大非产业区、远距离、本地联系的优势。

在我们的研究中，我们通过对跨国公司参与者和地区机构进行定性深入访谈，分析了跨国公司进入蒙特贝罗地区的案例。基于猜想我们对因维克塔、罗西尼奥尔—朗格和索罗门案例进行分析，这些企业是通过外商直接投资的方式进入蒙特贝罗产业区的跨国公司代表。这使我们能够细想一些关键的方面。

集群与产业集群中的商业网络——全球价值链的管理

第一，所有接受采访的管理人员①都解释了他们的跨国公司进入蒙特贝罗的目的，是获得滑雪靴生产技术方面的本地竞争力，因为非常具有创新能力的专业供应商和分包商都位于该地区。五家跨国公司中有两家是带着扩大生产范围的想法来到蒙特贝罗的。他们想使生产多样化，但缺乏必要的能力。因此，跨国公司利用蒙特贝罗的能力完成了设计和工程、新材料、新技术、生产技术的研究、原型的创造和高质量的生产。

第二，五家跨国公司都获得了它们所收购的地区公司的全部所有权，并在不破坏本地竞争力的情况下使用所收购的工厂。它们维持并增加了本地企业及其研发机构的作用，它们没有将其产品的制造移动到蒙特贝罗，它们使用本地工厂作为用于新产品的概念化的工程办公室。

第三，进军产业区并没有给本地产业区的行动者（企业和机构）带来很大的担忧。我们发现对这个问题的看法有很大的不同，从怀疑、恐惧到乐观都有。

第四，跨国公司给该产业区带来了一些缺点。本地企业缺乏管理能力，它们仍然沿着一种传统的家族企业行为组织起来，物流基础设施的薄弱、缺乏一些专业人士、低效的本地运输基础设施等。然而，它们对自己的经验给予了积极的评价，即蒙特贝罗的本地化并没有带来过多的信息溢出效应，它们也不觉得自己面临着被本地公司模仿的风险（如果它们位于其他地方，情况不会更严重）。

第五，跨国公司的进入有助于提高本地企业的竞争力水平，加速竞争力较弱的企业退出进程。跨国公司的进入也加速了最大领导企业的本地反应。现在许多企业已经合并，并且意大利的小型跨国公司已经创建了。在蒙特贝罗，跨国公司的实体也刺激了本地企业家采用新的公司治理模式。让我们引用健乐士和斯通富莱的案例——最近成立的两个高增长组织。它们为户外鞋创造了一个高科技利基，它们对专利活动、广告、分销渠道等有很强的依赖性。很显然，在蒙特贝罗的企业不能允许蒙特贝罗企业家安于现状。

第四节　结论

从我们的分析中，发现了三个主要问题。第一个问题涉及内生发展与竞争优势的区域特异性之间的关系，同时，存在着对这一结构产生的区域片段化的潜在

---

① 访谈是在2001年1月至2002年3月组织的。与跨国公司本地管理人员进行的大多数访谈由克劳迪奥·皮瓦亲自担任，他使用了联合制作的半结构化问卷。通过与受访者的协议，结果将以匿名形式报告。

力量。区域披露是与全球化力量的存在相关的引人注目的方面，全球化力量在一个生产框架内分散了商品和知识的生产，专业化作为建立比较优势的吸引因素发挥作用。因此，全球化是本地学习的必要前提吗？或者它有助于提升在地区或集群中的本地企业所拥有的专业知识的非嵌入性或多样性吗？我们的分析清楚地表明，即使在某些情况下，我们有了改变和与外部来源的交互，专业知识及其相关的学习过程仍然可以嵌入本地。虽然本地系统的嵌入很重要，但是组织的嵌入也很重要。因此，本地系统中的企业遵循不同的模式发展，而竞争地区仍然保持着一种有凝聚力的形态。

第二，本地学习与非本地学习的相对重要性仍然与核心学习过程的激活方式和地方行为者的活力有关，而不是非本地学习的问题取代为地方学习。

第三，以跨国公司的形式进入产业区的外资所有权的存在本身是有问题的，但不是强大的破坏力。外国所有权创造了丰富的持久资本供应，而这种资本的实际使用是由本地的战略管理决定的，就像 ABB 的案例一样，外国所有权可以通过加强和支持本地的学习大大提高本地企业的竞争力。或者说，如在蒙特贝罗的案例中，跨国公司可以利用该地区的知识循环而不破坏其结构。显然，离心力在起作用，长距离供应链的存在不仅代表着一种"地区披露"，而且是一种与集聚和地区"密度"形成对比的力量。跨国公司在两个地区的经验表明，日常资源的可用性，如物流、销售和市场营销等，对本地的发展至关重要。跨国公司拥有的管理技能、营销和沟通能力、协调能力、高创新保护能力等是通常工业园区不具备的丰富资源，因此外资所有权成为持续本地化学习的先决条件。一些协同效应出现了，而不是本地学习过程与全球知识探索和利用之间的对立。跨国公司可以向本地单位传授知识。同样地，随着企业发现自己越来越需要专业知识，非本地学习界面也变得至关重要。这些学习界面是补充而不是替代本地的任何内容，例如公司间学习或内部学习。但是，如果不考虑企业级别的影响，当发生离域时，毫无疑问会对本地集群产生负面影响。已建立的本地公司间网络由于公司用非本地的网络代替而被破坏，从而降低了该地区的增长能力，但也有与使用国际分工有关的其他发展商业机会。

参考文献

［1］Aage T.（2002），'Absorptive capacity of firms in industrial district'，paper presented at Eape Conference，Siena，8–11 November.

［2］Alderman N.（2005），'Mobility versus embeddedness：the role of proximity in major capital projects'，in Lagendijk A. and Oinas P.（eds.），Proximity，Distance and

集群与产业集群中的商业网络——全球价值链的管理

Diversity: Issues on Economic Interaction and Local Development. Aldershot: Ashgate.

[3] Amable B. (1999), 'Institutional complementarity and diversity of social systems of innovation and production', Working Paper.

[4] Amin A. (1993), 'The globalisation of the economy: an erosion of regional network?', in Grabher G. (ed.), The Embedded Firm. On the Socioeconomic of Industrial Networks, London: Routledge.

[5] Amin A. and Robins K. (1990), 'Industrial districts and regional development: limits and possibilities', in Pyke F., Becattini G. and Sengenberger W. (eds.), Industrial Districts and Inter-firm Co-operation in Italy, Geneva: ILO.

[6] Anastasia B. and Corò G. (1993), I distretti industriali in Veneto, Portogruaro: Nuova dimensione.

[7] Anastasia B., Corò G. and Crestanello P. (1995), 'Problemi di individuazione dei distretti industriali: esperienze regionali e rapporti con le politiche', Oltre il Ponte, 52: 163-170.

[8] Archibugi D. and Lunvall B. (eds.) (2001), The Globalising Learning Economy, Oxford: Oxford University Press.

[9] Asheim B. T. (1996), 'Industrial districts as learning regions. Conditions for prosperity', European Planning Studies, 4: 379-400.

[10] Asheim B. T. (1999a), 'Interactive learning and localised knowledge in globalising learning economies', GeoJournal, 49 (4): 345-352.

[11] Asheim B. T. (1999b), 'TESA bedrifter på Jæren-fra et territorielt innovasjonsnettverk til funksjonelle konserndannelser?', in Isaksen A. (ed.), Regionale innovasjonssystemer. Innovasjon og læring i 10 regionale næringsmiljøer. STEP - report R-02, The STEP-group, Oslo.

[12] Asheim B. T. (2000), 'Industrial districts: the contributions of Marshall and beyond', in Clark G., Feldman M. and Gertler M. (eds.), The Oxford Handbook of Economic Geography, Oxford: Oxford University Press.

[13] Asheim B. T. (2001), 'Learning regions as development coalitions: partnership as governance in European workfare states?', Concepts and Transformation. International Journal of Action Research and Organizational Renewal, 6 (1): 73-101.

[14] Asheim B. T. (2002), 'Temporary organisations and spatial embeddedness of learning and knowledge creation', Geografiska Annaler, Series B, Human Geography, 84 (2): 111-124.

［15］Asheim B. T. and Cooke P. (1999), 'Local learning and interactive inno-vation networks in a global economy', in Malecki E. and Oinas P. (eds.), Making Connections: Technological Learning and Regional Economic Change, Aldershot: Ashgate.

［16］Asheim B. T. and Herstad S. (2002), 'Regional clusters under international duress: between local institutions and global corporations', paper, Centre for Technolo-gy, Innovation and Culture, University of Oslo.

［17］Asheim B. T. and Isaksen A. (1997), 'Location, agglomeration and inno-vation: towards regional innovation systems in Norway?' European Planning Studies, 5 (3): 299-330.

［18］Asheim B. T. (2002), 'Regional innovation systems: the integration of lo-cal "sticky" and global "ubiquitous" knowledge', Journal of Technology Transfer, 27: 77-86.

［19］Baccarani C. and Golinelli G. (1993), 'Tratti del divenire dei distretti in-dustriali', Quadernodell'Istituto Tagliacarne, 8: 15-46.

［20］Badie B. (1995), Le fin des territoires, Paris: Fayard.

［21］Bathelt H., Malmberg A. and Maskell P. (2004), 'Clusters and knowl-edge: local buzz, global pipelines and the process of knowledge creation', Prog. Hum. Geog, 28 (1): 31-56.

［22］Becattini G. and Rullani E. (1996), 'Global systems and local systems', in Cossentino F., Pyke F. and Sengenberger W. (eds.), Local and Regional Response to Global Pressure: the Case of Italy and its Industrial Districts, Geneva: Research Series ILO.

［23］Becattini G., Bellandi M., Dei Ottati G. and Sforzi G. (2003), From In-dustrial Districts to Local Development: An Itinerary of Research, Cheltenham: Edward Elgar.

［24］Becchetti L. (2002), La competitività delle piccole e medie imprese ital-ianrispetto ai concorrenti internazionali: capacità di export e forme di internazionalizzaz-ione intermedia, in Galli G. and Paganetto L. (a cura di), La competitività dell'Italia, II, Le Imprese, Ricerca del Centro Studi Confindustria, Il Sole 24 Ore, Milan.

［25］Bell J., McNaughton R. and Young S. (2001), 'Born-again global firms: an extension to the born global phenomenon', Journal of International Manage-ment, 7 (3): 173-190.

集群与产业集群中的商业网络——全球价值链的管理

［26］Belussi F. (2003a), 'Processi di internazionalizzazione e delocalizzazione delle PMI e dei distretti industriali', in Unioncamere－Le PMI nell'economia italiana. Rapporto 2002, Milano: Franco Angeli.

［27］Belussi F. (2003b), 'The changing governance of IDS: the entry of multinationals in local nets. The case of Montebelluna', paper presented at the Druid Conference, Copenhagen, 12-14 June.

［28］Belussi F. and Macdonald F. (2002), 'The evolution of industrial districts and policies towards them: developing policies to help enlargement of the European Union by using the experiences of Western European countries, State of the Art Report on "Industrial Districts" Relocation Processes: Identifying Policies in the Perspective of the European Union Enlargement', Tagliacarne, mimeo.

［29］Belussi F. and Pilotti L. (2002), 'Knowledge creation, learning and innovation in Italian industrial districts', Geografiska Annaler, 84: 19-33.

［30］Belussi F., Gottardi G. and Rullani E. (2000), 'Il futuro dei distretti', Piccola Impresa/Small Business, 2: 3-22.

［31］Belussi F., Gottardi G. and Rullani E. (eds.) (2003), The Technological Evolution of Industrial Districts, Boston: Kluwer.

［32］Biggiero L. (1999), 'Markets, hierarchies, networks, districts: a cybernetic approach', Human System Management, 18: 71-86.

［33］Bonomi A. (1997), Il capitalismo molecolare, Torino: Einaudi.

［34］Brown J. S. and Duguid P. (1991), 'Organisational learning and communities-of-practice-towards a unified theory of working, learning and innovation', Organization Science, 2 (1): 40-57.

［35］Buckley P. and Casson M. (1976), The Future of Multinational Enterprise, London: Holmes & Meier.

［36］Buckley P., Clegg, J. and Forsans, N. (1997), International Technology Transfer by Small and Medium Sized Enterprises, London: Macmillan.

［37］Cafferata A. (1993), 'La transizione dell'impresa multinazionale', Sinergie, 32.

［38］Cainelli G. (2002), 'L'evoluzione dei distretti industriali in Italia', Quaderni IDSE, 5 December.

［39］Cantwell J. (1998), 'The globalisation of technology: what remains of the product-cycle model?', in Chandler Jr A., Hagström P. and Sölvell O. (eds.), The Dynamic Firm, New York: Oxford University Press.

[40] Cantwell J. and Iammarino S. (1998), 'MNCs, technological innovation and regional systems in the EU: some evidence in the Italian case', International Journal of the Economics of Business, 5: 383-408.

[41] Cantwell J. and Janne O. (1999), 'Technological globalisation and innovative centres: the role of corporate technological leadership and locational hierarchy', Research Policy, 28: 119-144.

[42] Carminucci C. and Casucci S. (1997), 'Il ciclo di vita dei distretti industriali', L'industria, 2: 283-316.

[43] Caroli M. and Lipparini A (eds.) (2002), Piccole imprese oltre il confine. Competenze eprocessi di internazionalizzazione, Roma: Carocci.

[44] Castells M. (1996), The Rise of the Network Society, Oxford: Blackwell.

[45] Castells M. and Henderson J. (1987), Global Restructuring and Territorial Development, London: Sage.

[46] Cavalieri A. (ed.) (1995), L'internazionalizzazione del processo produttivo nei sistemi locali di piccola impresa in Toscana, Milano: Angeli.

[47] Caves R. (1982), Multinational Enterprise and Economic Analysis, Cambridge: Cambridge University Press.

[48] Cooke P. (1992), 'Regional innovation systems: competitive regulation in the New Europe', Geoforum, 23: 365-382.

[49] Cooke P. (1998), 'Introduction: origins of the concept', in Braczyk H., Cooke P. and Heidenreich M. (eds.), Regional Innovation Systems, London: UCL Press.

[50] Cooke P. (2001a), 'Regional innovation systems, clusters, and the knowledge economy', Industrial and Corporate Change, 10 (4): 945-974.

[51] Cooke P. (2001b), 'Industrial innovation and learning systems: sector strategies for value chain linkage', Chapter 6 in UNIDO, World Industrial Development Report (WIDR), Vienna.

[52] Cooke P., Boekholt P. and Tödtling F. (2000), The Governance of Innovation in Europe. Regional Perspectives on Global Competitiveness, London: Pinter.

[53] Corò G. (2000), 'La delocalizzazione: minaccia, necessità o opportunità?', in Diamanti I. and Marini D. (eds.), Nord Est 2000, Rapporto sulla società e l'economia, Fondazione Nord Est, Venice.

[54] Corò G. and Grandineti R. (1999a), 'Strategie di delocalizzazione e pro-

集群与产业集群中的商业网络——全球价值链的管理

cessi evolutiv neidistretti industriali italiani', L'Industria, 10 (4): 897-924.

[55] Corò G. and Grandineti R. (1999b), 'Evolutionary patterns of Italian industrial districts', Human Systems Management, 18 (2): 117-129.

[56] Di Bernardo B. (1997), 'Reti: un nuovo paradigma?', in Benedetti E., Mistri M. and Solari S. (eds.), Teorie evolutive e trasformazioni economiche, Padova: Cedam.

[57] Dosi G. (1988), 'The nature of the innovative process', in Dosi G., Freeman C., Nelson R., Silverberg G. and Soete L. (eds.), Technical Change and Economic Theory. London: Pinter Publishers.

[58] Dunning J. (1997), Alliance Capitalism and Global Business, London: Routledge.

[59] Dunning J. (ed.) (1993), The Globalisation of Business, London and New York: Routledge.

[60] Dunning J. and Narula R. (2004), 'Industrial development, globalisation and multinational enterprises: new realities for developing countries', in Dunning J. and Narula R. (eds.), Multinationals and Industrial Competitiveness, Cheltenham: Edward Elgar.

[61] Ernst D. and Kim L. (2002), 'Global production networks, information technology and knowledge diffusion', Research Policy, 31 (8-9): 1417-1429.

[62] Feenstra R. C. (1998), 'Integration of trade and disintegration of production in the global economy', The Journal of Economic Perspective, 12 (4): 31-50.

[63] Foss N. and Pedersen T. (2002), 'Transferring knowledge in MNCs: the role of sources of subsidiary knowledge and organisational context', Journal of International Management, 8: 49-67.

[64] Freeman C. (1987), Technology Policy and Economic Performance: Lessons from Japan. London: Pinter.

[65] Freeman C. (2002), 'Continental, national and sub-national innovation systems-complementarity and economic growth', Research Policy, 31: 191-211.

[66] Gann D. M. and Salter A. J. (2000), 'Innovation in project-based, service enhanced firms: the construction of complex products and systems', Research Policy, 29: 955-972.

[67] Grandinetti R. (1993), 'L'internazionalizzzione sommersa delle piccole imprese', Rivista Italian di Economia e Statistica, 47 (3-4): 119-142.

[68] Grandinetti R. and Rullani E. (1992), 'Internazionalizzazione e piccole

imprese: elogio della varietà', Piccola Impresa/Small Business, 3.

［69］Grandinetti R. and Rullani E. (1996), Impresa transnazionale ed economia globale, Roma: Nis.

［70］Granovetter M. (1985), 'Economic action and social structure: the problem of embeddedness', American Journal of Sociology, 91: 481–510.

［71］Guerrieri P. , Iammarino S. and Pietrobelli C. (eds.) (2001), The Global Challenge to Industrial Districts: Small and Medium–sized Enterprises in Italy and Taiwan, Cheltenham: Edward Elgar.

［72］Hymer S. (1976), The International Operations of National Firms: A Study of Direct Foreign Investment, Cambridge, MA: The Mit Press.

［73］Isaksen A. (2005), 'Regional clusters between local and non–local relations: A comparative European study', in Lagendijk A. and Oinas P. (eds.), Proximity, Distance and Diversity: Issues on Economic Interaction and Local Development, Aldershot: Ashgate.

［74］Kogut B. (1985), 'Designing global strategies: profiting from operational flexibility', Sloan Management Review, 26: 27–38.

［75］Kuemmerle W. (1998), 'Foreign direct investment in industrial research in the pharmaceutical and electronics industries: results from a survey of multinational firms', Research Policy, 28: 179–193.

［76］Laestadius S. (1998), 'Technology level, knowledge formation and industrial competence in paper manufacturing', in Eliasson G. and Green C. (eds.) Microfoundations of Economic Growth. A Schumpeterian Perspective, Ann Arbor: The University of Michigan Press, 212–216.

［77］Lam A. (1998a), 'The social embeddedness of knowledge: problems of knowledge sharing and organisational learning in international high–technology ventures', DRUID Working Paper.

［78］Lam A. (1998b), 'Tacit knowledge, organisational learning and innovation: A societal perspective', DRUID Working Paper.

［79］Lazonick W. and O'sullivan M. (1994), 'Skill formation in wealthy nations: organizational evolution and economic consequences', STEP Report Series, 78 (13): 2262–2265.

［80］Litvak I. (1990), 'Instant international: strategic reality for small high technology firms in Canada', Multinational Business, 2: 1–12.

［81］Lorenzen M. and Mahnke V. (2002), 'Global strategies and acquisition of

集群与产业集群中的商业网络——全球价值链的管理

local knowledge: how MNCs enter regional clusters', DRUID Working Paper.

［82］Lorenzoni G. (1997), Architetture reticolari e processi di internazionalizza-zione, Bologna: Il Mulino.

［83］Lundvall, Bengt-Åke (1996), 'The social dimension of the learning e-conomy', DRUID Working Papers.

［84］Lundvall, Bengt-Åke (ed.) (1992), National Innovation Systems: To-wards a Theory of Innovation and Interactive Learning. London: Pinter.

［85］MacKinnon D., Cumbers A. and Chapman K. (2002), 'Learning, inno-vation and regional development: a critical appraisal of recent debates', Progress in Human Geography, 26 (3): 293-311.

［86］Madsen T. and Servais P. (1997), 'The internationalisation of born global: an evolutionary process?', International Business Review, 6 (6): 561-583.

［87］Malmberg A. and Maskell P. (1999), 'Guest editorial: localized learning and regional economic development', European Urban and Regional Studies, 6 (1): 5-8.

［88］Maskell P. (1999a), 'Globalisation and industrial competitiveness: the process and consequences of ubiquitification', in Malecki E. and Oinas P. (eds.), Making Connections: Technological Learning and Regional Economic Change, Alder-shot: Ashgate.

［89］Maskell P. (1999b), Knowledge Creation and Diffusion in Geographic Clusters, Copenhagen: Druid.

［90］Maskell P. and Malmberg A. (1999), 'Localised learning and industrial competitiveness', Cambridge Journal of Economics, 23: 167-185.

［91］Maskell P., Eskelinen H., Hannibalsson I., Malmberg A. and Vatne E. (1998), Competitiveness, Localised Learning and Regional Development. London: Routledge.

［92］Nelson R. (ed.) (1993), National Innovation Systems: A Comparative Analysis. Oxford: Oxford University Press.

［93］Nonaka I. and Takeuchi H. (1995), The Knowledge Company, Oxford: Oxford University Press.

［94］Nooteboom B. (2001), 'Problems and solutions in knowledge transfer', paper presented at Max Planck Institute Conference, Jena.

［95］Nooteboom B. (2002), 'A cognitive theory of the firm', paper presented at workshop on theories of the firm, Paris.

[96] Osem (2001), Rapporto Osem 2001, Treviso: Veneto Banca.

[97] Oviatt B. and McDougall P. P. (1994), 'Toward a theory of international new ventures', Journal of International Business Studies, 25 (1): 45-64.

[98] Piore M. J. and Sable C. F. (1984), The Second Industrial Divide: Possibilities for Prosperities, New York: Basic Books.

[99] Piva C. (2002), I processi di globalizzazione dei distretti industriali, il caso di Montebelluna, unpublished thesis, Padua University.

[100] Pla-Barber J. , Puig F. and Camps J. (2007), 'Is the influence of industrial district on internationalisation strategies eroding after globalisation? Evidence from a traditional manufacturing industry', paper presented at the 33rd EIBA workshop, 13-15 December, Catania.

[101] Porter M. E. (1990), The Competitive Advantage of Nations, London: Macmillan.

[102] Porter M. E. (1994), Capital Choices - Changing the Way America Invests in Industry, Boston: Council on Competitiveness/Harvard Business School.

[103] Porter M. E. (1998), 'Clusters and the new economics of competition', Harvard Business Review, November-December, 76 (6): 77-90.

[104] Porter M. E. (2000), 'Location, clusters and company strategy', in Clark G. , Feldman M. and Gertler M. (eds.), The Oxford University Handbook of Geography, Oxford: Oxford University Press.

[105] Quadrio Curzio A. and Fortis M. (2000), Il made in Italy oltre il 2000, Bologna: Il Mulino.

[106] Rugman A. and Verbeke A. (2003), 'Multinational enterprises and clusters', Management International Review, 43 (Special Issue 3): 151-169.

[107] Ruigrok W. and van Tulder R. (1995), The Logic of International Restructuring, London: Routledge.

[108] Rullani E. (1998), 'Internazionalizzatine e nuovi sistemi di governance nei sistemi produttivi locali', in Corò G. and Rullani E. (eds.), Percorsi locali di internazionalizzazione, Milan: Angeli.

[109] Rullani E. (2001), 'New/Net/Knowledge economy: le molte facce del postfordismo', Economiae Politica Industriale, 110.

[110] Rullani E. (2002), 'Dallo sviluppo per accumulazione allo sviluppo per propagazione: piccolo imprese, clusters e capitale sociale nella nuova Europa in formazione', East West Cluster conference, Udine, 28-31 October.

集群与产业集群中的商业网络——全球价值链的管理

［111］Sammarra A. （2003）, Lo sviluppo dei distretti industriali. Percorsi evolutivi tra globalizzazione e localizazione, Roma: Carocci.

［112］Sanguigni V. （2002）, 'Inward and outward processing trade as ways of internalisation of Italian SMEs production activities', paper presented at the international conference 'Business policies and strategies in a global market. A framework for SMEs: case studies', Turin, 14 November.

［113］Scarso E. （1996）, 'La rilocalizzazione internazionale del processo produttivo e i sistemilocali del veneto: videnze dai settori moda', Economia e Società Regionale, 4.

［114］Schiattarella R. （1999）, 'La delocalizzzione internazionale: problemi di definizione e delimitazione. Un'analisi per il settore del Made in Italy', Economia e Politica Industriale, 103.

［115］Soskice D. （1999）, 'Divergent production regimes: coordinated and uncoordinated market economies in the 1980s and 1990s', in Kitschelt H. , Lange P. , Marks G. , Stephens J. （eds. ）, Continuity and change in contemporary capitalism, Cambridge: Cambridge University Press.

［116］Storper M. （1997）, The Regional World – Territorial Development in a Global Economy, New York: The Guilford Press.

［117］Storper M. and Venables A. （2003）, 'Buzz: face to face contact and the urban economy', paper presented at the Druid Conference, Copenhagen, 12 – 14 June.

［118］Wenger E. （1998）, Communities of Practice: Learning, Meaning and Identity, Cambridge: Cambridge University Press.

［119］Whitley R. （1993）, 'The internationalisation of firms and markets: its significance and institutional structuring', Working Paper.

［120］Whitley R. （1999）, Divergent Capitalisms – the Social Structuring and Change of Business Systems, Oxford: Oxford University Press.

第十四章 巴西瓷砖行业的产业集群和全球价值链中竞争的新挑战

雷纳托·加西亚（圣保罗大学理工学院），加布里埃拉·斯库（FEI 大学）

第一节　引言

本章将研究在国际竞争情形下新挑战对巴西瓷砖行业产生的影响，特别是其位于圣卡塔琳娜州的克里西乌马地区和圣保罗州的圣格特鲁德地区两个主要本地生产系统的动态。

国际竞争的新特征重塑了全球价值链的组织，主要是因为中国的出口大幅增长（中国已成为世界瓷砖的主要制造商）西班牙产业的动力和创新以及意大利产业参与度的下降。尽管国际竞争加剧，但是巴西产业经历了一段时间的扩张，国内销售和出口同步增长。这种增长反映在巴西工业的高度活力上，它既依赖于瓷砖供应量的扩大，也依赖于公司技术生产参数的显著变化。在这一进程中，在创造和传播新知识以及促进生产者的创新活动方面发挥根本作用的一些因素应得到强调，它们是玻璃材料供应商、资本货物制造商和本地提供服务的机构。还应强调的是，该产业组织在本地生产系统中发挥了重要作用，因为它促进了新知识在行动者之间的传播和流通。

下一节通过介绍瓷砖行业全球链的主要特征来说明这一点。接下来，介绍了巴西产业及其两个主要的地方生产系统，即克里西乌马地区和圣格特鲁德地区的简要全景图。之后，我们提出了一些关于巴西瓷砖行业的动态考虑，以及在其中嵌入新的国际竞争情境，特别关注了在本地生产者之间创造和传播知识的机制。

第二节 瓷砖产业的全球价值链

在过去几年中，全球瓷砖行业的标准正在经历重要的转变，对于其他行业也是如此。这些变革的主要特征塑造了全球竞争的新挑战，主要参与者的地位和市场份额不断变化。这看似矛盾，但瓷砖工业中不断变化的国际竞争与世界瓷砖消费的强劲增长确实同时发生，在21世纪最初五年约有5.6%的年增长率①。与全球产量相比，中国巩固了自己作为瓷砖主要制造商的地位，2004年占全球实际产量的近1/3（见图14-1和表14-1）。

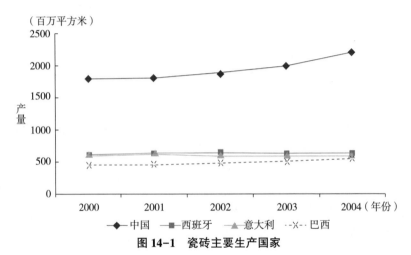

图 14-1 瓷砖主要生产国家

资料来源：ASCER（2006）。

表 14-1 世界瓷砖生产   单位：百万平方米

国家	2000 年	2001 年	2002 年	2003 年	2004 年	2005 年
中国	1807	1810	1868	2000	2200	3100
西班牙	621	638	651	627	640	648
意大利	632	638	606	623	589	572
巴西	453	473	508	534	566	594

---

① 本节中提供的数据是根据从西班牙瓷砖制造商协会收集的信息编码的。然而，数据以物理体量表示，即以百万平方米生产并且不具有财务价值。

续表

国家	2000 年	2001 年	2002 年	2003 年	2004 年	2005 年
印度	97	109	215	240	270	320
印度尼西亚	200	220	230	260	260	—
土耳其	175	155	163	189	216	—
墨西哥	138	167	159	171	177	—
越南	55	95	105	110	165	—
泰国	56	63	100	135	157	—
其他国家	1216	1245	1337	1454	1531	—
总计	5450	5614	5942	6323	6771	—

资料来源：ASCER（2006）。

如表 14-1 所示，2004 年，西班牙占世界瓷砖总产量的 9.5%，居世界第二位，超过第三位意大利的 8.7%。第四大生产国是巴西，负责全球生产的 8.4%。在世界上较大的瓷砖制造商中，只有意大利产业没有呈现正增长趋势，在 21 世纪的头五年国内生产减少了近 7%。意大利产业的负增长基本上与其在国际市场上的参与减少有关（见表 14-2）。

表 14-2 世界瓷砖出口　　　　单位：百万平方米

国家	2000 年	2001 年	2002 年	2003 年	2004 年	2005 年
意大利	436.3	440.7	437.7	417.6	415.5	392.0
西班牙	311.5	339	356.5	335.7	340.5	342.0
中国	24.3	53.1	124.8	206.4	270.0	310.0
巴西	56.8	59.5	73.9	103.6	125.8	114.4
土耳其	61.5	56.4	72.2	84.1	85.5	88.0
其他	263.4	261.7	271.8	320.4	324.9	—
总计	1153.8	1210.4	1336.9	1467.8	1607.4	—

资料来源：ASCER（2006）。

从表 14-2 可以看出，2004 年意大利仍然是世界瓷砖的主要出口国，占世界贸易总量的 25% 以上。[①] 然而，2000~2004 年，我们看到了西班牙的大幅增长，

① 值得再次指出的是，所提供的数据指的是瓷砖的实际生产，而不是生产的财务价值。这对意大利产业的分析尤其重要，因为就该产业的主流趋势而言，意大利产业更具创新性，因此制造和出口附加值较高的产品。在这种情况下，基于实物生产信息的外贸分析肯定低估了意大利产业的参与程度。

巩固了其作为第二大世界供应商的地位，2004年占总贸易的21.2%；中国的增长率非常高，2004年占世界贸易份额的近20%；巴西出口在同一时期增长了一倍多。

意大利和西班牙的国内生产主要面向国外市场，与此相反，巴西和中国的本地生产历来都是面向其各自巨大的国内市场。可以看出，这两个国家都是瓷砖的消费大户。然而，尽管两国的国内市场很大，但是两国在国际市场上都有增长，特别是中国，过去几年的增长率特别高。在很大程度上，这些国家在国际市场上的增长与瓷砖市场的增长有关，尤其是美国，它现在是这种产品在世界上最大的购买者。瓷砖贸易中有一个特别的问题值得注意，即它们的重量很重，这意味着由于价值—重量关系，运输成本非常高。

该产业的一个重要特征是其生产被组织成产业集群，在整个行业和对所有主要的国际生产者都是共通的。在中国，生产集中在广东省佛山市，在那里大约有3000家企业，占中国总产量的60%，占世界瓷砖产量的25%。在意大利，瓷砖的生产主要集中在萨索洛市周边地区，本地约有315家公司，负责意大利80%的产量。除了瓷砖的制造商，萨索洛的本地系统因瓷砖行业的资本品制造商的存在而脱颖而出，它们可以利用其地理邻近作为创新的重要来源。

如前所述，意大利瓷砖行业面临着国际竞争加剧的困境，国际市场份额不断下降。作为回应，一些意大利企业已经在其他国家投资建立制造单位。根据甘布利（2001）的研究，16个意大利公司在海外许多国家经营，有一些企业还不止一个工厂。例如，在美国有3个、法国有6个、西班牙有2个、葡萄牙有1个、德国有1个、瑞典有1个、芬兰有1个、捷克有1个。

部分本应由意大利公司供应的市场现在由意大利公司经营的本地单位提供，这是意大利全球市场份额下降的原因之一。一方面，这种战略提升了意大利企业的竞争力；另一方面，作为次要影响，它削弱了萨索洛的地方体系，本地生产和就业的下降就是证明。决定在国外建立制造单位的企业失去了从萨索洛的企业集群中获得的利益，并试图通过更接近它们的消费市场来弥补。

在西班牙，我们还可以看到在卡斯特利翁市周围地区存在一个重要的瓷砖生产的本地系统。该地区有294家企业，主要是中小型企业，这些企业负责西班牙90%的生产。

正如意大利的经验一样，卡斯特利翁的本地系统因其瓷砖制造商的集中以及玻璃材料供应商的存在脱颖而出。它们专门制造陶瓷工业中使用的化学产品，如玻璃料和陶瓷着色剂。在这种情况下，玻璃材料生产业的发展与紧密的用户和生产者的互动有关，这源于它们地理位置的邻近。应当指出，玻璃材料供应商的存在对于瓷砖行业是特别重要的，因为这种材料的制造是越来越重要的创新来源。

自 20 世纪 90 年代以来，卡斯特利翁的本地系统显示了强大的活力，首先是基于技术进步，表现在对机械、设备以及主要在重要的玻璃材料工业发展方面的大量投资。与意大利的经验相反，卡斯特利翁的企业更加专业化，这有助于加强其与供应商的互动关系。在资本货物供应方面，卡斯特利翁瓷砖生产商和意大利机械供应商之间的巨大互动是值得注意的。

开发玻璃原料和陶瓷着色剂的本地制造商也很重要。根据梅耶尔—斯塔默等（2004）的研究，到 20 世纪 90 年代末，有 24 家地方玻璃原料和陶瓷着色剂公司，其中许多有生产单位。这一事实对于本地生产者特别重要，并且代表了西班牙本地系统的特殊竞争优势，因为上釉材料已经成为瓷砖行业创新的重要来源。过去几十年，与产品开发和设计相关的活动已经从瓷砖制造商转移到玻璃原料和陶瓷着色剂的供应商，这些供应商开始从事大量的这类活动。梅耶尔—斯塔默等（2004）指出，玻璃材料供应商的产品开发部门远远大于陶瓷企业的产品开发部门。

西班牙产业在世界市场上的增长与这些因素密切相关，因为大部分国内生产集中在卡斯特利翁的本地系统。瓷砖制造，特别是其隐性的高水平知识，加强了本地企业的创新性能，对它们在全球市场的份额有积极的影响。尽管中国出口强劲增长，企业也在增长，但是西班牙企业对国际竞争的新挑战的反应模式非常成功。

第三节　巴西瓷砖产业

巴西是世界第二大瓷砖消费国，仅次于中国，是世界第四大生产国。巴西瓷砖制造的发展是由于许多因素造成的，如其国内市场大、有天然原料，特别是黏土、能源的可用性和获得与资本货物相结合的制造技术。20 世纪 90 年代，巴西瓷砖产业的增长率很高，主要与国内市场的增长有关（见表 14-3）。

表 14-3　巴西瓷砖产业的情况统计

年份	百万平方米					比值（%）	
	产量	出口	国内消费*	国内市场销售	生产能力	出口/产量	出口/产能
1990	172.8	12.7	160.1	n. d.	300	7.3	57.6
1991	166	13.9	152.1	149.9	312	8.4	53.2
1992	202.7	21.1	181.6	179.1	312	10.4	65
1993	242.9	25.6	217.3	214.1	320	10.5	75.9

年份	百万平方米					比值（%）	
	产量	出口	国内消费*	国内市场销售	生产能力	出口/产量	出口/产能
1994	283.5	29.7	253.8	259.9	353	10.5	80.3
1995	295	29.4	265.6	261.6	362	10	81.5
1996	336.4	27.9	308.5	309.1	385	8.3	87.4
1997	383.3	29.6	353.7	339.8	385	7.7	99.6
1998	400.7	34.6	366.1	358.7	455	8.6	88.1
1999	428.5	42.6	385.9	383.3	492	9.9	87.1
2000	452.7	56.7	396	393.3	536.7	12.5	84.3
2001	473.4	59.5	413.9	416.3	556.9	12.6	85
2002	508.3	73.9	434.4	456.3	564.4	14.5	90.1
2003	534	103.5	430.5	421	571.4	19.4	93.5
2004	565.6	125.8	439.8	448.4	621.6	22.2	91
2005	568.1	113.8	454.3	442.2	650.7	20	87.3
2006	594.2	114.4	479.8	485.7	672.4	19.3	88.4

注：*表示等于产量减去出口，因为进口很小。

资料来源：笔者基于 ANFACER 和费拉（2002）整理。

集群与产业集群中的商业网络——全球价值链的管理

　　巴西瓷砖国内市场的增长主要是由于这一时期国内收入增加，但是必须强调国内市场瓷砖价格的下降，这是由于这个市场的竞争更加激烈，企业的制造过程进行了改组，成本降低了，生产力大大提高了。与大多数国际经验不同，巴西瓷砖产业的大部分制造过程使用"烘干工艺"①。这一工艺成本低且符合国际要求的质量标准。巴西瓷砖产业的生产系统包括遍布全国所有地区的 94 家企业和 117 家工厂，有大约 25000 名员工（来自国家企业协会的数据）。瓷砖制造商遍布巴西，但是主要集中在四个地区：巴西南部圣卡塔琳娜州克里西乌马地区、圣保罗的大都市区（是该国工业化程度最高的地区，拥有最大的消费市场）、圣保罗州内部的莫吉瓜苏地区和圣格特鲁德地区（也在圣保罗州的内部）。这些地区共同负责国内约 90% 的产出。

---

　　① 通过"烘干工艺"生产瓷砖的过程使用从自然中提取的黏土，然后干燥和研磨，得到适合压制的原料。通过水处理，黏土被浇水、粉碎和雾化，以便水可以被除去，以获得原料本身。在这种情况下，主要的区别是不使用水来获得原料，这将在下一部分中指出。这种制造方法最常用于圣格特鲁德的本地系统。

在这些地区中，有两个由本地生产系统组成的产业集聚区：克里西乌马和圣格特鲁德，下文将分析这两个地区的经验。

第四节　一些方法注释

克里西乌马区由大约 15 家瓷砖企业、14 家原材料供应商（生产商和分销商，它们向瓷砖企业提供服务）和 5 家机械产品和替换零件的制造商/经销商组成。圣格特鲁德区有 36 家瓷砖生产商、30 家釉供应商和 35 家资本品和替换零件的制造商/经销商（2005 年的数据）。

样本是通过使用本地企业协会（圣保罗州瓷砖生产商协会和南加利福尼亚州南巴西协会）的数据库建立的，根据这些企业的二手数据界定。选出了较大的企业，这些企业采取了更重要的创新行动，包括生产过程和工业组织、无形资产的管理（商标、分销和商业化渠道）、产品开发和进入外国市场方面。受访的企业和本地参与者如本章附录所示。

本章提供的信息来自对瓷砖企业和 3 家玻璃材料供应商管理者的 11 次深入访谈，以及与本地行为者的定性访谈。数据收集于 2005 年 8~12 月。面对面访谈的主要代理人是高层管理人员和负责本地机构的人员。为了完成信息收集，经常需要后续电话访谈。

在克里西乌马产业区，5 家瓷砖生产商被采访，其中 1 家采用烘干工艺。1 家生产特殊的瓷砖（装饰），另有 2 家釉供应商被采访。其中有 4 家是在 20 世纪 80 年代和 90 年代末建立的，其他企业分别成立于 20 世纪 50 年代、60 年代和 70 年代。有 2 家企业拥有约 100 名员工，3 家约有 300 名员工，最后 2 家大企业由约 2000 名员工组成。然而，就营业额而言，除了两家大企业，另有 1 家公司的营业额超过 6000 万巴西雷亚尔（2005 年约为 3500 万美元），因此被认为是大企业。3 家公司可以被归于中型企业，且专业的瓷砖生产者是最新的小型企业。

一般来说，企业由家族管理，资本对外部投资者关闭，但 3 家本地企业是股份制企业，由专业高管管理。专业瓷砖生产者有 6 万平方米/月的生产能力。

产品组合是多样化的，制造单元生产所有种类的瓷砖，例如瓷砖、搪瓷、不搪瓷、墙砖和地板。另一家企业在特殊零件市场活动。值得注意的是，克里西乌马的主要企业都是通过水处理（雾化）进行运作的，但在样本中有一家公司使用的是烘干工艺。

在圣格特鲁德产业区，我们采访了 5 家瓷砖制造商和 1 家玻璃材料供应商。

2 家瓷砖生产商通过水处理进行生产。3 家成立于 19 世纪 90 年代，2 家成立于
20 世纪 30 年代和 40 年代。大多数公司由大约 200 名员工组成，只有 2 家企业有
500 名员工。2 家瓷砖制造商的营业额超过 6000 万巴西雷亚尔，被归类为大型。
其他是中型企业。

　　几乎所有的本地企业都由企业家及其家族管理，只有一家公司的董事会正处
于专业化进程中。最大的制造商生产能力是 250 万平方米/月，有 2 家约 80 万平
方米/月，其他企业的产能是 50 万平方米/月。

　　只有那些采用水处理技术的公司才能提供完整的产品组合，因为它们生产特
殊的产品，如地板、门砖及瓷砖。重要的是，这种瓷砖是从中国进口的，而企业
只是在巴西贴上标签——这种趋势在巴西有所增加。

第五节　瓷砖产业中的巴西产业区

　　巴西瓷砖生产商的两个主要集群都位于克里西乌马和圣格特鲁德地区，国内
总产量的 3/4 集中在这里。2004 年样本与整个克里西乌马地区及圣格特鲁德地区
的对比分别如表 14-4 和表 14-5 所示。

表 14-4　2004 年样本与整个克里西乌马地区的总体对比

变量	样本	克里西乌马地区
企业数量（家）	6	15
雇员数量（名）	4535	4847
生产能力（百万平方米/月）	6210000	7270000
国内市场销售（百万平方米/年）	66621280*	45115179
国外市场销售（百万平方米/年）	14860720*	29876715
销售额（美元）	1067269100*	333865260

　　注：*表示这一数额已将该地区以外的机构计算在内。
　　资料来源：笔者的解读。

表 14-5　2004 年样本与整个圣格特鲁德地区的总体对比

变量	样本	圣格特鲁德地区
企业数量（家）	5	36
雇员数量（名）	1594	8000

续表

变量	样本	圣格特鲁德地区
生产能力（百万平方米/月）	5130000	28000000
国内市场销售（百万平方米/年）	49829000	228000000
国外市场销售（百万平方米/年）	4927000	28000000
销售额（美元）	216918650	395730585

资料来源：笔者的解读。

圣卡塔琳娜州的克里西乌马地区是巴西陶瓷公司最传统的产业集群。[①] 由于该地区煤炭的存在（这些煤炭被用来加热炉子），一些本地生产者在 20 世纪 50 年代就开始了这种生产。21 世纪初，本地系统负责巴西瓷砖总产量的 1/3 左右和出口的 2/3 左右。它已成为产品创新和设计的主要中心。一般来说，本地企业在产品开发和设计方面做出更大的努力，从而定义了国内市场的时尚趋势和产品设计。

位于圣保罗州的圣格特鲁德地区是一个年轻的产业集群。本地系统的起源与一个大的黏土坑的存在有关，这种黏土非常适合作为制造瓷砖的原材料。事实上，本地生产的砖和屋顶瓦始于 20 世纪初。但在 20 世纪 90 年代，瓷砖生产获得了强劲的活力，大约有 45 家本地企业开始生产，这些企业目前负责巴西产量的 50% 和出口的 15%。

1. 克里西乌马产业区

克里西乌马产业区是巴西最传统的瓷砖生产中心。一些仍然活跃的本地公司自 20 世纪 50 年代开始运营，但最具活力的时期是 20 世纪 70 年代和 80 年代，与国内瓷砖市场的增长有关。这个高度活力期在 20 世纪 90 年代结束，本地制造商面临来自国内的强烈竞争危机，这是由于陶瓷制品的制造，特别是来自圣格特鲁德的增长。

这场危机引发了本地企业，特别是较大企业的重大调整。这种重组涉及以下因素：停用旧生产线和开辟新生产线，扩建、建设和收购制造厂，设备的现代化，以及组织和管理结构的变化。由于制造工厂的现代化、生产过程的合理化以及更大的生产集中在大型工业工厂，导致生产大幅增长。

然而，这一重组和技术现代化进程并未阻止本地生产者在国内市场中所占份额的减少。本地企业份额下降的主要原因是圣格特鲁德生产者的增长，它们开始占据原来由旧的主要制造中心占据的位置。随着国内市场竞争的加剧，克里西乌

---

① 梅耶尔—斯塔默等（2004）将克里西乌马的地方系统命名为"圣卡塔琳娜州的本地系统"，该地区系统位于该州，并包括一些不完全位于克里西乌马地区的瓷砖制造商。

马的企业试图通过增加创新的努力来寻找解决产量减少的方案，包括使制造过程现代化和通过强化其产品开发和设计活动。

在重组过程中，几家本地企业将一些在本国进行的活动，特别是玻璃材料和搪瓷的生产外包出去。这意味着本地企业过去一直从事与化学工业相关的活动。从 20 世纪 90 年代开始，这种策略变得有问题，因为瓷砖企业不再能够跟随专业玻璃材料供应商的创新而更快地传播。

值得注意的是，20 世纪 90 年代该行业竞争中重要的变化之一是玻璃材料公司在定义最终产品特性方面的重要性增加。这迫使公司将创新、产品开发和设计方面的重要能力内部化。[①]

出于这个原因，在内部进行上釉和搪瓷活动的企业被迫放弃这些活动。[②] 对于从这种变化中而产生的玻璃材料企业来说，集中和加强产品开发和设计努力是有可能的。与外包玻璃和搪瓷活动一样，新的企业进入了玻璃材料供应行业。有几家公司（虽然不是全部，但是其中有很多是西班牙公司）在该地区建立了制造单位，这使得本地公司可以加强与供应商的互动。这对创新和产品开发有积极的影响。

玻璃材料供应商开始将其产品销售给瓷砖生产商，并且提供相关产品和服务的组合，相关产品和服务包括产品概念化、绘图以及制造过程的协助，特别是适应新产品和工艺以及将它们应用于本地原材料和其他本地条件。例如，西班牙籍玻璃材料供应商的巴西子公司，通常使用其驻西班牙办事处和研发中心的专业技术来解决其巴西客户的问题。在产品设计领域，它们不仅是通过收购产品，而且通过具有高经济价值的相关服务与重要的国际中心及其设计中心保持密切的互动，并将这种知识转移给本地生产者。

一些学者如费拉（2002）描述了本地企业这一战略的消极一面，因为在巴西的外国玻璃材料供应商的存在导致本地企业产生困难，且不刺激本地企业的产品开发与设计领域能力的创造和扩散。同时，瓷砖产业及其供应链的新型组织结构表明，要想在瓷砖产业更快地产生、采用和传播创新，专业玻璃材料供应商的存在几乎是一个必要条件。因此，这并没有刺激，反而实际上阻碍了瓷砖生产商开展这些活动。西班牙瓷砖产业在克里西乌马地区的经验特别说明了这种现象。

在克里西乌马地区的瓷砖产业重组过程中，另一个重要因素是通过对资本品

①　如前所述，这一行业竞争优势标准的修改是西班牙瓷砖行业活力的核心。

②　本地企业放弃釉彩活动的一个重要例子是塞克里萨，这项活动产生了一个分拆企业——科勒米纳斯，2000 年开始作为一个独立的玻璃材料供应商，提供服务给位于克里西乌马集群和该国其他地区的其他几家陶瓷公司。

的新投资来实现本地制造工厂的现代化。这造成了主要来自意大利的大量机械进口，以及世界主要的陶瓷工业资本品供应商在巴西设立这些公司的子公司。通常，本地单位不是资本货物的制造商，但它们对公司起着重要作用，既提供替换零件，又提供功能使供应商及其产品更贴近巴西用户①。

由于这些技术和组织重组的努力，瓷砖生产商开始把他们的活动集中在瓷砖的制造。这使得相关活动中的新企业得到增长，如在玻璃材料产业，这刺激了本地系统复杂性的增加。在 21 世纪头十年至中期，本地系统由大约 13 个陶瓷企业、14 个原材料供应商（生产商和分销商，所有都为瓷砖企业提供服务）和 5 个机械设备及替代零件制造商组成。

此外，克里西乌马本地系统复杂性的增加为本地机构的行动创造了新的空间，与本地瓷砖生产商更契合的需求密切相关。事实上，20 世纪 90 年代，这种影响到达克里西乌马本地体系的转变催生了支持创新举措的新机构的出现。一个明显的例子是，1995 年，通过本地制造商协会、本地的国家工业实习服务和圣卡塔琳娜联邦大学的联合行动，创建了陶瓷技术中心。②

技术中心的主要目标是创建一个能够向本地企业提供技术和技术服务的组织，例如，材料分析、实验和实验室测试、产品和生产过程认证、技术信息以及与本地企业互动的研究和开发项目。在最重要的服务中，建立了专门的结构来进行产品质量认证的测试。然而，技术中心的实验室由巴西计量学院认证，除了颁发国际认可的最终产品认证外，还为公司提供 ISO 9001 认证。技术中心还有一个实验性质的生产线，即一个试验工厂，它能够模拟整个陶瓷制造过程，以及半产业化规模的陶瓷制品。在已经开发的优秀研究项目中，有一项研究涉及原材料的适用性、陶瓷原料的发展、玻璃和体外陶瓷上光材料、陶瓷着色剂、釉质产品瑕疵的分析和表征以及工业残留物再利用。

另一个机构是在 20 世纪 90 年代本地体制改革的高峰时期创立的，是 1996 年创立的陶瓷技术高级课程教学机构，它是本地制造商协会和本地一所大学联合行动的结果。

这个教学机构加入了另外两个学徒制度进行劳动力的技术培训。其中一个是马克西米利亚诺·盖津斯基学院，由最大的本地企业的总裁创立，致力于技术学徒的教学，其目标是提供合格的专业人员，并同时为该地区开展社会项目。这所

---

① 这是意大利公司萨克米的案例，该公司设计和制造陶瓷工业的资本品，如雾化器、压力机、烤箱、铸模和硅片。该公司在巴西设立了自己的分支机构，以服务客户，特别是供应替换零件。

② 国家工业实习服务，是一个国家机构，其地方单位在两个主要领域提供服务：一是通过提供中级（技术课程和高级技术）培训获得学徒资格；二是提供技术和技术服务，如实验室测试、实验和产品认证。通常，本地的国家工业实习服务单位根据地区的产业活动和生产系统的本地需求建立其服务。

学校成为全国获得技术学徒职位的最重要机构，为巴西各地的公司提供技术人员。该地区的其他技术方案由国家工业实习服务的本地单位管理。

这里，应该注意圣卡塔琳娜联邦大学材料跨学科实验室的存在。它位于弗洛里亚诺波利斯（圣卡塔琳娜州的首府），距离克里西乌马 200 千米，实验室有一些研究方向，用于从原材料、生产过程和传统的陶瓷产品中开发新的陶瓷材料（包括玻璃质和体外陶瓷材料）。

可以看出，在这种情况下，有一个巨大的制度框架来支持地方企业的活动，包括培训劳动力与合格技术人员、提供技术和技术服务以及开发与本地制造商活动相关的研究项目。然而，正如一些学者（梅耶尔—斯塔默等，2004；费拉，2002）所指出的，企业和地方机构之间的关系存在着困难，这阻碍了相关人员之间建立更多和更持久的联合项目。例如，本地生产者和技术中心之间几乎没有联合项目，其参与主要局限于提供技术和技术服务，如实验和实验室测试。与大学、企业互动发生了同样的现象。

因此，虽然本地企业应对国内市场竞争新挑战的办法意味着在创新活动方面的努力有所增强，但是它们并没有充分利用本地系统中可用的体制框架。结果是，它们不能受益于企业聚集产生的所有积极的外部化机会。

2. 圣格特鲁德产业区

圣格特鲁德和其周边地区的瓷砖本地生产系统位于圣保罗州内部，这个州负责国内生产总值的 45%，其中集中了一些产品的主要消费市场，包括瓷砖。该地区约有 45 家瓷砖企业，这些瓷砖企业负责该国大约一半的瓷砖实物生产。本地系统的起源与小型企业生产砖和屋顶瓦所使用的黏土的可用性密切相关。然而，自 20 世纪 80 年代以来，本地企业投资制造瓷砖，使用本地可用的原材料制造销售给中低收入消费者的瓷砖。

通过这些投资，本地企业在 20 世纪 90 年代经历了巨大的增长，促进了巴西对瓷砖需求的增长。两个因素在这一增长过程中发挥了重要作用。

第一个因素是低成本原材料在该地区的可用性，这允许本地企业通过使用烘干工艺制造瓷砖。这种制造方法一方面具有略微劣于水处理的技术特性，但另一方面，成本显著降低。① 这些较低的成本与从大自然中提取和获得黏土的容易性以及生产成本的降低有关，因为生产过程所需的时间较短，这意味着巨大的经济效益。然而，应该指出由于该区域黏土不受控制地被提取和该活动中的低技术标准所造成的问题，特别是缺乏地质学、矿物工程和环境平衡的技术。矿物研究的缺乏对采矿混合物的活性和矿石批次的均质化产生有害影响，导致批次质量的不

---

① 烘干工艺中出现较低的技术特性是由于原料的非雾化，这阻止了必要的模具分布，产生更大的浪费。

稳定，在许多情况下，只能在瓷砖的制造阶段检测到质量问题。这导致重大损失。此外，开采黏土还会造成环境问题。

第二个重要因素是企业在现代化制造过程中的大量投资，特别是获得最新的技术资本品。除了获得烧制过程中使用的现代化炉子之外，企业还购买了用于原料制备的新系统以达到对颗粒大小的要求，这使得造粒和湿化过程得到了显著的改进。

值得强调的是资本货物供应商，特别是意大利人对本地生产者的重要性，因为他们允许本地企业加速现代化，特别是通过使设备适应本地生产过程的特征。可以从制造过程的现代化看出，以这种方式，圣格特鲁德瓷砖生产商的增长涉及制造领域能力的创造和扩散。应当强调的是，意大利资本货物供应商通过向本地生产者传递知识，在发展这些能力方面发挥了重要作用。

然而，我们还必须指出促进增长过程的另外两个因素的重要性，即玻璃材料供应商和本地服务提供机构，特别是技术创新中心。

因为瓷砖产业竞争的新特征，玻璃材料供应商的作用特别重要。产品开发和设计由供应商完成，并在很大程度上转移到本地生产商。由于圣格特鲁德的瓷砖生产商没有内部产品开发部门，它们可以依靠其供应商的服务，免除了它们自己建立发展结构的责任。

一般来说，本地制造商为中等收入和低收入消费者提供服务，其产品需求不太重要。因此，瓷砖的本地制造商不需要建立内部产品开发区域，因为它们依赖于由它们的供应商临时提供需求和陶瓷着色剂设计的产品。这加快了本地生产者的增长，它们没有必要发展自己的能力，而且还利用了外部能力，加强了它们的联系。

技术创新中心的作用也非常重要。2002 年，在圣格特鲁德通过生产者协会和本地公共行政机构之间的合作，它在巴西陶瓷中心的支持下建立，巴西陶瓷中心是巴西的主要机构，为该行业的企业提供服务。按照设计初衷，技术创新中心的设想是按照巴西和国际规范进行测试和实验室分析，以便进行产品认证。[①]

然而，圣格特鲁德技术创新中心的作用远远超过了产品认证的任务，因为其活动也开始包括向制造过程、售后技术提供援助。作为一个例子，技术创新中心的售后技术援助服务涉及处理来自最终消费者的索赔，涉及生产者和最终消费者之间的司法争端，以及向消费者提供服务，包括颁发证明陶瓷产品特性的技术证书。技术创新中心还拥有产品和设计创新中心，其具有物理结构和有建造装饰项目的人力资源资格、开发和传播创新的项目管理方法、开展图像研究特别是试图

---

① 技术创新中心包含在巴西陶瓷中心的结构中，自 1998 年起获得陶瓷产品认证。

激发产品的自我认同本地系统。此外，技术创新中心还对新的原材料和产品进行研究和开发，其中一些是与本地的大学合作。

在这个意义上，技术创新中心在促进地方能力发展方面的作用是非常重要的。尽管其活动与产品认证密切相关，但是技术创新中心发挥了更大的作用，尤其是在制造业活动的升级方面。出现这种情况的原因是，为了使其产品达到必要的技术要求，并达到认证体系所要求的水平，本地企业被迫升级其制造工艺。在这方面，它们得到了技术创新中心的协助，该中心向本地生产者提供了一些重要服务。

然而，应该观察到，尽管技术创新中心内存在一个产品和设计创新领域，但是该机构最重要的活动仅限于制造业的功能，创新活动和产品开发方面的进展很少。其主要原因是圣格特鲁德瓷砖的制造商没有在产品开发和设计方面的积累，产品开发和设计这种活动仍由它们的玻璃材料供应商负责。有趣的是，可能由于本地企业制造产品的技术简单，它们甚至没有整合创新能力，这种创新能力改善了与化学原料供应商的交流，这将允许它们更好地利用由用户打开的潜力——与生产者的交互。

必须要强调的是，主要是在 20 世纪 90 年代和 21 世纪初，本地企业的增长与国内市场的强劲增长联系在一起。随着本地生产者的迅速增长，制造业活动的重大升级进程也在进行。这种升级是由于一些代理商如机械供应商、玻璃材料公司等与本地企业联合作用的结果。

第六节　结论

面对瓷砖产业全球价值链的新竞争挑战，本节分析了影响巴西瓷砖产业的主要因素，更具体地说，是分析了它的两个主要的本地生产系统，即克里西乌马和圣格特鲁德。

值得注意的是，近年来全球竞争格局的主要特征是：中国在全球市场上的巨大增长，成为全球主要的瓷砖制造国；西班牙产业的发展与卡斯特利翁本地系统中玻璃材料供应商的互动密切相关；尽管意大利资本货物工业集中在萨索洛地区，但是意大利产业的份额在下降。

巴西在全球市场中占有很小份额。特别是由于其集聚到国内市场，瓷砖的生产主要是由巴西消费者驱动。然而，在最近几年出口大幅增加。① 这似乎是矛盾的，但巴西陶瓷产业在过去几年的巨大增长与国内市场的增长密切相关。圣格特鲁德瓷砖的本地生产系统与巴西农业相比，呈现出更高的增长率，这意味着本地生产商增加了其在国内市场的份额，并推动其他企业在国外寻找新的市场。来自圣格特鲁德本地系统的企业正在海外寻找新的市场，是巴西出口增长的主要原因之一。

这是巴西瓷砖行业与其他国家（如意大利和西班牙）的主要区别之一，这些国家的工业结构也是由本地生产体系塑造的。尽管近年来巴西瓷砖出口大幅增长，但是 2004 年巴西瓷砖出口占国内总产出的比例略高于 20%。意大利产业的同比增长率约为 70%，这清楚地表明了它在全球产业链中的巨大份额，以及国际市场对国内产量的重要性。②

巴西瓷砖的进口非常小。这表明，尽管巴西国内市场规模巨大（是世界第二大市场）以及有强劲的全球竞争力，但是外国企业不参与巴西市场。此外，拥有强大商业资产（如品牌和贸易渠道）的巴西公司不会将产品转包给外国供应商，以便在巴西国内市场销售，这种情况在服装和鞋类等其他行业很常见。这种策略的原因是瓷砖的物理特性，正如前面指出的那样，其具有非常低的价值—重量关系。巴西产业的供应和制造能力以及生产力都显示出强劲的增长。

通过这种方式，巴西的瓷砖行业就没有像纺织、服装、鞋类、家具等行业那样，强势地嵌入到瓷砖市场的全球价值链中。巴西瓷砖企业的大部分销售来自国内市场，进口量非常小。即使有一些国际企业的增长和强劲的国际竞争，巴西公司不仅能够参加国内市场，而且能够增加外部销售。

因此，中国在全球市场的增长并不强烈地影响巴西瓷砖产业，因为其进口增长较小。在全球市场，中国产业成为全球最大的供应商，对全球生产链的竞争标准产生重要影响。尽管有这种不利的国际形势，但是巴西工业几乎没有受到影响。我们可以证实巴西瓷砖出口显著增长，在 2000~2004 年几乎翻了一番。

然而，为了做到这一点，巴西企业在另一种价值链中紧密相连，即知识价值链。巴西公司能够捕捉到大量来自国外的知识流并从中学习。通过从外部和全球来源获得新知识，解决了本地知识和企业能力方面的一些不足，特别是在两个重要的本地系统中。这个过程非常类似于由贝鲁西等（2006）提出的过程，因为本

---

① 需要指出的是，瓷砖具有低的价值—重量关系，这使得该产品很难在国际上交易。因此，瓷砖产业的发展总是与巨大的内部需求的存在联系在一起。也就是说，所有的主要生产国同时也是巨大的消费国。

② 2004 年，西班牙的出口系数略高于国内生产的 50%，而在中国，由于其庞大的国内市场，该指数同年仅达到 14%。

地聚集的企业能够通过学习来自国际的全球知识流动来增强其能力。①

巴西瓷砖行业在过去几年的发展伴随重要的质量变化，以及技术生产能力的创造和积累。这一过程在圣格特鲁德本地系统中尤其重要，而且表现出更高的活力。可以强调的是，正如贝尔、阿布（1999）指出的那样，生产系统和知识系统之间联系的典型情况，以一种允许本地公司积累新能力的方式发生。

有几个重要因素显示了知识的创造、传播以及积累能力过程的重要性。第一，该行业主要有来自意大利的资本品供应商。它们构成了知识和创新的宝贵来源，因为它们收购新机器并与其密切互动为克里西乌马和圣格特鲁德的巴西企业的生产系统提供了重要升级，包括生产力的大幅提高。

第二，与釉料供应商的相互作用，特别是用于瓷砖的熔块和陶瓷着色剂方面。在克里西乌马企业的案例中，这些相互作用为制造商在瓷砖中加入新的属性和增加价值创造了条件。在圣格特鲁德生产商的案例中，与玻璃材料公司的相互作用使快速增长成为可能，因为小企业没有必要将产品开发能力内化，因而转化为玻璃材料供应商承担的任务。

第三，地方机构向生产者提供真正的服务。因此，它们发挥了重要作用，这可以在圣格特鲁德本地系统的案例中以特殊的方式证实。在该系统中，本地技术中心在创造和向本地企业传播新知识方面发挥了重要作用。尽管技术创新中心最初只是为产品认证提供分析服务和化验，但是它已成为向本地公司传播科技知识的重要渠道。

第四，企业在地理位置上的邻近和本地的生产体系，在企业之间创造和传播新的技术和技术知识方面也发挥了非常重要的作用。这些本地化生产结构所共有的地理上的邻近性，刺激了知识的流通，以及由参与者聚集而产生的一系列利益，并使制造商能够获得这些利益。这允许企业通过使用贝尔、阿布（1999）的术语，通过升级知识系统来提高自身能力，并对生产系统产生了非常好的效果。

参考文献

［1］Albors J.（2002），'Networking and technology transfer in the Spanish ceramic tiles cluster：its role in the sector competitiveness'，Journal of Technology Transfer，27：263-273.

［2］Alegre-Vidal J.，Lapiedra-Alcamí R. and Chiva-Gómez R.（2004），'Linking operations strategy and product innovation：An empirical study of Spanish ce-

---

① 贝鲁西（2008）在对蒙特贝罗运动服装区的研究中显示，在本地公司的演化模式中，它们能够获得来自国外的重要知识流。

ramic tile producers', Research Policy, 33（5）: 829-839.

［3］Bell M. and Abu M. （1999）, ' Knowledge systems and technological dyna-mism in industrial clusters in developing countries', World Development, 27（9）: 1715-1734.

［4］Belussi F. , Pilotti L. and Sedita S. （2006）, 'Learning at the boundaries for industrial districts between exploitation of local resources and the exploration of global knowledge flows', Working Paper.

［5］Ferraz G. （2002）, 'Nota Técnica Final da Cadeia Cerâmica', in Coutinho L. , et al. （eds. ）Estudo da Competitividade de Cadeias Integradas no Brasil: im-pactos das zonas de livre comércio. São Paulo: IE/NEIT/UNICAMP. Contrato MDIC/MCT/FINEP.

［6］Galbadon-Estevan D. , Lucio I. and Esparza E. （2007）, 'Appropriability, proximity, routines and innovation', proceedings of DRUID Summer Conference, Co-penhagen, Denmark, 18-20 June.

［7］Gambuli P. （2001）, 'Tendências mundiais da produção de revestimentos cerâmicos', Cerâmica Industrial, 6（6）, November-December.

［8］Meyer-Stamer J. , Maggi C. , Siebel S. （2004）, 'Upgrading in the tile in-dustry of Italy, Spain and Brazil: insights from cluster and value chain analysis', in Schmitz H. （ed. ）Local Enterprises in the Global Economy: Issues of Governance and Upgrading, Cheltenham: Edward Elgar.

［9］Russo M. （1985）, 'Technical change and the industrial district: the role of interfirm relations in the growth and transformation of ceramic tile production in Italy', Research Policy, 14（3）: 329-343.

［10］Russo M. （2004）, 'Processi di innovazione nei distretti e globalizzazione: il caso di Sassuolo', Economia e Societá Regionale, no. 3, Milan: Franco Angeli.

附　录

受访公司

企业	产业	位置
埃斯马尔泰克	釉用原料	圣格特鲁德
巴斯蒂斯特拉	瓷砖生产商	圣格特鲁德
尤尼格雷斯	瓷砖生产商	圣格特鲁德
比利亚格雷斯	瓷砖生产商	圣格特鲁德

企业	产业	位置
德尔塔	瓷砖生产商	圣格特鲁德
布希内利	瓷砖生产商	圣格特鲁德
塞克里萨	瓷砖生产商	克里西乌马
塞萨	瓷砖生产商	克里西乌马
伊莲娜	瓷砖生产商	克里西乌马
德鲁克	瓷砖生产商	克里西乌马
维格雷斯	釉用原料	克里西乌马
科勒米勒斯	釉用原料	克里西乌马
加布里埃拉	瓷砖生产商	克里西乌马
莫利扎	瓷砖生产商	克里西乌马

采访的本地活动者

组织	类型	位置
CCB-巴西人陶瓷中心	研究中心	圣格特鲁德
ASPACER-圣保罗瓷砖生产商协会	贸易联盟	圣格特鲁德
CTC/MAT	研究中心	克里西乌马
SINDCERAM	贸易联盟	克里西乌马

集群与产业集群中的商业网络——全球价值链的管理

第十五章 中国地方发展和创新政策——广东专业化城镇的经验

安娜丽莎·卡洛菲（佛罗伦萨大学）

第一节 引言

作为经济情景特征的全球生产关系的复杂网络，在地方竞争力方面产生了根本变化。这就对产业集群和区域的变化、升级以及它们的管理提出了新的挑战。特别是，如若干理论和文献所强调的，在全球规模的产业组织中嵌入企业、集群和地方产业可以加强或限制其发展的可能性，从而改变其增长或衰退的模式。这些可能性虽然不是由企业和集群所处的全球价值链上的权力分配动态所决定的，但是受到了强烈的影响，且由本地或超本地机构实施的战略性支持行动可能会加强它们。这让我们回到了集群的层面，包括它的业务和治理结构，它的系统属性，不同地方利益相关者所扮演的角色，以及连接它们的业务网络和制度联系。因此，需要适当结合对全球和本地正在行动的力量的分析，以确定促进集群升级的最适当的政策杠杆和干预水平。

关于理解产业集群增长中本地力量和外部力量之间的网络关系，中国的情形是一个有趣的案例。我们对中国广东省的产业集群和专业城镇进行了长期的实地研究，其主要发现使我们对这一丰富多样的力量有了更深入的认识。该研究强调了外国企业和本地企业家精神和能力储备所发挥的作用，以及支持产业集群发展的区域政策的影响。我们选取了一些位于广东省的中国产业集群进行分析，旨在揭示在不同的商业和制度背景下，地方政策对集群升级的作用。

本章的安排如下：根据关于地方发展模式的大量文献和关于全球价值链中工业集群嵌入的贡献，第二节讨论了地方治理和政策在影响集群升级中起到的作用。第三节简要概述了中国各种产业集群，以及旨在支持其发展的主要政策干预。第四节通过对插入到全球价值链中的特定数量的集群的分析，丰富了这一描述。第五节利用所选择的案例，尝试集中讨论集群升级的不同策略杠杆，并讨论它们在不同的商业和制度环境中的相关性。第六节为结论。

第二节　集群升级的本地治理与创新政策

最近的文献强调了全球规模的产业组织对企业发展的影响，试图解释全球价值链的嵌入可能如何改变其增长或衰退的模式。这些模式受到嵌入企业的全球价值链治理结构的影响，但不是由其决定的。然而，它们可能会被一些策略所修正，这些策略旨在利用影响全球价值链中权力分配的变量：交易的复杂性、编码化以及供应基础的能力。这些战略主要是在企业层面制定的，但它们可能受到社会经济环境的影响。尤其是，创新政策通过促进企业知识基础和能力的发展或采用国际产品和流程标准可以发挥重要作用。

当集群嵌入全球价值链中时会发生什么？向中观层面的转变引入了一些复杂情况，主要与定义升级概念和地方治理机制有关。根据汉弗莱、施密茨（2002）的建议，通过发展成产品、工艺、功能和交叉创新集群的结果可以被认为是适当的升级。当集群通过创造新的更好的产品、通过更有效地生产、通过转入更高附加值的活动、通过获得新的功能或进入新的生产活动而获得更高的附加值时，集群就会升级。在一个显示系统特性的集群中，尤其是在产业区中，创新过程的成功实施与活跃的创新生态系统的维持密切相关。在这个生态系统里，集群企业依靠其他本地和外部机构产生的知识流。这个生态系统建立在社会制度基础上，包括为机构的行为提供指导的本地习俗和习惯，从而实现特定公共产品的架构，促进创新的集体过程的出现。[①] 因此，集群升级与相关社会制度结构的演变密切相关。[②]

我们来看一下地方治理机制。驱动机构行为的本地制度的生产和复制被嵌入在由本地行动者执行的战略行动中。然而，本地制度随着产业的集群和地域而发展，因此可能随时间而改变，对本地治理机制产生直接和间接的影响。因此，在

[①]　正如贝鲁西（1999）所强调的，知识的积累和传递的过程可以被看作是集体的，不仅因为它分散在许多个体之间。在集体意义上，知识和经验的存储主要由集体实体进行和每个本地系统的生产性文化传统（本地开发的隐性技能、习俗和习惯）构成。

[②]　显然，这并不是要低估作为地方治理机制的主要行动者的个别企业所执行战略的重要性。

内部或外部冲击的存在下，组织支持本地系统的行动更加困难（尽管更加必要），这些冲击会导致本地经验规则发生根本变化，就像在外部驱动的全球价值链中嵌入集群时可能发生的那样。以发展中国家的集群为例。在这里，特别是在全球价值链中嵌入集群可以促进短期内纳入新的市场的产品和过程的质量升级，但是对地方治理和地方发展可能有影响。文献中讨论的一些案例研究表明，全球买家的活动可以通过重塑本地的劳动分工或改变本地机构之间的权力分配，逐步改变集群的产业和治理结构。这种变化可能会削弱旧的生产和认知联系的重要性，以及部分本地企业和机构（不包括在全球价值链内的企业和机构）的活动，改变本地利益相关者群体的组成，并逐渐修改本地的经验规则。在发展的中期，集群的功能性升级的策略不仅由全球性企业因希望保持自己的核心竞争力而可能会限制企业嵌入价值链的发展来阻止，而且能通过本地层面的旧的生产力、认知和战略联系的损失来阻止。因此，在集群层面支持行动的组织可能会因本地利益相关者群体的损失而受到阻碍，从而导致较弱的地方治理。① 在这方面，内生性的解决办法可能是调动新的治理杠杆，促进建立一个新的利益共同体，并提供新的激励和新的规则，允许机构进行协调。然而，仅根据动员本地利益相关方的内生性解决办法一般来说是不够的，不同层次的政策支持是有余地的。

我们可以考虑促进集群升级的政策。大多数集群创新政策旨在支持本地生态系统的基础知识和能力，因此，它们不局限于旨在利用集群企业的复杂性、编码和专业化的有限范围的行动，也不局限于狭义的促进创新的政策，而是扩展到广泛的不同类型的干预，如支持学习和创新的集体过程和地方治理机制的显著参与。②

然而，正如有关产业区和地方发展的文献所强调的那样，需要地方和更高层次的政策来支持系统性条件的发展，而且这些条件不能仅仅通过管制和规划来提供，而应该至少部分已经存在。这不是企业一般地理集聚的情形，企业可能是由外部力量产生和强烈驱动的，而且升级战略可能旨在通过促进本地和外

---

① 正如汉弗莱、施密茨（2002）针对西诺斯谷的案例所讨论的那样，嵌入准层级全球价值链中的大型生产商的增长已经逐渐改变了商业关系网络和地方层面的权力分配。为外国客户生产的大企业的激励措施与本地小型企业的激励措施之间的逐渐失调，已经逐渐削弱了传统集体组织如地方商业协会的代表性，从而妨碍了由后者驱动的集团战略升级的实现。

② 梅特卡夫、拉姆洛根（2007）的研究中提到了一个广泛的创新概念，其根植于一个连续的学习过程，在这个过程中，公司和其他机构掌握和实施新的商品与服务的设计、生产和营销（对它们来说是新的），虽然这对它们的国内外竞争对手来说不一定是新的。此外，他们还认识到，知识获得的方式在很大程度上取决于社会过程的互动和沟通，因此也依赖于组织，其结果是知识与创新的发展依赖于这些相同的社会过程。通过这些社会过程，信息流得以组织。

部企业之间的向前和向后联系的建立来促进外部企业的嵌入。在这种情况下，必须通过识别和动员本地利益相关者群体，以及针对新规则的创建采取有针对性的行动，来建立一个新的地方治理结构。这一行动要求本地和上级机构之间密切合作。

如果考虑在全球价值链内集群的嵌入，那么升级的可能性、正确识别政策杠杆水平和干预水平需要对集群的产业和治理结构进行深入分析，包括确定本地利益相关者及其商业和机构的网络链接。正如一些文献所建议的，没有全面的或标准的解决方案。但是，确定集群的不同模式或类型，即它们不同的业务和体制结构、组织和业绩，可能有助于确定它们的增长潜力和将要执行的政策杠杆。这有助于制定一种互动政策，旨在对本地和外部行为者之间的关系采取行动，从而改变它们之间的权力分配。

第三节　促进中国产业集群发展的政策

中国产业集群的经验可以帮助我们理解全球和地方力量在不同类型集群和产业集群发展中的作用，以及创新政策在促进集群升级中的作用。正如若干理论和文献所强调的，中国产业集群的增长主要是通过在中国建立了生产基础的跨国企业的活动，以及在一些领域发展的内生能力和创业精神的核心的出现。[①]

关注有利于中国集群诞生和最初发展的条件，我们可以大致将其区分为"外生集群"和"内生集群"。第一种类型集群的发展显然与吸引外国投资者进入特定区域的政策有关，最初是经济特区，随后是包括产业园区或类似基础设施在内的较大范围的区域[②]，因此，这就形成了不一定反映系统条件的企业地理集聚。第二种类型，即中国企业集群的各种情况，与一系列旨在促进地方发展的政策严格挂钩。

这种简单的划分产生了各种各样的本地发展形式。通过寻找促进集群的诞生和初始发展的条件，一些文献有助于我们确定从手工艺传统的生产基础演变而来的内生产业集群的存在，这是国有企业和乡镇企业解散的以及市场驱动的产业集

---

① 尽管官方统计数据仍然缺乏，但是李、冯（2006）报告了800多个分散在浙江省的集群，约23.7万家企业和60多万名工人，这比广东省的100多个产业集群还要多。根据广东科技部门提供的数据，迪托马索、鲁比尼（2005）报告了大约70个专业化城镇的数据。

② 虽然外国投资者不再有义务在特定区域内落户从而形成人为的集群，但是鉴于地方政府提供的税收优惠或其他激励措施，大多数外国企业往往被吸引到各类工业园区。

集群与产业集群中的商业网络——全球价值链的管理

282

群在本地传统手工生产或长途兜售的基础上发展起来的结果①。这些类型的产业集群的特征是中国的家族式（私营）中小企业，通常在传统的低技术行业中经营，其商业和制度结构往往与产业集群有一定的相似性。地方政策极大地支持了这些集群的增长，部分是因为 20 世纪 80 年代初期开始的一个重大的权力下放过程。② 这些行动针对的是特定行业（专业化的集群行业），其设计和实施涉及地方政府和本地利益相关者（企业、商业协会等）。在这些活动中，最重要的是建立创新中心、为集群企业提供创新服务（质量检测、营销、法律和商业咨询等）、建立会展中心和贸易市场。

显然，这种干预直接或间接地目的是促进产品、工艺、职能和部门间创新。例如，建立贸易市场的目的是通过向本地企业提供外国客户进入市场的替代渠道，促进集群企业的功能性升级。然而，更重要的是，这些政策旨在促进学习和创新的集体过程。

本书回顾了贝鲁西（1999）提供的促进学习和创新的集体过程的政策的定义，表 15-1 提供了一些干预的案例，其由不同形式的公私伙伴关系设计和实施，并在中国集群中激活。下文我们将通过选择的示例更详细地探讨其中一些策略。

表 15-1　中国政策促进集体学习和创新的案例

政策目标	对中国集群实施政策干预的案例
本地现有知识流动的促进	在制定规则和通信标准（基于过去的传统）以及促进基准活动中的专业化商业协会的推广 促进以传统生产专业化为基础的具体培训活动
与外部知识相互作用的持续	在集群内的个别企业（国家和地方设备更新基金）和地方应用研究实验室（应用研究实验室）内引进新技术 促进与外部顾问的协议（设计、特定技术等） 支持国际标准的传播（创新中心提供质量测试服务） 建立贸易市场 促进参加国内和国际展览会

① 我们在这里没有明确讨论的高科技产业集群，可以被视为内生产业集群的第三种特定变体。

② 由于 1980 年启动的财政权力下放政策，地方政府获得了自主权，采取各种各样的发展政策（Shirk，1993）。中央政府保持了对行业监管方面的控制，但地方政府可以自由尝试组织和促进本地公司和地方集群的替代方式。

政策目标	对中国集群实施政策干预的案例
信息的 协调和流通	建立地方信息办公室网络 创建有关时尚趋势、产品和技术的数据库 创建本地企业信息的网站
特定身份的建立	创建和推广"一品一镇"的标签,以确定举办产业集群的城镇
集体记忆中 知识的储存	创建特定的文化积淀来承载生产专业化的历史促进本地发展的研究

资料来源:我们对贝鲁西(1999)的解释。

第四节　广东专业化乡镇的案例

现在我们重点分析位于广东省内的一组 6 个专业化乡镇,特别是构成其核心的产业集群。[①] 专业化乡镇是产业区,其特点是产业活动的大量集聚,其中相当大比例的产业活动集中在部门界定的专业化产业中。广东省政府提供了一个官方定义[②],并利用政策促进集群升级。更具体地说,广东省科学技术厅启动了一项特别计划,旨在支持创建专门的创新和技术发展中心。该方案的应用需要核查"专门化乡镇"的地位,如果结果是肯定的,则会成为官方指定。

这里考虑的佛山和东莞的专业化城镇,分别在珠三角西部和东部。位于佛山市的专业化城镇拥有专门从事传统低技术如纺织、服装和鞋类的产业集群,而珠三角地区的东部地区主要从事电子和电子元件的生产(见表 15-2)。所有观察到的集群都嵌入在全球价值链内。然而,虽然东莞地区的专业化城镇主要嵌入到层级链中,但是位于珠三角另一侧的专业化城镇由俘获或模块化的价值链组成,或者与其国内及国外客户发展市场关系。

---

① 分析是基于在中山大学和华南理工大学支持下进行的实地调查的主要结果。2004~2005 年,通过意大利和中国机构网络推动的中国和意大利研究与学习项目进行了实地调查研究。它是基于对关键人如企业家、地方政府、商业和工会以及创新中心代表的采访,以及提交给城镇企业的调查问卷。对于每个专业化城镇,大约有 30 份问卷给企业和 10 名可以直接给出关键信息的采访者(包括 5 个企业家)。统计数据主要来自地方政府档案。

② 根据广东省科学技术厅定义的标准,城镇必须满足三个要求:a. 从行政方面来说,它们必须是城镇、县或城市区;b. 对于旧产业专业化而言,一个特定的产业至少占制造业产出或就业的 30%,这被定义为"专业化产业";c. 城镇的年工业产值必须超过 20 亿元。

表 15-2　2005 年部分专业化城镇的主要特征

专业化城镇	西樵	环市	延布	平洲	石碣	清溪
位置（辖区）	佛山	佛山	佛山	佛山	东莞	东莞
生产专业化	纺织	服装	服装	鞋	电子	电子
集群结构	原始产业区	原始产业区	中心—边缘	中心—边缘	微信平台	卫星平台
生产传统	非常久	非常久	非常久	20 世纪 60 年代	20 世纪 80 年代	20 世纪 80 年代
总人口（人）	33185	2522	35775	46023	81552	66548
外来人口数占 TP 的比例（%）	27.20	73.60	47.20	20.40	79.50	89.90
专业化企业数（家）	1330（占 TE 的 51%）	720（占 TE 的 36%）	100	600	1200（占 TE 的 61%）	>500
专业雇员数（名）	60000（占 TEM 的 43%）	—	20000	60000	>20000	55000（占 TEM 的 18%）
专业化指数（%）	42.60	31	25.30	37.60	71.80	63.1
外资企业数占 TE 的比例（%）	3.80	25	20	33.20	28	70
价值链管理	市场	市场/模块化	俘获	俘获	层级	层级

注：TP = 总人口，TE = 城镇总的企业数，TEM = 城镇总的雇员数。

位于东莞市的专业化城镇，其特征是有外国投资者的存在及其所扮演的角色，可以被认为是外来的外生集群。然而，尽管清溪的外国企业分布广泛，但是石碣的业务结构在很大程度上基于少数台湾公司而存在。[①] 这两个集群的特征是高度的人口流动，这里用外来务工人员代替[②]，高度的人口流动提高了外国企业的生产能力。此外，位于佛山的专业化城镇更接近内生模式（由生产者驱动的集群），具有强大的地方能力和创业精神。

群集结构的定义基于马库森（1996），全球价值链治理结构的定义基于格里

---

① 作为该集群的领导企业，台湾工厂拥有约 2 万名员工。根据实地调查，这个数字占城镇专业人员总数的 2/3 以上。

② 尽管前者的人口不一定准确地与后者完全一致，但是其大多数是被迫从相对不发达的农村地区迁移到更加富裕的沿海地区的工人。

芬等（2005）。① 然而，集群的起源只是一部分，需要通过对集群的业务和制度结构的分析来完成。我们可以从两个专业化城镇开始——石碣和清溪，它们可以被称为"卫星平台"。专业化城镇集群有在区域内建立生产基地的跨国平台，主要是台湾的跨国公司。② 这里，外国投资者管理个人计算机和电子产品的低技术生产阶段，高科技部件从跨国公司的其他分支机构采购③，然后用本地生产的低技术组件进行组装。跨国公司平台雇用的大部分本地劳动力都是外来人员。在两个集群中，都有一小部分中资企业作为分包商为集群内的外国企业提供服务。这些都是微型到小型企业，大多从事装配活动或低附加值产品的制造。行业进入壁垒很低，因为设备、机械、材料以及设计通常由它们所依赖的外国客户提供。因此，这些地区中资企业的营业额很高。④ 这些集群完全嵌入到由跨国企业的外国总部管理的层级全球价值链中。一个集群的一个小而不稳定的子集，包括中资企业以及外包员工，通过俘获关系将位于集群内的全球客户联系在一起。

为了走向"中心和辐射"集群，延布和平州的商业结构主要由一小部分外资（包括中国台湾的）和中国企业垂直整合。这些集群大多嵌入到复合型的全球价值链中，其中领导企业为外国客户。在这里，领导企业被一大群中国供应商包围。这些企业从微型到小型，生产中低质量的零部件或产品，或为集群的龙头企业进行装配活动（由龙头企业提供材料、设备和设计）。除了客户—供应商关系之外，本地企业之间几乎没有联系，集群内供应商之间的关系似乎主要基于价格竞争。

"原区"指的是一种产业区模式的子集，其有本地拥有的中小企业主导的商业结构，买方和供应商之间的区内贸易，本地做出的关键投资决策，企业之间在创造专业化公共产品方面的合作等。集群的商业结构大部分由中国企业组成，虽

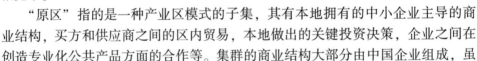

① 在实地调查的基础上，确定了不同的地方发展模式（中心和外围集群等），帮助我们验证了马库森（1996）赋予的不同模式集群的特征是否存在。当最相关的这些特征存在于我们的观察集群时，即使用马库森的术语。全球价值链治理机制的定义基于格里芬等（2005）的概述。这个定义是在一种松散的意义上应用的，即根据在实地工作期间收集的信息（如由客户、提供者和格里芬等人确定的其他关键要素）来确定嵌入所研究的集群和企业的全球价值链的特定治理结构。因此，这些标签旨在描述连接集群与外国客户或买家的全球价值链的特定阶段的结构。该集群可能涉及多个全球价值链，我们已经确定了涉及该集群最大部分的全球价值链的结构。

② 除了世界品牌的跨国企业，集群还拥有跨国公司的工厂（ODM——原创设计制造商；或 OEM——原始设备制造商），其通常与国外的子提供商一起生产电子元件。清溪的企业种类较多，而在石碣，除了主企业（原创设计制造商），还有一小部分原始设备制造商的跨国工厂。

③ 研发部门和出口部门一般位于国外总部，企业与国外总部保持着持续而紧密的联系。只有少数台资企业在所研究的专业化城镇内设立研发部门，清溪只有一家大型企业的出口部门在该镇内。然而，一些位于清溪的跨国公司在北京和上海设立了研发部门，主要是靠近大学和教育基础设施。

④ 从我们对地方政府官员的访谈中可以看出，这些微型企业通常是家族企业，具有一定的不稳定性，官方统计数据中有时没有记录。

集群与产业集群中的商业网络——全球价值链的管理

然越来越多的企业开发了自己的品牌，但是他们中大部分作为原创设计制造商运营。许多"原区"集群中的企业是垂直整合的，垂直和水平方向上的集群联系正在增加。特别是近年来，在生产过程或服务（主要是物流和运输）的特定部门中运行的独立企业的数量急剧增加。此外，本地企业之间也存在着相当长期的横向联系（制定标准的采购材料财团或本地池等）。自20世纪90年代末以来，通过地方政府举措设立贸易市场，这些集群的大多数企业都可以直接以低成本进入外部市场。这些基础设施对升级本地企业做出了重要贡献，为它们提供了购买投入或销售货物的市场渠道——这是主要客户或提供商的替代方法。尽管缺乏定量数据，但是我们对贸易市场中本地企业家的采访证实，这种可用的基础设施帮助企业扩大了客户数量，并使客户类型多样化。根据我们的实地调查研究，与一小部分香港买家完全建立俘获关系的本地行业，已逐渐演变为与更广泛的外国和国内买家建立模块化或市场关系。

第五节 广东产业集群的升级与创新的政策

现在继续对旨在促进观察到的集群升级的政策进行评估，我们将研究成功和失败的案例。[①] 应当指出，这两种情况都是由于存在/缺乏下列因素造成的：①政策工具和杠杆，即确定集群特有的政策杠杆，并采用符合集群特定业务和制度特征的工具。②政策过程，即确定最相关的本地利益相关者及其参与政策的设计和实施。

我们从嵌入层级化的全球价值链中的卫星平台开始：石碣是能很好地说明集群升级策略在一个没有表现出任何系统性特征的集群中应用失败的案例。为了促进当时数量不多且较不稳定的中国企业的发展，地方政府出资建立了一个电子创新中心，其想法是，电子创新中心将以低成本或无成本为中国企业提供各种创新服务，例如质量测试、应用研究活动的实验室，以鼓励它们在跨国公司的子供应商网络中稳定存在。虽然该中心仍然年轻（2004年成立），但是由于管理风格的不同，以及它所提供的服务和本地企业的活动之间的巨大差异，它已经经历了许多困难。实际上，无论是跨国公司（跨国公司从其总部获得这些服务），还是中国企业（当时中国企业较不稳定，依赖跨国公司提供的材料、设备和服务），当

---

① 该判断是基于第二节中对集群升级的思考来表达的，即它是基于产品、过程、功能、交叉创新或集体学习过程来表达的。由于缺乏旨在评估地方政府实施的具体行动影响的活动，以及缺乏提供地方（城镇或乡镇）专业产业数据的官方统计资料，正面或负面判断是基于实地调查的结果。

时都没有通过电子创新中心对集群企业提供的服务的需求。此外，电子创新中心的创建与旨在支持本地企业或外包机构发展的任何其他行动没有太大关联。

　　促进清溪集群升级的政策主要是通过地方政府与中国台湾和香港商业协会之间的持续互动和具体协议，促进外国投资者在该地区的嵌入性。[①] 地方政策主要集中在两个方面。一方面，面对来自其他地区日益增长的竞争（以外国投资者为活动目标的产业园区的广泛扩散），本地劳动力成本的上涨，集聚不经济的出现（污染和拥挤），本地政府实施一系列措施旨在改善本地的自然和社会环境，例如，创建基础设施减少空气和水污染，针对外国投资者的需求发展部分服务如酒店，致力于打造物流平台。另一方面，本地政府促进本地年轻的学生或毕业生融入跨国公司的工厂。由于与外国投资者的持续互动，在省政府合作的支持下，地方政府努力促进外国企业的活动与本地劳动力的发展更好地匹配。[②] 与本地的职业学校或位于深圳经济特区附近的技术大学签订了多项协议，其中一些行动开始产生效果。许多学生已经被招聘到跨国公司参加培训课程，一些本地毕业生被外国经理雇用（根据我们的采访可知，大约有 30 人）。[③]

　　现在，我们来看看在集群中实施的政策，这些集群也更明显地受到本地力量的驱动，我们从嵌入到俘获全球价值链中心与边缘的集群开始。在这里，本地电子创新中心是在规划的基础上建立的，事先没有进行任何市场调查，也没有试图咨询或参与本地企业，即本地政府选择管理人员、雇员和所提供的服务种类。两年后，该中心关闭，因为它未能达到既定的目标。它于 2005 年重新开放，现在由一家位于该地区的中央企业管理，并拥有一个庞大的子供应商网络。因此，它可以成为促进相对较小的地方企业升级的工具。[④] 目前更难以预测的是整个集群发展可能产生的影响。由地方政府与一群本地企业共同推动的在延布专业化城镇建立贸易市场已证明是成功的。在这里，规划活动与市场研究和本地利益参考者相关。地方政府已经建立了一个专业贸易市场，其中领导企业作为原创设计制造商或原始设备制造商的身份为买家生产，它们的中国子供应商可能以低成本租赁

---

　　① 台湾商业协会的地方分会成立于 1990 年，聚集了大约 50 家电子专业企业。香港商业协会成立于 1998 年，共有 109 家企业（2004 年提及的数据）。它们向其成员提供广泛的服务：法律和商业咨询、出口活动支持、资金。这些是私人协会，由地方政府合法认可。有一个专门的公共部门负责与外国投资者对话，这个部门的人员由从国外大学毕业从事商业管理的年轻的中国毕业生组成。

　　② 尽管位于该地区内的跨国公司平台通常实施低附加值活动（生产具有低附加值或装配活动性能的标准化组件），但是跨国公司的工厂一般倾向于将其大部分的生产过程逐步移动到广东或中国其他地区。如恩赖特等（2005）所述，为了同时满足质量和成本控制需求，一些跨国企业最初与广东合作生产更复杂的部件，其次是多项服务，如质量测试、物流。

　　③ 指的是 2005 年的数据。

　　④ 根据我们的实地调研，领导企业将使用该中心（雇用自己的员工）为其子供应商提供服务，特别是质量检测。与地方政府的协议规定，企业将受益于销售服务的收入。

集群与产业集群中的商业网络——全球价值链的管理

或购买商店，销售它们的产品和零部件。① 这使得特别是集群中的龙头企业的客户数量得以扩大。② 此外，地方政府还推动建立了一个地方商业协会，使地方领导者企业及其地方网络的子供应商聚集在一起。该协会将负责设计旨在支持市场活动的行动。为本地企业参加国家或国际贸易博览会，以及希望创建和推广自己品牌的企业家提供专项资金。③

最后，我们来看看原始的区域集群，嵌入模块化或全球价值链市场。在西樵和环市的专业化城镇中，地方政策的目的是支持产品、过程和功能升级，但更重要的是，它们旨在促进学习和创新的集体过程。如前所述，这些政策逐步允许本地企业从与香港买家的强制关系转变为与更广泛的国内外买家的模块化或市场关系。

西樵的案例特别重要。集群的发展受益于一系列政策的大力支持，这些政策使得本地企业能够自主进入市场，促进了增长和创新的积累过程。更具体地说，地方政府通过建立一套与本地产业发展有关的专门基础设施，促进调动本地现有知识的进程。除了上述贸易市场之外，地方政府与纺织协会的地方分会合作，推动建立创建了一个专门为集群的纺织企业提供服务的创新中心。④ 具体行动旨在维持与外部知识的杂交，这导致支持更新机器和外聘顾问特别是在设计方面。详细来说，1994~2004年，地方政府投资4亿元人民币，并提供低利息贷款或无利息贷款帮助企业购买设备（中山大学，2003）。⑤ 另一项重要的干预措施是由西桥区政府和中央政府于1997年建立的一家专门从事新纺织品开发的非营利公共服务机构。这个部门主要分析来自中国香港和其他国家的中高质量服装的技术特性。目前，它使用韩国制造的CAD技术和设备，为中小型企业提供技术支持。⑥ 流行趋势信息的传播是通过南方纺织信息网实现的，该网站是在1998年与华东

---

① 目前，一半的本地企业在贸易市场内设有店铺。

② 目前，中国小型供应商的影响似乎较弱。虽然一些本地的零部件制造企业已经自主进入市场（与最终产品的生产商相比，数量较少），但是我们的实地调查结果显示，它们并没有显著扩大本地或本地以外客户的数量。此外，在扩大地方劳动分工方面的效果似乎很弱。

③ 虽然该政策受到"支持最好和最简单"的一般性原则的启发，但是资金不是根据正式的选择性标准提供的。

④ 纺织协会地方分会以及本地企业家（与国家协会提供的支持相结合）的强有力参与，使中心的设计和管理成为其发展成功的关键因素。

⑤ 机器的更新是一个渐进的过程。一开始是国有企业的参与，从比利时引进了昂贵的织机，还有计算机化的织机，但后来遇到了一些困难后就传到企业家那里。企业家们之所以不愿意，主要是因为他们担心在本地找不到足够的维修服务来维护新机器。此外，由于企业家主要为国内市场生产中低质量的产品，所以没有清楚地认识到创新的作用。然而，考虑到目前集群中大约一半的机器是新型机器，并且更新设备提高了生产率（20%~30%）和产品质量，本地政府的干预可以被认为是成功的。

⑥ 生产出来的新型号以较低的价格卖给本地的私营企业，然后由部门为企业提供设备安装的技术支持。值得注意的是，每一种新模式只能出售给一家或几家企业，以保持其排他性。

大学合作建立的。网络平台还支持电子商务和在网上进行交易的活动。在这两个集群中，公共政策的目的是促进特定身份的创造和知识在集体记忆中的储存。西樵和环市的政府通过创建专业化城镇的标签（西樵是著名"纺织之乡"，环市是"童装之家"）促进了本地的生产传统。在西樵，这与重新发现纺织（丝绸）生产中的历史手工艺传统（可追溯至明朝）以及最早通过逐步改造旧织机（用于丝绸生产）来开创新技术并开发新机器的第一批现代企业家有关。这些标签是本地参展企业宣传产品的杠杆。

第六节　结论

中国案例集可以被认为是一个有趣的实验室，用于分析旨在促进不同商业和制度背景下嵌入的集群升级的政策。根据本书所考虑的少许案例，以及关于集群在全球价值链、产业集群和地方发展中嵌入的文献，可以概述一些一般性的观察。

第一个相当简单的初步观察集中在需要在分析影响集群升级的外部力量和内生力量之间取得平衡。尽管对全球价值链的分析可以很好地解释存在于各个链条上的权力体系，以及插入其中的企业升级的可能性，但是其向集群水平的转换需要仔细校准。对全球价值链治理结构的分析，首先，应该与地方权力分配的分析相结合；其次，应同时分析本地的学习和创新过程及其动力；最后，需要注意的是，一方面，外部力量和地方力量之间的相互关系，另一方面，治理与学习和创新过程之间的相互关系（需要开放），使得分析更加复杂。此外，一个集群包括不同的全球和本地价值链，对集群的发展和作为一个整体的地方性产业具有复杂的直接和间接影响。对于促进集群升级的外部和内生力量分析的结合，虽然表述简单，但是需要进一步研究和勾画。

第二个观察涉及政策杠杆和工具。促进集群升级（仅观察到的中国集群）往往简化为使用特定的政策工具，更具体地说，是创建支持中小企业集群的创新和质量改进的系统基础设施，例如创建集成技术。这是受到了对成功产业集群经验部分理解的启发。促进本地发展政策的文献强调了如何促进集群升级，不仅仅是通过使用特定的政策工具，而是通过一种支持性活动更加有效，这种支持性活动旨在促进本地社区利益的出现（在这里，个人激励一贯以实现本地发展为导向）。激励机制和经验法则可能会改变，例如，在俘获型的买方驱动全球价值链中整合本地企业组织。因此，促进集群升级政策成功的关键在于它们通过修改激

集群与产业集群中的商业网络——全球价值链的管理

励措施对变化做出反应的能力（如清溪案例）和支持新利益共同体的出现（如延布案例）。无论如何，政策行动应集中于要实现的具体目标和要执行的工具。这需要发展政府可能不必要的战略能力，也可以从两者之间的相互作用和它们实施的实践中产生。解决方案为监督和支持地方利益相关者的逐步参与和干预实验，这可以被看作是关于治理机制的第三个相关的课程。在诸如卫星平台的外部驱动集群的情形下，也可能会出现机会。在此，超地方政府可以在加强地方政府的议价能力和促进规则框架的制定方面发挥具体作用。

参考文献

［1］Albino V., Carbonara N. and Giannoccaro I. (2007), 'Why proximity matters for industrial district competitiveness: a complexity science - based view', paper presented at the Regional Studies Association International Conference, Regions In Focus? Lisbon, 2-5 April 2007.

［2］Altenburg T. and Meyer-Stamer J. (1999), 'How to promote clusters: policy experiences from Latin America', World Development, 27 (9): 1693-1713.

［3］Arndt S. W. and Kierzkowsky H. (eds.) (2001), Fragmentation: New Production Patterns in the World Economy, Oxford: Oxford University Press.

［4］Bair J. and Gereffi G. (2001), 'Local clusters in global chains: the causes and consequences of export dynamism in Torreon's blue jeans industry', World Development, 29 (11): 1885-1903.

［5］Becattini G., Bellandi M., Dei Ottat G. and Sforzi F. (2003), From Industrial Districts to Local Development: An Itinerary of Research, Cheltenham: Edward Elgar.

［6］Bellandi M. (2001), 'Local development and embedded large firms', Entrepreneurship and Regional Development, 13 (3): 189-210.

［7］Bellandi M. (2006), 'A perspective on clusters, localities, and specific public goods', in Pitelis C., Sugden R. and Wilson J. R. (eds.), Clusters and Globalisation. The Development of Urban and Regional Economies. Cheltenham: Edward Elgar.

［8］Bellandi M. and Caloffi A. (2008), 'Forms of industrial development in Chinese specialized towns: an Italian perspective', in Andreosso B., Lenihan H. and Kan D. (eds.), EU SMEs in a Globalised World: Lessons from the Edge. Cheltenham: Edward Elgar.

[9] Bellandi M. and Di Tommaso M. (2005), 'The case of specialized towns in Guangdong, China', European Planning Studies, 13 (5): 707-729.

[10] Bellini N. (2003), Business Support Services: Marketing and the Practice of Regional Innovation Policy, Cork: Oaktreepress.

[11] Belussi F. (1999), 'Policies for the development of knowledge-intensive local production systems', Cambridge Journal of Economics, 23: 729-747.

[12] Biggeri M., Gambelli D. and Phillips C. (1999), 'Small and medium enterprise theory: evidence for Chinese TVEs', Journal of International Development, 2 (2): 197-219.

[13] Brusco S. (1994), 'Servizi reali, formazione professionale e competenze: una prospettiva', in Bellandi M. and Russo M. (eds.), Distretti industriali e cambiamento economico locale, Torino: Rosenberg e Sellier.

[14] Caloffi A. and Hirsch G. (2005), 'Sistemi produttivi locali e città specializzate nell'industria della moda del Guangdong', in Bellandi M. and Biggeri M. (eds.), La sfida industrial cinese vista dalla Toscana distrettuale, Firenze: Toscana Promozione.

[15] Cammett M. (2007), 'Business-government relations and industrial change: the politics of upgrading in Morocco and Tunisia', World Development, 35 (11): 1889-1903.

[16] Christerson B. and Lever Tracy C. (1997), 'The Third China? Emerging industrial districts in rural China', International Journal of Urban and Regional Research, 21 (4): 569-588.

[17] Crouch C., Le Galès P., Trigilia C. and Voelzkow H. (2001), Local Production Systems in Europe: Rise or Demise? Oxford: Oxford University Press.

[18] Dei Ottati G. (2002), 'Social concertation and local development: the case of industrial districts', European Planning Studies, 10 (4): 449-466.

[19] Dei Ottati G. (2003), 'Exit, voice and the evolution of industrial districts: the case of the post-World War II economic development of Prato', Cambridge Journal of Economics, 27 (4): 501-522.

[20] Di Tommaso M. and Rubini L. (2005), 'La geografia della produzione in Guangdong: agglomerazioni di imprese e città specializzate', in Bellandi M. and Biggeri M. (eds.), La sfida industriale cinese vista dalla Toscana distrettuale, Firenze: Toscana Promozione.

[21] Ding K. (2006), 'Distribution system of China's industrial clusters: the

集群与产业集群中的商业网络——全球价值链的管理

case study of Yiwu China Commodity City', Institute of Developing Economies Working Paper.

[22] Eng I. (1997), 'The rise of manufacturing towns: externally driven industrialization and urban development in the Pearl River Delta of China', International Journal of Urban and Regional Research, 21 (4): 554–568.

[23] Enright M. J., Scott E. E. and Chang K. (2005), The Greater Pearl River Delta and The Rise of China, Singapore: Wiley and Sons.

[24] Gereffi G. (1994), 'The organization of buyer-driven global commodity chains: how US retailers shape overseas production networks', in Gereffi G. and Korzeniewicz M. (eds.), Commodity Chains and Global Capitalism, Westport: Praeger.

[25] Gereffi G., Humphrey J. and Sturgeon T. (2005), 'The governance of global value chains', Review of International Political Economy, 12 (1): 78–104.

[26] Giuliani E., Pietrobelli C., Rabellotti R. (2005), 'Upgrading in global value chains: lessons from Latin American clusters', World Development, 33 (4): 549–573.

[27] Humphrey J. and Schmitz H. (2002), 'How does insertion in global value chains affect upgrading in industrial clusters?', Regional Studies, 36 (9): 1017–1027.

[28] Lazzeretti L. and Storai D. (2003), 'An ecology based interpretation of district "complexification": the Prato district evolution from 1946 to 1993', in Belussi F., Gottardi G. and Rullani E. (eds.), The Technological Evolution of Industrial Districts. Boston and Dordrecht: Kluwer.

[29] Leung C. K. (1996), 'Foreign manufacturing investment and regional industrial growth in Guangdong Province, China', Environment and Planning A, 28 (3): 513–536.

[30] Li C. L. (2003), 'Guangdong playing the foreign card: politics and economics across territorial boundaries', in Drover G., Johnson G. and Lai Po-wah J. T. (eds.), Regionalism and Subregionalism in East Asia: The Dynamics of China, Huntington, New York: Nova Science Publishers.

[31] Li and Fung Research Centre (ed.) (2006), 'Overview of the industrial clusters in China', Industrial Clusters Working Paper Series, 1. http://www.idsgroup.com/profile/pdf/industry_series/LFIndustrial1.pdf.

[32] Lombardi S. (2007), 'Specialized markets in local productive systems: theoretical and empirical results from the Chinese experience in Zhejiang province',

paper presented to the 10th International EUNIP Conference, Prato, 12 – 14 September 2007.

[33] Long Z. (2005), 'A study on the industrial clusters in Guangdong', paper presented to the Conference Enter the Dragon: China's Emergence and International Competitiveness, Hong Kong (China), 7–11 November 2005.

[34] Lu L. and Wei Y. D. (2007), 'Domesticating globalisation, new economic spaces and regional polarisation in Guangdong Province, China', Tijdschrift voor Economische en Sociale Geografie, 98 (2): 225–244.

[35] Ma L. J. and Lin C. (1993), 'Development of towns in China: a case study of Guangdong Province', Population and Development Review, 19 (3): 583–606.

[36] Markusen A. (1996), 'Sticky places in slippery space: a typology of industrial districts', Economic Geography, 72 (3): 293–313.

[37] Mehrotra S. and Biggeri M. (eds.) (2007), Asian Informal Workers: Global Risks Local Protection, London: Routledge.

[38] Messner D. and Meyer-Stamer J. (2000), 'Governance and networks. Tools to study the dynamics of clusters and global value chains', paper prepared for the IDS/INEF Project The Impact of Global and Local Governance on Industrial Upgrading; http://www.meyer-stamer.de/2000/govtools.pdf.

[39] Metcalfe S. and Ramlogan R. (2007), 'Innovation systems and the competitive process in developing economies', The Quarterly Review of Economics and Finance, doi: 10.1016/j.qref.2006.12.021.

[40] Meyer-Stamer J. (2003), 'Participatory appraisal of competitive advantage (PACA): launching local economic development initiatives', Mesopartner Working Paper.

[41] Mytelka L. (2000), 'Local systems of innovation in a globalized world economy', Industry and Innovation, 7 (1): 15–32.

[42] NBS (2005), China Township and Village Statistics, Beijing: China Statistics Press.

[43] Qiu H. and Xu J. (2004), 'The actions of local governments in the technological innovation of industrial clusters', paper presented to the conference: Regional Innovation Systems and Science and Technology Policies in Emerging Economies: Experiences from China and the World, Guangzhou, Zhongshan University, 19–21 April 2004.

[44] Raines P. (ed.) (2002), Cluster Development and Policy, Aldershot: Ashgate.

集群与产业集群中的商业网络——全球价值链的管理

［45］Rodrik D. （2004）, 'Industrial policy for the twenty-first century', paper prepared for UNIDO; http: //ksghome. harvard. edu/drodrik/publications. html.

［46］Sabel C. F. （1994）, 'Learning by monitoring: the institutions of economic development', in Smelser N. J. and Swedberg R. （eds. ）, The Handbook of Economic Sociology, Princeton, NJ: Princeton University Press.

［47］Schmitz H. （1995）, 'Collective efficiency: growth path for small-scale industry', The Journal of Development Studies, 31 （4）: 529-566.

［48］Shirk S. L. （1993）, The Political Logic of Economic Reform in China, Berkeley: University of California Press.

［49］Sit V. F. S. and Yang C. （1997）, 'Foreign-investment induced exo-urbanisation in the Pearl River Delta, China', Urban Studies, 34: 647-677.

［50］Sonobe T. , Hu D. and Otsuka K. （2002）, 'Process of cluster formation in China: a case study of a garment town', Journal of Development Studies, 39 （1）: 118-139.

［51］Thun E. （2004）, 'Keeping up with the Jones': decentralization, policy imitation, and industrial development in China', World Development, 32 （8）: 1289-1308.

［52］Unger J. and Chan A. （1999）, 'Inheritors of the boom: private enterprise and the role of local government in a rural South China township', The China Journal, 42: 45-74.

［53］Yao Y. （2001）, 'Social exclusion and economic discrimination: the status of migrants in China's coastal rural areas', China Centre for Economic Research Working Paper.

［54］Zhongshan University （2003）, 'A case study of the textile cluster of Xi Qiao, Nan Hai-An analysis of the Technological Innovations', mimeo.

第四篇

高科技产业区和全球价值链中的集群

第十六章　大巴黎地区集群的制度设计

纳瓦·布法德（巴黎南大学），索菲·卢米（巴黎南大学），
安德烈·托雷（INRA INA PG Paris）

第一节　引言

波特首先提出的基于集群的方法已经取得了不可否认的成功。它最初是作为企业成长的工具而发展的，现在已成为许多工业和地方系统政策的基础，并被经济合作与发展组织（2005 年）和世界银行（2002 年）用作一种发展工具。致力于这一主题的文献数量巨大，并引发了关于良好实践、技术转让政策、人力和本地自然资源开发的许多辩论（卡尔松等，2005；邓宁，2000）。集群无处不在。无论集群是作为分析研究的对象还是作为公共政策的对象，关于这一方法通常有两点认识：一是涉及行动者之间的知识或创新交流互动，无论他们是非商业性的、非正式的知识转移或创造互动，或者更罕见的，例如与知识产权有关的商业性交流；二是与集群相关的投入产出结构。人们承认，地方行为者之间的交换关系，例如供应者和客户之间的交换关系，无论是对货物还是对劳动力市场，可以在地方一级产生协同和溢出效应。

这两种方法虽然很有趣，但是没有考虑到一个变量，我们认为这是至关重要的。它是制度层面，其在集群的运作和组织中起着重要作用。我们所说的制度是指可见的制度，例如孵化器、风险资本、中介组织或区域创新中心，其在地方级别下集群的发展过程中发挥作用。它们是许多企业的起源，促进企业的创建和发展，并通过其在网络层面的行动促进集群内的沟通和交流。

本章的目的是阐明机构在集群的实施和运作中所发挥的作用。为此，我们的分析基于大巴黎地区两个集群的观察，一个致力于生物技术，另一个致力于光

学—光子集群。在本章的第二节中，我们将讨论集群的制度根源，首先检验它们与制度的关系，然后介绍大巴黎地区的制度。在第三节中，我们阐述了企业的战略方法和利用巴黎区域的生物技术和光子学团提供的案例说明它们与各机构相互作用的性质。

第二节　集群的制度根源

在马歇尔发展了产业区概念的一个世纪之后，迈克尔·波特以他的基于集群的方法为地方系统的概念赋予了新的生命，其中集群被定义为"一个地理上邻近的一组特定领域的相互连接的企业和相关机构，通过共同性和互补性相互联系"。集群的地理范围可以从单个城市或州到一个国家甚至一组邻国。这个概念和与之相关的本地生产系统的成功通常归因于内部交互的存在、知识关系的存在以及集群成员之间建立的相互信任。我们期望在这里表明，在某些情况下，制度层面也起决定性作用。为此，我们将首先对互动理论方法和本地创新系统进行批判性检查，然后介绍上述集群中存在的制度。

一、集群和制度

根据迈克尔·波特的研究，集群的意义在于它们在竞争、专业投入和制度支持方面为企业提供了有利的环境，这些因素加强了集群成员之间的合作，促进了知识的传播，以此改善了战略定位过程，使企业能够确定"最佳实践"。总之，它们提高了集群内企业的竞争优势。波特认为集群是一个自我增强的系统，刺激集群中企业的竞争战略，从而激发其成员的竞争力。这一过程部分取决于个人关系、面对面沟通和网络，并强调社会网络和企业竞争力理论之间的关系。

这些集群的成功可以通过回到互动理论方法的基础，即在地方系统的行动者之间，特别是在企业之间的投入—产出关系来解释。这里盛行的是由佩鲁和缪达尔提出的增长极方法，该方法认为，本地的生产体系依赖于具有互补性活动企业的集聚。买方与卖方的关系在位于同一集群的企业之间发展，在本地或地区发展方面产生积极的协同效应。实际上，其中一家企业的生产量增加，特别是如果它是一个大型组织，会导致向中间商销售中间产品的企业的产量增加，从而导致上游产品的增加。逐渐地，该效应在整个生产结构中，在供应商或分包商之间传播，并且导致本地系统总生产量的增加。我们在这里看到，这种方法有局限性，因为它只在本地生产系统由补充而非孤立的产业组成时才有效，而不是所有集群的情况。此外，它基于这样的假设，即影响机械地扩散到整个生产结构，这一假设远未得到证实。事实上，一些本地企业可能更愿意从集群之外的供应商那里购买全部或部分供应品。

另一种解释是，在自然界中，相互理论更为普遍。它与集群是一类地方这一观念有关，本质上促进了知识在本地生产单位之间的传播。假设当知识转移在地理上受限制的区域（在这种情况下是集群）中发生时更有效，或者换句话说，当它发生在邻近的行动者之间时，这种地理邻近性被认为是有利的，因为它被认为使得在本地系统的成员之间知识的传递比在地理上彼此远离的伙伴之间的传递更容易和更快。它还有助于在一个集群内部的企业、实验室或大学之间开展合作及伙伴关系项目。

这种方法基于两个基本原则，这些原则也解释了集群的存在和成功。第一个原则涉及在同一地理区域内存在不同生产性组织所提供的合作或协作机会。因此，地理邻近被认为便于联系。它不仅使不同的行动者能够更容易地见面而不必花费时间和金钱在漫长而昂贵的旅行上，而且还使他们能够在必要时经常互动，从而彼此发展更紧密的关系。因此，地理上的邻近降低了运输成本以及与距离有关的交易成本，这使得参与者能够进行廉价的面对面交互。但是，从更动态的角度来看，它还通过学习关系的发展促进了共同项目的实施，即不同的行动者学习了解和理解彼此，一起工作和合作。建立在信任基础上的网络关系可以通过发展更密切的人际关系而发展，这种关系有时会发展成工作之外的友谊。

第二个原则涉及行动者知识交换的特征。知识转移需要地理邻近，而集群提供了地理上的邻近。该原则可以总结如下：创新活动被认为与生产或获取知识的可能性有关，特别是与公共或私人研究相关的科学知识。但是，这种知识的特征在于其不完美的专用性。换句话说，它不能轻易地成为其创造者的唯一财产，它可以被复制或模仿。知识不完美的专用性导致了创新企业和受益于同一部门中的其他企业产生许多溢出效应，或者将研究人员连接到不同组织。这些效应被称为知识溢出效应，仅仅由于所交换的知识的特定性质而在彼此接近的企业之间发生的效应。根据波兰尼（1962）的研究，这种知识可以分为两个截然不同但有时互补的类型：隐性知识和编码知识。后者包括所有书面资源以及通过手册或书籍轻松传达的资源，可以远程传输，因此可以由不参与创造创新的初始过程的人们复制或照搬。但是，另一种类型的知识——隐性知识，与距离是不相容的。它只能通过观察、实践和学习被模仿；它只存在于人类之间和其日常行为中，只能通过面对面的互动沟通。研究活动和创新企业的共同优势在这里是显而易见的。因此，组织地方级别的创新活动，促进空间邻近或集群的发展似乎是必要的。

这两种互动方法是基于"自然主义"或"机械"假设，虽然它们集中在不同经济行动者之间存在的关系，但是它们只赋予这些行动者有限的作用。在投入—产出关系的情形下，这些过程最重要的是机械，并且基于相信在产业之间存在完美的知识转移，并且不考虑行动者的策略、不同的生产成本以及各自的本地和外部供应商的能力。至于隐性知识的本地转移方法，它首先基于一种自然主义假设，即正是知识的特性解释了研究和创新行动者的共同本地化，而不是后者的策略。相比之下，合作或协作方式更侧重于行动者的战略。但它仍然基于这样的假设：这些行动者——无论是企业还是研究实验室，都是由它们各自的利益驱动而走在一起的，并且自然而然地促进它们之间的互动。在这方面经常提到技术转让组织的案例，但很少注意它们在本地生产系统或集群内的作用和地位。

然而，许多机构和组织在集群的创造和发展中发挥着重要作用。需要注意的是，大多数技术机构、科学园区和集群是由地方部门或者国家相关部门权力下放后做出决定的结果，许多组织的存在是为了帮助企业家创办和发展新企业，帮助其发展与其他组织的关系或促进他们与环境的互动。更不用说，在创新、知识创造和转移领域，这些活动是在知识交流中心促进和支持创新机构等组织下进行的。显然，集群不能仅仅从企业间关系的角度来描述。事实上，地方机构至少在两个层面对集群的运作和发展方面发挥重要作用：首先，这些机构通过全球和地方发展政策确定集群的结构和组织；其次，它们在建立和发展本地企业之间的关系方面起着至关重要的作用。

制度在技术变革中的作用在许多关于创新系统的研究中都得到了强调。事实上，表征技术创新过程的复杂性和不确定性使得必须动员各种行为者和能力，而且还必须调动一个由能够支持革新的机构或组织组成的机构或组织，以提供规则和标准的组织架构。机构的使命是协调系统的不同组织和行动者之间的相互作用以及知识的利用。它们通过促进基础研究、技术转让和创立企业，或通过提供财政、组织支持来实现。但是它们在空间层面，尤其是在集群中扮演什么角色呢？

二、大巴黎地区的生物技术和光学—光子集群的制度结构

在大巴黎地区的生物技术和光学—光子产业进行的研究使我们能够在这两个群体中确定四个主要类型的机构。这四个类型的机构根据其主要目标进行划分，即提供财政支助、基础设施、经济和研究领域行动者的网络获取。

1. 金融机构

金融支持机构的主要任务是通过为集群的行动者开展的创新项目提供资金，

促进企业和实验室的创新。在巴黎地区确定了三类金融支持机构：

一是通过提供风险资本和启动资金的方式专门为年轻创新企业提供财政支持的机构。由于小型创新企业对金融支持的需求随其发展阶段的不同而变化，风险投资企业、传统银行或资本市场等几种类型的机构相继或互补地发挥作用。一般来说，当企业家创造新的业务时，初始资本的一部分来自他们自己的储蓄或来自朋友和家人，另一部分来自传统的本地金融机构。当商业天使投资人确信项目的技术潜力时，这些小型企业有时也会得到商业天使投资人的支持。这种初始资本投入用于启动业务，获得技术（许可协商），雇用咨询专家，帮助他们创建和发展一个商业计划，来吸引私人投资者的资金支持。

二是资助企业创新项目的机构。这些类型的金融支持包括补贴和贷款给企业，以帮助他们开发创新项目，以及获得来自公共当局的各种类型的财政支持。

三是对合作创新项目提供支持（补贴或贷款）的机构。如科技竞争园区（竞争力集群）、研究与技术创新网络等。

2. 提供设施和基础设施的机构

这些机构的第一个任务是支持企业（年轻的创新型企业或高科技中小企业），为它们提供符合其需求的设施和基础设施。

一是孵化器（或基因谷）。这些组织向个人提供指导和支持，以创建创新型企业，它们的支持包括提供培训相关的援助、咨询、资金援助和孵化器内的工业场地。孵化器位于科学中心内或紧邻科学中心，以便与研究实验室、研究人员、年轻的博士学位持有者保持密切的关系；这类项目的个人大多数是前学生或这些研究实验室的员工，并且可以获得中心提供的科学和技术资源。孵化器还为项目的预启动阶段（包括股权投资、贷款等）提供融资解决方案。通过这些不同的干预模式，孵化器帮助年轻企业家承担营销、涉税、法律行政任务费用，并提供适合项目需要的辅导或培训服务。

二是专业孵化器（巴黎综合理工学院的氢经济国际伙伴，或马尔库西的创新谷）。这些组织为需要专业的、宽带网络基础设施的高科技中小企业提供场所。

三是传统孵化器，包括向希望在巴黎地区（商业园）开始或发展业务的企业家提供非专业化场地的机构。

3. 促进科学知识转移和应用的机构

这些组织在企业中发挥的重要作用或多或少地取决于行业的成熟度（新兴或成熟的行业）和相关技术的起源和性质。

例如，工业生物技术部门在没有实施促进学术研究创造的科学知识的转移和应用工具的情况下就无法连贯地运作。自1999年通过了创新相关法律法规以来，已经建立了几个组织来促进研究活动的发展，其中有医学和临床癌症研究应用的居里医学院、巴斯德生物技术学院等。还出现了一定数量的这种类型的私人组织：FIST（法国科学创新和转移，CNRS 和 OSEO 的子公司）和 Inserm Transfert（Inserm 的有限公司和私人子公司）。最后，孵化器如巴黎生物技术公司、巴斯德生物技术学院也努力将科学技术发明转化为可行和创新业务。

这些机构根据各部门以不同的方式进行干预。因此，在生物技术行业，它们是创造新业务过程中的一个关键组成部分，而在光学—光子产业，它们并不总是发挥作用。在这个更成熟的行业中，创造的过程不仅仅包括将公共研究产生的知识转化为技术。这个过程通常由产业自身的行动者发起，包括联合企业、大型集团出售工厂或者将其部分业务出售给其他企业家而通过来自大学校园工程师创造新业务。

4. 网络机构

一个集群是在两个战略优先级的基础上运行的，这两个战略优先级包括开发能力和加强各个企业所属的网络。第一个优先事项涉及组织培训方案、会议、研讨会和专题讨论会，帮助改善和巩固研究人员、技术人员和工程师在特定应用领域的知识。它还包括组织关于企业和区域研究实验室之间特定主题的会议。第二个优先事项是加强网络不同行动者之间的相互作用，并通过促进合作研究和创新项目的实施，促使更广泛和更有效地利用公共研究产生的知识，帮助中小企业发展与国内或国际大型企业的关系，从而产生协同效应或国际企业。一些机构以集中相关信息为己任——创新的基础，以帮助企业更快、更廉价地获得所需的资源和服务，如有关合作伙伴、平台或国家/国际提案请求等的建议或信息。这类机构包括专门从事特定行业（光学谷的例子是光学、电子和软件）的地方生产系统等组织。它还包括专攻某一特定领域的集群，如专攻基因组学和生物信息学的埃夫里基因谷。

5. 在不同层级运作的混合机构

以上类型机构并不是单独执行上述职能的。其他类型的机构，如科技竞争园区，通过帮助企业为其创新项目融资而在不同层级上运作，在这种条件下，后者与集群的不同行动者如大型集团、中小企业、公共研究实验室合作。因此，这类机构扮演着融资人和网络促进者的双重角色。就巴黎地区的光学—光子和生物技术部门而言，发挥这一作用的科技竞争园区是巴黎地区的生物医药集群（在生命科学和医疗保健技术领域）和巴黎地区（在复杂系统领域）。

对大巴黎地区的光学—光子和生物技术部门中的企业所采用的战略方法的研究表明，各种类型的机构（提供金融、促进知识转移的机构以及这些加强网络）是由企业根据不同使用阶段的生产周期和价值链上的定位而选择的。这是我们将在本章的下一部分进行分析的内容。

第三节　巴黎地区生物技术和光电子企业的案例

对巴黎地区生物技术和光学—光子企业实施的创新和发展战略的研究表明，企业经常利用不同类型机构提供的服务，以获得实现目标所需的支持类型。除了这种一般性观察之外，可能采取的干预措施的多样性表明，所提供的资助的性质取决于该产业的特点和各企业所处的发展阶段。就生物技术而言，机构的主要作用似乎是为创办型企业提供必要的资金和实物条件，这个集群可以被比作一个巨大的孵化器。另外，机构光学—光子集群似乎都为企业提供合作或个人创新项目的资金支持，又促进不同组织之间的网络。

一、生物技术集群的案例

法国生物技术产业的缓慢发展通常归因于研究人员的"文化抵抗力"，这些研究人员直到最近才意识到他们生产的知识转化为技术和商业机会的好处。然而，自从 1999 年关于创新和研究的法律得以实施以来，人们的心态发生了变化。法律提供了一个法定框架，促进和方便创新技术企业的创办，特别是年轻研究人员、学生或公共部门的雇员，有权作为成员或董事，并在一段时间内参与创建一家新企业。在这段时期结束时，他们必须选择返回公共部门或留在企业。他们最多可借调六年，因此可保留公务员身份。

自 1999 年法律通过以来，为促进知识和技术转让而实施的措施和方案在创业方面取得了显著成果。在我们的样本中，自 20 世纪 90 年代初以来创办的半数企业是从研究实验室剥离出来的或独立由研究人员创办的。自 1999 年以来，研究对企业创建的贡献急剧增加，并在 2001 年达到顶峰。从那之后，经济增长放缓，资金短缺。此外，政府还采取了一系列措施来改进法律和税收框架，以便在此框架下建立年轻的创新企业（法国国家科学研究中心、公共补贴和启动基金、创新投资共同基金、研发税收抵免等为新创新企业的创办作出资金贡献）。这些要素是分析企业的战略集团和巴黎生物技术集群内的企业和机构之间相互作用的基础。

1. 巴黎生物技术集群中的不同战略集团

生物技术集群由四个战略集团组成，这些集团有着非常不同的发展模式。根据定义企业活动性质、营业额的来源、企业的成果及其演化这些因素，确定了四个商业模式，其中考虑了四个战略维度，即知识转移、融资、合作和市场。

（1）"产品导向"战略集团。

这种模式主要被五年以下的研究型企业使用，这些企业开发的技术几乎只适用于医疗保健部门。它们通常是公共研究机构的附属机构，其追求长期的发展战略，并不寻求卖它们的技术，而是进一步发展它们。这些活动是基于内部和合作的研究。这些企业中有不到1/4与该地区以外的组织签订了商业和生产合作协议，有一家企业的产品处于临床或评估阶段。这些企业的发展潜力是真实的，但它们的战略是非常危险的，有两个原因：①它们的活动不能使它们在短期内实现资金方面的自给自足，只有8%的企业将其产品商业化；②投资者不愿为那些战略几乎完全基于长期盈利预期的企业融资。

（2）"双重产品导向"战略集团。

这个群体包括从事长期产品开发的企业，其同时进行能够在短期内产生利润的服务活动。它们的技术主要应用于医疗保健部门，但其中30%的企业开发的技术可应用于生物信息学。它们都与巴黎地区内外的合作伙伴参与合作研发项目，它们的产品开发方法的特点是从事高水平的研发活动，并在临床或评价阶段进行产品开发。它们通过向其他组织提供服务、转包或平台租赁等多种方式将其技术商业化。这些企业的中期做法似乎比前面提到的集团风险更小，因为它们根据所进行的研究制定了服务提供和分包战略。因此，它们从经营活动中获得足够的收入。它们面临的挑战是，在短期开发、中期开发（现有技术的生产和商业化）和长期开发（新技术的发展）之间找到适当的平衡。

（3）"双重服务导向"战略集团。

该集团的大多数企业成立都不到五年，拥有高于平均水平的员工数。它们的活动以研究为基础，它们的收入来自产权的交易或许可。他们都有与外部组织的伙伴关系协议，其中大多数与区域内的组织合作。这些企业享有高度的资金自主权，因为它们的研究活动是销售专利权，它们总营业额的大部分来自版税。就像上述集团的企业一样，它们的情况足够稳定，以确保它们的中期发展，但它们的长期未来取决于它们在生产和技术营销之间实现健康的平衡。

（4）"非健康相关产品"导向战略集团。

该集团由技术应用于农业、生物信息学、环境和与食品有关的生物技术领域的企业组成。它们追求以产品营销为中心的长期发展战略，并因此享有相对的资金自主权。这种销售战略取决于与巴黎区域内外的商业和生产伙伴网络达成的协议。它们的活动以与区域内外的伙伴进行的内部和合作研究为基础。此外，这些企业中有25%是大型工业集团的附属企业，这些集团有可能向它们提供资金支助。考虑到这些企业的专业领域，其生产不涉及长期和昂贵的临床试验，但是，我们注意到风险资本家方面有些不情愿，这可能是由于难以确定其活动创造价值的潜力。

这种类型的企业意味着不同的发展前景和不同的需求。这些需求中的一些是物质需求（获取场地和技术平台），一些是与服务相关的需求（用于制订商业计划、与其他组织建立关系、获得知识），以及资金需求（获得资金支持，更容易获得风险投资）。由于生物技术企业的发展依赖于这些资源，它们有时非常不情愿地向现有的机构组织寻求支持。然而，与这些机构的关系往往没有达到预期的效果。这是由于它们的业绩也取决于企业所进行的活动的性质和发展阶段。

2. 生物技术集群中企业和机构之间的相互作用

为了分析生物技术集群中企业和机构之间的相互作用，有必要彻底检查这些企业与每一类机构的关系。

（1）生物技术企业和金融机构之间的关系。

生物技术企业与不同类型的金融机构打交道。显著的事实之一是普遍存在区域筹资安排，例如分配启动资金或公共补贴。这些不同的行动者共同为巴黎地区生物技术企业的需求提供了近65%的资金。

已成立三到五年的企业更容易获得风险资本。这些企业的一半融资来自该地区，25%来自国家机构，另外25%来自国际机构。生物技术企业在"产品导向"的战略组中具有这些特征，这可能是由于这些企业中有44%的产品处于临床发展阶段，24%的产品处于评估阶段。这同样适用于具有"双重服务导向"战略的企业。这些企业的资金稳定性（通过许可证获得的版权费实现）以及它们所从事的研发活动对其有利，增加了获得风险资本的机会。然而，对于具有"双重产品导向"的战略和"非健康相关产品"导向的企业而言，情况有所不同。在前者中，只有7%获得了风险资本，因为它们把相当一部分资源用于提供利润不高的服务。出于不同的原因，专门从事与农业、生物信息学、食品相关生物技术和环境相关技术的企业对于风险投资家也没有吸引力，这些企业中只有8%能够获得风险资本，因为风险投资家发现很难确定其活动的潜在价值。

一旦生物技术企业已经运营了至少六年，它们更容易获得风险资本。大约70%的风险资本来自位于巴黎地区之外的金融组织。因此，这些企业希望向巴黎以外的投资者寻求支持，但是它们不一定能够获得足够的资金来确保它们的发展。事实上，尽管风险资本在企业整体融资中所占的百分比有所增加，但是对于专门从事医疗保健技术的企业来说，后者仍然不足以支付产品开发和临床试验的高成本。

（2）生物技术企业与提供基础设施的机构之间的关系。

各种类型的机构提供的支持也可以是物质性的。一些组织为年轻研究人员/企业家提供场所以使他们能够开发自己的项目。此外，许多年轻企业家，特别是那些以前在公共研究实验室工作的年轻企业家，没有管理业务所必需的技能。他们需要关于创办企业的法律和行政方面以及与知识产权有关的支持和指导。这是孵化器的作用，政府通过发起"孵化——启动资本的技术企业"呼吁项目提案，决定分配2300万欧元。

商会是初创企业最受欢迎的合作伙伴，在管理方面（法律方面、会计方面等）需要支持。在起草商业计划或进行市场调查时，这些企业求助于商会，而不是咨询企业。另外，知识转移机构几乎没有被提及。更令人惊讶的是，在我们的样本中超过1/3的企业都是从研究机构的知识转移部门衍生出来的，比如巴斯德生物科技企业等。除了为年轻的研究人员提供场地之外，这些知识转移中心未能提供它们原本应该提供的服务。实际上促进知识转移的行动有限，在某些情况下根本不存在。

最初，生物技术分拆是一个非常小的组织，它在生物医学研究领域，特别是在人类健康生物技术领域中，非常依赖于资金支持和辅助执行知识转移所需的技能。环境或食品生物技术企业通常是从更大的组织衍生出来的，这些大组织为其提供它们发展所需的支持。

（3）生物技术企业和网络机构之间的关系。

尽管人们普遍承认，各机构提供的支持对孵化、创造和启动阶段的成功有很大贡献，但是它们在帮助初创企业与其他战略行动者建立关系以及在战略信息传播方面的作用，企业家认为不那么重要。对于生物技术企业来说，在研发、生产和营销方面的合作是必不可少的阶段。创新技术过程的复杂性要求企业获得广泛的技能。与公共研究机构或其他企业合作，可以让初创企业获得项目成功所必需的补充技能。

对于采用"产品导向"战略或"双重产品导向"战略的生物技术企业，研发合作至关重要。前者中的92%和后者中的100%与巴黎地区的合作伙伴签订了研发合作协议。因为这个行业中1/3的企业都是从公共研究实验室分离出来的，另外1/3的创始人是学术研究人员、公立大学，实验室被认为是它们天然的商业伙伴。网络机构在帮助这些企业与其他企业建立研发合作伙伴方面发挥着相对微弱的作用。

当企业计划开发或推销特定产品时，寻找合作伙伴并获得新的行动者网络对其生存和发展至关重要。对于主要活动集中于新技术研究和开发以及技术转让协定专利权销售的企业来说，情况更是如此。这些企业百分之百都与位于巴黎地区之外的商业和生产合作伙伴达成协议。鉴于本地市场的局限性，部分机构如埃弗里的基因谷或商会扮演着中介的角色，组织活动，让企业遇见潜在的合作伙伴。调查显示，协会如法国生物技术或Club Alpha在帮助寻找商业、资金或研究合作伙伴方面对企业的贡献是最大的。

在技术观察战略背景下，获得有关新的科学机会、技术可能性和市场演变的信息是关键。生物技术企业寻求有关市场结构、竞争对手、新技术、科学发现、由竞争对手组成的新联盟、合并和破产等方面的信息，而且它们不依赖任何特定机构的服务来获取这类信息。这些企业与客户、供应商、顾问或其他企业家（通常在巴黎地区以外）建立的非正式关系是它们主要的信息来源之一。

二、光学—光子集群的案例

大多数具有光学—光子知识的企业都是法国政府在第二次世界大战和 20 世纪 70 年代实施的"伟大技术计划"的框架内发展起来的。这些方案的目的不仅是促进国防工业，而且也是促进国家认为具有战略意义的部门（核、空间、航空技术、电信等）。它们的目标是用关键技术装备法国，特别是为了加强法国相对于其他超级大国的独立性。

在这些方案的范围内成立的经济和社会发展委员会使大巴黎地区受益匪浅，因为区域内各地光学—光子产业出现，并在 20 世纪 50 年代得到发展。光学—光子产业的发展经历了几个不同的阶段。第一阶段，1950~1960 年，见证了由经济和社会发展委员会前雇员（合格的工人和监督者）创建的分包企业的发展。第二阶段，20 世纪 70 年代和 80 年代，出现和发展了一种新型的中小型企业，它们具有更多的技术知识，涉及更复杂的分包关系，其中包括丰富和密集的知识交流。第三阶段，20 世纪 90 年代，经过多年的发展，巴黎地区的光学—光子产业面临着严重的劳动力减少（约 30%）问题。这些要素是企业战略群体和巴黎光学—光子集群中企业与机构之间的相互作用的分析基础。

1. 巴黎地区光学—光子集群中企业的战略类别

光学—光子集群由四个战略类别的企业组成，这些企业在创新方式和市场定位、与供应商和客户的谈判能力以及竞争压力等方面存在显著差异。这些差异影响到每个群体与其环境相互作用以满足其特定需要的方式。

（1）"激进技术突破初创企业"战略集团。

激进技术突破初创企业的特点是，它们的目标是在市场上推出基于全新技术的有竞争力的产品。根据最新的知识制定的解决办法不一定有预先确定的市场，也不是为了响应市场的具体需要而制定的。它们将自己强加于市场的能力，此外，还取决于其新技术的成本/性能比，以及它们能否在市场上制定新标准。由于这些原因，巴黎地区的激进技术突破初创企业与公共研究实验室（获得基础设施、专业知识等）以及早期用户（由新知识产生的操作阶段/过程）建立了战略关系。我们的研究表明，这些初创企业与之互动的实验室大部分位于巴黎地区。

尽管近距离似乎在它们与研究实验室的关系中很重要，但是这似乎并不是他们与早期用户互动的中心。这些关键特征决定了激进技术突破初创企业如何与支持创新的本地机构互动。

（2）"高科技中小企业"战略集团。

高科技中小企业的特点是高水平的内部研发，使它们能够定期开发和营销许多创新。它们倾向于专注于一种通用技术（红外、激光技术等），在其基础上，它们开发广泛的产品用于一个或两个行业（医疗保健、汽车、航空、环境、国防、电信等）。受到替代产品（电子、机电等）不断竞争的影响，这些中小企业对于客户（通常是大型企业）几乎没有谈判能力。由于这些特征，高科技中小企业在开发/改造现有产品以满足市场需求的项目框架内，与其他企业发展关系，例如，在较小程度上与研究实验室合作，以获得昂贵的基础设施和特定技能。

（3）"高技术性中小企业"战略集团。

高技术性中小企业的特点是高水平的技术专业化，以及生产有限的系列产品和定制产品，用于精确定义市场利基。这个战略集团的企业与它们的客户如大企业、大型研究实验室没有什么协商能力，因为它们提供少量的非战略性货物，但它们对供应商有很强的谈判权。替代产品没有明确的直接的威胁，除了一些因素外，还有就是由于市场的疲软，无法吸引以大众市场为目标的企业的兴趣（在低成本国家拥有许多设施的大企业）。但是，它们迟早要面对成本/性能比更有利的新替代技术的竞争，这可能危及采取这一战略的企业的生存。由于这些特征，这些中小企业大多与大企业或研究实验室发展分包商关系，而很少与这些大企业或研究实验室进行合作，也不参与产品的共同开发。

（4）"大型领导企业"战略集团。

这些大型领先企业的特征之一是研发和生产运营的国际化。它们的活动对本地经济产生了溢出效应，因为它们从供应商处购买产品，与中小型企业或研究实验室开发技术，并确定当前和未来消费者对产品和服务的偏好。它们与客户（国家或私人市场）的谈判权力是平衡的，它们对供应商享有强大的谈判权力。另外，替代产品的短期和中期竞争威胁相当弱。由于大企业有财力收购那些以彻底创新的技术为基础开发产品和工艺的企业，后者的实力就更弱了。

2. 光学—光子集群内不同类型的企业和机构之间的相互作用

不同战略集团的存在与企业与外部行为主体之间的相互作用有关。对不同类型的相互作用的考察表明，每一组企业发展特定类型的关系网络，以加强其创新和生产能力，从而在市场上具有竞争力。

（1）光学—光子企业与金融机构之间的关系。

在激进技术突破初创企业发展的初始阶段，需要与金融机构密切而频繁地互

集群与产业集群中的商业网络——全球价值链的管理

动。在初始阶段，尚未进入市场，是开发一种产品的时机，它们必须致力于确保它们所从事的项目从技术、市场和产业产权的角度来看是可行的。因此，这一阶段不能由要求获利的投资者提供资金，并且需要由提议预启动资金的公共或半官方机构的干预。巴黎地区有三个预先启动资金来源：公共研究组织（创新理念的起源）、法国国家科学研究中心（通过对创新型企业的财政贡献计划）、地方主动平台（科学极计划）。在创建阶段和发展阶段，融资问题变得更加重要。确实，初创企业取决于不同机构的资金支持，以便能够发起其活动，开发产品并在市场上测试它们。在早期阶段，常规金融市场和风险资本家相对缺乏，但是这种缺乏可由国家或机构投资者提供的启动基金补偿。在发展的起飞和增长阶段，初创企业的销售增加，其产品被市场采用，企业需要资金支持以便能够进行其商业发展，并在现有的基础上继续创新。这时风险投资家和银行开始发挥作用。

高科技中小企业在与大型企业或公共研究实验室开展的个人或合作创新项目的背景下，与金融机构建立密切关系。第二类资金支持使它们能够进入企业网络，特别是大型企业，并分享与研发项目相关的风险和成本。因此，科技竞争园区在过去几年里势头强劲，吸引了这类企业。中小企业也寻求公共资金来帮助它们在内部发展创新，但它们与金融机构的关系较少，因为它们的活动较少以创新为中心，而且它们的财务状况更不稳定。

最后，大型企业主要与提供资金的机构进行互动，以帮助融资研发项目或大规模工业发展项目。因此，大型领导企业与本地机构（特别是科技竞争园区），以及国家和欧洲机构（通过研究与开发框架计划或欧盟以外的欧洲计划）建立密切关系。

（2）光学—光子企业与提供知识转移和基础设施支持机构之间的关系。

激进技术突破初创企业和孵化器等基础设施支持机构之间的关系，在创建新企业的最初阶段是至关重要的。一旦项目成熟，技术概念得到验证，就必须找到场地，这就是与孵化器等机构的关系发挥作用的地方。因此，基础设施支持机构与初创企业之间的关系对于后者至关重要，因为它们涉及的远不止为企业提供场地那么简单。事实上，孵化器不仅提供优惠价格的场地，而且还为新企业提供指导服务。专门的孵化器也帮助初创企业与其他为企业提供支持的机构建立联系。

与提供基础设施的机构相比，高科技和高技术性中小企业和大型领先企业与这些机构的互动较少，因为它们在巴黎地区找到合适的场所没有困难。

（3）光学—光子企业与网络机构之间的关系。

当激进技术突破企业的技术达到可以向市场推出产品的阶段时，它们的目标是巩固自己在产业的地位。因此，从公共研究机构中分离出来的初创企业从以研究为导向的网络转向了以工业产业为导向的网络。在新产品的开发、生产和商业化阶段，企业面临着人力资源管理、市场增长（增加产能、商业策略、招聘新的生产人员）和研发活动等方面的问题。在这一阶段，企业需要在创新网络中强有力地定位自己，以便能够与新的合作伙伴发展关系。高科技中小企业还与帮助它们建立与专业网络联系的机构进行互动，从而扩大它们与本地组织的关系，增加扩展市场和研发伙伴关系的机会，并获得有关其他本地组织活动的信息，如竞争对手、客户、供应商、公共研究等。高技术性中小企业使用网络机构的方式与前两个战略集团不同，它们的主要目标是增加市场份额，而不是发展技术伙伴关系。因此，这群中小企业把利用网络机构作为获得新的主要承包商的途径。

大企业还与发展创新网络的机构进行互动，以便与地方集群中的所有参与者（初创企业、中小企业、实验室）建立联系。大型企业使用这些网络作为本地生产知识的补充渠道。因此，在这种情况下，寻求动员大型企业的网络，使他们能够从后者的专业知识、创新和商业能力中受益。

第四节　讨论

这种分析使我们能够揭示两个集群之间的异同（见表 16-1）。这些结果似乎证实了地方机构在高新技术企业集群的创建和短期及长期发展中所起的重要作用。然而，在为支持高新技术企业而建立的制度框架之外，根据观察到的不同高新技术产业，存在显著差异。例如，我们注意到，在生物技术产业集群中存在大量的知识转移机构，如孵化器，这往往表明这些机构在新企业的创建和学术知识的转移中发挥着至关重要的作用。集群中的大多数企业都是在孵化器中创办和发展起来的，这一点也不奇怪，因为法国的生物技术部门相对年轻。

表 16-1　大巴黎区生物技术与光学—光子集群之间关系的特殊性及其制度环境

企业/机构的互动	金融机构	基础设施和知识转移机构	网络机构
生物技术集群	为新公司的启动和创建阶段提供公共资金，企业努力为更高级的生产和商业化阶段融资。风险投资不足	促进技术和学术知识转移的孵化器和组织在新生物技术公司的产生中起着至关重要的作用，这些机构提供的支持往往限于提供房地和使用内部数据库的机会	旨在为本地企业吸引潜在合作伙伴的地方营销政策，这些公司认为这些政策几乎没有什么影响。它们进行永久性的信息监视，以便与新的网络建立联系

集群与产业集群中的商业网络——全球价值链的管理

企业/机构的互动	金融机构	基础设施和知识转移机构	网络机构
光学—光子集群	新兴企业、科技型中小企业和大型企业与金融机构的互动密切而频繁，目标是开发内部细化的项目或降低个人或合作创新项目的成本	所有类型的公司都与提供基础设施的机构发展关系。但是，这些相互作用只对"技术突破"初创企业的发展至关重要；在发展的最初阶段特别依赖这些机构支持的初创企业	所有类型的公司都与网络机构发展关系。例如，初创公司通过寻找早期用户来加强它们在工业中的地位；高科技中小企业通过寻找合作伙伴来发展其研发或工业项目；技术性高的中小企业寻求进入新市场的途径

第一代生物技术企业出现于 20 世纪 80 年代，它们开发和制造传统生物技术产品，但直到 20 世纪 90 年代末，随着专注于分子生物学的第二代企业的出现，生物技术部门才真正有了组织。至于光学—光子产业，它从 20 世纪 70 年代开始变得更加成熟，这就是"网络促进者"这样的组织在光学—光子集群的组织中扮演重要角色的原因。属于产业已经达到了高水平的技术成熟度转向机构的企业，可以帮助它们开发与发展新的合作伙伴，找到新客户，更广泛地讲，可以帮助它们再次启动创新的过程，这是对于维持竞争优势的能力以面对全球竞争增加是至关重要的。

第五节　结论

本章的目的是通过分析本地行动者可用的各种工具以及企业家如何使用这些工具，为关于集群的制度维度的辩论作出贡献。在大巴黎地区的生物技术和光学—光子集群上进行的研究，使我们首先能够区分出四类地方机构：金融机构、提供设施和基础设施的机构、知识转移机构和网络机构。其次，研究已经表明，企业与其制度环境之间的关系根据企业所处的类别以及其在生产和创新方面的发展水平而有所不同。

参考文献

［1］Aharonson S. B. , Baum J. A. C. and Feldman M. P. （2004）, Industrial Clustering and the Returns to Inventive Activity：Canadian Biotechnology Firms, 1991 -

2000, Danish research Unit of Industrial Dynamics Working Paper.

[2] Aharonson S. B. , Baum J. A. C. and Feldman M. P. (2007), 'Desperately seeking spillover? Increasing returns, social cohesion and the location of new entrants in geographic and technological space', Industrial and Corporate Change, 16 (1): 89–130.

[3] Bellon B. , Plunket A. and Boufaden N. (2005), Etude sur les Biotechnologies en Ile de France, http://www. adislab. net/docs/RAPPORT_CDC. pdf.

[4] BIPE (2003), 'Data and method of analysis of the electro–optics cluster', Study provided for the Paris Region Opticsvalley Cluster Organization, Paris: Mimeo.

[5] Coriat B. and Weinstein O. (2002), 'Organizations, firms and institutions in the generation of innovation', Research Policy, 31 (2): 273–290.

[6] Decoster E. , Matteaccioli A. and Tabariés M. (2004), 'Les étapes d'une dynamique de territorialisation: le pôle optique en Ile – de – France', Géographie, Economie, Société, 6 (4): 383–413.

[7] Dunning J. (2000), Regions, Globalization and the Knowledge – Based Economy, Oxford: Oxford University Press.

[8] Giuliani E. and Bell M. (2005), 'The micro–determinants of meso–level learning and innovation: evidence from a Chilean wine cluster', Research Policy, February, 34 (1): 47–68.

[9] Hakanson L. (2005), 'Epistemic communities and cluster dynamics: on the role of knowledge in industrial districts', Industry and Innovation, 12 (4): 433–463.

[10] Karlsson C. , Johansson B. and Stough R. (eds.) (2005), Industrial Clusters and Inter–Firm Networks, London: Edward Elgar.

[11] Lourimi S. and Torre A. (2007), 'Le secteur de l'Optique en Ile de France Sud. Un cluster? ' Territoires du Futur, 6: 57–68.

[12] Lundvall B. A. (1992), National Systems of Innovation: Towards a Theory of Innovation and Interactive Learning. London: Pinter.

[13] Martin R. and Sunley P. (2003), 'Deconstructing clusters: chaotic concept or political panacea?' Journal of Economic Geography, 3 (1): 5–35.

[14] Mustar P. and Larédo P. (2002), 'Innovation and research policy in France (1980–2000) or the disappearance of the Colbertist State', Research Policy, 31 (1): 55–72.

[15] Nelson R. R. (1993), National Systems of Innovation: A Comparative

集群与产业集群中的商业网络——全球价值链的管理

Study, Oxford: Oxford University Press.

[16] OECD (2005), Business Clusters, Promoting Enterprise in Central and Eastern Europe, Paris: OECD.

[17] OST (2006), Indicateurs de Sciences et de Technologies, sous la direction de Ghislaine Filliateau, Paris: Economica.

[18] Plunket A. and Boufaden N. (2007), Quels Business Modèles pour les Entreprises de Biotechnologie de l'Ile-de-France? Working Paper.

[19] Polanyi M. (1962), 'Tacit knowing: it's bearing on some problems of philosophy', Review of Modern Physics, 34 (4): 601-616.

[20] Swann P. and Prevezer M. (1996), 'A comparison of the dynamics of industrial clustering in computing and biotechnology', Research Policy, 25 (7): 1139-1157.

[21] Traoré N. (2004), 'Canadian Biotech firms' creative capacity: on the role of absorptive capacity, relational capital, learning, and firm characteristics', International Journal of Biotechnology, 6 (1): 1-19.

[22] World Bank (2002), http: /www. worldbank. org/poverty/scapital/whatso. htm.

附 录

生物技术集群分析的数据和方法

大巴黎地区拥有最大数量的法国生物技术企业（约40%）。该区域在国家科学技术生产中的份额为57.1%（由在生物技术和制药技术领域申请或授予的欧洲专利数量估计）。这些公司分布在整个地区，但在该地区有一些公司聚集（巴黎、埃夫里基因谷、萨克雷）。巴黎地区受益于世界知名的研究基础设施的存在，在医学研究、基础生物学和应用生物学/生态学领域，其发表的论文在全国处于领先地位。这种情况与其他欧洲国家的情况相似，例如英国或德国，其区域分布更均匀。我们发现巴黎地区在医学研究方面比在基础生物学和应用生物学/生态学方面更专业，其在这两个科学领域中排名第三，仅次于帕卡和罗纳阿尔卑斯地区。生物技术越来越被定义为一套适用于人类医疗保健、农业、环境、农业食品和生物信息学等领域的通用技术。因此，仅根据法国活动的命名法很难确定生物技术公司并评价其研发活动。为了研究位于巴黎地区的生物技术企业的特征，有必要通过使用主要的公共目录来识别这些企业。本研究以61家企业为样本，选取了以下数据收集阶段，并交叉引用了来自不同目录的数据：①"生物技术法国"目录（由研究部门管理）；②基因谷目录（埃夫里产业集群）；③生物技术和生物产业发展协会的目录；④法国生物技术目录（法国生物技术企业及其合作伙伴的专业协会）。

综合这些名录，就有可能列出位于巴黎区域并参与生物技术活动的458家私营法律公司的名单（总部、研发、生产、商业化、服务提供、咨询机构和风险投资）。我们通过电话联系了这些公司，以确定哪些公司在生物技术领域进行研发，并确保其符合以下标准：①在巴黎地区进行研发；②在研发过程中使用或生产生物技术。这样名单上的公司就减少到了244家。其中107家企业同意回答2004年6月至2005年6月的一份调查问卷，其中可用问卷61份。

这项调查是在巴黎南大学实施的一个研究项目的框架下进行的，并得到了Deposit and Consignment Office研究所的支持。一旦调查完成，这一份报告就会呈现主要结果，并对巴黎地区生物技术产业的结构进行分析。

光学—光子集群分析的数据与方法

巴黎地区拥有550多家从事光学仪器行业的公司，雇员超过16700人，这大约是该国在这一领域的潜在劳动力的一半。在这个产业网络中，123家雇用6400人的公司被确定为从事基于光学—光子技术的产品和服务的生产和开发活动。大多数企业集中在巴黎地区的西南部，特别是在埃松省和伊夫林省，其集中了巴黎地区光学—光子产业总人数的1/4，以及超过1/3的公共研究人员。光学—光子企业的主要市场是信息和通信技术（光学—光子组件）、空间和国防工业（红外图像、导弹制导系统、激光测距仪等）、医疗保健和生命科学（在领域生物技术的激光、数字放射）、科学仪器（使用远程紫外线辐射的显微镜和光刻）、工业生产（激光原型、光学传感器、激光标记等）以及其他市场（如比传统白炽灯泡发光效率更高的发光二极管）。

该研究是基于巴黎地区光学—光子集群中44个经济行为者的样本，使用由光谷开发的数据库来识别这些参与者。我们对21个产业企业家（大巴黎地区有123家光学—光子专业工厂）、9家公共研究实验室、6家企业提供支持的组织（经济发展组织、地方商会、创新和技术转让中心）、5家公共部门（如区域市政局、总议会、集聚社区）和3家金融机构进行研究，问题涉及企业活动的组织，它们的创新战略，网络和地理邻近的作用。本书研究是在由INRA（UMR SAD-APT）和巴黎南大学实施的研究项目的框架下进行的，并获得了EEC第六框架计划的支持。

集群与产业集群中的商业网络——全球价值链的管理

第十七章 德国生物技术基地的本地全球联系的发展——本地嵌入或远程学习？

德克·富尔纳尔，安·特伦（卡尔斯鲁厄大学）

第一节　引言

经验观察显示，在广泛的行业中，企业倾向于在地理空间上聚集，生物技术也不例外。在美国，人们发现生物技术集中在圣地亚哥、南圣弗朗西斯科和北卡罗来纳的三角研究公园以及波士顿以北 128 号公路附近的地区。在德国，生物技术集群位于巴伐利亚州和莱茵兰泽勒。[①]

生物技术产业位于特定的集群，但问题是为什么这样的集群会产生？由于生物技术作为一种科学驱动和知识密集型产业，最关键的是利用知识作为一种资源，而知识是相对流动的，基于运输成本的传统解释是站不住脚的。

对生物技术的解释主要集中在马歇尔（1890）关于集聚外部性的观点上。在这些地区，通过共享一些关键资源，例如知识或信息、一些关键供应商的产出（如试剂）等可以供应附近的一些制药或农化企业。生物技术公司也可能因为靠近大学、医学院或研究型医院而共同获利，这些医院提供员工、创新研究和临床试验潜力。然而，其他人认为，地理集中是基于多样性产生的正外部性，即知识溢出发生在具有不同背景的组织之间，而不是像马歇尔的方法那样基于专业化。相反，太狭窄的专业化可能会阻碍未来的发展。

无论马歇尔或雅各布斯的外部性是否盛行，核心问题是该地区的企业如何获

[①] 关于其他国家生物技术的地域集中，关于加拿大的参见尔斯、巴斯（2001），关于法国的参见勒马利耶等（2001）。

取知识，从而从共同区位中获利。在本书中，我们集中研究一种类型的传输通道，即合作或网络。尽管非正式的社会网络在获取知识等关键资源方面发挥着重要作用，但是我们在下文特别关注以共同专利活动为代表的正式知识互动。[①] 正如前文所指出的，企业可以从与其他企业的合作中获利，它们可以从其他企业获取知识，以生产新产品或引入新工艺。对衰落的集群的研究表明，这种经济优势并不是永久的，集群的衰落似乎是由它过去的优势造成的。衰落的原因不仅在于区域技术轨迹的枯竭，还在于长期存在的、封闭的、同质的本地网络，它们无法整合新的知识，而往往是通过外部知识来更新集群。因此，产生区域优势的同一局部网络在僵化导致失去适应变化的环境的能力时，可能导致衰落。为了保持区域竞争优势，必须平衡本地的互动和外部联系，以便产生协同作用，同时引进新的知识。

　　本章论述了本地和外部联系与一般的合作知识生成之间的平衡，本章的其余部分将更详细地介绍这一想法。第二节为本地和外部的知识交互提供了详细的背景。本章的实证部分从四个德国生物技术地区的活动简要概述开始（第三节）。在第四节中，我们分析了来自这些生物技术领域的机构的知识交互。在第五节中，我们讨论了实证研究的核心发现和前景展望。

第二节　理论背景

　　生物技术是一个以知识为基础的产业，因此，生物技术公司成功所需的最重要资源是知识和智力资本。为了成功地开发和销售一种产品，公司必须掌握最新的科学技术知识。一般来说，生物技术公司需要两种外部知识所有者，即生物技术和其他密切相关领域的大学和研究组织。其他来源是现有的生物技术和制药公司。在下文中，我们将分析哪种类型的组织对于所调查的区域内的公司的知识来源来说是最重要的。

　　两个方面阻碍了获取与生物技术相关的外部知识：虽然许多研究结果发表在可以公开获得的科学论文中，但是生物技术方面的知识不仅复杂，而且非常隐晦，这增加了知识转移的难度和成本。复杂知识或隐性知识的转移（其中结果取决于涉及嵌入的步骤）通常需要发送者帮助接收者识别和纠正传输中的错误，或者知识的接收者和知识的拥有者之间有必要进行密集的面对面互动。因此，生物

---

　　① 这些正式的交互可以建立在其他转移渠道上，例如劳动力流动或非正式网络，这种形式的交互也可以在未来产生新的非正式互动。

技术的知识是通过与该领域专家的密切接触产生的，或者是通过自己成为专家而产生的。在本书中，我们关注前者，通过检查生物技术企业如何通过与其他机构和组织密切联系来获取外部知识。我们专注于直接互动，在这种互动中，企业可以相互学习，留下其他方式以获取外部知识，例如与其他企业员工的社会联系或劳动力流动。

在一个区域内，会产生意想不到的信息和知识溢出。一方面，本地溢出代表组织之间所有无意的知识和信息交换。另一方面，在本地环境中，有意转移也基于相互交换关系发生，并且至少有部分的空间集聚。这种空间集聚是由于大量的个人以及公司都嵌入了社会和地理环境这一事实造成的。许多因素导致了社交网络的本地特性。这在地理位置邻近的情况下更有可能发生，因为地理位置和社会位置的邻近会影响互动的成本，进而影响人际关系出现并持续的概率。首先，距离增加了互动的直接成本，因为旅行既需要时间又需要金钱。其次，随着两个行动者之间距离的延长，介入机会的可能性增大，同样受欢迎但更紧密的联系也会增加。

由于这些区域社会网络构建了机构之间的相互作用，并提供了一个知识交流与合作的框架，因此知识更容易在一个区域内传播。由于在特定区域内的交换过程是多种多样的，因此对于局部交互而言，交易成本更低，知识转移效率更高。此外，在这个地方内部的组织多样性比外部的组织多样性更大。以美国的生物技术产业为例，菲恩等（2006）发现，与国外合作伙伴相比，在美国企业之间跨越技术距离更容易。特别是频繁的知识交换和快速的反馈过程是必要的，例如在复杂的生物技术知识的情况下，相互作用的地点有助于知识的转移。虽然社会关系可以跨越地理和社会空间，但是这些"遥远的"联系仍然是例外而不是规则。因此，从其他地区获得资源的能力，依赖于这些关系，往往随着地理距离的缩短而减少。

虽然这些本地互动支持了本地企业的创新和增长，但是劣势也可能出现，因为这些地区的企业变得过于狭窄的专业化和内部集中，失去了更新和适应外部环境变化的能力。该地区可能会陷入以往成功的发展路径，这种路径缺乏异质性和多样性，无法产生新想法。锁定的原因在于长期存在的、封闭的同构网络，它们无法通过集成新的、通常是外部的知识来更新集群。此外，大多数生物技术公司在世界市场上竞争，因此也必须获得来自其本地区以外地区或国家的竞争对手所获得的知识。集群内的企业和集群外的企业之间的联系将这些必要的新知识整合到区域内，并保持网络的开放。这导致必须平衡内部联系（以开发为重点）和外部联系（以探索为重点）的情况。这意味着，为了从上述地方协同作用和地方互动的优势中获利，也必须通过外部联系获得知识。一个区域内的企业必须通过外部知识来维持内部趋同和发散之间的平衡。正如前文所指出的，这种外部联系代价高昂，需要潜在合作伙伴的信息和声誉，才能说服这些合作伙伴建立联系。因此，并不是一个区域的所有公司都能建立外部联系。

科恩、莱温特（1990）认为外部知识的利用取决于企业的吸收能力。除了这种企业特有的能力之外，知识的利用还取决于使知识具有可获取性的区域特征。在获取外部知识的能力和必要性方面，存在着企业和区域的特定维度。

虽然小型和特别年轻的公司依靠区域社会网络获取资源，但是较老的和较大的公司有其他途径获得这些资源。随着行业的成熟和公司的成长或老化，接近这些资源的重要性和本地社交网络的相关性会下降。首先，它们可能已经拥有了自己公司内部的资源，因为这些资源是它们自己产生的，例如，公司通过边做边学积累了隐性知识，或者与更大医药公司合并产生的。其次，它们建立了新的更深远的渠道来获取其他地方的资源。因此，当公司变得更大更老时，地理邻近的影响就会减少。基于这些发现，在分析中我们关注的是采购知识的企业类型，以检验不同类型的组织是否显示不同类型的外部联系的行为。

此外，集群的多样性必须涉及它们的大小。像硅谷这样的大型集群由许多拥有丰富技术和知识的公司组成。"第三意大利"的产业区也代表了集群，尽管规模较小，形式也很特殊。集群的规模和技术多样性必须彼此对应，大集群可以包含比小集群更大的多样性，然而，由于公司的规模，在公司之间可以产生充分的协同效应。因此，较小的集群必须高度集中，以便能够利用协同作用。这也增加了较小的集群与拥有创新活动所需知识的其他组织有相对较多的本地联系或很少和非常具体的外部联系的可能性。我们研究不同规模的集群是否在它们的外部联系和交互方面表现出不同的模式。

综上所述，知识是生物技术产业产生产品和工艺创新所必需的核心资源之一。在这方面，它们至少在一定程度上依赖外部知识来源，以跟上新的科学研究和处理技能。这种外部知识来源过程的重要渠道是本地和外部的联系。如下文所述，分析的重点是由共同专利活动所代表的正式联系。由于交换伙伴（知识源和接收者）的类型在知识交换的必要性和可能性中发挥作用，本书讨论了这些合作伙伴的特征，例如组织的规模或年龄。此外，本书研究了外部合作伙伴的位置和区域特征，特别是区域集群的规模。实证研究集中在德国的四个具体地区，具体情况如下所述。

第三节　分析单元：生物区的概述

1995 年，德国联邦教育和研究部宣布了一项加强德国生物技术产业的竞赛。决策者意识到，生物技术部门已成为知识经济国家经济增长的基石。库克

（2001）认为，在这方面，德国在生物技术工业的商业化方面落后于美国 20 年，甚至落后于英国 10 年。因此，政府认识到他们必须加强努力，消除德国生物技术部门的缺陷。德国联邦教研室设计了一个地区级别的竞赛。在私营和公共组织（例如私营企业、大学、研究机构等）之间进行区域合作的情况下，要求 17 个区域的组织提出生物技术研究和商业化的概念。一些地区只有一个城市，如弗莱堡、耶拿等。大多数是由邻近的大城市组成的，或涉及整个联邦州的合作，如柏林—勃兰登堡。竞赛不仅是为了促进研究和开发活动，政府还希望刺激德国研究人员的专利活动，宣布的目标是促进德国成为欧洲生物技术领域的领先者。1996 年 11 月，一个独立的评审团选出了三个获胜地区：慕尼黑、莱茵兰（科隆、杜塞尔多夫、伍珀塔尔和亚琛）和莱茵—内卡三角（海德堡、曼海姆和路德维希港）。耶拿说服陪审团给他们一次"特别投票"。9000 万欧元的总金额被分成两个部分：三个获胜地区各 2500 万欧元和耶拿 1500 万欧元。

所选区域依据的基本标准包含 9 个评审团，他们不仅统计了现有公司、研究机构和与生物技术有密切关系的大学的规模和数量，还考虑了新生物技术企业的周边基础设施，如支持设施（例如专利局、咨询公司等）、生物技术研究设施和医院之间的合作，以及未来可信的战略。

在慕尼黑生物区的案例中，决定性的事实包括研究机构和大学的科学环境，产生了大量合格员工和高质量研究，医院和生物技术企业之间现有的合作，以及距离欧洲较近专利局说服了陪审团。对于现有的企业—医院合作，慕尼黑生物区的生物技术企业重点关注药物和药物治疗并不奇怪。

莱茵—内卡三角生物区拥有众多的跨国公司，如巴斯夫、罗氏、阿博特、默克等。这些公司位于海德堡大学和曼海姆大学之间，传统上促进了科学与产业之间的互动。不仅对生物技术产业，而且对信息技术产业，都能使其获得合格的劳动力，这是本区域的一个优势。

跨国公司，如拜耳、汉高、科宁等，表征了莱茵兰生物区。除了与全球公司的联系，德国最大的城区还呈现出许多位于该地区较大城市的大学和研究设施附近的科技园区。以跨国环境吸引世界各地的劳动力，例如科隆和杜塞尔多夫等城市，莱茵兰生物区为新兴的知识型产业提供了丰富的基础。

耶拿生物区的"特别投票"是生物技术产业发展新方向的结果。由图林根耶拿州大力支持的重点是为生物技术工业创造和生产仪器及装置。与生物区竞赛的获胜者相比，一方面，耶拿生物区是一个更偏远的地区，其人口不足 10 万，人力资源远远落后于其他地区；另一方面，超过 30% 的耶拿劳动力拥有高等教育学历。耶拿也是德国光学技术和精密机械最重要的中心，被认为影响了成功开发生物仪器的潜力。

总而言之，生物区比赛的三个获胜者在某些方面彼此相似，但在其他方面也有很大的差异。相似之处是有知名大学和研究设施的存在，因此有大量合格的员工和科学知识。除了慕尼黑生物区之外，另外两个生物区——莱茵兰和莱茵—内卡，其特点是在医药领域存在跨国公司。大部分地区生物区的专业化差异可以追溯到这些跨国公司。因此，莱茵兰和莱茵—内卡生物区注重化学和制药生物技术。与其他两个地区相比，慕尼黑更多地关注医疗生物技术的发展。耶拿生物区在所有方面都被视为例外。随着居民人数的减少和对生物仪器的关注，这一地区与其他三个地区不同。

我们选择这四个地区的原因如下：显然这些地区计划成为德国的生物技术中心。这意味着我们已经拥有一个集群。我们没有考虑柏林或柏林—勃兰登堡生物区，因为它在生物区竞赛期间没有被选为任何公共资金的接收者。

第四节　实证分析

一、数据背景

为了进行分析，我们参考了 2007 年 4 月所谓的 PATSTAT 数据库。欧洲专利组织全球专利统计数据库是因专利统计任务而创建的。[①] 为了分离必要的数据，我们使用了四个标准。

首先，我们分离了在欧洲专利局和世界知识产权组织提交的所有专利。我们假设所有重要的专利或提到的对全球市场重要的专利都是在欧洲专利局备案，或完成了世界知识产权组织的归档程序。

接下来，我们确定了发生在生物技术领域的所有专利。2000 年版本的 OST-INPI-ISI 协约将专利的 IPC 代码与 30 个技术领域联系起来，我们根据这些生物技术专利的 IPC 代码来识别它们。

为了分析专利的起源，我们在 PATSTAT 数据库中搜索了所有德国人（国家代码为"DE"的人）的地址。因此，我们构建了一个与生物区区域相关的邮政编码列表。为了将通勤者考虑在内，我们不仅考虑了上述城市的所有"克雷斯"地区，还考虑了这些城市的内陆地区。整个分析过程始终保持核心与外围的分离。通过将人员分配列表与专利列表合并，可以从生物区识别具有至少一个申请

---

① 工作组成员有：欧洲委员会，欧洲专利局，日本专利局，美国国家科学基金会，美国专利和商标局世界知识产权组织。

人或至少一个发明人的所有专利。

对于时间框架的定义，我们决定采取两个时期，以便能够分析随时间的变化，特别是检查生物区是否影响外部联系的程度。第一个时期为 1993~1998 年的六年。虽然生物区竞赛的决定是在 1996 年 11 月，但是我们考虑到可以通过专利活动衡量的影响只有在约 18 个月（出版时间）后生效。第二个时期为 1999~2006 年生物区竞赛后的八年。第二个时期更长，因为专利申请和出版物之间的延迟，专利数量在过去两年中有所减少。

在生成了专利申请列表及其申请人、发明者等信息之后，就可以进行后续分析了。最后的表格包括了整个德国的 7329 项生物技术专利，以及至少有一名申请人或发明人来自生物技术地区的 3730 项专利。后一个列表是我们分析的基础。

我们共检测到 11001 名申请人和 36733 名发明人。一项专利最多有 10 个申请人，一项专利最多有 40 个发明人，即平均每个专利有一个申请人和四个发明人。

二、生物区的专利活动

新兴市场的专利活动一直是动态的。德国生物技术产业的专利活动也不例外（见图 17-1）。在 1993~1994 年缓慢启动之后，专利申请数量开始迅速上升，并在 2001 年达到最高峰。专利申请数量的减少可能意味着新经济泡沫的破裂。经济衰退阻止了风险资本的来源，也因此阻止了进一步探索所需的资金。我们的分析表明，这一过程在德国和生物区也是可以测度的。

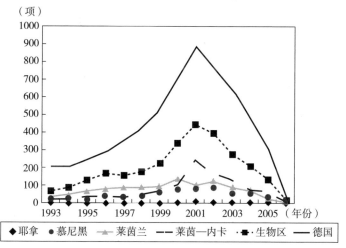

图 17-1　德国生物技术专利活动的加权①

————————
①　数字由每个专利申请者的数量加权。

由于生物区区域的大小不同，专利活动具有不同的特点。与其他地区相比，耶拿的专利申请数量较少。考虑到慕尼黑的居民数量，莱茵兰和莱茵—内卡显示的数据规模相当，莱茵—内卡是总体和相对数量最强的地区。然而，耶拿仍然落后于生物区竞赛的三位获胜者。2005年和2006年的大幅下降不应被高估。应该记住，专利统计数据总是有至少18个月的延迟。

仔细看看图17-1就会发现，除了莱茵—内卡之外，德国整体专利活动的下降速度比生物区快得多。尽管生物区的"大玩家"都是企业，但是该地区有相对恒定的专利活动可能是基于公共资金的影响和政府的支持。这种支持使一些公司更加独立于私人风险投资资金之外，但泡沫的破裂仍产生了重大影响。

表17-1列出了生物区的顶级参与者。可以看出，负责该地区大多数主要类型专利的组织是私营企业。在耶拿，它们覆盖了大约61%的生物技术领域的专利申请，莱茵兰地区的企业覆盖率高达87.5%。罗氏、巴斯夫、拜耳和德固赛等大型制药企业在这两个地区的专利活动中占主导地位。慕尼黑似乎有三个很强的机构位列名单中的前三。

表 17-1　生物区专利的主要申请者

耶拿	1999~2006年排名	专利申请数量（项）	1993~1998年排名	专利申请数量（项）	类型
克隆迪亚芯片技术有限公司	1	9	1	4	企业
SIRS-Lab GmbH	2	7	—	—	企业
汉斯—诺尔自然刺激与生物感染研究所	3	5	2	1	机构
HaemoSys GmbH	4	3	—	—	企业
光子技术研究所（原物理高科技研究所）	5	3	4	1	机构
Carl Zeiss Jena GmbH	6	2	—	—	企业
Glatt Ingenieurtechnik GmbH	7	2	—	—	企业
耶拿大学	8	2	—	—	大学
Jenpolymers 有限公司	9	1	—	—	企业
耶拿生物科技有限公司	10	1	—	—	企业
Presselt, Norbert	11	1	—	—	个人
Claussen, Uwe, Prof. Dr Med.	12	1	—	—	个人
Jena Bioscience GmbH	13	1	—	—	企业
Bockmeyer, Clemens	14	1	—	—	个人
Biomedical Apherese Systeme GmbH	15	1	—	—	企业
Analytik Jena AG	16	1	—	—	企业

集群与产业集群中的商业网络——全球价值链的管理

耶拿	1999~2006年排名	专利申请数量（项）	1993~1998年排名	专利申请数量（项）	类型
Id Pharma GmbH	17	1	—	—	企业
Zipfel, Peter, F., Prof. Dr.	18	1	—	—	个人

慕尼黑	1999~2006年排名	专利申请数量（项）	1993~1998年排名	专利申请数量（项）	类型
Max-Planck-Society	1	87	1	57	机构
Fraunhofer-Society	2	59	3	18	机构
GSF National Research Centre for Environment and Health	3	42	2	42	机构
Icon Genetics GmbH	4	26	—	—	企业
Consortium f. elektrochemische Industrie GmbH	5	23	4	11	企业
MediGene AG	6	16	6	6	企业
Infineon Technologies AG	7	16	—	—	企业
Siemens AG	8	14	7	6	企业
Micromet AG	9	14	10	2	企业
Vermicon AG	10	12	—	—	企业
Bacher, Adelbert	11	10	—	—	个人
Xerion Pharmaceuticals AG	12	8	—	—	企业
Technische Universität Munich	13	6	—	—	大学
Wilex AG	14	6	—	—	企业
Holm, Per Sonne	15	6	—	—	个人
MorphoSys AG	16	6	5	6	企业
GPC Biotech AG	17	5	—	—	企业
Avontec GmbH	18	5	—	—	企业
Icon Genetics AG	19	5	—	—	企业
Procorde GmbH	20	5	—	—	企业

莱茵—内卡	1999~2006年排名	专利申请数量（项）	1993~1998年排名	专利申请数量（项）	类型
BASF	1	279	2	85	企业
BASF AG	—	200	—	80	企业

莱茵—内卡	1999~2006年排名	专利申请数量（项）	1993~1998年排名	专利申请数量（项）	类型
BASF Plant Science GmbH	—	79	—	5	企业
Roche Diagnostics GmbH	2	240	1	224	企业
German Cancer Research Centre	3	85	3	50	机构
European Molecular Biology Laboratory（EMBL）	4	22	8	5	机构
LION bioscience AG	5	15	—	—	企业
MTM Laboratories AG	6	14	—	—	企业
Axaron Bioscience AG	7	13	10	2	企业
Febit Biotech GmbH	8	9	—	—	企业
Heart BioSystems GmbH	9	9	—	—	企业
Südzucker AG	10	8	5	7	企业
Cellzome AG	11	7	—	—	企业
University of Heidelberg	12	6	9	4	大学
Affimed Therapeutics AG	13	6	—	—	企业
febit AG	14	5	—	—	企业
Biopharm Gesell. zur biotech. Entw. Von Pharmaka mbH	15	5	4	9	企业

莱茵兰	1999~2006年排名	专利申请数量（项）	1993~1998年排名	专利申请数量（项）	类型
Degussa GmbH	1	255	4	14	企业
Bayer	2	239	1	73	企业
Bayer HealthCare AG	—	179	—	11	企业
Bayer CropScience AG	—	40	—	8	企业
Bayer Technology Services GmbH	—	14	—	—	企业
Bayer AG	—	9	—	54	企业
Forschungszentrum Jülich GmbH	3	64	2	27	个人
Qiagen GmbH	4	55	5	13	企业
Henkel	5	42	3	20	企业
Cognis IP Management GmbH	6	33	6	5	企业
Artemis Pharmaceuticals GmbH	7	23	—	—	企业

集群与产业集群中的商业网络——全球价值链的管理

莱茵兰	1999~2006 年排名	专利申请数量（项）	1993~1998 年排名	专利申请数量（项）	类型
Coley Pharmaceutical GmbH	8	16	—	—	企业
Amaxa GmbH	9	13	—	—	企业
Direvo Biotech AG	10	13	—	—	企业
Evotec Technologies GmbH	11	12	—	—	企业
DSM Biotech GmbH	12	10	—	—	企业
Grünenthal GmbH	13	10	8	3	企业
Rhein Biotech GmbH	14	10	—	—	企业
Dahl, Edgar, Dr.	15	9	—	—	个人
Biofrontera Pharmaceuticals AG	16	7	—	—	企业

弗劳恩霍夫协会和马普学会在大多数情况下都在慕尼黑申请专利，即使这项发明是他们在德国其他地方的分支机构中完成的。

三、生物区的知识来源

1. 开放或封闭的知识生成

分析用于产生知识和获得知识的联系第一步是审查存在进行一般合作安排的倾向。这种趋势表现在申请专利的数量上，不是一个人，而是多个人。这些申请人很有可能在知识产生方面进行了合作，因为他们也分享了专利授予的法律权利。因此，多个申请专利在一个地区的份额表明该地区的组织是倾向于在单个组织外部进行知识产生的合作，还是他们自己开发自己的新发明，并有一个内部的知识产生方法。

该分析的结果如表 17-2 所示。在耶拿 86% 的专利由单一申请人在第一个时期内申请，这个比例在第二个时期增加到 90%。慕尼黑和莱茵兰在这两个时期，这一比例大约为 90%。只有莱茵—内卡三角显示不同的模式——单个申请人专利从第一个时期的 97% 下降到第二个时期的 81%。因此，在四个地区中有三个地区单一申请人专利的份额在高水平上保持稳定，而在一个地区份额减少，但是仍然有大量的专利是由一个申请人创造的。其主要原因是，大多数申请专利的组织也希望自己拥有与已授予专利相关联的合法权利，而不希望与其他组织共享权利和潜在的盈余。对于拥有多个发明者的专利的分析则出现了相反的情况（见表 17-3）。大多数专利都有多个发明人，这不会随着时间的推移而改变。虽然尚不清楚这些发明人是属于核心公司还是属于不同的公司，但是这表明，由于生物技术的复杂性，发展生物技术专利需要广泛的知识基础。通过分析得出两个核心结果：①多申请人专利数量相对较低，而多发明人专利数量相对较高；②多个申请人或多个发明人在区域间的份额没有差异，且随着时间的推移，无法检测到真正的变化。一个公司层面的分析表明，一个申请人承担了在第二阶段莱茵—内卡三角地区的多项专利申请的大部分责任，在此期间，罗氏诊断公司与另一家申请人一起申请了80%的专利。因此，该地区的观察结果并不是真正的地区差异，而是与总部位于瑞士的F.霍夫曼—拉罗氏公司合作或共同申请专利的单一跨国公司的偏离行为。柏林格尔曼海姆1998年被F.霍夫曼—拉罗氏公司收购，1998年以前，该公司在本地自行申请专利（名字为柏林格尔曼海姆，但在专利数据中显示为"罗氏诊断"），后来与瑞士母公司合作。在下面的章节中，我们将扩展对多发明人和多申请人专利的分析。

表17-2 生物区内单一和多个申请者的专利比较

区域	单个申请者		多个申请者		总计	
	1993~1998 年	1999~2006 年	1993~1998 年	1999~2006 年	1993~1998 年	1999~2006 年
JE	5.0（86%）	31（90%）	0.8（14%）	3.5（10%）	5.8	34.5
JE-P	0.0（0%）	2.0（86%）	0.0（0%）	0.3（14%）	0.0	2.3
MU	93（91%）	302（90%）	9（9%）	33.8（10%）	102.0	335.8
MU-P	60（89%）	123（89%）	7.3（11%）	15.6（11%）	67.3	138.6
RN	392（97%）	528（81%）	11.83（3%）	121.9（19%）	403.8	649.9
RN-P	6.0（72%）	14（85%）	2.3（28%）	2.5（15%）	8.3	16.5
RL	63（94%）	419（93%）	4.3（6%）	34（7%）	67.3	453.0
RL-P	125（93%）	371（91%）	9.0（7%）	38.8（9%）	134.0	409.8
总计	744（94%）	1790（85%）	45（6%）	250（12%）	789.0	2040.0

注：JE=耶拿，P=边缘，MU=慕尼黑，RN=莱茵—内卡三角，RL=莱茵兰，下同。

表17-3 生物区内单一和多个发明者的专利比较

区域	单个发明者		多个发明者		总计	
	1993~1998 年	1999~2006 年	1993~1998 年	1999~2006 年	1993~1998 年	1999~2006 年
JE	0.0（0%）	2.0（7%）	9.5（100%）	27.5（10%）	9.5	29.5
JE-P	1.0（26%）	2.0（13%）	2.9（74%）	14（14%）	3.9	16.0
MU	15.0（15%）	38（16%）	86.1（85%）	205.7（10%）	101.1	243.7

集群与产业集群中的商业网络——全球价值链的管理

续表

区域	单个发明者		多个发明者		总计	
	1993~1998 年	1999~2006 年	1993~1998 年	1999~2006 年	1993~1998 年	1999~2006 年
MU-P	2.0（4%）	23（19%）	42.6（96%）	98.5（11%）	44.6	121.5
RN	3.0（5%）	20（11%）	52.2（95%）	158.9（19%）	55.2	178.9
RN-P	9.0（10%）	15.0（8%）	77.4（90%）	173.1（15%）	86.4	188.1
RL	9.0（11%）	31.0（12%）	73.3（89%）	218.2（7%）	82.0	249.2
RL-P	12.0（14%）	13.0（7%）	76.0（86%）	186.04（9%）	88.0	199.0
总计	51.0（11%）	144.0（12%）	419.7（89%）	1081.8（12%）	470.7	1225.8

2. 知识来源的地理范围

在本部分，我们关注发明人和专利申请人的地理位置，以了解地方、国家和国际联系的重要性。表 17-4 和表 17-5 列示出了具有发明专利的发明人的地理分布，申请人位于生物区区域中的其中一个。[①]

表 17-4　1993~1998 年生物区内申请者与发明者之间的联系

区域	德国	JE	JE-P	MU	MU-P	RN	RN-P	RL	RL-P	全球
JE	0.9（15%）	2.4（41%）	2.5（%）	0（0%）	0（0%）	0（0%）	0（0%）	0（0%）	0.1（1%）	0（0%）
JE-P	0（0%）	0（0%）	0（0%）	0（0%）	0（0%）	0（0%）	0（0%）	0（0%）	0（0%）	0（0%）
MU	56.5（57%）	1.5（2%）	0.3（0%）	22.9（23%）	5.8（6%）	0.9（1%）	0.4（0%）	5（5%）	1.1（1%）	5.6（6%）
MU-P	15（22%）	0（0%）	0（0%）	31（46%）	13.1（19%）	0.2（0%）	0.33（0%）	0.8（1%）	0.5（1%）	6.6（10%）
RN	180.3（45%）	0（0%）	0（0%）	23.5（6%）	15.9（4%）	40.9（10%）	64.6（16%）	5.1（1%）	1.9（0%）	65.7（17%）
RN-P	2.1（25%）	0（0%）	0（0%）	0（0%）	0（0%）	1.2（14%）	3.4（41%）	0（0%）	1（12%）	0.7（8%）

[①] 专利通过申请者之间的联系数量以及发明者之间的联系数量加权。

区域	德国	JE	JE-P	MU	MU-P	RN	RN-P	RL	RL-P	全球
RL	16.2 (24%)	0 (0%)	0 (0%)	0.3 (0%)	0 (0%)	0.2 (0%)	0.3 (0%)	23.2 (34%)	16.4 (24%)	10.9 (16%)
RL-P	34.8 (26%)	0.1 (0%)	0 (0%)	1.1 (1%)	0.6 (0%)	0.6 (0%)	1.2 (1%)	34.4 (26%)	51.3 (38%)	9.2 (7%)

　　关于他们的本地联系，耶拿的组织特别强烈地依赖来自同一地点或其周围的发明者，84%的发明者来自地理上邻近的地点。[①] 其他三个区域显示不同的趋势。对于慕尼黑的核心地区和莱茵—内卡三角地区，29%和26%的发明人来自核心区域或其周边地区。相反，它们的周围环境更集中于本地（有65%和55%的地方关联），与慕尼黑边缘的联系强烈地指向慕尼黑的核心（有46%的发明者），而莱茵—内卡边缘则专注于自己的地区（有41%的发明者来自该地区）。莱茵兰及其位于耶拿和慕尼黑/莱茵—内卡河之间的边缘地区，约58%或64%与本地发明人有联系。国家与国际联系的情况也类似。慕尼黑和莱茵—内卡地区与德国发明家的国家联系相对较强，而莱茵兰的这一比例要低得多，耶拿甚至可以忽略不计。国际视角看起来有所不同。莱茵兰和莱茵—内卡三角拥有最强大的国际联系，慕尼黑紧随其后，耶拿排名最后。分解后发现，大多数的国际联系是与美国、瑞士、奥地利、英国和法国的发明者。与美国发明者的联系几乎与其他国家的联系加在一起一样重要。就所有区域而言，可以得出结论，与发明者的这种国际联系只占其联系的一小部分。另外，从一个生物区域到另一个生物区域的联系很少出现在数据中。因此，德国其他地区对生物区的影响比另一个生物区的大。

表 17-5　1999~2006 年生物区内申请者与发明者之间的联系

区域	德国	JE	JE-P	MU	MU-P	RN	RN-P	RL	RL-P	全球
JE	7.7 (22%)	17.7 (51%)	5.8 (17%)	0.1 (0%)	0 (0%)	0 (0%)	1.9 (5%)	0 (0%)	0 (0%)	1.4 (4%)
JE-P	0 (0%)	0.3 (11%)	1.7 (74%)	0 (0%)	0 (0%)	0 (0%)	0 (0%)	0 (0%)	0 (0%)	0.3 (14%)
MU	149.3 (45%)	1.8 (1%)	1.7 (0%)	111 (33%)	32.3 (10%)	3.1 (1%)	2.2 (1%)	8.9 (3%)	3.2 (1%)	20.3 (6%)

---

① 注意：在第一段时间内，耶拿的观察次数非常少。

集群与产业集群中的商业网络——全球价值链的管理

区域	德国	JE	JE-P	MU	MU-P	RN	RN-P	RL	RL-P	全球
MU-P	33.2 (24%)	0.8 (1%)	0 (0%)	49.1 (35%)	42.4 (31%)	3.9. (3%)	0.4 (0%)	1.1 (1%)	0.2 (0%)	7.6 (5%)
RN	209.7 (33%)	0.1 (0%)	0 (0%)	10.1 (2%)	5.7 (1%)	135.7 (21%)	129.5 (20%)	4.2 (1%)	1.9 (0%)	143.9 (22%)
RN-P	6.9 (42%)	0 (0%)	0 (0%)	0 (0%)	0 (0%)	0.2 (1%)	7.7 (46%)	0.3 (2%)	0 (0%)	1.5 (9%)
RL	248.1 (55%)	1.2 (0%)	0 (0%)	1.6 (0%)	0.1 (0%)	0.4 (0%)	3.3 (1%)	102.6 (23%)	50.5 (11%)	44.2 (10%)
RL-P	62.5 (15%)	0.1 (0%)	0 (0%)	4.1 (1%)	0.8 (0%)	0.5 (0%)	1.9 (0%)	92.4 (23%)	116.8 (29%)	129.6 (32%)

从第一阶段到第二阶段，地方联系的相关性发生了变化，即耶拿和莱茵—内卡三角的外围变得更加离域，来自国家或国际一级的发明者比例更高。对慕尼黑来说，本地联系的比例增加了，国家层面联系的比例下降了，而国际联系的比例几乎保持不变。莱茵—内卡三角核心地区的情况也是如此，国际联系的数目略有增加。莱茵兰两个地区的地方联系都有所减少，但核心地区增加了国家联系，减少了国际联系，外围地区则减少了国家联系，增加了国际联系。虽然与美国联系的重要性有所下降，但是它们仍占国际联系的相当大一部分，其次是瑞士、荷兰、法国和英国。

总结调查结果我们可以看到，所有区域都有地方、国家和国际的混合联系，但不同类型之间的平衡随时间而变化。不同生物区之间的联系非常少。虽然很难从结果中得出最后结论，但是这些都是一个潜在的发展模式。像耶拿或莱茵—内卡三角外围这样的非常小或新的区域，在开始时具有非常高的本地连接数量，随着时间的推移而减少，从而导致更多的国家或国际联系。有趣的是，其他地区的发展战略截然不同：莱茵兰核心地区侧重于国家联系，周边地区侧重于国际联系，莱茵—内卡三角的核心地区同时侧重于本地联系和国际联系，慕尼黑则侧重于本地联系。令人惊讶的是，作为德国生物技术的关键参与者，慕尼黑的国际联系程度如此之低。评价中出现的一个问题是，目前没有关于所产生的专利或由这些联系来源的知识的质量方面的信息。为数不多但经过精心挑选的联系可能产生强烈的积极影响。我们可以得出这样的结论：国际知识联系相对较弱，至少从与生物区专利申请人相关的国际发明人来看是如此。它们没有共同的活动模式，但它们的联系是建立在组织的地方结构上的，并且对大型制药公司的存在有很强的依赖性。

为了进一步阐明机制，我们分析了来自生物区的不同类型的申请者是如何与其他组织进行外部联系的，具体如下文所述。

3. 分析申请人的地理和组织联系

为了找到不同类型的申请人建立联系的相关性，我们关注了某些团体、申请人以及顶级申请者的联系。首先，我们考察来自生物区的顶级申请人与区域或国家相关的申请人与发明人之间的联系。其次，我们研究倾向于建立联系的申请者类型。最后，我们对一些顶级生物区申请者的共同申请伙伴进行了分析。

来自慕尼黑生物区核心的申请人显示出与德国非生物区的紧密联系。虽然本地联系主要是由公司的申请者所主导，但是与国家发明者联系的最重要申请者是弗劳恩霍夫协会和马普学会。如上所述，这两个申请者的大多数联系是与研究所的附属机构进行的。与这两个研究所相比，电子化学工业联合会与本地知识源有更强的联系。

在慕尼黑的边缘地区，GSF 国家环境与健康研究中心是最强的，它有许多发明家与本地以及国家发明家都有联系。国际知识来源似乎对慕尼黑的申请者并不重要，而且这些机构更有可能尝试与德国或慕尼黑的合作伙伴合作。这在一定程度上与凯撒、列克（2006）的发现形成了对比，他们发现慕尼黑生物技术公司在本地或与国际合作伙伴进行合作。一些生物技术公司如 MorphoSys AG、MediGene AG 在地方、国家和国际联系方面不起重要作用，只有 Micromet 与本地发明者有一些重要的联系。

莱茵—内卡在联系模式中显示不同的特征。公司再次主导了国家和国际联系，而本地联系受到研究机构（如德国癌症研究中心或欧洲分子生物学实验室）和大学的影响。在国家领域，本地公司与慕尼黑的发明者合作；在国际领域，与日本、瑞典、瑞士和美国的联系占主导地位。大型跨国公司巴斯夫和罗氏主导着这一地区。巴斯夫的联系表现出强烈的异质性。该公司不仅与本地发明人和申请人联系，还拥有国内和国际联系。国际层面的强大合作伙伴位于美国和瑞典。很明显，在莱茵—内卡，公司往往已经与地区或德国以外的合作伙伴建立了联系，这在很大程度上受到了本地跨国公司的影响，而像达斯莱恩这样的小型生物技术公司与一些本地发明者有联系，但国际发明者很少。

莱茵兰的分析提供了与莱茵—内卡生物区类似的结果。联系的驱动因素是大型跨国公司。与莱茵—内卡相反，该地区公司具有不同的联系模式。德固赛、汉高和德国尤利希研究中心更有可能与本地和国内合作伙伴合作。拜耳及其所有附属公司和德国快而精公司不仅具有本地和国内联系，而且还有许多国际联系，尤其是美国。在国际层面，拜耳医疗保健公司负责与美国的大部分联系，并与许多发明者一起工作。其他联系较强的国家是瑞士和荷兰。在科宁 IP 管理案例中，只有几个地方和国内的合作伙伴联系，但与美国发明家的联系率高得多。

对于耶拿生物区，我们的分析显示，该区域的联系是可以忽略的。在专利申请数量少的情况下，耶拿申请者与合作伙伴没有明显的合作。对申请者进行更深入的研究后，得出了六个关键的结论：第一，公司是申请者之间联系最多的部分，而没有公司参与的公共组织之间几乎没有联系。因此，公司是生物技术专利发展的核心参与者。第二，在生物技术领域申请专利的大学和研究中心与本地和国内发明者建立了联系，而跨国制药公司与其他国家的发明者或共同申请人建立了大多数联系。第三，中小型生物技术公司的知识合作战略有很大的差异。例如，MediGene 专注于与研究机构的合作，而 MorphoSys、Micromet 和 Vermicon 倾向于与企业合作，Qiagen 介于两者之间。第四，罗氏诊断的大多数国际联系是与瑞士母公司之间。这同样适用于 Icon Genetics，它与美国的 Icon Genetics 本身都有联系。因此，这就指向了一种战略，在这种战略中，以外国子公司为基础的跨国公司将本地知识集群联系起来。第五，大型组织如拜耳和慕尼黑的三个研究机构在选择它们共同的专利合作伙伴时没有任何特殊的侧重点。它们的合作具有强烈的异质性。只有一种长期的共同专利合作关系可以确定，即德固赛与德国尤利希研究中心的合作取得了丰硕的成果，共产生 20 多项专利。第六，在德国很难确定一个有效的生物技术集群，因为本地的战略各不相同。慕尼黑以本地为中心，而莱茵兰和莱茵—内卡三角与其他国家（包括美国）有外部联系，大部分由跨国企业建立，同时与本地大学和研究机构建立联系。后两个区域作为一个集群的案例，但它们落后于小型到中型生物技术公司。虽然像 Qiagen 和 Lion Biosciences 这样的公司是活跃的，但是这一点在将来可能还不够。

第五节 结论

知识是生物技术的关键资源。生物技术公司必须在保护核心知识和更重要的新知识之间平衡它们的战略。与此同时，这些公司的目标是从本地的协同效应中获得收益，并利用本地外部的知识资源。在本书中，我们分析了公司是如何通过检验以德国生物技术领域参与者的共同应用和共同发明活动为代表的正式联系来获取这些生物技术知识资源的。我们关注了德国的四个集群，即生物区竞赛的三个获奖者和耶拿生物区，并分析了两个时期，不仅考虑区域大小的影响，而且考虑随时间的潜在变化。

我们发现德国的生物技术专利数量从 1993 年到 2001 年有所上升，由于新经济泡沫，之后的技术专利数量下降。在接下来的分析步骤中，我们集中于专利活动的行为者之间的联系。我们特别检查了申请者与申请者合作的来源、发明者的位置，并对某些特定申请者的合作进行了更密切的检查。

在申请者—申请者合作的情况下，我们的分析得出四个地区的结果是相似的。所有地区都有高达 80%~90% 的单一申请人专利配额，除了莱茵—内卡，所有地区的单一申请人专利比例都在增加。申请者之间的联系主要是跨国子公司与其母公司或子公司之间的合作。多发明人专利的情况正好相反。大多数专利是由几个发明人共同创造的。前者是由于专利申请人希望在不与其他申请人分享潜在收益的情况下获得自主使用专利的权利，后者是产生专利所必需的知识库的复杂性造成的。由不同发明者所代表的不同知识片段必须被组合起来。

关于申请者—发明者的联系，我们发现所有这四个地区都有地方、国家和国际的混合联系，但一致性随时间和地点而不同。耶拿和莱茵—内卡一开始地方联系的比例很高，但随着时间的推移逐渐减少，让位给国内和国际联系；莱茵兰有更多的国内联系，其周边地区已经开始有更多的国际联系。然而，慕尼黑的国际联系少得惊人。跨国公司在地理空间的桥梁中发挥着重要的作用，有许多联系是基于这些类型的公司与美国联系。在生物技术、化学和制药领域慕尼黑没有这样的公司，这可能是国际联系程度低的原因。

对于申请人水平的检查，我们发现公司参与了大部分申请者之间的联系。大学和研究中心往往与本地或国内发明者合作，而大型制药公司在世界各地都有知识来源，尽管我们认为大多数这些链接指的是企业内部的联系，如罗氏诊断和 Icon Genetics。除了大多数组织如拜耳、弗劳恩霍夫协会、马克斯—普朗克学会和 GSF 的合作模式中存在着强大的异质性之外，在德固赛与德国尤利希研究中心之间发现了一项杰出的地方共同专利活动，它们非常积极地合作。

最后，我们检测到莱茵兰和莱茵—内卡三角的生物区区域显示出生物技术集聚的迹象。慕尼黑有一个意想不到的本地集聚，而耶拿在许多方面落后于三个获胜地区。

关于四个地区的差异，我们的研究结果表明，拥有国内和国际运营公司以及公共组织的混合地区在互联互通方面具有优势。这与库克（2005）的观点是一致的，他认为政府的直接参与或公司的规模对成为欧洲成功的生物技术地区的可能性没有积极影响。我们的研究结果特别指出，有意利用国际知识资源的地区也必须吸引跨国企业，这不是为了它们的规模，而是为了利用它们的国际联系，从而利用它们获取知识资源的机会。

我们的研究有一个不足点是，我们可以确定申请者和申请者之间的联系，以

集群与产业集群中的商业网络——全球价值链的管理

及申请者和发明者之间的联系（包括他们的位置），但我们不能把发明者组织联系起来。我们不知道发明者是为核心公司、大学还是为其他公司工作。这限制了评估，举例来说，即使我们发现只有少数几个公司与大学有联系，也可能是一项专利的所有发明者都在一所大学工作，而核心公司是唯一的申请者。

我们可以得出结论，与知识来源相关的联系的密度和地理范围在很大程度上取决于不同的地方特性，特别是本地行为体的混合，这些行为体包括研究中心、新的专门的生物技术公司和跨国公司。区域间相互作用模式不同的结果与凯撒、列克（2006）的假设相反，他们分析了慕尼黑的合作活动，认为这些结果也应该适用于其他地区。关于哪种类型的交互能够带来最佳的长期表现，检查绩效与不同类型的联系之间的关联为今后的研究提供了方向。

参考文献

［1］Albino V., Carbonara N. and Giannoccaro I.（2007），'Why proximity matters for industrial district competitiveness：a complexity science – based view'，paper presented at the Regional Studies Association International Conference，Regions In Focus Lisbon，2-5 April 2007.

［2］Altenburg T. and Meyer-Stamer J.（1999），'How to promote clusters：policy experiences from Latin America'，World Development，27（9）：1693-1713.

［3］Arndt S. W. and Kierzkowsky H.（eds.）（2001），Fragmentation：New Production Patterns in the World Economy，Oxford：Oxford University Press.

［4］Bair J. and Gereffi G.（2001），'Local clusters in global chains：the causes and consequences of export dynamism in Torreon's blue jeans industry'，World Development，29（11）：1885-1903.

［5］Becattini G., Bellandi M., Dei Ottat G. and Sforzi F.（2003），From Industrial Districts to Local Development：An Itinerary of Research，Cheltenham：Edward Elgar.

［6］Bellandi M.（2001），'Local development and embedded large firms'，Entrepreneurship and Regional Development，13（3）：189-210.

［7］Bellandi M.（2006），'A perspective on clusters, localities, and specific public goods'，in Pitelis C., Sugden R. and Wilson J. R.（eds.），Clusters and Globalisation. The Development of Urban and Regional Economies. Cheltenham：Edward Elgar.

［8］Bellandi M. and Caloffi A.（2008），'Forms of industrial development in

Chinese specialized towns: an Italian perspective', in Andreosso B. , Lenihan H. and Kan D. (eds.), EU SMEs in a Globalised World: Lessons from the Edge. Cheltenham: Edward Elgar.

[9] Bellandi M. and Di Tommaso M. (2005), 'The case of specialized towns in Guangdong, China', European Planning Studies, 13 (5): 707-729.

[10] Bellini N. (2003), Business Support Services: Marketing and the Practice of Regional Innovation Policy, Cork: Oaktreepress.

[11] Belussi F. (1999), 'Policies for the development of knowledge-intensive local production systems', Cambridge Journal of Economics, 23: 729-747.

[12] Biggeri M. , Gambelli D. and Phillips C. (1999), 'Small and medium enterprise theory: evidence for Chinese TVEs', Journal of International Development, 2 (2): 197-219.

[13] Brusco S. (1994), 'Servizi reali, formazione professionale e competenze: una prospettiva', in Bellandi M. and Russo M. (eds.), Distretti industriali e cambiamento economico locale, Torino: Rosenberg e Sellier.

[14] Caloffi A. and Hirsch G. (2005), 'Sistemi produttivi locali e città specializzate nell'industria della moda del Guangdong', in Bellandi M. and Biggeri M. (eds.), La sfida industrial cinese vista dalla Toscana distrettuale, Firenze: Toscana Promozione.

[15] Cammett M. (2007), 'Business-government relations and industrial change: the politics of upgrading in Morocco and Tunisia', World Development, 35 (11): 1889-1903.

[16] Christerson B. and Lever Tracy C. (1997), 'The Third China? Emerging industrial districts in rural China', International Journal of Urban and Regional Research, 21 (4): 569-588.

[17] Crouch C. , Le Galès P. , Trigilia C. and Voelzkow H. (2001), Local Production Systems in Europe: Rise or Demise? Oxford: Oxford University Press.

[18] Dei Ottati G. (2002), 'Social concertation and local development: the case of industrial districts', European Planning Studies, 10 (4): 449-466.

[19] Dei Ottati G. (2003), 'Exit, voice and the evolution of industrial districts: the case of the post-World War II economic development of Prato', Cambridge Journal of Economics, 27 (4): 501-522.

[20] Di Tommaso M. and Rubini L. (2005), 'La geografia della produzione in Guangdong: agglomerazioni di imprese e città specializzate', in M. Bellandi and

集群与产业集群中的商业网络——全球价值链的管理

M. Biggeri (eds.), La sfida industriale cinese vista dalla Toscana distrettuale, Firenze：Toscana Promozione.

［21］Ding K. (2006)，'Distribution system of China's industrial clusters：the case study of Yiwu China Commodity City'，Institute of Developing Economies Working Paper.

［22］Eng I. (1997)，'The rise of manufacturing towns：externally driven industrialization and urban development in the Pearl River Delta of China'，International Journal of Urban and Regional Research，21（4）：554–568.

［23］Enright M. J.，Scott E. E. and Chang K. (2005)，The Greater Pearl River Delta and The Rise of China，Singapore：Wiley and Sons.

［24］Gereffi G. (1994)，'The organization of buyer–driven global commodity chains：how US retailers shape overseas production networks'，in Gereffi G. and Korzeniewicz M. (eds.)，Commodity Chains and Global Capitalism，Westport：Praeger.

［25］Gereffi G.，Humphrey J. and Sturgeon T. (2005)，'The governance of global value chains'，Review of International Political Economy，12（1）：78–104.

［26］Giuliani E.，Pietrobelli C.，Rabellotti R. (2005)，'Upgrading in global value chains：lessons from Latin American clusters'，World Development，33（4）：549–573.

［27］Humphrey J. and Schmitz H. (2002)，'How does insertion in global value chains affect upgrading in industrial clusters?' Regional Studies，36（9）：1017–1027.

［28］Lazzeretti L. and Storai D. (2003)，'An ecology based interpretation of district complexification：the Prato district evolution from 1946 to 1993'，in Belussi F.，Gottardi G. and Rullani E. (eds.)，The Technological Evolution of Industrial Districts. Boston and Dordrecht：Kluwer.

［29］Leung C. K. (1996)，'Foreign manufacturing investment and regional industrial growth in Guangdong Province，China'，Environment and Planning A，28（3）：513–536.

［30］Li C. L. (2003)，'Guangdong playing the foreign card：politics and economics across territorial boundaries'，in Drover G.，Johnson G. and Lai Po–wah J. T. (eds.)，Regionalism and Subregionalism in East Asia：The Dynamics of China，Huntington，New York：Nova Science Publishers.

［31］Li & Fung Research Centre (ed.) (2006)，'Overview of the industrial clusters in China'，Industrial Clusters Working Paper Series，1. http：//www. idsgroup. com/profile/pdf/ industry_series/LFIndustrial1. pdf.

[32] Lombardi S. (2007), 'Specialized markets in local productive systems: theoretical and empirical results from the Chinese experience in Zhejiang province', paper presented to the 10th International EUNIP Conference, Prato, 12 – 14 September 2007.

[33] Long Z. (2005), 'A study on the industrial clusters in Guangdong', paper presented to the Conference Enter the Dragon: China's Emergence and International Competitiveness, Hong Kong (China), 7-11 November 2005.

[34] Lu L. and Wei Y. D. (2007), 'Domesticating globalisation, new economic spaces and regional polarisation in Guangdong Province, China', Tijdschrift voor Economische en Sociale Geografie, 98 (2): 225-244.

[35] Ma L. J. and Lin C. (1993), 'Development of towns in China: a case study of Guangdong Province', Population and Development Review, 19 (3): 583-606.

[36] Markusen A. (1996), 'Sticky places in slippery space: a typology of industrial districts', Economic Geography, 72 (3): 293-313.

[37] Mehrotra S. and Biggeri M. (eds.) (2007), Asian Informal Workers: Global Risks Local Protection, London: Routledge.

[38] Messner D. and Meyer-Stamer J. (2000), 'Governance and networks. Tools to study the dynamics of clusters and global value chains', paper prepared for the IDS/INEF Project The Impact of Global and Local Governance on Industrial Upgrading; http://www.meyer-stamer.de/2000/govtools.pdf.

[39] Metcalfe S. and Ramlogan R. (2007), 'Innovation systems and the competitive process in developing economies', The Quarterly Review of Economics and Finance, doi: 10.1016/j.qref.2006.12.

[40] Meyer-Stamer J. (2003), 'Participatory appraisal of competitive advantage (PACA): launching local economic development initiatives', Mesopartner Working Paper.

[41] Mytelka L. (2000), 'Local systems of innovation in a globalized world economy', Industry and Innovation, 7 (1): 15-32.

[42] NBS (2005), China Township and Village Statistics, Beijing: China Statistics Press.

[43] Qiu H. and Xu J. (2004), 'The actions of local governments in the technological innovation of industrial clusters', paper presented to the conference: Regional Innovation Systems and Science and Technology Policies in Emerging Econo-

集群与产业集群中的商业网络——全球价值链的管理

mies: Experiences from China and the World, Guangzhou, Zhongshan University, 19-21 April 2004.

[44] Raines P. (ed.) (2002), Cluster Development and Policy, Aldershot: Ashgate.

[45] Rodrik D. (2004), 'Industrial policy for the twenty-first century', paper prepared for UNIDO; http: //ksghome. harvard. edu/drodrik/publications. html.

[46] Sabel C. F. (1994), 'Learning by monitoring: the institutions of economic development', in Smelser N. J. and Swedberg R. (eds.), The Handbook of Economic Sociology, Princeton, NJ: Princeton University Press.

[47] Schmitz H. (1995), 'Collective efficiency: growth path for small-scale industry', The Journal of Development Studies, 31 (4): 529-566.

[48] Shirk S. L. (1993), The Political Logic of Economic Reform in China, Berkeley: University of California Press.

[49] Sit V. F. S. and Yang C. (1997), 'Foreign-investment induced exo-urbanisation in the Pearl River Delta, China', Urban Studies, 34 (4): 647-677.

[50] Sonobe T. , Hu D. and Otsuka K. (2002), 'Process of cluster formation in China: a case study of a garment town', Journal of Development Studies, 39 (1): 118-139.

[51] Thun E. (2004), 'Keeping up with the Jones': decentralization, policy imitation, and industrial development in China', World Development, 32 (8): 1289-1308.

[52] Unger J. and Chan A. (1999), 'Inheritors of the boom: private enterprise and the role of local government in a rural South China township', The China Journal, 42: 45-74.

[53] Yao Y. (2001), 'Social exclusion and economic discrimination: the status of migrants in China's coastal rural areas', China Centre for Economic Research Working Paper.

[54] Zhongshan University (2003), 'A case study of the textile cluster of Xi Qiao', Nan Hai-an analysis of the Technological Innovations, mimeo.

杰克·穆迪森，拉尔斯·科嫩，比昂·T. 阿斯海姆（瑞典隆德大学）

第一节 引言

当概念化现代生物技术时，布林克等（2004）认为，应该区分核心生物技术和相关部门，如制药、医疗技术、农业和食品。专业生物技术公司通常被视为代表现代生物技术核心的主要参与者。专业生物技术公司被定义为一种公司，其主要活动涉及应用生物技术来生产良好的服务和生物技术研究与开发。在过去 20 年中，专业生物技术公司对生物技术集群的建立和增长已变得越来越重要。然而，在 20 世纪 70 年代成立时，生物技术特别是基于生物技术的药物开发，主要是学术研究的领域，而且在一定程度上是大型制药公司。通过随后的创造性破坏过程，基础科学从化学到基于现代生物学的药物设计的转变，为新进入者（专业生物技术公司）带来了强大的激励，并削弱了被禁锢在传统化学技术范式中的制药公司早期的主导地位。

专业生物技术公司的创新过程是非常复杂的。它们不仅利用高度专业化和先进的知识，而且还依赖广泛的、互补的知识和技能集，以将最初的想法发展为可销售的产品，并可用于商业。因此，所需的知识和技能很少能在一家公司内部找到。专业生物技术公司提供了企业采用基于交互式学习和高度分布式知识网络的开放创新模式的范例。因此，生物技术创新的空间组织具有本地集群集聚和相互作用的特征，同时又与全球网络相连。这种双重地理对集群和产业区的传统观念提出了有趣的挑战，这些传统观念强调本地化学习过程的重要性。然而，当分析生物技术集群时，本地化学习只涉及一部分，而忽略了远程联系和关系。为了阐明生物技术集群的创新地理，本章研究医药谷集群内行动者之间不同形式的知识流动。使用了两种补充方法：①基于共同合作者、共同发明和正式伙伴关系的数据用于绘制知识流动图谱；②一些创新过程被分解成具体活动，并对涉及的合作者的空间分布进行分析。虽然第一种方法主要用于描述性目的，但是通过第二种方法可以寻求解释。

生物技术集群医药谷位于跨越国家的地区，该地区跨越丹麦较大的哥本哈根地区和瑞典南部斯堪尼亚省的马尔默地区。它拥有完整而互补的相关行动者阵列，构成一个生物技术集群，包括专业生物技术公司、大学、其他领先的公共研究机构以及大型制药和医疗技术公司。

本章的其余部分如下：第二节概述了理论框架，主要借鉴区域创新系统框架，辅以对分布式知识网络和人际社区学习的见解。在此过程中，我们结合了知识创造的微观和中观视角。为了分析本地和全球的知识流动，我们探讨了集群中实践社区和认知社区的存在。在第三节，我们提供了对医药谷的一般集群分析。第四节讨论了主要发现。

第二节　理论框架

一、区域创新制度

最近在创新系统方面的工作表明，区域是创新能力形成和经济过程协调与治理的关键层面。这导致了区域创新系统概念的发展和广泛应用。尽管文献中发现的其他区域创新概念通常有更广泛的关注，涉及生产系统的组织（产业区、新产业空间）和广泛定义的企业组织（集群），但是区域创新系统方法直接将创新作为主要研究对象。然而，这种方法的选择并不意味着它在分析上优于其他领域的创新模式。相反，它应该被视为一个混合概念，综合了其他领域创新模式的想法和经验教训。

区域创新系统被定义为在与全球、国家和其他区域系统相联系区域层面上，知识探索和开发交互的一个子系统集。这些子系统嵌入在共同的区域社会经济环境中。区域开发子系统是指企业构成的区域生产结构，特别是这些区域具有聚集趋势。这为集群概念提供了重要的联系，集群概念是指在地理上邻近的同一或相邻工业部门内相互关联的企业，它们基于独特资源和能力的开发创造竞争优势，而且必须通过不断创新来复制和发展这些资源和能力。这突出了创新所带来的竞争优势的动态性，这代表了通向经济发展的高速道路，其与基于成本竞争的低速道路相反。然而，正如其他学者所讨论的，重要的是不要将区域创新系统和集群概念混为一谈。正如上面的定义所暗示的，集群是特定于部门的，而区域创新系统方法可以覆盖区域内的各个行业。此外，后者考虑到更大的范围来考虑多层次的分析。①

区域开发子系统是指支持区域产业创新的组织基础设施。它指的是各种组织，其主要目的是生产、维持、分配、管理和保护知识所嵌入的社会和经济。大学和其他高等教育机构、研究所和公共实验室都参与科学技术知识的生产和协调，因此是该子系统的重要组成部分。然而，对知识基础设施（在生成端）和公司（在接收端）之间的知识流动采取线性的观点，或者假设被探索和开发的知识之间是一对一的关系，容易误导人们。通过参照交互学习的过程，强调了知识交换和扩散过程的关联性和互动性。此外，这些互动学习过程被理解为不能独立于其制度和文化背景来理解的社会过程。

二、本地化学习

本地化学习的研究解决了企业与所在地区之间的关系。这个研究领域的一个中心论点是，企业在与本地能力的相互作用中建立竞争优势。它建立在一个不证自明的假设上，即没有一家公司能够完全控制它所需要的所有资源。因此，它取决于区域环境。可以说，全球化使得越来越多的传统本地化投入和资源，如自然资源禀赋、基础设施和建筑环境，无处不在。这意味着它们可以在任何地方以差不多相同的成本获得。由于对这种泛化过程不那么敏感，因此当前更有可能的是可用的知识库和机构设置才是关键。此外，一些学者认为，通过累积因果关系的过程，现有的知识基础和机构设置被复制，产生稳定的产业专业化和地域分化模式。这通过区域集群的发展而形成。它们构成了促进知识溢出和其他形式的在那里学习的本地环境的基础。在水平维度上，本地公司之间的竞争可能引发新产品和过程的实验和差异化，这些新产品和过程在整个集群中相对容易扩散。这些知识流动的具体机制是熟练人员的企业间流动、本地监测和示范效果。在垂直维度上，通过供应商、服务和客户关系网络，密集的用户—生产者学习是有利的。此外，企业和支持组织之间的知识协作被认为是受益于直接关系的。知识在整个集

①　尽管存在大量重叠，但是必须承认这些概念之间的两个关键区别。集群的边界主要以产业部门为基础定义，而区域创新系统的边界则受到区域管辖边界的限制。这也意味着一个区域创新系统通常规模更大，支持多个集群。

群中容易扩散的基本原理是，员工和企业在其工作中有相似或互补的利益，也就是说，在同一个产业内工作。

然而，在本地化学习和集群的背景下，"本地化"到底意味着什么，仍然是难以捉摸的。根据马尔伯格、马库森（2002）的观点，本地化学习最好被看作是近距离互动的综合结果（巴特尔特等，2004；奥伊纳斯，1999）。因此，应当指出，在本地学习中，空间邻近的优势主要来自共同的或至少是相称的认知、制度、社会和文化背景，而不是地理上的邻近本身。捕获所有交互并避免短视、标量陷阱的一个潜在有用的方法是跟踪网络（无论它带我们到哪里）。分布式知识网络、实践社区和认知社区的概念在这方面被证明是很有帮助的。

三、知识创造和分布式知识网络的模式

阿谢姆、格特勒（2005），阿谢姆等（2007）在宏观和中观层面上引入和使用了不同知识库（分析、合成和符号）之间的区别，通过参考特定创新项目中的"分析"和"综合"的不同行为，以解释属于不同产业的企业创新过程的不同地理位置和类型的差异。它还被进一步开发以分解产业内如生物技术企业之间的学习过程，因此，能够更明确地考虑在创新者网络中发生的实际互动的知识内容。然而，这两种知识创造模式在大多数企业和行业的产品及创新过程的不同阶段，以不同的强度和不同的空间结果出现在不同的组合中。

由于当代知识创新和创新过程越来越复杂和多样化，企业作为这种网络组织创新项目的一部分，越来越需要获得新知识来补充其内部的核心知识库。通过不同的知识库吸引有能力的人力资本，或通过与外部公司的研发合作、研究与开发外包以及与研究机构或大学合作，获得新的外部知识库，这突出了公司吸收能力的重要性。因此，获取和整合外部知识库的战略意味着企业的内部知识库正在越来越多地向日益全球化的分布式知识网络和开放式创新转变。一个全球分布的知识网络是在经济和社会一体化的机构和机构集合中维护的一个系统连贯的知识集合。在集群、创新系统（区域、国家和部门）、全球生产网络和企业知识创新及创新过程的价值链的重要性的增加，证明了许多行业的相关知识库不在行业内部，而是分布在一系列技术、行为者和产业中。

四、本地化和分布式知识社区

对创新系统或集群中的实际知识流动和行为者之间的联系的研究似乎相对较

集群与产业集群中的商业网络——全球价值链的管理

少（Giuliani，Bell，2005）。它要求从对创新网络和作为知识仓库的行为者的静态分析转向一个更加动态的位置，强调行动中的知识创造的社会实践。通过识别驱动企业的知识和过程活动的关键实体，与"实践社区"有关的文献提供了一个重要的灵感来源。实践社区是由其成员共同的实践定义的，这些成员承担或从事一项任务、工作或专业，同时定期就各自的活动相互交流。典型的例子是大公司或商业联盟的网络服务人员。通过共同的经验、专业知识和对联合企业的承诺，成员们非正式地结合在一起。实践社区似乎是比以个体为中心或传统的以组织为中心的方法更好的方式，适应了组织内部和组织之间的在行动中学习过程的局限，具有务实和互动性质。

科嫩等（2004，2006）区分了合成即工程导向知识创造与社区模式相关的实践社区，这些社区与分析性即科学研究型模式的知识创造有联系。后者是由成员承诺加强某一特定知识集而不关心这些知识的应用而联系在一起的。典型的例子是专门从事类似或相关科学领域的学术研究人员的非正式和潜在的网络，共享一种"知识文化"。认知社区中的知识动态可以更容易地涉及距离遥远的联系和关系，而廉价和广泛的空中旅行，互联网和专业文献则为增加流动性提供了支持。

典型的是，知识共同体接受一些集体认可的程序权威（例如，同行评审）和一套惯例，以促进他们追求知识的共同目标。这样的一套惯例允许科学家们使用相同的通用的科学语言，促进了跨国交流。库恩（1970）将这些特定于社区的惯例称为"学科矩阵"，有正式的组建或代表（例如 $E = mc^2$），对特定模式的定义（例如气体分子的行为类似于微小的弹性弹子球的随机运动），对某些值的规范（例如预测的准确性）以及著名的库恩范例或解决问题的范例。另外，实践社区通常集中在具体的解决问题的实践或任务中（典型的综合模式的知识创造），这需要频繁和专门的交流及共同行动，而这反过来是由共同位置促进的。

基于此我们假设，知识社区中的知识协作往往对距离不那么敏感，这反过来促进了全球网络。由于实践社区是基于知识创造的综合模式，因此它们往往对参与主体之间的接近程度更加敏感，从而有利于地方合作。下一节描述了医药谷集群，随着时间的发展，其中本地前景已逐渐被全球展望所补充。该部分概述了主要行为者，最后分析了他们的合作模式和知识联系的性质，试图评估我们关于本地和全球互动之间主要区别的假设是否得到了经验的支持。

第三节　医药谷集群的起源、发展、主要参与者及其知识联系

一、集群的演化

斯堪尼亚（瑞典部分的医药谷）的生命科学产业有着悠久的传统，包括阿斯特拉（后来与捷利康合并成为阿斯利康）和法玛西亚（后来与厄普约翰合并成为法玛西亚＆厄普约翰公司，最终被辉瑞收购）。这两家公司历史上都把它们研究活动的重要部分设在隆德。阿斯利康仍然有一个主要的研究单位，雇用1200人。收购了癌症和免疫学研究的法玛西亚于1997年被拆分，并在隆德成立了活性生物技术公司，而公司的其他活动从瑞典消失。活性生物技术公司如今拥有90名员工，是该地区第二大和第二古老的医疗保健相关的专业生物技术公司，排在BioInvent International AB之后，该企业雇用了大约100名员工。BioInvent创建于20世纪80年代中期，并由隆德大学的研究人员于1995年重塑为目前的形式，这些人希望将他们的研究商业化。除了这两个中型企业，该地区的瑞典部分还拥有大约35种不同规模和年限的其他专业生物技术公司。大部分公司是大学分拆机构，而其他公司则是全球生物技术公司（例如总部设在圣地亚哥的阿卡迪亚和位于马尔默的研究单位）的本地子公司。此外，该地区的丹麦部分长期以来一直是生命科学的强大环境。大型锚公司如Novo Nordisk和Lundbeck仍然是世界上该行业的主要参与者，但是本地分拆公司如Novozymes（Novo Nordisk的一个研究部分），本地但在世界领先的诊断公司如Dako（成立于1966年哥本哈根，单位在科罗拉多州和加利福尼亚州）、Neurosearch（Novo Nordisk的生物制药分公司）和NsGene（Neurosearch的细胞技术研究分支）强关联的互补公司已经促进了生物区的更新，以满足全球市场的新需求。总的来说，该地区的丹麦部分拥有大约90家专业生物技术公司。

医药谷的名字是由厄勒委员会于1994年首次引入的。这是来自丹麦和瑞典部分地区的公共机构论坛，其使命是促进两国的区域发展。它涉足该地区现有的工业专业领域之一，即制药和医疗技术，因此决定专门关注新兴的生命科学领域。除了大型制药行业的历史位置（事实上，60%的斯堪的纳维亚制药公司位于医药谷）之外，该区域内的生命科学存在着巨大潜力，因为它拥有11所大学和

集群与产业集群中的商业网络——全球价值链的管理

26 所医院。然而，成为一个全球性生物保护区的潜力或超级中心的条件是进一步整合该地区的两个国家对应中心的能力。这一直是医药谷集群面临的一个反复出现的挑战。随着 1997 年医药谷学院的成立，促进实际融合的努力正式开始。2007 年该组织更名为医药谷联盟。医药谷联盟被隆德和哥本哈根大学列为欧盟 Interreg Ⅱ 项目。这一倡议背后的基本原理是，通过促进本地一体化以及产业界和学术界之间的相互促进，促进跨国界生命科学区域的形成。医药谷联盟倡议对集群的发展做出了贡献，尤其是因为它对风险资本、研究基金和人力资本的吸引力。这与生物技术知识领域向增加的品种和复杂性的一般转变一起，从占据整个价值链的大型制药或医疗技术公司的优势，转向主要集中在基础研究和早期发展阶段的小型专业生物技术公司。自 1998 年以来，在该地区已经建立了 65 个新的专业生物技术公司，如果包括基于研发的服务公司，初创企业的数量超过 100 家。目前区域内有大约 130 家专业生物技术公司。

从横跨整个价值链的单一行动者到主要活跃在价值链早期阶段的行动者的主导地位的转变，也影响了集群的整合以及与其他生物区参与者联系的需求。生命科学中的参与者如今必须是全球研究网络的一部分，而不是纯粹的区域性研究网络。由于极度专业化，他们被迫在世界范围内仅有的几个潜在合作伙伴中寻求合作，而这些合作伙伴通常位于美国或欧洲其他地区的一小部分生物技术"大中心"中。诸如此类的原因，使得最初对医药谷学院的热情已经在一定程度上减弱了。医药谷联盟是一项旨在加强本地和跨境一体化的举措。部分企业逐渐意识到，就新的正式合作而言，没有实质性成果的网络推广活动很难被证明是合理的，学术参与者感到越来越疏远，他们觉得这更像是本地业务，而不是让他们参与的事情。因此，医药谷联盟已调整其战略，以满足其成员的要求，更专注于促进世界一流研究的全球能见度。因此，在目前的"愿景和使命"声明中，重点已经扩大，不仅促进区域一体化，而且还与其他生物区和组织发起协同合作，并与其他组织一起推广和促销医药谷至整个厄勒地区、地方乃至全球。

与其他全球生物技术大公司合作的一个最近的案例是 2005 年启动的英国—麦肯谷挑战项目。其目的是通过促进医药谷集群和剑桥、伦敦、利物浦—曼彻斯特和爱丁堡的生物技术集群之间的研究交流和互动，发展世界一流的生物技术研究和产品。该项目的具体活动包括研讨会、医药谷联盟董事会成员与英国同行的经验交流、包括医药谷联盟和苏格兰企业在内的欧盟第六框架联合项目，以及英国—麦肯谷博士后项目。根据医药谷联盟主席佩尔·贝尔弗拉格的观点，这项合作的长期目标是："一座从医药谷到伦敦和剑桥的空中桥梁，让来自哥本哈根和隆德的年轻科学家们有机会体验这些热点而不用搬家，也不用担心过高的房价。"

二、集群的主要参与者

企业是集群中的关键参与者，是作为创新和产业动态的主要驱动力。根据2006年医药谷学院的资料可知，除了130个专业生物技术公司之外，该地区有70家制药公司和130家医疗技术公司。然而，并非所有这些公司都从事生命科学相关的研究和开发，或受其影响。如果忽略那些在区域内只有销售或服务部门的公司，或者由于其他原因不能被归类为知识密集型的公司，那么代表医药谷区域创新系统的知识开发子系统的公司数量将减少到大约150家。在这150家公司中，有130家可以归为专业生物技术公司，其余20家为大型制药或医疗技术公司。大学显然也是代表区域创新系统的知识探索子系统的重要角色。这个角色可以根据三个任务来描述。首先，它们提供培训和教育，以创建和维持一个熟练的本地研究人员和科学家；其次，大学进行公共资助的科学研究，可以为专业生物技术公司提供知识输入；最后，所谓大学的"第三个任务"是指大学和产业之间以合同研究的形式进行的直接合作，以及通过许可证和由大学研究人员创建的知识密集型企业，使科学研究商业化。该地区最重要的大学是隆德和哥本哈根大学，它们在医学、生物学和化学方面有着悠久的科学历史。

隆德大学成立于1666年，拥有八个学院和一个多方面的研究中心和专业研究所。它是当今瑞典研究和高等教育的最大机构，或多或少涵盖所有学科。该大学有大约4万名学生和6000名职工。超过3000名研究生在隆德大学工作。大多数博士学位授予医学科学，紧随其后的是技术和自然科学。2006年该大学有581名教授。医药谷最重要的研究机构是医学院、生物医学中心、科学学院和隆德理工学院。生物医学中心将大学所有的生命科学研究集中在一个屋檐下，紧邻隆德大学医院。这主要是为了使隆德大学的研究合理化，并加强隆德大学作为卓越生物医学研究中心的品牌地位。因此，该举措主要针对加强区域创新系统中的知识探索子系统，同时促进了知识探索与知识开发早期阶段的整合。将相关活动集中在一个单位，完全符合隆德大学建设卓越中心的要求，这是向更具企业家精神的大学迈进的总体发展的一部分。生物医学中心的"旗舰"毫无疑问是成立于2003年的隆德干细胞生物学和细胞治疗（干细胞中心）战略研究中心。自2006年秋季以来，生物医学中心还拥有一个生物孵化机构，它汲取了IDEON孵化的概念，紧邻IDEON科学园区（这是1985年在北欧国家建立的第一个科学园区），把大学医院的混合生物医学中心作为新业务的来源，将大学的商业化范围扩大到积极成立生物技术公司。

哥本哈根大学成立于1479年，是丹麦的第一所大学。自2007年1月丹麦制

集群与产业集群中的商业网络——全球价值链的管理

药科学大学和皇家兽医和农业大学合并成为两个新学院以来，共有 8 个学院，大约有 37000 名学生和 7000 多名职工。与医药谷最相关的是健康科学（医学）和科学学院以及两个新学院的部分。哥本哈根大学在 2003 年至 2007 年选择了四个重点研究领域。重点研究领域的设立是为了促进跨学科合作，鼓励跨学科研究和教育，加强研究成果的沟通和与社会的对话。这些研究领域之一是"Biocampus"，目标是核心生物技术研究。

除了公司和大学，研究机构在基础研究和发现方面发挥着重要作用。医药谷重要的研究机构有嘉士伯研究中心、哈格多恩研究所、位于隆德的阿斯利康呼吸研究中心、瑞典健康经济研究所、瑞典食品与生物技术研究所、位于哥本哈根的国立血清研究所，丹麦癌症协会和医疗机构（如哥本哈根医院公司、哥本哈根县医院）、隆德大学医院和马尔默大学医院。

网络组织的目标是成为关键的场所和提供社交平台，以探索集群中协同的机会。上一节中集群演化中提到的医药谷联盟是最大的，也是最重要的网络组织（2008 年 1 月统计有 280 个成员）。医药谷联盟应该被视为集群组织。这方面的重要手段是研讨会和会议，以及发起和协调与该区域的教育、科学和商业活动有关的项目。医药谷联盟还建立和管理全面的知识数据库，并发起了一系列工作组来分析特定学科领域的区域能力。此外，医药谷联盟通过访问和在会议和其他活动上介绍医药谷，为医药谷的地区和国际市场营销做出贡献。2007 年，医药谷联盟在神户设立了联络机构，并有具体计划在温哥华、首尔、中国香港和北京设立类似机构。

另一个重要的网络组织是厄勒大学，该地区有 14 所大学和大学学院的联盟，通过向所有学生、教师和研究人员开放所有课程、图书馆和其他设施，提高参与机构的质量和效率。厄勒大学与医药谷联盟类似，是厄勒科学地区的一部分，它是一个伞形组织，它联合六个区域研究与创新平台和多个区域协调机构的力量，试图加强区域合作与大学、产业和公共部门的融合。六个平台分别是医药谷学院、厄勒 IT 学院、厄勒食品网、厄勒环境学院、厄勒物流和厄勒设计。平台的活动包括建立伙伴关系、标准，加强研究和教育、创新、技术转让和营销。

本章的其余部分介绍了我们对集群核心角色（专业生物技术公司和大学研究组）之间的实际知识交互作用的分析结果，从而代表了对上述网络组织开展的行动的影响的间接评估。

三、集群边界内外的协作

通过广泛的研究（"绘图"）观察到，专业生物技术公司和相关参与者之间的合作模式与欧洲和北美的其他全球生命科学节点有很大的相似之处，说明了地方和非地方联系的重要性。在专利的合作中，本地合作伙伴似乎最为频繁（78%），而在科学出版物的所有合作中，有大约一半是建立在非本地合作伙伴基础上的（52%）。正规化伙伴关系的传播表明，本地化和全球化的影响触手可及，不过，后者明显占主导地位。表 18-1 所示的研究结果大致描绘了合作的模式，但在实质性层面上，它们没有给出解释。为了解决这个问题，具体的创新过程的深入研究被应用，这些深入研究包括允许对参与者之间的知识相互作用进行剖析，分析他们能力概况的作用，以及在这方面的空间影响。广泛的映射仅仅涵盖了专业生物技术公司和相关参与者之间的正式知识协作，然而，对一些案例的深入分析也涵盖了非正式的协作，这些协作没有通过专利、出版物或任何其他辅助信息来源进行记录。

表 18-1   2004 年位于医药谷的 109 个专业生物技术公司涉及知识合作的相对份额

合作类型	MV（%）	北美（%）	欧盟其他国家（%）	英国（%）	东欧其他国家（%）	丹麦其他区域（%）	亚洲（%）	其他（%）	总计（%）	绝对值
正式伙伴	27	33	21	10	4	1	1	3	100	218
科学出版物	47	10	18	6	8	7	1	3	100	1397
专利授权	78	3	10	1	3	1	1	3	100	977

资料来源：我们的解释。①

总的来说，深入分析涵盖了 20 个创新过程，其中 10 个来自商业领域（专业生物技术公司拥有的项目），10 个来自学术界（大学研究团队拥有的项目）。商业意识的程度以及商业成功，在不同的案例中是不同的。许多潜在的创新仍在酝酿之中。然而，由于主要的兴趣集中在创新过程和参与者之间的合作模式而不是这些过程的结果，这些案例都被称为创新过程，即使其中一些作为发明最终没有取得商业成功。案例选择的理由是在一系列的医疗相关专业生物技术公司、典型

---

① 有关正式合作关系的信息是从公司网站和年度报告中提取的。这意味着这些文件中所披露的所有合伙关系都包含在这些材料中。我们根据位置对合作伙伴进行分类，按照表中指定的方式进行分组，最后揭示合作的集聚模式。通过对 ISI Web of Knowledge 和美国专利商标局提供的在线数据库的筛选，确定了涉及专利和科学出版物的知识合作。第一，确定了截至 2004 年位于医药谷的 109 个 DBFs 所产生的所有专利、专利申请和出版物。第二，所有参与这些专利、专利申请和出版物的发明人和作者都是通过对专利和出版物摘要的手动筛选来确定的。第三，这些共同发明人和共同作者根据位置分类，并按照表中指定的分组。第四，揭示了知识协作的集聚模式。以这种方式，专利和出版物被用作先前的知识合作的文档，而没有进一步分析这些文档的内容以及合作者之间知识交换的特征。

集群与产业集群中的商业网络——全球价值链的管理

案例研究小组（代表医药谷绝大多数参与者）和一些非定型的功能性食品的情况下，包括生物信息学和环境生物技术。附录中提供了这些案例的概述。

关于知识创造模式，深入研究的所有案例都包括科学研究（分析性）和更多应用（合成性）的要素。与外部合作伙伴的合作模式有在各种人际网络（社区）中的参与、嵌入的个体参与者和更正式的联盟（其中的组织如专业生物技术公司和大学研究部门，都是嵌入式嵌入的）。这种个体和组织嵌入性可以被表征为地方—全球现象的一种组合。相反，分析的案例显示是这两个类别的复杂组合。这使得它们与本章所介绍的研究高度相关。

除了一个被研究的组织（即项目所有者）之外，所有的组织都是医药谷联盟的成员，但是它们的积极参与程度各不相同。由于它们参与医药谷联盟，它们没有与该地区的其他行为者建立任何形式的关系，但是该联盟帮助它们获得关于该地区发生了什么的信息，并且与医药谷联盟活动的其他参与者的人际关系在某些情况下帮助它们识别新员工有关的候选人。此外，在专业生物技术公司工作的大部分员工都接受了本地大学的教育，有一部分员工直接被从该大学或该地区的大型制药或医疗技术公司招聘。法玛西亚和阿斯特拉捷利康被许多隆德的专业生物技术公司描述为重要的人力资本供应商。20 世纪 90 年代后期，当法玛西亚大幅缩减规模，出售其研究活动，并最终完全离开该地区时，一批由法玛西亚前员工创立的新公司诞生了，其中最成功的例子就是在医药谷地区活跃的生物技术公司。在这种新形势下，活跃的生物技术公司和其他公司可以从突然出现的大量合格劳动力中获益，这在许多方面表明该地区的制药业正在出现危机。这显然导致了该区域内的间接知识溢出，与其说是一场危机，不如说是生物技术集群进一步发展的一个重要触发事件。2004 年发生了类似的情况，当时法玛西亚的分拆公司——活性生物技术大幅缩减了它们的研究活动。一年之内，员工人数减少了50%，为该地区的其他公司提供了 100 多名高素质的员工。

然而，与本研究分析的创新过程相关的直接知识投入，无论它们是通过正式合作还是非正式合作获得的，大多数情况下都是从其他来源而不是从本地企业和大学寻求的。搜索知识输入的典型方式是使用同行研究者的个人网络，并向有能力的人寻求建议，或者在无法通过预先建立的个人网络找到所需知识的情况下，通过扫描科学文献、专利数据库或其他官方资料而获得。也有在国际贸易展览会和会议上建立联系的例子，但这些不像通过激活科学界潜在的人际关系而建立联系那样普遍。经常提到的联合行动和知识溢出的例子是作为科技园或地方酒吧自发举行的非正式会议的结果，有时被称为"本地蜂声"。在本研究中未发现类似的例子。

尽管专业生物技术公司与大学研究小组之间的直接知识联系有很大一部分是

面向全球的，而且这一比例还在不断上升，无论是在总人口中还是在选择进行深入研究的案例中，但是集群内确实存在联合知识创造的例子。被选中进行深入研究的公司之间有很强的联系，其中两家公司与两个研究小组之间一直有密切联系，当前在一定程度上仍然有密切联系。当讨论这些地方联系的性质、它们的形式化程度以及它们的建立和演变背后的故事时，显而易见的是，关键个体在这里起着至关重要的作用。两个参与联合知识创造的公司是由同一个企业家创立的，他还曾在本地大学担任教授。他在这两家公司的启动阶段担任首席执行官（CEO）和首席服务官（CSO），并在启动公司时带来了他的大学部门的工作人员。因此，在初始阶段，公司与该部门之间存在紧密联系。然而，多年来这些公司之间以及公司和大学部门之间的联系已经减少了。如今，这些公司共享同一个技术平台，但它们之间没有直接的知识互动。此外，与本地大学的联系已经被世界其他地区与研究小组的联系所取代。与大学研究小组有联系的第三家公司也有类似的情形。这些联系是公司的首席服务官在本地大学担任兼职教授的结果。

此外，在对区域内和全球范围内知识联系的性质和出现进行更广泛的讨论时，很明显地，关键个体的个人网络对于本地和全球联系都非常重要。专业生物技术公司和本地大学之间的大部分地方联系是劳动力移动的结果。分拆公司的创始人要么与他们以前的大学部门保持联系，要么直接从大学招聘员工。一些专业生物技术公司的研究人员也兼职附属于本地大学，监督学生，这些学生后来被他们的公司招聘。当进一步对专业生物技术公司的伙伴关系、专利和出版物调查的结果进行深入案例研究（见表18-1）时，很明显发现，区域内的共同出版物中有很大一部分确实反映了正式的知识合作，而不是个别研究人员自己的代表性案例的知识合作，也不是公司本身和本地大学之间典型的知识合作。相反，在许多情况下，通过在研究人员的知识共同体中形成潜在的网络，这种直接的知识交互在全球范围内与合作伙伴建立了越来越大范围的许多代表文献中所称的"本地化学习"（马尔伯格，2003）的机制。因此在这种特定类型的活动中，更多的是全球分布的现象，而不是只依附于行动者的本地环境。

关于知识交换的内容和知识创造的模式，本章第一节提出的假设在很大程度上得到了证实。借助于正式模式和科学协议，分析性的知识创造对距离的衰减似乎不那么敏感，而合成性的知识创造更加注重实践性的试验和试错法实践，对相互作用的参与者之间的邻近更加敏感。许多联合分析性知识创造可以使用基于信息与通信技术的通信工具进行远距离处理，而在许多情形下的合成性知识创建需要直接面对面的交互和同时获得进行试验的材料（例如生物体和候选药物）。然而，由于本研究中确定的大多数创新活动涉及分析性和合成性知识创造的要素，并且由于活动是以重复和部分重叠的方式组织的，所以对创新过程具体特征的结

集群与产业集群中的商业网络——全球价值链的管理

论是否有助于解释医药谷内本地和全球知识流动的集聚需要进一步研究。

第四节 结论

在关于本地化学习的理论部分，给出了一些类型化的集群动态。在本章的最后，我们将回到这些问题上，即在医药谷集群中的本地和全球知识流是否应该被认为是"同一硬币的两面"，或者它们是否代表知识动态的完全不同的维度。

如果不是排他性，技术人员的流动作为第一个动态是主要的本地现象。尽管有全球化的进程和随之而来的知识"泛化"的趋势，但是人力资本即知识的载体仍然是一种本地化的资源。必定存在某种程度的人才循环，如研究人员走出国门，带着新的影响和经验回来。然而，在本研究中分析的公司和研究团体中，绝大多数的研究人员都是扎根于该地区的，他们中的大多数人都是在本地大学接受教育的。大多数公司都是从该地区的大学或大型制药公司中剥离出来的，大多数新员工都是从这些地方招聘的。另外，监视和示范效应作为第二个动态是主要的全球现象。在集群中的参与者之间，知识溢出效应和非正式社会聚集的例子很少。这样的知识交流，有时会导致联合行动的正式化，通常是在关键研究人员的人际社区中处理的，而且这些社区越来越面向全球。用户—生产者的学习作为第三个动态，也主要是全球配置，但不是最不重要的，因为生命科学领域有其强大的专业化。在全世界范围内存在数量非常有限的潜在用户（例如，客户），并且这些客户中的任何一个位于相同的专业生物技术公司或研究组区域中的可能性较低。相反，它们通常存在于美国或欧洲地区的很强的生物区。第四个动态——企业和支持组织之间的合作是一种地方和全球现象。医药谷的专业生物技术公司可以受益于由医药谷联盟和其他区域机构等支持组织的活动，以及本地大学和技术转让组织的活动，但它们也与该地区以外的支持组织相互联系，尤其是在欧盟的背景下。

最后，企业和个人在工作中分享相同或互补的利益，似乎是生物技术领域的一种全球现象。全球分布的社区扮演着潜在网络的角色，其中个体被嵌入其中，这与许多传统行业的情况不同，后者的网络是受地域限制的（例如在产业区）。

参考文献

[1] Asheim B., Coenen L., Moodysson J. and Vang J. (2007), 'Constructing

knowledge-based regional advantage: implications for regional innovation policy', International Journal of Entrepreneurship and Innovation Management, 7 (2/3/4/5): 140-155.

[2] Autio E. (1998), 'Evaluation of RTD in regional innovation systems', European Planning Studies, 6 (2): 131-140.

[3] Bathelt H., Malmberg A. and Maskell P. (2004), 'Clusters and knowledge: local buzz, global pipelines and the process of knowledge creation', Progress in Human Geography, 28: 31-56.

[4] Benneworth P., Coenen L., Moodysson J. and Asheim B. (2007), 'Exploring the multiple roles of Lund University in strengthening the Scania Regional Innovation System: towards institutional learning?' Working Paper.

[5] Braczyk H. J., Cooke P. and Heidenreich M. (eds.) (1998), Regional Innovation Systems: the Role of Governance in a Globalized World, London: UCL Press.

[6] Brink J., McKelvey M. and Smith K. (2004), 'Conceptualizing and measuring modern biotechnology', in McKelvey M., Rickne A. and Laage-Hellman J. (eds.), The Economic Dynamics of Modern Biotechnology, Cheltenham: Edward Elgar.

[7] Brown J. S. and Duguid P. (2000), The Social Life of Information, Boston: Harvard Business School Press.

[8] Casper S. and Matraves C. (2003), 'Institutional frameworks and innovation in the German and UK pharmaceutical industry', Research Policy, 32 (10): 1865-1879.

[9] Chesbrough H. (2003), Open Innovation, Boston: Harvard Business School Press.

[10] Coenen L., Moodysson J. and Asheim B. T. (2004), 'The role of proximities for knowledge ynamics in a cross-border region: biotechnology in Øresund', European Planning Studies, 12 (7): 1003-1018.

[11] Coenen L., Moodysson J., Ryan C., Asheim B. and Phillips P. (2006), 'Comparing a pharmaceutical and an agro-food bioregion: on the importance of knowledge bases for socio-spatial patterns of innovation', Industry and Innovation 13 (4): 393-414.

[12] Cooke P. (1998), 'Introduction: origins of the concept', in Braczyk H. J., Cooke P. and Heidenreich M. (eds.), Regional Innovation Systems, Oxford:

Oxford University Press.

[13] Cooke P. (2004), 'Introduction: regional innovation systems-an evolutionary approach', in Cooke P., Heidenreich M. and Braczyk H. J. (eds.), Regional innovation systems: The role of governance in a globalized world, London and New York: Routledge.

[14] Cooke P. (2005), 'Rational drug design, the knowledge value chain and bioscience megacentres', Cambridge Journal of Economics, 29 (3): 325-341.

[15] Cooke P. (2007), Growth Cultures: the Global Bioeconomy and its Bioregions, London: Routledge.

[16] Cooke P., Boekholt P. and Tödtling F. (2000), The Governance of Innovation in Europe: Regional Perspectives on Global Competitiveness, London: Pinter.

[17] Cooke P., Heidenreich M. and Braczyk H. J. (eds.) (2004), Regional Innovation Systems: The Role of Governance in a Globalized World, London and New York: Routledge.

[18] Cowan R., David P. and Foray D. (2000), 'The explicit economics of knowledge codification and tacitness', Industrial and Corporate Change, 9 (2): 212-253.

[19] Doloreux D. (2002), 'What we should know about regional innovation systems', Technology in Society, 24: 243-263.

[20] Doloreux D. and Parto S. (2005), 'Regional innovation systems: current discourse andunresolved issues', Technology in Society, 27 (2): 133-153.

[21] Fritsc M. and Stephan A. (2005), 'Regionalization of innovation policy: introduction to the special issue', Research Policy, 34 (8): 1123-1127.

[22] Gertler M. (2004), Manufacturing Culture: The Institutional Geography of Industrial Practices, Oxford: Oxford University Press.

[23] Gertler M. and Levitte Y. (2005), 'Local nodes in global networks: the geography of knowledge flows in biotechnology innovation', Industry and Innovation, 12 (4): 487-507.

[24] Gertler M. and Wolfe D. (2006), 'Spaces of knowledge flows: clusters in a global context', in Asheim B., Cooke P. and Martin R. (eds.), Clusters and Regional Development: Critical Reflections and Explorations. London and New York: Routledge.

[25] Giuliani E. (2005), 'Cluster absorptive capacity: why do some clusters forge ahead and others lag behind?', European Urban and Regional Studies, 12 (3):

269-288.

[26] Giuliani E. and Bell M. (2005), 'The micro-determinants of meso-level learning and innovation: evidence from a Chilean wine cluster', Research Policy, 34 (1): 47-68.

[27] Ibert O. (2007), 'Towards a geography of knowledge creation: the ambivalences between knowledge as an object and knowing in practice', Regional Studies, 41 (1): 103-114.

[28] Knorr Cetina K. (1999), Epistemic Cultures: How the Sciences Make Knowledge. Cambridge MA: Harvard University Press.

[29] Kuhn T. S. (1970), The Structure of Scientific Revolutions, Chicago: University of Chicago Press.

[30] Lundvall B. Å. (1992), National Systems of Innovation: Towards a Theory of Innovation and Interactive Learning, London: Pinter.

[31] Lundvall B. and Borras S. (1998), The Globalising Learning Economy: Implications for Innovation Policy, Luxembourg: Commission of the European Communities.

[32] McKelvey M., Alm H. and Riccaboni M. (2003), 'Does co-location matter for formal knowledge collaboration in the Swedish biotechnology-pharmaceutical sector?', Research Policy, 32: 483-501.

[33] Malmberg A. (2003), 'Beyond the cluster: local milieus and global connections', in Peck J. and Yeung H. (eds.), Remaking the Global Economy, London: Sage.

[34] Malmberg A. and Maskell P. (2002), 'The elusive concept of localization economies: towards a knowledge-based theory of spatial clustering', Environment and Planning A, 34 (3): 429-449.

[35] Moodysson J. (2007), 'Sites and Modes of Knowledge Creation: On the Spatial Organization of Biotechnology Innovation', Meddelanden fran Lunds Universitets Geografiska Institution, Avhandlingar, 174: 1-87.

[36] Moodysson J. and Jonsson O. (2007), 'Knowledge collaboration and proximity: the spatial organisation of biotech innovation projects', European Urban and Regional Studies, 14 (2): 115-131.

[37] Moodysson J., Coenen L. and Asheim B. (2008), 'Explaining spatial patterns of innovation: analytical and synthetic modes of knowledge creation in the Medicon Valley Life Science Cluster', in Environment and Planning A, 40 (5): 1040-

1056.

[38] MVA (2006), Medicon Valley Academy Annual Report 2006, Lund and Copenhagen: Medicon Valley Academy.

[39] Nonaka I. and Takeuchi H. (1995), The Knowledge Creating Company, Oxford and New York: Oxford University Press.

[40] OECD (2005), A Framework For Biotechnology Statistics, Paris: Organization for Economic Cooperation and Development.

[41] Oinas P. (1999), 'Activity-specificity in organizational learning: implications for analyzing the role of proximity', Geojournal, 49 (4): 363-372.

[42] Porter M. E. (1990), The Competitive Advantage of Nations, London: Macmillan.

[43] Porter M. E. (2000), 'Locations, clusters, and company strategy', in Clark G. L., Feldman M. P. and Gertler M. S. (eds.), The Oxford Handbook of Economic Geography, Oxford: Oxford University Press.

[44] Rosenfeld S. A. (1997), 'Bringing business clusters into the mainstream of economic development', European Planning Studies, 5 (1): 3-23.

[45] Simon H. (1969), The Sciences of the Artificial, Cambridge: MIT Press.

[46] Smith K. (1997), 'Economic infrastructures and innovation systems', in Edquist C. (ed.), Systems of Innovation: Technology, Institutions and Organisations, London: Pinter.

[47] Smith K. (2000), 'What is the knowledge economy? Knowledge intensive industries and distributed knowledge bases', paper presented at the DRUID Summer Conference, Aalborg, Denmark, June 2000.

[48] Smith K. (2005), 'Measuring innovation', in Fagerberg J., Mowery D. C. and Nelson R. R. (eds.), The Oxford Handbook of Innovation, Oxford: Oxford University Press.

[49] Tödtling F. and Trippl M. (2005), 'One size fits all? Towards a differentiated regional innovation policy research?', Research Policy, 34 (8): 1203-1219.

[50] Zeller C. (2004), 'North Atlantic innovative relations of Swiss pharmaceuticals and the proximities with regional biotech arenas', Economic Geography, 80 (1): 83-111.

案例概述

聚焦的领域	项目的所有者和参与者的类型	主要挑战	预期结果
生物物理化学	大学研究小组、其他大学研究小组	揭示生物分子的结构和机制	新的科学见解和潜在的药物开发新方法
分子生物物理学	大学研究小组、其他大学研究小组、专业生物技术公司	揭示生物分子的结构和机制	新的科学见解和潜在的药物开发新方法
微生物学	大学研究小组、其他大学研究小组	揭示半蛋白质的生物发生机制	由专业生物技术公司和制药行业应用的新的科学见解和潜在的新知识
神经生物学	大学研究小组、其他大学研究小组	揭示细胞分化的机制	细胞移植的新科学见解和新策略
康复神经学	大学研究小组、其他大学研究小组、临床医生和临床实验室	揭示神经发生调节的机制	中风后恢复和神经系统疾病治疗的新策略
环境生物技术	大学研究小组、其他大学研究小组、临床医生和临床实验室	揭示生物降解机制	生产可生物降解产品的新方法
计算生物学和生物物理学	大学研究小组、其他大学研究小组、临床实验室	揭示基因组学信号处理机制	乳腺癌预测和治疗的新策略
免疫学	大学研究小组、其他大学研究小组、专业生物技术公司	揭示免疫调节的机制	为自身免疫性疾病的治疗策略提供新的科学见解和知识
免疫技术	大学研究小组、其他大学研究小组、专业生物技术公司	揭示人体抗体的机制	为自身免疫性疾病的治疗策略提供新的科学见解和知识
临床生物化学	大学研究小组、其他大学研究小组、临床实验室	揭示调节血液凝固的分子机制	预测和预防血栓形成的新科学见解和新策略
生物制药	专业生物技术公司、大学研究小组、合同研究组织	识别、选择和复制人体抗体	以人体抗体为基础的药物候选治疗艾滋病毒
生物制药	专业生物技术公司、大学研究小组、制药公司	开发新的和优化现有的治疗及诊断蛋白	改进的蛋白质类候选药物
生物制药	专业生物技术公司、合同研究组织、临床医生、制药公司	优化肽、蛋白质和不溶性小分子的生物利用度及治疗性能	新的和改进的药物配方

聚焦的领域	项目的所有者和参与者的类型	主要挑战	预期结果
生物制药	专业生物技术公司、大学研究小组、合同研究组织、制药公司	识别和控制影响细胞间通信的免疫调节特性	新的免疫调节药物候选治疗多发性硬化症
生物技术诊断	专业生物技术公司、大学研究小组、临床实验室	说明抗原的结构和机制	分析自身免疫性疾病的新方法
生物技术诊断	专业生物技术公司、临床医生和临床实验室	监测细胞形态	更有效和可靠的细胞形态分析
生物技术供应商/制造商	专业生物技术公司、大学研究小组以及其他专业生物技术公司	揭示和控制生物分离和基因转移的机制	基因转移的新工具和新方法
生物信息学	专业生物技术公司、大学研究小组、工程师	预测和控制液体导电性	长期监控供应链的新方法
健康与营养	专业生物技术公司和临床医生，食品生产和合同研究机构	研究特定细菌在肠道中的作用	新功能食品
生物材料和植入物	专业生物技术公司、临床医生、大学研究小组、合同研究机构、医疗技术公司	探索和控制牙周再生	牙周治疗/种植的新方法

简·万 （奥尔堡大学哥本哈根技术研究所），
克里斯蒂娜·查米纳德 （CIRCLE，隆德）

第一节 引言

升级和追赶一直是经济和发展研究的中心主题。然而，该领域目前正受到一些亚洲国家、集群和地区②快速增长的挑战，这些国家、集群和地区不仅迎头赶上，而且在某些领域已成为技术的领先者。这种现象如此新颖，以至于人们对支撑这种快速增长的因素知之甚少。从成本竞争到知识创造竞争的挑战是如何受到企业嵌入本地创新系统和集群的影响的，以及企业战略和本地创新系统之间的关系如何随着时间的推移而演变，对这些方面的关注很少。本章关注的是发展中国家的企业从成本竞争向创新竞争过渡的地方创新系统的重要性，并讨论相关的政策后果。

创新被认为是促进经济增长和发展的关键因素。最近关于创新的研究表明，区域、集群或地区是创新能力形成和经济过程协调和治理的关键。因此，人们非

---

① 我们感谢休伯特·施米、拉尔夫·卡普林斯基和帕塔萨拉西·巴纳吉对本章内容早期版本的意见和建议。我们也感谢安特韦尔彭 "中国和印度的快速产业化" （2006 年 4 月） 和 ESTO 项目研讨会的参与者，特别是苏玛·阿瑟耶、尼克·冯、滕泽尔曼、马克·博格达诺维奇的意见。最后，我们感谢菲奥伦扎·贝鲁西和西尔维亚·丽塔·塞迪塔邀请我们。本章使用了与我们即将在《研究政策》上发表的论文——查米纳德和冯相同的数据。

② 创新系统指的是本地支持系统，而集群是类似或相关的产业活动在创新系统内的空间集中。地区往往带有正式地区的内涵。

常关注集群的内生性增长。地方支持系统（即大学）对本地企业，特别是中小企业，试图作为创新者参与竞争至关重要。如果本地支持系统不能融资和进行实验（可以被私营企业商业化），那么私营企业自身必须承担与基于追求创新的策略相关的高风险和成本（主要针对发展的内部研究），因此通常不付出这样的努力。

最初，集群被概念化为自组织和自给自足系统，企业常被当作响应或反映支持系统的"黑盒"。政策领域的结果是，高度重视构建或建立自给自足的地方创新系统。然而，发展中国家在以进口替代工业化战略（ISI）为代表的所谓自给自足系统（国家层面）方面的经验表明，在发展中国家背景下，自给自足的系统很少能得到预期或期望的结果（即非生产性寻租），从而暗示需要结合内外部资本技术和知识来源的战略。这指的是强调不同空间层次之间连通性的多标量方法，其存在于跨越国界的个体行为者之间以及来自世界不同地区的集群之间。

发展中国家的本地创新系统和集群正在被概念化为全球化创新和生产网络中的专门中心。不同的节点，即公司、机构、组织，与其他地区或国家的节点有联系。在全球创新和生产网络中，发展中国家的本地创新系统，以其企业为代表，传统上被分配在价值链中较低端的活动中。[1] 然而，发展中国家的一些本地创新系统通过实行和支持本地企业向价值链上游移动（传统升级），创新社会文化邻近市场（利基战略）和利用在发展的初始阶段建立的能力转移到相关行业（多元化升级），开始挑战这一概念。对于本地创新系统如何演变以支持这一转变过程，以及公共政策在创造地方条件中如何支持本地企业，特别是中小企业在这一转变过程中的需求方面的作用，人们仍然知之甚少。本章旨在通过观察班加罗尔本地创新系统如何从低成本提供商向创新者的转变来减少这种遗漏。发达国家的创新系统的文献假设存在一个发达的创新系统，本章着眼于在多大程度上需要一个创新系统来支持转变过程。本书所指的本地创新系统既指不成熟、碎片化的创新系统，又指完全集成的创新系统。为此，我们重点关注班加罗尔软件创新系统和集群的转型。[2] 班加罗尔的本地创新系统是实现向价值链上游移动较显著的成功案例之一。最近的研究表明，班加罗尔已经成为经济合作与发展组织国家以外重要的IT集群之一，即使日本、德国和爱尔兰的软件出口量大于印度。班加罗尔也是一个有趣的例子，因为它基本上是从零开始成长的，没有本地化的领先用户拉动技术需求，它设法维持了世界上最高的行业增长率。有人认为，20世纪八九十年代，由于容易获得合格和相对便宜的技术人力资本，它吸引了一些跨国公司，例如IBM、摩托罗拉、惠普、西门子、3M、得克萨斯。然而，目前文献

---

① 例如，在IT中，软件测试、标准编程等。

② 更确切地说，我们关注的是嵌入在弱本地创新系统中的班加罗尔软件业。

还没有重视这些跨国公司如何致力于该地区的能力建设，中小企业以及其他较大的本地企业如何利用这些能力进行升级，以及需要采取哪些政策来支持本地企业向价值链上游移动。本章试图回答这些问题。本章基于 2006 年 10 月在班加罗尔进行的实地调查以及相关文献综述而形成的。

本章余下部分的结构如下：首先，介绍了理论框架，即本地创新系统，特别注意分散化、社会资本和集体学习的重要性，以及建立本地创新系统与集群概念之间的联系。然后，在班加罗尔的背景下，研究了本地创新系统和集群这些维度的重要性，并讨论了本地创新系统文献的含义。第四节试图梳理一些在发展中国家建立本地创新系统的具体政策经验。第五节强调了中心结论。

第二节　本地创新系统、中小型企业、跨国公司及转型过程

本章的主要论点是，只有在支持互动学习和创新的环境下，升级到最高价值的活动才是可能的，这被称为本地创新系统。价值链高端的活动包括高度的创新和与客户以及其他公司和组织的互动。就中小型企业而言，这种相互作用最好是在地方一级与位于同一地理区域的其他公司和组织进行。本章将所谓的本地创新系统①方法应用于发展中国家，并对其进行了调整。

本地创新系统可以被视为由创新支持组织围绕的产业集群的体系。因此，本地创新系统由两种主要类型的参与者及其之间的相互作用组成。第一种类型的行动者涉及主要产业集群中的公司，包括其支持产业如客户和供应商。从这个意义上看，产业集群代表了本地创新系统的生产组成部分。在本地创新系统方法中，产业集群被定义为同一或相关行业中企业的地理集中。支持第一类参与者创新绩效的第二类参与者包括研究和高等教育机构（大学、技术学院和研发机构）、技术转让机构、职业培训组织、商业协会、金融机构等。它们可以由中央、地区或地方政府以及私人组织创建和管理。从本地创新系统的角度来看，重要的是它们在该地区的实际存在。公共部门扮演的角色其背后的基本观点是，创新依赖于不确定性而不是风险，因此使企业尤其是中小企业，承担创新研究部分的成本成为了风险。在研究商业化方面，公司更倾向于提供资金和承担风险——这就是发展。创新活动也被视为越来越复杂的活动，需要存在超出单个公司范围的能力。

---

① 本地创新系统在许多方面类似于区域创新系统，但没对正式区域基于同样的关注。

这并不意味着私营公司永远不能从事通常属于公共部门的活动，而是因为相关的不确定性和复杂性使它们不太愿意这样做。因此，正如我们将在下文展示的，缺乏一个运作良好的即成熟的本地创新系统，会迫使本地企业比发达国家的竞争对手承担更高的研究成本和风险。

在运作良好的本地创新系统中，邻近性促进了特定产业在特定环境下所需的知识和信息传播（见图 19-1）。在本地创新系统的背景下，重要的是要强调支持本地企业尤其是中小企业的创新升级过程，这不仅是一种方便访问技术，还提供了之前我们所说的软基础设施（增加资质的人力资源、促进组织变革、支持社会资本）。这是利用由支持系统所创造的知识或者发展吸收能力的先决条件。本地创新系统方法强调创新过程的系统性维度。在创新系统研究中，创新是互动学习的结果，最常见的是跨越公司边界。本地创新系统与中小企业尤其相关，因为它们的相互作用主要发生在地方层面。此外，有文献明确指出，由于对隐性知识的较高依赖性，大多数中小企业的外部/企业关系更局限于集群，而非大型企业。这使得它们更多地依赖于个人转移（隐性）知识、干中学及互动的方式。本地创新系统强调了知识和创新过程中几个节点的重要性，特别是大学创造的知识作为发展过程的直接投入或通过教育形成合格的劳动力。简而言之，四个相关的系统要素可以被识别：①集群内的企业（构成知识开发子系统）；②包括大学的知识基础设施（构成知识探索子系统）；③制度（规范本地创新系统中行动者的行为及其相互作用的"规则"）；④政策（旨在提高本地创新系统的整体创新绩效）。

图 19-1　一个本地创新系统中的节点和互动

人们认为，本地创新系统的软基础设施（人力资本和社会资本）对于解释本地企业的创新至关重要，特别是我们之前讨论过的本地化的中小企业。它们通过与本地环境的相互作用而学习的程度取决于它们的吸收能力，即利用现有信息

集群与产业集群中的商业网络——全球价值链的管理

以及来自用户或知识提供者（即研究机构）交互的信息和知识的能力。建立吸收能力的核心是人力资本和其他形式知识的积累。公司需要有必要的人力资本来识别、获取和转化创新所需的知识。在传统上，这是由公共教育系统和研究型大学创造的。大型本地企业偶尔可以通过在全球范围内寻找知识和能力来弥补创新系统中的本地差距。然而，正如考夫曼、托特林（2002）所指出的，中小企业在创新过程中需要比大企业更集中地使用人力资源。但是，一般来说，中小企业在吸引和保留合格人力资源方面面临困难，特别是当发展中国家同跨国公司竞争时。

社会网络或包容性的社会资本可以促进互动学习，特别是在本地企业之间。世界银行将社会资本定义为影响社会交往质量和数量的制度、关系和规范。除非有深度的社会资本合作，否则交流和互动学习是有限的。

在发展中国家，有大量的文献论述了跨国公司在向本地公司（包括中小型企业）提供能力（人力和组织）方面的作用。有人认为，跨国公司对本地经济发展的影响取决于本地资产和跨国公司资产之间的战略耦合。然而，当跨国公司只是靠近发展集群来获得廉价劳动力时，这种耦合是有问题的。其结果是，发展中国家进入到竞争的底部，只在低成本劳动力、低税收、糟糕的环境和劳动力市场法规等基础上竞争。但是，当集群提供一些基于知识的竞争优势如合格的人类资源时，跨国公司可以作为资本和知识的重要来源，导致在本地创新系统中建立能力和产生积极的外部性。正如我们在下文将讨论的，吸引和留住跨国公司是一个难题，其能够减少两国（母国和东道国）之间的体制差异。跨国社区可能在促进跨国公司与本地中小企业之间的相互作用方面发挥重要作用。

在人力资本和社会资本（或网络）存在于创新系统中时，会发生互动学习和创新（由跨国公司或非跨国公司刺激），但是如何建立这两个组成部分随时间推移的关系，以及对位于集群中的企业产生的影响仍然是需要回答的问题。[①] 为了了解这种转变是如何发生的，我们现在将研究转向印度班加罗尔的本地创新系统。[②] 我们将特别注意在本地创新系统中如何积累资源，特别是，我们将调查集群的外部联系，即跨国公司和跨国公司对本地公司建设能力方面的作用。在这方面，我们将强调地方创新系统之间机构距离的重要性，这是本地创新系统文献中通常不涉及的一个维度，用于理解跨本地创新系统边界的跨国互动。这对于理解创新过程的全球化至关重要。

---

① 有一些新的文献指出了创新系统的转型过程，特别是在亚洲（伦德沃尔等 2006 年编写了有关亚洲转型创新系统的几项研究成果），但很少有理论工作展开分析如何发生这种转变。

② 我们不希望就产业区、集群和区域创新体系之间的差异进行概念上的讨论。我们只是使用这些方法作为解释的手段来解开和解决包含的主题。

第三节　班加罗尔：印度领先的软件集群

班加罗尔位于卡纳塔克邦，已成为美国以外重要的 IT 集群之一，被称为"印度的硅谷"，当然在印度是最重要的。班加罗尔市，约有 600 万居民，是班加罗尔城市的中心。班加罗尔不仅是 IT 相关行业的枢纽，而且还拥有几个高科技集群（国防、航空），在研究、培训和制造方面被认为是印度的科学和工程中心。印度最好的研究型大学——印度理科学院，总部设在班加罗尔。尽管跨国公司在班加罗尔 IT 行业占有很大比重，但是大多数公司都是中小型企业。

班加罗尔以其令人印象深刻的软件出口率增长闻名，而优于那些竞争的 IT 中心，如爱尔兰、以色列、巴西。出口额通常每年增长超过 30%，收入增加 30%~40%。班加罗尔对跨国公司仍然具有很大的吸引力。根据 2005 年印度全国软件和服务企业协会——麦肯锡（NASSCOM-McKinsey）的研究，印度估计在全球 IT 服务外包部分中占 65%，在全球业务流程外包市场中约占 46%。企业选择印度的主要原因是高质量的人力资本逐渐积累，官方认证的公司数目增加，以及跨国公司之间可能出现的"羊群"行为。

仔细看一下统计数据就会发现，大部分出口是处于价值链低端的软件服务。开发软件的过程从识别最终用户的需求（需求分析）和为最终用户设计高级应用程序开始。这两项活动被认为是软件研发的一部分。它们需要对客户业务的深入了解，与客户的密切互动以及高级设计技能。这些活动处于价值链的高端。一旦产品规格被设计出来，它将遵循一系列的日常活动，包括编码、低级设计和维护。这些通常是传统上外包给印度等其他国家的业务。日常活动主要依靠编码编程技能，而复杂的任务则依靠编码编程能力的结合，以及企业特有的、隐性的、准编码的、通过创建定制的程序来开发的能力（最好是通过与用户互动）。

然而，班加罗尔的一些公司似乎正在迅速向价值链上游移动，它们能够执行高级设计和需求分析。为了讨论这一行动的范围和影响，绝大多数研究人员集中在公司的战略方面和他们在人力资源和成本的资格方面的竞争优势。然而，地方创新系统在提供支撑产业增长和支持集群转型所需的硬资源和软资源方面的作用却很少得到关注。

大体来说，我们可以谈谈班加罗尔 IT 集群发展的两个不同阶段：能力积累的初始阶段（从实体采购到更高级的外包形式）和新兴阶段（似乎是依靠互动

集群与产业集群中的商业网络——全球价值链的管理

学习和创新作为价值链升级的手段）。下面将更详细地描述这两个阶段。

一、能力建设阶段

1. 第一阶段的产业和学习动态

曾经的软件产业由美国公司主导，因为它是由美国国家安全机构和大学之间的互动驱动的。直到 20 世纪 80 年代，IT 服务的生产仍然大多是由美国主导的（后来是经济合作与发展组织国家），IT 服务的外包主要发生在硅谷，而东海岸的 IT 公司则被纵向整合。

从 20 世纪 80 年代末开始，该行业逐渐全球化。在发展中国家，绝大多数以 IT 为基础的业务位于印度。选择印度的主要原因是成本较低、工程师产能过剩、时区差异、广泛的英语技能。印度本地在该领域的创新能力是有限的，因为当时很少有印度公司具有显著的 IT 能力。相反，大多数公司位于 IT 服务行业的低端。与此同时，大多数美国公司在向发展中国家外包方面经验有限。换句话说，这种少数高技能印度公司和在发展中国家内交易经验少的组合对美国公司而言，在诸如哪些分包商具有适当的能力，哪些分包商是值得信赖的，哪些存在官僚和文化障碍等问题上，产生了高度的不确定性。

美国和印度之间的制度差异显而易见[1]，如专栏 19-1 所概述。

由于较大的制度距离，美国公司经历了高度的不确定性，这造成了成本和交易困难。制度上的差异最初限制了美国公司将业务外包给印度并在印度设立子公司的倾向。

鉴于印度的机遇，跨国公司试图降低这些交易成本。两个关键的问题解释了美国公司最终决定在班加罗尔落户：第一，在最终将任何重要任务外包之前，逐步对印度公司采取方法，以测试印度分包商的可靠性（跨国公司和中小企业之间的学习）；第二，跨国社区在减少两国之间的制度差异方面发挥了重要作用。

---

[1] 制度是指"一个社会中的游戏规则，或更正式地，是人类设计的约束，塑造人类互动"。制度距离是指企业在母国和东道国之间的制度框架（通常与问题相关）的差异（冯·欧沃彼，2006）。彭解释说，"没有企业可以免受它所嵌入的制度框架"，"当组织试图超越其国家边界时，它们就会隐性地将本国社会经济选择的历史一并带走"。

专栏 19-1

美国和印度之间的制度距离

西方经济体与印度之间的差异在社会学文献中得到了很好的证实。韦伯指出了印度教和基督教之间的区别。一些公司外包到印度面临的具体挑战有种姓制度、语言（印度人说英语较快，身体语言明显不同于西方人的身体语言）、做事方式（印度人往往不与老板在会议上给出直接答案），以及美国是低语境文化（即规范要求程度低）而印度是高语境文化（即规范要求程度高）等。商业心理学家吉尔特·霍夫斯塔德试图将文化差异系统化，衡量印度和美国之间的差异。他将文化分为五个维度：权力距离（PD）、个人主义（I）、不确定性规避（U）、阳刚之气（M）和长期取向（LT），具体如表 19-1 所示。

表 19-1　印度与美国的文化差异

	PD	I	U	M	LT
印度	77	48	40	56	61
美国	40	91	46	62	29

根据霍夫斯塔德，印度和美国之间的主要差异在权力距离的程度上，其中印度是一个高度的权力距离的社会，而在美国只有中等。美国是一个非常个人主义的国家，印度不是这样。此外，印度人倾向于长期承诺，而不是在美国的短期承诺。这些结果表明两者之间一个很远的制度距离。

2. 跨国公司与本地中小型企业之间的互动学习

最初，美国公司只是将一些非常简单和次要的活动转移到印度，比如维护现有代码或从一种编程语言中重新设计代码。美国公司认识到印度公司不在最初的接触中从事机会主义行为的三个原因：第一，未来合作的价值可能会超过违反当前合同所要付出的代价；第二，需要达到最小的有效规模；第三，产业内声誉的重要性。最初转移的活动不涉及任何高度的资产专用性，因此它们不会使公司面临巨大风险。

此外，在最初阶段许多新成立的小公司专门提供"身体采购（body-shopping）"服务，也就是把软件程序员派遣到美国为客户提供维修服务。[①] 尽管随

[①]　在 1984 年的计算机政策中明确承认了身体采购（body-shopping）。

集群与产业集群中的商业网络——全球价值链的管理

着时间的推移，这一策略受到了批评，但是它显然有助于缩小两国在制度上的距离。本地企业变得越来越熟悉美国公司的工作组织和要求，如交付时间、质量、可靠性，同时美国公司开始逐渐将任务全部外包到班加罗尔执行。从某种意义上说，合作伙伴之间建立信任是跨国公司和提供软件服务的本地公司相互作用和相互学习的结果。正如帕塔萨拉蒂、阿欧亚马（2007）所承认的，跨国公司促进了本地中小企业的工艺升级和功能升级。

然而，这还不足以解释印度开始出现外包和外国子公司的现象。正如印度领先的科技公司之一印孚瑟斯（Infosys）的联合创始人解释的那样："在 90 年代初，当我们去美国卖我们的服务时，大多数信息官员不相信一家印度公司可以建立他们需要的大型应用程序。……我们意识到，一方面，潜在的西方客户如何看待印度公司，另一方面，我们自己对印度公司实力的看法，都存在着巨大的差异。"为了充分解释从美国到印度的外包和离岸外包的增长，有必要了解印度跨国社区成员在美国的作用。

3. 跨国社区的作用

印度社区的重要性体现在一个程式化的事实上，仅硅谷就有超过 750 家 IT 公司拥有印度背景的 CEO（2001 年），印度人接受了大约一半的 H1-B 签证，以及 IT 产业中有一半印度背景的员工（2001 年为 135000 人）在这里工作。此外，跨国社区的成员也正在返回印度。该社区的一些成员在美国公司担任重要职位。这些成员在塑造美国公司的外包和外包决定方面发挥了重要作用，如下面的案例所示。巨大的制度距离和巨大的不确定性阻碍了总部位于美国的摩托罗拉利用印度的优势。1991 年，摩托罗拉在班加罗尔成立了 MIEL 软件子公司，尽管有明显的成本优势，但是摩托罗拉内部没有一个产品部门愿意冒险从 MIEL 采购软件。拉马钱德兰、迪克西特（2002）解释道："第一个突破是由阿伦·索布蒂带来的，他是印第安人，是摩托罗拉在美国佛罗里达州的陆地移动产品部门的高级经理，决定给予 MIEL 一个机会。"他们还与公司的其他部门进行了一些内部营销，尽管这不是他们正式职责的一部分。根据拉马钱德兰和迪克西特的说法，虽然索布蒂的第一个项目是成功的，但是索布蒂无法给 MIEL 更多的项目，因为他的部门面临着预算削减。然而，索布蒂继续提供帮助，他让当时的 MIEL 总经理（运营）什里坎特·伊纳姆达负责移动电话部门，并亲自向该部门的管理层游说，帮助 MIEL 获得了第二份名为 CT2 的摩托罗拉产品合同。由于工作是在移动电话领域，它使 MIEL 有机会了解摩托罗拉著名的无线技术。

国际社会资本在结构意义上也很重要，得克萨斯仪器公司（TI）于 1985 年在印度班加罗尔成立了第一个国际 IT 子公司。这一成立的可能性是因为印度的 TI 副总裁莫汗·拉奥利用了他在美国和他对印度政治官僚体系的了解，以促进得克萨斯仪器公司进入印度。莫汗·拉奥使用这种组合来接触印度政府中的顶级人员，这反过来允许他推动建立印度 IT 业的想法，并在印度建立得克萨斯仪器公司一个工厂。换句话说，他对印度政治文化的了解使他能够减少官僚的不确定性，直接与印度政府的顶级政治家打交道。官僚运行更顺利，使得得克萨斯仪器公司购买了最先进的 IT 设备，并将其交付给印度政府。

因此，与萨克森尼一致，我们认为，"20 世纪 90 年代，当他们（在美国的印度人）在美国公司获得资历时，许多非本地印度人在说服高管在印度采购软件或建立业务方面发挥了重要作用，以利用软件技能方面的巨大工资差异"。因此，美国的印度跨国社区在印度软件产业的发展阶段发挥了至关重要的作用。

4. 支持这个战略需要从本地创新系统得到什么

在第一阶段，地方创新系统最重要的作用是为跨国公司提供高素质且非常便宜的劳动力，以提供软件服务。换句话说，班加罗尔之所以占据外包和离岸跨国公司活动的主导地位，是因为班加罗尔的高技能劳动力集中。这吸引了本地企业和跨国公司。班加罗尔的吸引力是由它在印度教育和研究系统中的主导地位决定的，与印度其他群体相比，班加罗尔拥有优越的地位。如今班加罗尔产业园区所在的卡纳塔克邦共有超过 65 所工程学院，尽管质量参差不齐。

班加罗尔受益于中央政府选择在该地区成立的一些好的教育机构，如世界著名的印度科学研究中心和印度信息技术研究所、拉曼研究所、国家精神卫生和神经科学研究所、食品技术研究所、印第安空间研究组织、国家航空实验室等。此外，由于军事研究战略以及班加罗尔的自然地理条件，班加罗尔一直是先进科学和军事研究的中心，例如，其无尘空气是军事试验的一项要求。教育和研究机构的共存为累积因果关系过程创造了条件，使班加罗尔成为 IT 的主导中心。然而，当结合以出口为导向的发展战略（将资源投入工作）时，供应方面才变得高效。优质人力资源的提供，以及大量教育和研究机构的共存，为地方创新体系的出现奠定了基础。① 班加罗尔提供的本地优势可以解释美国公司最初对将其外包活动定位在该集群的兴趣。但是，政府在创造本地条件促进班加罗尔本地创新系统的出现方面起到了什么作用呢？下文将详细介绍这一问题。

5. 政府在能力积累中的作用

在最初的政策失败后，印度中央政府的政策确实发挥了重要作用，其创造条件使印度成为一个有吸引力的地方。最初来自中央政府的支持是废除了适得其反的工业化战略。② 这导致了一种更有利于出口的"不干涉"政策的发展，中央政

---

① 虽然我们无法提供这些研究机构在初始阶段的员工数量的统计数据，但是我们的访谈证实，它们发挥了重要作用，不过技术溢出的范围有限。

② 在工业化战略阶段建立了 TATA 和其他本地企业。

府降低了进口关税，并鼓励出口。

印度中央政府在提供集群所需的人力资本和持续教育方面较为成功。阿罗拉、甘巴德拉（2004）认为：在印度，认可的工程能力从 1987~1988 年的 6 万人增至 2003 年的约 340000 人，而资讯科技的容量亦由约 25000 人增至近 250000 人。全国软件和服务企业协会数据显示，在印度，IT 毕业生的数量从 1997 年的 42800 人增加到 2001 年的 71000 人。相比之下，美国的 IT 毕业生人数从 1998 年的 37000 人增加到 2000 年的 52900 人。在此期间，美国的 IT 劳动力（不直接对应于 IT 学位持有者）可能是印度 IT 劳动力的 8~10 倍。

除了这两项主要政策和该地区提供的研究机构，政府在集群产业和创新能力建设中的作用非常有限。电子部前部长钱博士写道："在 1991~1992 年之前，软件部门几乎没有任何政策支持，甚至'善意的忽视'这个词在这种联系中使用都是一个过于乐观的短语"（帕塔萨拉蒂，2004a）。

有人可能会说，班加罗尔的企业在某种程度上已经具备了向全球价值链上游移动的能力，这更多的是跨国公司有意在班加罗尔设立办事处的战略和本地企业有意建立吸收能力战略的结果，而不是强有力的政策干预（超越教育投资）的结果。此外，我们进行的访谈得出的结论是，以前为一家大型跨国公司工作的印度人所创造的附带利益推动了集群增长。

最初阶段使用的"身体采购"策略——远距离工作也得到了改变，部分原因是通信技术的进步以及跨国公司为使其某些信息技术程序模块化和标准化而制定的战略。这为远距离工作提供了背景，而远距离工作反过来又允许班加罗尔公司在国内保持更广泛的知识基础，并改善了就业机会，降低了离职率（较高的离职率对公司建立特定知识的能力有负面影响），从而确保更好的吸收能力。现在的问题是如何利用企业和集群中积累的能力在全球价值链中进一步发展。

二、迈向创新阶段

我们发现文献声称，在班加罗尔的软件生产中有一种更高附加值的活动和越来越多的外国公司已经在印度建立或正在建立软件中心，它们从那里向其他国家出口软件。①

如前所述，高级活动包括新产品和系统的设计以及原型设计，这被认为是研发软件服务。尽管我们承认大多数公司仍在价值链的低端运营，但是我们希望研究这种升级战略对班加罗尔本地创新系统以及政策有影响。

---

① 萨克森尼（2001）认为，对于这种向更复杂的设计和编程项目的转变，几乎没有比轶事证据更多的证据了。

应该注意的是，接下来要描述的应该被解释为一种新出现的趋势，而不是本地创新系统内综合的趋势或列表中一般性的移动。[①] 在早期阶段讨论这种新趋势的影响是重要的，因为决策者可以通过嵌入有效的本地创新系统的创新和互动学习，在支持向更高附加值活动的转移方面发挥非常重要的作用。

为此，我们将以嵌入式软件研发服务的提供为例，总结如专栏 19-2 所示。此外，随着印度工程师的工资迅速增长，"低成本"道路（即以低成本为基础的竞争）似乎无法持续太久，其增长率远高于美国。

专栏 19-2

升级为在班加罗尔的嵌入式软件行业提供软件服务

嵌入式软件是硬件和软件相结合的一个特殊分支。它被设计为在没有人工干预的情况下执行任务，最好的例子就是芯片。在嵌入式软件行业中，越来越多的公司开始提供集成在各种嵌入式系统中的知识产权模块。软件产业的这一部分升级是可能的，因为公司已经获得了新的能力，符合国际标准，并获得了国际声誉。据萨斯肯（Sasken）通信技术公司的 CEO 介绍："企业去班加罗尔寻求完整的解决方案，是基于本地企业的专业知识、知识库和信誉，而不再是出于成本原因。"越来越多的初创企业专门从事针对利基市场的研发服务（价值链升级和多样化的结合），从而刺激了创新。与其他本地公司的互动也在增加，以便能够组装 IP 块，并基于正式和非正式网络向跨国公司出售完整的解决方案。帕塔萨拉蒂和艾奥亚马认为："班加罗尔的国内公司正在发展本地网络，部分原因是本地商业机会的出现，部分原因是各公司对开发新机会的兴趣更大。"

资料来源：帕塔萨拉蒂、艾奥亚马（2007）。

---

1. 第二阶段的产业与学习动态

班加罗尔保持了其在印度软件集群中的主导地位，远远领先于该国的其他集群，如图 19-2 所示。班加罗尔可能是现在能够提供最先进的 IT 服务的集群，本地公司已经开始外包给其他更便宜的新兴集群。随着该行业的成熟，班加罗尔和美国公司都提高了处理海外外包的能力，以建立文化能力和创建自身的本地网络。员工流失和工资上涨迫使企业引进人力资本管理和其他先进的管理技术。这

---

① 班加罗尔和印度的大多数公司，尤其是中小企业，仍然处于软件产业的低端，这表明升级战略仍然是有限的成功。这方面的一个指标是，销售/就业价值为 50，略高于中国（37.6）和巴西（45.5），显著低于美国（195.3）、日本（159.2）和德国（132.7）。这与 2005 年全国软件和服务企业协会——麦肯锡的研究一致，表明成本优势仍然是企业选择班加罗尔/印度的主要原因。

种做法加上编码程序和改进知识转移的趋势，增加了企业的组织资本。

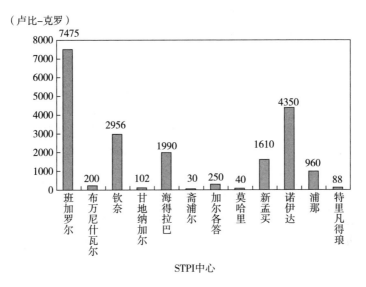

（卢比-克罗）

图 19-2　各地区 IT 相关产品的出口

　　它们还投资于管理能力的发展，这构成了班加罗尔企业向价值链上游移动的一个重要制约因素。在企业中仍有一种趋势，即在员工没有足够的经验之前就提拔他们成为管理人员，但通常只有两三年。更广泛的知识库，加上美国市场的存在和逐步建立的声誉，再加上大多数印度公司积极的认证策略，允许一些公司向全球价值链上游移动（为跨国公司提供研发服务），甚至在某些情况下，发展自己的创新战略，并带着最终产品进入新的利基市场。[①]

　　根据全国软件服务公司协会的统计数据，2001~2002 年研发服务出口额为11.2 亿美元，占印度软件出口额的 15.8%。2002~2003 年，这些指标分别增长到 16.6 亿美元和 17.4%。

　　将研发项目离岸或者外包到印度/班加罗尔比外包、离岸标准化和常规活动面临更大的挑战。前一种活动是顺序式的，可以分解和编码。而研发活动和创新文献（创新系统以外的文献）则不是这样，它们通常将这些活动与内部活动（总部附近）联系在一起。这是因为信息、知识和技术的市场充满了与研发活动相关的文化特异性、内嵌性、隐性和企业特异性知识的缺陷，这些类型的活动通

---

　　① 需要指出的是，这两种策略并不是相互排斥的，而是可以在同一家企业中找到的。然而，多样化战略仍然非常稀少，只有很少的传闻证据表明采取这一战略的公司数量有限。因此，我们在此将主要关注传统的升级战略，即向价值链高端移动，提供研发服务。

常与文化特异性、内嵌性、隐性和企业特异性知识相关联。有证据表明，跨国公司越来越多地将高端研发活动定位到班加罗尔，但出于隐秘的考虑，他们倾向于将项目保持在国内。正如一些受访者指出的那样，在国内，他们甚至被模块化，这样员工就不会"偷取"想法了。

2. 从本地创新系统支持这一战略需要什么

与制度距离有关的三个主要挑战限制了分包商离开创新活动。首先，创新活动需要面对面交流，因为它们涉及高度隐性知识。隐性知识嵌入在文化和地理环境中，因此很难从单一地理语境转换为另一种语言（即使是跨国社区的成员）。在美国—印度的背景下，这意味着双方之间会议的频率很高，从而降低了与印度公司合作时向美国公司汇报的成本优势。其次，对于美国来说，在印度开展研发活动的成本优势比常规活动要低得多，因为它们会带来额外的交易成本、通信成本以及更高的风险（在美国不缺乏有能力员工的情况下）。正如访谈所表明的那样，更高的成本是由于需要增加面对面的互动，因此涉及大量的旅行，印度缺乏研究人员，特别是那些能够打破常规思维的人员。最后，除了嵌入式软件之外，软件的知识产权实际上是不存在的，这使得外包、离岸创新和研发活动的风险很高。正如巴尔、泰斯勒（1996）所指出的那样，研发软件服务的结果是一个可以轻易复制和免费分发的成品。从这个意义上说，就是软件外包研发比其他形式的研发外包风险更大。知识产权在这里是一个至关重要的因素。

此外，关键因素之一是，除了形成一些印度公司所具备的正式能力之外，价值链上的活动需要向最终用户和主要用户学习，而这反过来又需要与他们进行密切的互动。公司需要与最终用户密切互动，并拥有强大的技术能力和对客户业务流程的深入了解，但这些客户大多位于经济合作与发展组织国家。[①] 这再次使跨国公司处于核心作用，因为它们位于经济合作与发展组织国家。在谈到美国和印度之间的研发项目时，通过减少与制度距离相关的维度，跨国社区一直是推动印度企业走上价值链的积极角色，尤其是风险资本家。他们通常资助在美国前端（销售和营销）和在印度后端（软件开发）的企业。印度跨国社区的其他成员已经成为软件公司的中介或销售人员，或作为顾问及雇员。很少有人利用他们在美国的关系在印度建立企业。诸如 TiE（在印度开设的美国企业）等公司开始跨越美国和印度，创建一个全球网络。这提升了印度作为高技术来源的形象，并间接促进了印度公司的软件合同。此外，在印度为其他跨国公司工作过的经理人也发挥了关键作用。例如，拉曼·罗伊（在德里附近的古尔冈设立通用资本的后台办事处）后来被一家领先的风险投资公司说服，成立了自己的公司，并提供第三方

---

① 这里应该提到的是，印度软件产业的大部分生产都流向了外部市场，根据阿罗拉等人的说法，出口占软件收入的65%，而且这个数字还在增长。

服务。他的公司（Spectramind）随后被一家大型印度 IT 服务公司收购。

此外，班加罗尔本地企业之间缺乏相互学习和合作，限制了本地企业的升级战略。在垂直方面，中小企业和跨国公司之间继续有互动学习，但总体上在软件产业中横向或集体学习并没有发展。换句话说，印度公司只在有限的程度上参与互动式学习，而不是像硅谷这样有 IT 集群的交流。嵌入式软件行业的成功案例（见专栏 19-2）是集体行动和学习优势的一个例子。中小型企业能够通过组装其他公司开发的不同模块向跨国公司提供最终产品。也就是说，一组中小型企业，每个专门从事最终产品的一部分，通过合作提供研发服务，获得规模和范围的经济效益。此外，非正式的社交网络在嵌入式软件部分也很频繁。

虽然嵌入式软件案例是鼓舞人心的，但是这种类型的交互在一般的软件行业中还不常见。缺乏集体学习的部分原因可以归结为印度分包商受到的正式限制，即安全问题和缺乏适当的知识产权，以及本地中小企业之间的高度竞争。正如我们之前所论证的，集群中的社会资本非常弱，并且（最多）局限于校友联合会的网络。地方社会资本的缺乏阻碍了本地中小企业之间的集体学习、转让知识和最佳实践，从而限制了本地企业，特别是中小企业对跨国公司的议价能力。

随着软件生产变得更加先进，班加罗尔的公司正试图多元化进入其他领域，它们作为知识创造者的能力似乎受到了国家和地方创新体系的限制。从某种意义上说，本地企业必须依靠一个"自我资助"的企业创新系统，在内部维持基础研究（大部分费用由它们自己支付）。相比之下，经济合作与发展组织国家的企业可以通过参与研发方面的公私合作关系，进入国家和地方创新系统。班加罗尔的大公司试图通过在重要的研究领域设立一些小的子公司和收购公司来减少这些差异。然而，这是一个新的过程，收购公司的策略只局限于少数拥有财务资源的公司。经济合作与发展组织国家的公司依靠这一战略的可能性也很有限。因此，目前我们看到了公司在进入新领域（银行和金融专业之外）时面临的一些问题。[1]

此外，合格人力资源的供应似乎已达到极限。如果排除少数世界一流的技术机构，就会出现高质量人员短缺，以及研究设施投资不足的情况。除了少数例外，大学几乎完全致力于为本地公司提供合格的人力。研究往往是更基础性的研究，因此，大学在支持创新和为本地企业产生研究成果方面没有发挥重要作用。[2]

上文的重点是创新系统中能力的积累，而不是系统中不同元素之间的相互作用。与此相反，创新是基于企业之间以及企业与最终客户之间的相互学习。班加

---

① 即使是在银行业和金融业，班加罗尔最大的公司也几乎没有合适的软件。印孚瑟斯有一个重要的项目，但主要用于发展中国家。TATA IT 分公司刚刚收购了在该领域拥有适当软件的澳大利亚公司。

② 关于大学在班加罗尔创新系统发展中的作用，参见冯等人更详细的讨论。

罗尔本地创新系统的分析表明，在系统中两种类型的相互作用都不是非常强烈。在这个意义上，政策制定者有很大的机会为建设班加罗尔的未来建立必要的条件。一些有趣的举措似乎正在发生。全国软件和服务企业协会非常积极地推动本地企业网络的发展。即使以前没有合作，企业组织和桥梁机构历来是促进中小企业之间合作很好的工具。

3. 政府在支持创新和互动学习中的作用

虽然政府支持互动学习和创新的作用在这一阶段至关重要，但是在班加罗尔的案例中几乎没有。与更多的常规活动相比，研发活动的特殊性要求政府进行更加分散的干预，即增加地方政府的作用。从我们的角度来看，至少有两种政策工具可以用来刺激班加罗尔本地创新系统的系统偏向性。

正如我们所提到的，联合行动对这个阶段的中小企业尤其重要。通过合作以及合并获得的能力实现多元化，企业可以尝试路径转换，这可能会让它们蚕食主导每条价值链的领先企业，就像嵌入式软件的例子所表明的那样。因此，政策应该刺激合作，开发规模和范围。发达国家的传统做法是分配财政支持如通过研发补贴，只向中小企业财团或中小企业和研究机构提供资助。政策特别是地方一级的政策也可以促进联合活动，将本地生产者、研究人员、服务提供者甚至政府聚集在一起，目的是集体解决影响整个系统的问题，例如在集群中需要更好的通信基础设施。

此外，爱尔兰、以色列和中国的经验表明，政府作为主要客户，可能通过使用公共采购作为刺激本地企业实验和创新的工具而发挥重要作用。在印度，这种做法的规模非常有限。公共采购对于创建本地市场和为本地中小企业利用其能力进行创新提供适当的激励可能非常重要。[①] 然而，公共采购也可能将本地创新转向对国际市场价值相对较低的产品或服务。从这个意义上说，一个消息灵通的政府是公共采购成功的先决条件。此外，还需要建立公平的竞争环境，使在国内市场销售的 IT 产品和服务享有与目前出口产品和服务相同的税收优惠。

第四节　创新系统的转变：班加罗尔案例的一些经验

创新系统的概念隐含地包含系统的不同元素之间的交互和相互依赖的想法。班加罗尔的案例清楚地表明，发展中国家的系统是随着时间发展的，与本地企

---

① 许多学者认为，印度的中小企业已经具备了设计能力。

业、政府和跨国公司的战略密切相关。

当集群开始积累能力和组织时，地方创新系统就出现了，包括参与类似或相关活动（集群）的相当数量的本地企业、合格的人力资源和良好的培训机构、组织能力和研究设施。在初始阶段，这些能力几乎不相互关联，也就是说，本地系统的系统性仍然非常低。然而，本地创新系统的外部联系是至关重要的。地方社会资本薄弱，而国际社会资本即离散成员与本国企业家、本地在职者、教育机构和政府官员之间的联系则处于中心地位。由于累积因果关系过程，已建立的本地创新系统可以通过继续关注供给侧因素（人力资本）而在很大程度上维持其地位。把重点放在供给侧，可以保持成本优势，同时增加向价值链上游的微小移动。

在第一阶段（来自与跨国公司的互动或集群提供人力资本），在本地创新系统和位于集群中的企业积累的能力开始用于价值链中的升级。然而，这对于企业在价值链中进一步向上移动是不够的。激进式的升级可以采取两种形式：一是本地企业包括中小企业在内可以在价值链中进行更高附加值的活动；二是公司可以多元化并进入更高价值的市场利基。两种策略中的第一种策略可能是有问题的，因为价值链通常由具有强大市场力量的主要企业主导。第二种策略可能更可行，但需要对市场有充分的了解，并具备转向不同细分市场（多样化）的能力。本地创新系统的系统性倾向现在成为一个关键因素。创新是一个嵌入社会的互动过程。公司和个人的创新不是孤立的，而是在与其他个人、组织以及用户的持续互动中进行的。

如果在第一阶段，相互作用主要限于跨国公司和本地中小企业之间的关系，那么在第二阶段，中小企业之间的正式和非正式网络在资助创新和升级方面是极为重要的。互动的重要性不仅在于作为一种"集中资源"的形式（这对中小企业来说是有限的），而且在于作为一种工具来交流升级所需的信息、知识和做法。通过相互交流，中小企业了解新市场、新产品、新技术等。正是这种互动学习支持了创新和升级。

当涉及低端活动时，互动的类型是不同的，因为创新和研发活动涉及高度的不确定性、隐性知识和潜在的高价值的知识，这些知识很难签订完整的合同，因此对社会资本的依赖更强。在这个阶段，强大的本地社会资本极其重要，因为它加强了公司内部主体之间和不同公司之间的信任关系，降低了交易成本，增加了信息的数量和质量，促进了协调，减少了集体行动出现的问题，从而促进了知识的转移。知识是高度嵌入在环境中的。

与客户的互动也很重要。用户与制作人的互动是重要的创新形式之一，特别是对于某些行业，如软件行业。如前所述，在发展的第一阶段，主要形式的相互作用是中小企业和跨国公司之间的。中小企业不能直接访问最终客户，而是提供最终产品的特定模块或为 TNC 执行具体任务。然而，在这个阶段，与主要客户的直接接触对于旨在升级的本地公司（包括中小企业）至关重要。当谈到企业的研发战略时，即使是关于基础研究，他们也可能更多地依赖供应战略，而不是越来越多地采用在经济合作与发展组织国家使用的用户—生产者互动战略。这增加了不确定性，因此增加了投资失败的概率。在发展中国家，获取本地客户可能更有问题，因为本地市场通常不发达，无法为新产品或服务提供良好的测试领域，特别是在 IT 等高科技产业。本地创新系统需要提供与市场的联系（本地或国际）。除了巴西和中国之外，发展中国家的软件市场都很薄弱。本地企业倾向于瞄准外部市场，通常为跨国公司工作，班加罗尔的例子就说明了这一点。在某种程度上，跨国社区可以促进接触最终的国际客户。跨国社区缩短了母国和东道国之间的制度距离。它减少了由于进入外部市场而产生的交易成本，但仍有几个方面不能加以弥补。例如，软件的 IP 系统仍然需要开发和实现。此外，学校系统越来越需要注重创新的要求，即创造力，而不是注重技术知识的传播。经理们表示，这是很大比例的员工需要克服的（"对失败的恐惧""对错误的恐惧"）的主要障碍，这是由印度的家庭式等级制文化导致的，甚至对个人重要的关键决定都是由他们的父母或老板决定的。然而，大多数 IT 公司仍然保持一个相对分散的组织机构，支持所谓的学习组织。此外，中间管理者的缺乏也限制了提高企业的效率、可靠性和创造力的可能性。

　　总之，有必要将本地创新系统视为动态实体，特别是在运行良好的本地创新系统并不普遍的发展中国家。与有关本地创新系统的文献中所争论的相反，系统的系统性倾向似乎在第一阶段是不必要的，因为第一阶段的目标是吸引外国投资和积累能力。然而，当企业试图通过涉及更高程度的创新活动而向价值链上游移动时，它就成为一个关键因素。在这一阶段，系统不同组成部分之间缺乏网络可能会严重阻碍集群和本地企业的发展。

第五节　政策建议：地方政府与中央政府的干预

　　从政策的角度来看，地方政府和中央政府的作用也会随着时间的推移而变化，并且与企业和本地创新系统的战略转变并行。在初始阶段，地方政府机构没有发挥重要作用，因为除了确保运作良好的基础设施和官僚机构之外，吸引跨国公司的因素通常属于中央政府的范畴。各国在与发展中国家相对优势即低成本有关的传统措施上进行竞争，从而吸引标准建立和提升常规活动的能力等。然而，中央政府应确保健全的宏观经济政策即低通货膨胀，不歧视出口和进口，因而可能会有选择性地采取措施保护新生产业。中央政府的政策应侧重于供给侧方面①，减少跨国公司外包或离岸到发展中国家的交易成本②，以及提供合理的知识产权控制。

（1）在供给侧方面，特别重要的是需要采取综合办法，强调提供具有实际技能的高素质人力资本。然而，仅仅强调创造受过良好教育的劳动力的教育环境（包括高等教育，也包括初等和中等教育体系）的重要性是不够的。

（2）如前所述，阻碍跨国公司利用人力资本供应的主要制约因素是跨国公司的母国与外包或离岸活动的东道国之间的制度距离所带来的交易成本。在初始阶段，目标是吸引跨国公司加入这一组织并使它们与本地中小企业联系起来，减少这种体制距离成为一项重要的政策目标。从政策的角度来看，这主要可以通过加强国家和地方机构的规章、专利法等，或者培训本地公司管理跨文化差异并针对跨国社区的成员来实现。

（3）中央政府需要发展可靠的知识产权，允许公司外包研发服务，以保护其产品不被复制和其他负面的信息溢出。一项研发服务的结果就是几乎准备好了商业化的最终产品。在这个意义上，全国软件和服务企业协会在确保印度软件公司的知识产权保护方面至关重要。

从知识角度看，软件所涉及的活动类型是标准化的，因此不太需要分散决策权结构。但是，地方政府可以发挥作用，制定激励措施，吸引教育和研究机构以及跨国公司到它们的集群中来。从这个意义上说，允许地方政府自由建设教育和研究机构是有充分理由的。然而，这可能导致国内不平等加剧。

在第二阶段，地方政府的作用更为突出，因为需要对系统中不同的行动者、他们的能力及其相互作用有充分的了解。地方政府需要刺激地方网络和地方市场。这需要一个分散的决策结构，换句话说，地方政府可能会扮演一个更有利的角色，在促进激励的升级过程致力于特定的集群需要，尽管甚至一个区域如班加罗尔都可能有它自己"扭曲"的激励机制，导致偶尔歧视软件行业。国家政府机构可能有相互竞争的发展议程，例如，有关增长与地区平等。此外，如果地方政府机构直接参与建立和管理教育及研究机构，它们就能更好地适应集群企业的需要。在这种情况下，地方政府机构可能会对中小企业的特殊需求更加敏感。当然，在民主的州，中小企业是选民的主要组成部分。

---

① 在教育属于区域范围的情况下，这改变了中央州和区域之间的劳动分工。

② 我们并不认为在初始阶段实现增长只有这一种方法，我们需要研究分析中国和巴西以国内市场为中心的经验的对比。

第六节 结论

本章案例强调了观察系统动态的重要性，也就是随着时间的推移，系统的出现和演变。在初始阶段的市场可能比本地创新系统理论家假设的更有效，因此可能不太需要地方政策（除了那些对供应方面施加压力的政策）。当然，如果没有宏观政策的补充，地方性的发展是不可能实现的。此外，在初始阶段似乎需要强调社会资本形成和集体学习的政策。集体学习主要是指在本地企业已经建立的能力，直到达到一定的水平和多样性时才变得相关，在此之前，与其他本地企业而不是跨国公司合作的回报减少。分权也不像本地创新系统理论家所建议的那样迫切需要。然而，在第二阶段，对市场的依赖似乎不那么令人信服，因为市场的不完善限制了远程协作，而且由于成本差异很小，远程协作的动机也较小。因此，虽然需要升级人力资本以保持对供应方的关注，但是政府公共采购政策成为弥补市场抱怨、改善本地化领导客户缺乏的现象以及激励集体学习的核心。在后一阶段，分散的决策结构变得至关重要。

这个案例清楚地强调，考虑到本地公司需要的变化、本地创新系统的能力和超越传统自成体系的国际网络，需要采取一项灵活的政策。正如萨克森尼（2001）所指出的，全球价值链的升级需要从成功模式（如硅谷）的"复制"转移到响应每个集群的具体条件的新途径。本地创新系统方法使政策制定者能够预见班加罗尔本地创新系统的 IT 的未来威胁和可能性。我们认为，除非对本地创新系统的系统性倾向进行明确的投资，否则本地中小企业升级的可能性将受到严格限制。

最后，从另一个角度来看，创新系统和集群与跨国公司是二元关系，但未来的研究应该更多地关注跨国公司区位战略的国内动态，如陈和冯（2008）的观点。这将使我们能够以一种新的动态方式重新考虑多标量方法，这种方法强调本地节点不仅是全球网络中的节点，而且是国家内部网络和支助系统中的节点。这可能为本地创新政策、政策专业化等的重要性提供新的见解。在未来，这是一个有前途的研究方向。

参考文献

［1］Albu M.（1997），'Technological learning and innovation in industrial clus-

集群与产业集群中的商业网络——全球价值链的管理

ters in the south', SPRU electronic working papers, SPRU.

［2］Arora A. and Badge S. （2006）, 'The Indian software industry: the human capital story', paper presented at the DRUID Conference, Copenhagen, June 2006.

［3］Arora A. and Gambardella A. （2004）, 'The globalization of the software industry: perspectives and opportunities for developed and developing countries', NBER Working Paper series.

［4］Arora A. and Gambardella A. （eds.）（2005）, From Underdogs to Tigers. The rise and Growth of the Software Industry in Brazil, China, India, Ireland and Israel, New York: Oxford University Press.

［5］Arora A. , Fosfuri A. and Gambardella A. （2002）, 'Markets for technology and their implications for corporate strategy', Carnegie Mellon Heinz School Working Papers.

［6］Arora A. , Arunachalam V. S. , Asundi J. and Fernández R. （1999）, 'The Indian software industry', Carnegie Mellon Heinz School Working Papers.

［7］Arora A. , Arunachalam V. S. , Asundi J. and Fernández R. （2001）, 'The Indian software services industry: structure and prospects', Research Policy, 30 （8）: 1267-1288.

［8］Asheim B. T. and Coenen L. （2005）, 'Knowledge bases and regional innovation systems: comparing Nordic clusters', Research Policy, 34 （8）: 1173-1190.

［9］Asheim B. , Coenen L. and Svensson-Henning M. （2003）, Nordic SMEs and regional innovation systems-final report, Lund: Lund University.

［10］Asheim B. , Coenen L. and Vang-Lauridsen J. （2006）, 'Face-to-Face, buzz and knowledge bases: socio-spatial implications for learning, innovation and innovation policy', Environment and Planning C, 25 （5）: 655-670.

［11］Athreye S. （2003）, 'The Indian software industry', Carnegie Mellon Software Industry Centre. Working Paper.

［12］Athreye S. （2005）, 'The Indian software industry', in Arora A. and Gambardella A. （eds.）, From Underdogs to Tigers, New York: Oxford University Press.

［13］Barr A. and Tessler J. （1996）, 'The globalization of software R&D. The search for talent', Standford Computer Software Project, http: // www-scip. stanford. edu/scip/.

［14］Basant R. and Chandra P. （2007）, 'Role of educational and R&D institutions in city clusters: an exploratory study of Bangalore and Pune regions in India',

World Development, 35 (6): 1037-1055.

[15] Belussi F (1996), 'Local systems, industrial districts and institutional networks: towards a new evolutionary paradigm of industrial economics?' European Planning Studies, 4 (1): 5-26.

[16] Belussi F., Pilotti L. and Sedita S. R. (2006), 'Learning at the boundaries for industrial districts between exploitation of local resources and the exploration of global knowledge flows', paper provided by Department of Economics University of Milan Italy in its series Departmental Working Papers, no. 2006 – 40, http: // www. economia. unimi. it.

[17] Bitran E. (2004), 'sistema de innovación, consorcios tecnológicos y clusters dinámicos en Chile. En Foco, Santiago de Chile', Expansiva 16.

[18] Breznitz D. (2005), 'The Israeli software industry', in Arora A. and Gambardella A. (eds.), From Underdogs to Tigers, New York: Oxford University Press.

[19] Chaminade C. (2004), 'Social capital and innovation in SMEs: a new model of innovation? Evidence and discussion', paper presented at SPRU/CENTRIM Seminar series, October.

[20] Chaminade C. and Vang J. (2006), 'Innovation policy for SMEs in Asia: an innovation systems perspective', in Henry Wai-Chung Yeung (ed.), Handbook of Research on Asian Business, Cheltenham: Edward Elgar.

[21] Chaminade C. and Vang J. (2006), 'Globalisation of knowledge production and regional innovation policy: supporting specialized hubs in developing countries', Research Policy, 37 (10): 1684-1696.

[22] Chen Y. and Vang J. (2008), 'Global innovation networks and MNCs: lessons from Motorola in China', International Journal of Business and Management Research, 1 (1): 11-30.

[23] Coe N., Hess M., Yeung H., Dicken P., Henderson J. (2004), ' "Globalizing" regional development: a global production networks perspective', Transactions of the Institute of British Gepgraphers, 29 (4): 468-484.

[24] Coenen L. (2006), 'Faraway, so close! The changing geographies of regional innovation', PhD dissertation. Lund: Lund University.

[25] Cohen W. and Levinthal D. (1990), 'Absorptive capacity: a new perspective on learning and innovation', Administrative Science Quarterly, 35: 128-152.

集群与产业集群中的商业网络——全球价值链的管理

[26] Cooke P. and Morgan K. (1998), The Associational Economy: Firms, Regions and Innovation. Oxford: Oxford University Press.

[27] Cooke P. and Wills D. (1999), 'Small firms, social capital and the enhancement of business performance through innovation programmes', Small Business Economics, 13: 219-234.

[28] Doloreux D. (2002), 'What we should know about regional systems of innovation', Technology in Society, 24: 243-263.

[29] Galli R. and Teubal M. (1997), 'Paradigmatic shifts in national innovation systems', http: // ifise. unipv. it/Publications/Paradigmatic. pdf.

[30] Giuliani E. (2004), 'Laggard clusters as slow learners, emerging clusters as locus of knowledge cohesion (and exclusion): a comparative study in the wine industry', LEM Working Papers, 66 (1): 33-51.

[31] Giuliani E. and Bell M. (2005), 'When micro shapes the meso: learning networks in a Chilean wine cluster', Research Policy, 34 (1): 47-68.

[32] Giuliani E., Rabellotti R. and van Dijk M. P. (2005), Clusters Facing Competition: The Importance of the External Linkages, Aldershot: Ashgate.

[33] Gu S. and Lundvall L. (2006), 'Policy learning as a key process in the transformation of China's innovation system', in Lundvall B. Å., Intakumnerd P. and Vang J. (eds.) Asian Innovation Systems in Transition, Cheltenham: Edward Elgar.

[34] Izushi H. and Aoyama Y. (2007), 'Industry evolution and cross-sectoral skill transfers: a comparative analysis of the video game industry in Japan, the United States and the United Kingdom', Environment and Planning, A 38 (10): 1843-1861.

[35] Kaplinsky R. (ed.) (2006), 'Asian drivers: opportunities and threats', IDS Bulletin, 37 (1): 1-11.

[36] Kaufmann A. and Tödtling F. (2002), 'How effective is innovation support for SMEs? an analysis of the region of Upper Austria', Technovation, 22: 147-159.

[37] Kumar N. and Joseph K. J. (2006), 'National innovation systems and India's IT capability: what lessons for ASEAN newcomers?', in Lundvall B. -Å., Patarapong I. and Vang J. (eds.) Asian Innovation Systems in Transition, Cheltenham: Edward Elgar.

[38] Lundvall B. -Å. (1998), 'Innovation as an interactive process: from user-producer interaction to the national system of innovation', in Dosi G., et al. (eds.),

Technical Change and Economic Theory, London: Pinter.

［39］Lundvall B. –Å. (ed.) (1992), National Systems of Innovation, Towards a Theory of Innovation and Interactive Learning, London: Pinter.

［40］Lundvall B. –Å., Patarapong I. and Vang J. (eds.) (2006), Asian Innovation Systems in Transition, Cheltenham: Edward Elgar.

［41］Martin R. and Sunley P. (2003), 'Deconstructing clusters: chaotic concept or policy panacea?', Journal of Economic Geography, 3 (1): 5–35.

［42］Nadvi K. (1995), Industrial Clusters and Networks: Case Studies of SME Growth and Innovation, Vienna: UNIDO.

［43］NASSCOM (2005), www. nasscom. org. Accessed on 20 September 2005.

［44］NASSCOM–McKinsey (2005), 'The emerging global labor market', http: //www. mckinsey. com/mgi/rp/offshoring/.

［45］Nooteboom B. (2000), 'Learning by interaction: absorptive capacity, cognitive distance and governance', Journal of Management and Governance, 4 (1–2): 69–92.

［46］Parthasarathy B. (2004a), 'Globalizating information technology: the domestic policy context for India software production and exports', Interactions: An Interdisciplinary Journal of the Software Industry, http: //www. cbi. umn. edu/iteractions/parthasarathy.

［47］Parthasarathy B. (2004b), 'India's Silicon Valley or Silicon Valley's India? Socially embedding the computer software industry in Bangalore', International Journal of Urban and Regional Research, 28 (3): 664–685.

［48］Parthasarathy B. and Aoyama Y. (2007), 'From software services to R&D services: local entrepreneurship in the software industry in Bangalore, India', Environment and Planning A, 38 (7): 1269–1285.

［49］Pavitt K. (1984), 'Sectoral patterns of technical change: towards a taxonomy and a theory', Research Policy, 13: 343–373.

［50］Peng M. W. (2002), 'Towards and institution–based view of business strategy', Asia Pacific Journal o Management, 19: 251–267.

［51］Pietrobelli C. and Rabellotti R. (2004), 'Upgrading in clusters and value chains in Latin America: The role of policies', Sustainable Department Best Practices Series. New York: Inter–American Development Bank.

［52］Pietrobelli C. and Rabellotti R. (eds.), (2006), Upgrading and Governance in Clusters and Value Chains in Latin America, Washington: Inter–American De-

集群与产业集群中的商业网络——全球价值链的管理

velopment Bank.

［53］Porter R. （1998），'Clusters and the new economics of competition'，Harvard Business Review，76（6）：77-90.

［54］Ramachandran J. and Dikshit P. （2002），'Motorola India Electronics Private Ltd. Case study'，mimeo，'Indian Institute of Management Bangalore. Case study'，Mimeo，Indian Institute of Management Bangalore.

［55］Sands A. （2005），'The Irish software industry'，in Arora A. and Gambardella A. （eds.），From Underdogs to Tigers，New York：Oxford University Press.

［56］Saxenian A. （1994），'Regional advantage：culture and competition in Silicon Valley and Route 128'，Cambridge：Harvard University Press.

［57］Saxenian A. （2001），'Bangalore：the Silicon Valley of Asia?' Centre for Research on Economic Development and Policy Reform. Working Paper.

［58］Schmitz H. （1992），'On the clustering of small firms'，IDS Bulletin，23（3）：64-69.

［59］Schmitz H. （2006），'Regional systems and global chains'，Paper presented at the Fifth Internationl Conference on Industrial Clustering and Regional Developments，Available online at http：//www. oec. pku. edu. cn/icrd/.

［60］Tschang T. and Xue L. （2005），'The Chinese software industry'，in Arora A. and Gambardella A. （eds.），From Underdogs to Tigers，New York：Oxford University Press.

［61］UNIDO （1997），'Progress and prospects for industrial development in least developed countries （LDSC）-towards the 21st century'，Fourth LDC Ministerial Symposium：Industrial Capacity Building and Entrepreneurship Development in LDCs with particular emphasis on agro-related industries，Vienna.

［62］UNIDO （2004），Partnerships for Small Enterprise Development，New York：United Nations.

［63］Van Dijk M. P. （2003），'Government policies with respect to an information technology cluster in Bangalore，India'，The European Journal of Development Research，15（2）：93-108.

［64］Vang J. and Asheim B. （2006），'Regions，absorptive capacity and strategic coupling with high-tech TNCs：lessons from India and China'，Society，Science and Technology，11（1）：39-66.

［65］Vang J. and Overby M. （2006），'Transnational communities，TNCs and development：the case of the Indian IT-services industry'，in Lundvall B. -Å. ，Patarapong I. and Vang J. （eds. ）, Asia's Innovation Systems in Transition, Cheltenham: Edward Elgar.

［66］ Vang J. , Chaminade C. and Coenen L. （2007）, 'Learning from the Bangalore experience: the role of universities in an emerging regional innovation system', in Costa A. D. and Parayil G. （eds. ）, New Asian Dynamics of Science, Technology and Innovation, Palgrave Macmillan Series in Technology, Globalization and Development.

［67］ Von Hippel E. （1988）, Sources of Innovation, Oxford: Oxford University Press.

［68］ World Bank （1998）, Social Capital in Africa, Available online at http: // www. worldbank. org.

［69］ World Bank （2002）, Understanding and Measuring Social Capital. A Multidisciplinary Tool for Practitioners, New York: World Bank.